广西高校人文社会科学重点研究基地"北部湾海洋发展研究中心"、广

重点实验室、广西高校北部湾近海海洋工程装备与技术重点实验室、2019

目：中国企业对"一带一路"沿线国家投资的风险传染机制研究（19XJY015）

RCEP 框架下
广西—东盟海上合作研究

李燕　等著

江苏大学出版社
JIANGSU UNIVERSITY PRESS

镇　江

图书在版编目(CIP)数据

RCEP 框架下广西—东盟海上合作研究/李燕等著
. -- 镇江:江苏大学出版社,2023.6
ISBN 978-7-5684-1944-4

Ⅰ.①R… Ⅱ.①李… Ⅲ.①区域经济合作－国际合作－研究－广西、东南亚国家联盟 Ⅳ.①F127.67 ②F114.46

中国版本图书馆 CIP 数据核字(2022)第 254579 号

RCEP 框架下广西—东盟海上合作研究
RCEP Kuangjia Xia Guangxi—Dongmeng Haishang Hezuo Yanjiu

著　者/李　燕　等
责任编辑/柳　艳
出版发行/江苏大学出版社
地　　址/江苏省镇江市京口区学府路 301 号(邮编:212013)
电　　话/0511-84446464(传真)
网　　址/http://press.ujs.edu.cn
排　　版/镇江文苑制版印刷有限责任公司
印　　刷/镇江文苑制版印刷有限责任公司
开　　本/700 mm×1 000 mm　1/16
印　　张/20.5
字　　数/360 千字
版　　次/2023 年 6 月第 1 版
印　　次/2023 年 6 月第 1 次印刷
书　　号/ISBN 978-7-5684-1944-4
定　　价/70.00 元

如有印装质量问题请与本社营销部联系(电话:0511-84440882)

前言 PREFACE

2012年11月，党的十八大报告首次完整提出了中国"海洋强国"战略目标。报告指出，中国应"提高海洋资源开发能力，发展海洋经济，保护海洋生态环境，坚决维护国家海洋权益，建设海洋强国"。

2013年10月，习近平总书记对印度尼西亚进行国事访问时，发表了《携手建设中国—东盟命运共同体》的重要演讲。习近平总书记在演讲中提出："东南亚地区自古以来就是'海上丝绸之路'的重要枢纽，中国愿同东盟国家加强海上合作，使用好中国政府设立的中国—东盟海上合作基金，发展好海洋合作伙伴关系，共同建设21世纪'海上丝绸之路'。"

2015年被誉为"中国—东盟海洋合作年"，习近平总书记从战略和全局的高度提出了建设"一带一路"的伟大构想。作为"一带一路"交汇点的广西，加强深化与东盟国家的海上合作，是重大的国家使命，具有深远的战略意义。

2017年10月，党的十九大报告提出，中国"要坚持陆海统筹，加快建设海洋强国；要以'一带一路'建设为重点，形成陆海内外联动、东西双向互济的开放格局"。

2021年，《中华人民共和国国民经济和社会发展第十四个五年规划和2035年远景目标纲要》提出，"积极拓展海洋经济发展空间。坚持陆海统筹、人海和谐、合作共赢，协同推进海洋生态保护、海洋经济发展和海洋权益维护，加快建设海洋强国"。

2022年10月，党的二十大报告提出"发展海洋经济，保护海洋生态环境，加快建设海洋强国"，"优化区域开放布局，巩固东部沿海地区开放先导地位，提高中西部和东北地区开放水平。加快建设西部陆海新通道"。

商务发展、工业技术、电子信息、能源开发等经济活动，将随着经济全球化和区域经济一体化的进一步发展，创新性地以海洋为载体、以合作为纽带进行更加紧密的经贸往来。发展蓝色经济已成为国际共识，一个更加注重和依赖海上合作与发展的时代已经到来。

习近平总书记一直关心和重视广西海洋发展战略和发展格局。

2015年全国两会期间，政府工作报告明确赋予了广西"构建面向东盟的国际大通道、打造西南中南地区开放发展新的战略支点、形成21世纪海上丝绸之路和丝绸之路经济带有机衔接的重要门户"的"三大定位"。

2017年，习近平总书记在视察广西北海时首提"向海经济"，这是习近平总书记在中国特色社会主义进入新时代时提出的新命题，赋予广西的新的发展使命，为广西经济社会发展指明了重要方向、指出了重要途径，为广西如何释放"海"的潜力，给出了科学指南。

2021年4月，习近平总书记在广西考察时强调："要主动对接长江经济带发展、粤港澳大湾区建设等国家重大战略，融入共建'一带一路'，高水平共建西部陆海新通道，大力发展向海经济，促进中国—东盟开放合作，办好自由贸易试验区，把独特区位优势更好转化为开放发展优势。"

2022年1月1日，《区域全面经济伙伴关系协定》（RCEP）正式生效。RCEP的签署生效，标志着RCEP成员国家迈出了采取务实措施维护多边贸易体制、建设开放型世界经济的重要一步，RCEP对于深化区域经济一体化、稳定全球经济有着十分重要的作用。RCEP涵盖了投资、货物贸易、服务贸易等内容，为深化广西—东盟海上合作提供了强有力的政策红利和发展动力。

面对世界百年未有之大变局，中国正在加快构建国内国际双循环新发展格局，RCEP正式生效、中国—东盟自由贸易区升级版加快推进、西部陆海新通道上升为国家战略、平陆运河规划实施、新一轮西部大开发战略实施，以及中国（广西）自由贸易试验区、面向东盟的金融开放门户等一批国家级开放平台加快建设，为广西迎来了发展海洋经济、深化与东盟国家海上合作的重大战略机遇期。

近年来，广西与东盟国家合作机制务实推进、经贸关系日益密切、人文交流日趋活跃。RCEP的生效实施为广西充分发挥多功能、多区域、多领域的合作枢纽作用，深化广西—东盟海上合作，建设新的战略支点提供了有力支撑，有利于促进中国西部地区及南部边境相连，形成便捷、通畅、高效、经济的国际大通道网络，为中国西南、中南地区的开放发展建设高水平的综合服务平台。

全球海洋大发展与国内国际双循环新发展格局下，RCEP框架下广西—东盟海上合作的理论支撑、驱动机制、推进举措与保障措施就成为必须系统研究的重大问题。

本书系统梳理 RCEP 框架下广西—东盟海上合作的理论支撑，包括 RCEP、海上合作、向海经济等相关概念，以及区域经济理论、经济一体化理论、生产要素流动理论、"中心—周边"理论等理论基础；全面回顾世界海洋事业发展历史，介绍全球性海洋治理组织机构简况及世界主要海洋国家海上合作情况，系统分析全球海上合作存在的问题及海上合作对全球化的影响；总结中国与东盟海上合作现状，包括中国海洋事业发展及海上合作、东盟海洋事业发展及海上合作、他国与东盟海上合作及发展、中国与东盟海上合作及发展、中国与东盟海上合作对中国发展的影响等方面；在此基础上，指出全球大环境异变与世界格局重整、国家层面及区域层面政策支持、RCEP 等是深化广西—东盟海上合作的引擎，并从经贸合作、通道建设、人文交流、科技发展、生态环境等 5 个层面，把握广西—东盟海上合作现状。

本书广泛借鉴国内外典型海上合作案例，认为海上合作有利于进一步促进广西对外投资、深化广西与国外的各领域合作，提升广西的通道优势、为广西带来创新发展，并提出广西—东盟海上合作方向：以数字经济为基础，开辟新的区域合作渠道；以优势互补为导向，提高海洋产业合作效率；以地域特色为依托，建立广西跨境产业链。

本书深入分析 RCEP 框架下广西—东盟海上合作驱动机制：RCEP 助力金融发展驱动海上合作；RCEP 拉动全产业链发展驱动海上合作；RCEP 推动自由贸易区发展驱动海上合作；RCEP 加快对外贸易发展驱动海上合作；RCEP 促进通道建设驱动海上合作。RCEP 为广西—东盟海上合作带来巨大机遇：助力广西—东盟海上货物贸易快速发展，构建广西—东盟海上产业发展新格局，强化广西—东盟跨境电商深入合作，助推广西—东盟金融体系全面升级。同时，RCEP 也给广西—东盟海上合作带来挑战：海上商品贸易遭受更大阻碍；海洋产业结构面临竞争重构；海上合作内部协调机制仍需完善；金融市场存在风险隐患；等等。

本书探究提出 RCEP 框架下广西—东盟海上合作推进举措：充分适应全球发展格局变化举措；打造国际产业链、供应链重要枢纽举措；全面借力国家大力发展海洋强国战略举措；借助 RCEP 推动双方海上合作举措；以创新驱动发展战略推进双方海上合作举措；等等。最后，本书从政策保障、资金保障、实施保障和人才保障 4 个方面，系统构建 RCEP 框架下广西—东盟海上合作保障措施体系。

本书共有 9 章，主要包括：第一章相关概念与理论基础；第二章世界海洋事业发展与海上合作溯源；第三章中国与东盟海上合作；第四章深化广西—东盟海上合作引擎；第五章广西—东盟海上合作现状；第六章国内外典型案例；第七章 RCEP 框架下广西—东盟海上合作驱动机制；第八章 RCEP 框架下广西—东盟海上合作推进举措；第九章 RCEP 框架下广西—东盟海上合作保障措施。

许旭志、王盛连、刘洪、陈娜、蒙宁佳、罗洋、方艳云、杨蕾、周彤、吴宗楠、黄彩秀、孙亮和梁子陵参与了本书的撰写，完成了数据资料整理分析、撰写书稿、校对成稿等工作。

本书是广西高校人文社会科学重点研究基地"北部湾海洋发展研究中心"重点研究成果，广西海洋工程装备与技术重点实验室、广西高校北部湾近海海洋工程装备与技术重点实验室研究成果。

由于作者水平有限，书中难免存在疏漏与不当之处，希望得到读者的指正！

目录 CATALOG

第一章 FIRST

相关概念与理论基础

第一节　海上合作相关概念

一、RCEP 简介

2012 年，东盟十国发起《区域全面经济伙伴关系协定》（Regional Comprehensive Economic Partnership，以下简称 RCEP）。

2020 年 11 月 15 日，RCEP 正式签署，协定成员方由中国、日本、韩国、澳大利亚、新西兰和东盟十国共 15 方组成。

2022 年 1 月 1 日，RCEP 正式生效。RCEP 的签署生效标志着 RCEP 成员国家迈出了采取务实措施维护多边贸易体制、建设开放型世界经济的重要一步。

RCEP 的签署生效对于深化区域经济一体化、稳定全球经济有着十分重要的作用。

（一）RCEP 内容

RCEP 共包括二十章的内容：

第一章　初始条款和一般定义

本章主要阐明 RCEP 缔约方的目标是共同建立一个现代、全面、高质量及互惠共赢的经济伙伴关系合作框架，以促进区域贸易和投资增长，并为全球经济发展做出贡献。该章还对协定中的通用术语进行定义。

第二章　货物贸易

本章旨在推动实现区域内高水平的贸易自由化，并对与货物贸易相关的承诺做出规定。规定包括：承诺根据《关税与贸易总协定》第三条给予其他缔约方的货物国民待遇；通过逐步实施关税自由化给予优惠的市场准入；特定货物的临时免税入境；取消农业出口补贴；以及全面取消数量限制、进口许可程序管理，以及与进出口相关的费用和手续等非关税措施方面的约束。

第三章　原产地规则

本章确定了RCEP项下有资格享受优惠关税待遇的原产货物的认定规则。在确保适用实质性改变原则的同时，突出了技术可行性、贸易便利性和商业友好性，以使企业尤其是中小企业易于理解和使用RCEP协定。在本章第一节中，第二条（原产货物）和第三条（完全获得或者完全生产的货物）以及附件一《产品特定原产地规则》（PSR）列明了授予货物"原产地位"的标准。协定还允许在确定货物是否适用RCEP关税优惠时，将来自RCEP任何缔约方的价值成分都考虑在内，实行原产成分累积规则。在第二节中，规定了相关操作认证程序，包括申请RCEP原产地证明、申请优惠关税待遇及核实货物"原产地位"的详细程序。本章有两个附件：（1）产品特定原产地规则，涵盖约5 205条6位税目产品；（2）最低信息要求，列明了原产地证书或原产地声明所要求的信息。

第四章　海关程序和贸易便利化

本章通过确保海关法律和法规具有可预测性、一致性和透明性的条款，以及促进海关程序的有效管理和货物快速通关的条款，目标是创造一个促进区域供应链的环境。本章包含高于WTO《贸易便利化协定》水平的增强条款，包括：对税则归类、原产地以及海关估价的预裁定；为符合特定条件的经营者（授权经营者）提供与进出口、过境手续和程序有关的便利措施；用于海关监管和通关后审核的风险管理方法等。

第五章　卫生与植物卫生措施

本章制定了为保护人类、动物或植物的生命或健康而制定、采取和实施卫生与植物卫生措施的基本框架，同时确保上述措施尽可能不对贸易造成限制，以及在相似条件下缔约方实施的卫生与植物卫生措施不存在不合理的歧视。虽然缔约方已在WTO《卫生与植物卫生措施协定》中声明了其权利和义务，但是协定加强了在病虫害非疫区和低度流行区、风险分析、审核、认证、进口检查及紧急措施等执行的条款。

第六章　标准、技术法规和合格评定程序

本章加强了缔约方对WTO《技术性贸易壁垒协定》的履行，并认可缔约方就标准、技术法规和合格评定程序达成的谅解。同时，推动缔约方在承认标准、技术法规和合格评定程序中减少不必要的技术性贸易壁垒，确保标准、技术法规及合格评定程序符合 WTO《技术性贸易壁垒协定》规定等方面的信息交流与合作。

第七章　贸易救济

本章包括"保障措施"和"反倾销和反补贴税"两部分内容。关于保障措施，协定重申缔约方在 WTO《保障措施协定》下的权利义务，并设立过渡性保障措施制度，对各方因履行协议降税而遭受损害的情况提供救济。关于反倾销和反补贴税，协定重申缔约方在 WTO 相关协定中的权利和义务，并制定了"与反倾销和反补贴调查相关的做法"附件，规范了书面信息、磋商机会、裁定公告和说明等实践做法，促进提升贸易救济调查的透明度和正当程序。

第八章　服务贸易

本章消减了各成员影响跨境服务贸易的限制性、歧视性措施，为缔约方间进一步扩大服务贸易创造了条件。包括市场准入承诺表、国民待遇、最惠国待遇、当地存在、国内法规等规则。部分缔约方采用负面清单方式进行市场准入承诺，要求现在采用正面清单的缔约方在协定生效后 6 年内转化为负面清单模式对其服务承诺做出安排。

第八章　附件一：金融服务

金融服务附件就金融服务制定了具体规则，同时为防范金融系统不稳定性提供了充分的政策和监管空间。除了第八章（服务贸易）规定的义务外，本附件还包括一个稳健的审慎例外条款，以确保金融监管机构保留制定支持金融体系完整性和稳定性措施的能力。本附件还包括金融监管透明度义务，缔约方承诺不得阻止开展业务所必需的信息转移或信息处理，以及提供新的金融服务。本附件还规定缔约方可通过磋商等方式讨论解决国际收支危机或可能升级为国际收支危机的情况。

第八章　附件二：电信服务

本附件制定了一套与电信服务贸易相关的规则框架。在所有现有的"东盟'10+1'自由贸易协定"电信服务附件基础上，附件还包括了监管方法、国际海底电缆系统、网络元素非捆绑、电杆、管线和管网的接入、国际移动漫游、技术选择的灵活性等条款。

第八章　附件三：专业服务

本附件为缔约方提供途径，以便利本区域内专业服务的提供。包括：

加强有关承认专业资格机构之间的对话，鼓励 RCEP 缔约方或相关机构就共同关心的专业服务部门的专业资质、许可或注册进行磋商。此外，还鼓励缔约方或相关机构在教育、考试、经验、行为和道德规范、专业发展及再认证、执业范围、消费者保护等领域制定互相接受的专业标准和准则。

第九章　自然人临时移动

本章列明了缔约方为促进从事货物贸易、提供服务或进行投资的自然人临时入境和临时停留所做的承诺，制定了缔约方批准此类临时入境和临时停留许可的规则，提高人员流动政策透明度。所附承诺表列明了涵盖商务访问者、公司内部流动人员等类别的承诺，以及承诺所要求的条件和限制。

第十章　投资

本章涵盖了投资保护、自由化、促进和便利化 4 个方面，是对原"东盟'10+1'自由贸易协定"投资规则的整合和升级，包括承诺最惠国待遇、禁止业绩要求、采用负面清单模式做出非服务业领域市场准入承诺并适用棘轮机制（即未来自由化水平不可倒退）。投资便利化部分还包括争端预防和外商投诉的协调解决。本章附有各方投资及不符措施承诺表。

第十一章　知识产权

本章为本区域知识产权的保护和促进提供了平衡、包容的方案。内容涵盖著作权、商标、地理标志、专利、外观设计、遗传资源、传统知识和民间文艺、反不正当竞争、知识产权执法、合作、透明度、技术援助等广泛领域，其整体保护水平较《与贸易有关的知识产权协定》有所加强。

第十二章　电子商务

本章旨在促进缔约方之间电子商务的使用与合作，列出了鼓励缔约方通过电子方式改善贸易管理与程序的条款；要求缔约方为电子商务创造有利环境，保护电子商务用户的个人信息，为在线消费者提供保护，并针对非应邀商业电子信息加强监管和合作；对计算机设施位置、通过电子方式跨境传输信息提出相关措施方向，并设立了监管政策空间。缔约方还同意根据 WTO 部长级会议的决定，维持当前不对电子商务征收关税的做法。

第十三章　竞争

本章为缔约方制定了在竞争政策和法律方面进行合作的框架，以提高经济效率、增进消费者福利。规定缔约方有义务建立或维持法律或机构，以禁止限制竞争的活动，同时承认缔约方拥有制定和执行本国竞争法的主权权利，并允许基于公共政策或公共利益的排除或豁免。本章还涉及消费者权益保护，缔约方有义务采取或维持国内法律和法规，以制止误导行为，或在贸易中作虚假或误导性描述；促进对消费者救济机制的理解和使用；就有关保障消费者的共同利益进行合作。

第十四章　中小企业

缔约方同意在协定上提供中小企业会谈平台，以开展旨在提高中小企业利用协定、并在该协定所创造的机会中受益的经济合作项目和活动，将中小企业纳入区域供应链的主流之中。协定强调充分共享 RCEP 中涉及中小企业的信息包括协定内容、与中小企业相关的贸易和投资领域的法律法规，以及其他与中小企业参与协定并从中受益的其他商务相关信息。

第十五章　经济技术合作

本章为实现 RCEP 各国的共同发展提供了框架，为各方从协定的实施和利用中充分受益、缩小缔约方发展差距方面做出贡献。根据本章，缔约方将实施技术援助和能力建设项目，促进包容、有效与高效的实施和利用协定所有领域，包括货物贸易、服务贸易、投资、知识产权、竞争、中小企业和电子商务等。同时将优先考虑最不发达国家的需求。

第十六章　政府采购

协定认识到政府采购在推进区域经济一体化以促进经济发展中的作用，将着力提高法律、法规和程序的透明度，促进缔约方在政府采购方面的合作。本章包含审议条款，旨在未来对本章进行完善，以促进政府采购。

第十七章　一般条款和例外

本章规定了适用于整个 RCEP 协定的总则，包括缔约方法律、法规、程序和普遍适用的行政裁定的透明度、就每一缔约方行政程序建立适当的审查与上诉机制、保护保密信息、协定的地理适用范围等。同时，本章将《1994 年关税与贸易总协定》（GATT1994）第二十条和《服务贸易总协定》（GATS）第十四条所列一般例外作必要修改后纳入本协定。缔约方可以采取其认为保护其基本安全利益所必需的行动或措施。本章还允许缔约方在面临严重的收支平衡失衡、外部财政困难或受到威胁的情况下采取某些措施。

第十八章　机构条款

本章规定了 RCEP 的机构安排，以及部长会议、联合委员会和其他委员会或分委员会的结构。联合委员会将监督和指导协定的实施，包括根据协定监督和协调新设或未来设立的附属机构的工作。

第十九章　争端解决

本章旨在为解决协定项下产生的争端提供有效、高效和透明的程序。在争端解决有关场所的选择、争端双方的磋商、关于斡旋、调解或调停、设立专家组、第三方权利等方面作了明确规定。本章还详细规定了专家组职能、专家组程序、专家组最终报告的执行、执行审查程序、赔偿及中止减让或其他义务等。

第二十章　最终条款

本章主要包括关于附件、附录和脚注的处理；协定与其他国际协定之间的关系；一般性审查机制；协定的生效、保管、修订、加入及退出条款等。指定东盟秘书长作为协定的保管方，负责向所有缔约方接收和分发文件，包括所有通知、加入请求、批准书、接受书或核准书。条约的生效条款规定，协定至少需要 6 个东盟成员国和 3 个东盟自由贸易协定伙伴交存批准书、接受书或核准书后正式生效。

（二）RCEP 背景

RCEP 的起源可以追溯到 21 世纪初。2001 年，东南亚国家在遭受亚洲金融危机的巨大冲击之后，逐步意识到只有加强对外经济合作才能促进本地区的经济复苏，于是 RCEP 最初的设想是计划实施以东盟十国和中国、日本及韩国为基础的 "10＋3" 模式。随后，经过近 10 年的发展，2011 年，RCEP 终于进入实质性发展阶段；紧接着，经过近 10 年的谈判，2020 年 11 月，RCEP 正式签署；2022 年 1 月 1 日，RCEP 正式生效。

RCEP 将各成员国凝聚在一起，并就自贸协定达成共识，进一步激发了东南亚国家在协议中的自主性和积极性。中国与东盟各国、日本、韩国、澳大利亚、新西兰等国家的经贸合作将随着 RCEP 的生效得到持续深化，其带来的将是区域社会经济发展的连锁促进效应。

（三）RCEP 优势

中国商务部国际贸易谈判代表（正部长级）兼副部长王受文表示，RCEP 不仅是目前全球最大的自贸协定，而且是一个全面、现代、高质量和互惠的自贸协定。在当前经济衰退、逆全球化复苏、贸易保护主义抬头的大环境下，RCEP 高举贸易投资自由化、便利化旗帜，达成一致并正式生效实施，具有十分重大的意义。中国作为 RCEP 成员之一，为漫长且复杂的谈判顺利完成做出了重要贡献，并在极大程度上支持了亚太地区经济一体化进程。

RCEP 旨在减少或消除区域内的货物贸易关税和非关税壁垒，通过降低关税，使得 90% 以上的货物贸易实现零关税。中国承诺对 86% 至 90% 的产品实现零关税。在 RCEP 的推动下，非关税壁垒得到进一步降低，区域内各国将建立统一的原产地规则、便利的海关程序、高水平的检验检疫和技术标准，以促进区域内投资自由化和货物贸易便利化。RCEP 采取的原产地区域累积规则，与以往不同，即区域内任意一成员国在生产过程中产生的产品附加值，如果总和达到一定比例，则可被视为区域内的产品，并享受相应的关税优惠。此外，RCEP 不仅提高海关程序有效管理、促进货物快速通关、简化海关程序和加强贸易便利化，而且在具体程序和实际实施中，对诸如卫生和植物检疫措施的执行、政府采购信息的透明度等提出了更高的要求。

RCEP 在服务贸易方面的开放程度高于"10+1"协议，所有成员国的服务和服务提供者都要得到国民待遇和最惠国条款，负面清单承诺成员禁止本地存在条款，正面清单成员确定进一步自由化部门。日本、韩国、澳大利亚、新加坡、文莱、马来西亚、印度尼西亚 7 个成员国采用负面清单方式承诺，已承诺禁止歧视性的负面清单条款并在其他部门自由化的负面清单上做出承诺。中国等其余 8 个成员国采用正面清单方式承诺，并承诺将自协议生效之日起 6 年内逐步转入负面清单。

在国际投资方面，RCEP 的 15 个成员国全部采取负面清单方式承诺，尤其是在制造业、农业、林业、渔业、采矿业这 5 个传统资源型产业领域做出了较高的投资承诺，各国的贸易政策透明度及信息可获取性都得到了大幅提升。其中，中国投资负面清单体现了中国深化改革、扩大开放的最新进展，这也是中国首次在自由贸易协定下以负面清单的形式接受国际投资承诺。这种开放进程在未来的发展过程中只会向前发展，不会倒退。

（四）RCEP 意义

第一，区域贸易和投资将在 RCEP 的支持下不断增长。RCEP 降低关税和非关税贸易壁垒，增加各国贸易投资合作伙伴数量和质量，降低了成员国的贸易和投资成本，促进区域内贸易和投资增长。另外，RCEP 进一步优化了成员国的产业结构，RCEP 成员国的产业链、供应链和价值链在多个合作领域上具有很强的互补性。如在农牧业方面，尤其是畜牧养殖行业，澳大利亚和新西兰都是农牧产品出口大国，日本、韩国在高端特色农产品生产和加工方面独具特色，具有明显的比较优势。中国和东盟各国人口数量众多，农业规模大但相对产量并不高，既是农业出口大国也是农业进口大国。RCEP 的生效将发挥各国的比较优势。例如，澳大利亚和新西兰的农产品可以以更加低廉的价格出口到东盟国家，加强农产品供需匹配程度，促进区域农业经济发展。降低包括农产品在内的关税等措施标志着中国和日本首次达成双边协议，必将为中国农产品生产优势创造新的贸易空间。

第二，区域产业链、供应链和价值链将在 RCEP 的支持下实现融合发展。原产地区域累积规则被纳入了 RCEP，极大地拓展了原产地准入范围。一方面，进口商品获得原产地证书和享受关税优惠的可能性大大增加，优化了成员国出口和进口之间的格局。另一方面，原产地证书的准入，也将允许成员国的部分企业在贸易伙伴之间进行产品产业替代和转换，不仅为各方企业的跨境产业链设计提供了更多的灵活性，也加速了区域整体跨境贸易发展，更容易实现 RCEP 各成员国产业边界的融合。值得一提的是，RCEP 的生效和实施标志着中日首次达成了自由贸易合作协定。日本是全球高科技制造中心之一，RCEP 的生效为中日经贸合作提供了新机遇，也增强了中国与日韩等发达国家的产业互补性。这将有助于中日韩等国共同打造一个开放的产业链、供应链和价值链合作网络，为中国与第三方的市场合作提供更广阔的空间。以汽车行业为例，汽车关键零部件的关税将随着 RCEP 生效带来的利好不断降低甚至是完全零关税。低关税甚至是零关税的举措将有效帮助各国汽车厂商降低出口成本，加速东亚汽车供应链和产业链的整合与升级。中国汽车企业的转型升级也将享受区域贸易合作深入带来的制度红利。

第三，服务贸易和电子商务也将在 RCEP 的支持下获得良好的发展。通过与中国和其他国家已经签署的自由贸易协定（FTA）相比，RCEP 在服务贸易方面，显著提升了各方服务贸易开放度，贸易自由化程度不断提高，区域服务贸易量将会显著增加，这些都将是中国扩大相关服务贸易的良好契机。同时，RCEP 高水平的服务贸易规则将为区域服务贸易提供更多、更安全的制度保障，中国服务贸易的跨境发展也能在此规则下受益。此外，在电子商务领域，RCEP 是中国首次在自由贸易协定中对跨境数据流动做出承诺，这也是区域电子商务全面、高水平的多边监管。传输、利用和监管标准化，加上贸易便利化规定，提高通关和物流效率，有利于加强成员间电子商务数据规范、降低商业犯罪，同时深化政策协调和监管合作，为数据在区域内自由流动提供制度保障，减少不必要的损失，为全球各大知名商业集团在 RCEP 区域内扩展业务提供了良好的发展基础。同时，RCEP 通过促进区域电子商务政策的连贯性，降低了跨境电子商务的运营风险和不确定性。

二、海上合作

（一）国内外学者对海上合作的概念界定

根据《中欧合作 2020 战略规划》，王义桅将"人类在海洋综合治理、空间规划、知识探索、科技研发、经济发展、能源利用等诸多方面的交流与合作"称为海上合作。张景全从中国与日本海洋合作的内容分析，即在海洋科技、经济、安全、搜救、环境保护等方面的分析，将海上合作看作国家在利用相关领域的合作机制。

有学者将海上合作领域进一步细化，认为海上合作是"包括信息共享、技术合作、相关部门互访、海上互联、能力构建、基础设施升级、海员培训、海洋科学研究、海洋环境保护、生态旅游发展、灾害救助、非法、不报告和不管制捕鱼行为应对、海洋安全和港口建设等"在内的合作，并在此基础上，国家之间建立起一种致力于解决与海洋管控相关的传统威胁，以及海上非传统安全威胁的开放、全面的海上合作关系。

陈明宝认为国际经济和国际政治互动影响的结果便是海上合作，海上合作受到国际海洋治理规则的约束，具体来说是指在海洋经济、海上联通、海洋科研环保、海上安全、海洋人文等方面开展的国家之间的合作活动。

宁凌则认为海上合作主要是沿海国家或涉海组织及个人为达到共同愿景，谋求共同的海洋利益，在涉海领域包括海洋产业、海洋科学技术研究、海洋资源勘探及开采、海洋基础设施建设、海上互联互通建设、海洋文化交流、海上传统与非传统安全挑战的应对、海洋环境探测与保护、海洋权益维护、海洋争端解决、海洋旅游等开展的一系列联合行动，共同推动海洋事业的发展。

结合已有研究成果，可以将海上合作定义为：主权国家为主要行为体，受国际海洋治理规则约束，为谋求共同海洋利益，建立双边或多边合作机制，在海洋经济、海上互联互通、海上安全（传统安全与非传统安全）、海洋科技、海洋保护、海洋人文（遗产保护与海洋文化）等领域开展合作。

（二）海上合作的时代背景

地球上最大的生态系统就是海洋生态系统，它不仅是地球所有生物诞生的原始摇篮，也是全人类赖以生存和实现可持续发展的共同空间和宝贵财富。

全球商务发展、工业技术、电子信息、能源开发等经济活动将随着经济全球化和区域经济一体化的进一步发展，创新性地以海洋为载体、以合作为纽带进行更加紧密的经贸往来。国际共识逐步形成对依托蓝色经济的信任，"独行快"的自我发展模式已经被世界人民清楚地认识并抛弃，"众行远"的优势也被世界人民发现并强烈追求，一个更加注重和依赖海上合作与发展的时代已经到来。

加强国际海上合作对于全球发展是十分必要的，不仅顺应世界发展脚步与开放合作大势，也有助于推动世界经济复苏与互惠合作，为各国应对全球性危机挑战和促进地区和平稳定提供重要途径。

中国政府秉承"和平合作、开放包容、互学互鉴、互利共赢"的海上丝绸之路精神，积极参与世界各国海上合作，致力于推动落实联合国制定的《2030年可持续发展议程》，倡导"人类命运共同体"理念，与"一带一路"国家开展全方位、多领域的海上合作，打造全球性合作平台，建立蓝色伙伴关系，推动海洋可持续发展。

（三）海上合作的重点路径

一是共走海洋生态保护之路。保护海洋生态环境是可持续发展的必要条件，保护世界海洋生态安全是全球普惠的民生福祉，功在当代、利在千秋。中国积极倡导"一带一路"国家及RCEP区域内国家联合行动，以创造更好的海洋生态环境保护制度，保障全球海洋生态安全。

二是共创依托海洋繁荣之路。"一带一路"国家、RCEP区域内国家和全世界人民都希望促进全球全面发展、彻底消除贫困、共同实现美好生活。为了实现这一目标，各国应该利用各自的优势，科学开发和利用海洋资源，建立海上互联互通，促进蓝色经济的发展。

三是共筑海洋安全保障之路。促进蓝色经济发展，需维护保障海上安全。为此，各国应倡导互利、合作、共赢的海上安全理念，加强国家之间在公共服务、海事管理、搜救、防灾减灾、执法等领域的合作，提高海洋安全风险防范和海上事务执法水平，共同抵御风险，保障海上安全。

四是共建海洋智慧创新之路。运用科学技术，大力发展海洋高新技术，推动海洋可持续发展。加强海洋科研、教育培训、人文交流等领域合作，提高全民海洋智慧意识，促进科技成果的转化应用，为深化海洋合作打造民意基础。

五是共探海洋合作治理之路。建立紧密的蓝色伙伴关系是推进世界海上合作的重要方式，加强国家之间战略对接和对话，深化合作共识，增进政治互信，建立双多边合作机制，共同参与海洋政策制定，为深化区域经贸合作提供新途径。

三、向海经济

2015 年全国两会期间，政府工作报告中明确赋予了广西"构建面向东盟的国际大通道、打造西南中南地区开放发展新的战略支点、形成 21 世纪海上丝绸之路和丝绸之路经济带有机衔接的重要门户"发展的"三大定位"。广西作为对内承接、对外联通的贸易枢纽，为未来更好地发展海上经济与贸易奠定了坚实的基础。

2017 年，习近平总书记在视察广西北海时首提"向海经济"。这是习近平总书记在中国特色社会主义进入新时代时提出的新命题，赋予广西新的发展使命，为经济社会发展指明了重要方向、指出了重要途径，为广西如何释放"海"的潜力，给出了科学指南。

2021 年 4 月，习近平总书记在广西考察时强调："要主动对接长江经济带发展、粤港澳大湾区建设等国家重大战略，融入共建'一带一路'，高水平共建西部陆海新通道，大力发展向海经济，促进中国—东盟开放合作，办好自由贸易试验区，把独特区位优势更好转化为开放发展优势。"

加快发展向海经济、建设海洋强区，是贯彻落实习近平总书记对广西工作的重要指示精神、主动融入和服务国家新发展格局、参与建设海洋强国的必要途径。

（一）向海经济的概念

"向海经济"是一种新型的开放经济模式，其发展基础是陆地经济，其发展重心在于海洋。海岸带是向海经济发展的空间依托，现代港口是向海经济发展的中心枢纽，科技创新是向海经济发展的内在动力，生态文明是向海经济发展的建设保障。向海经济发展的核心在于完善现代海洋产业体系，有效连接陆海通道，全方位整合陆海经济。

向海经济可以从以下 4 个维度进行解释和理解。

一是空间维度：向海经济是陆地经济向海洋延伸的结果。在推进丝绸之路陆路经济带建设的同时，海上丝绸之路的建设以完善海上互联互通为基础，推动海洋开发由近海向深海、远海发展，发展壮大向海经济的核心要义是由陆向海的空间演变。

二是系统维度：向海经济是一个经济体系，其中各种形式的经济活动都与陆地经济密切相关。向海经济整合了陆地经济、海洋经济、港口经济活动之间的界限，将不同的经济活动整合为一个整体，在不同的经济活动之间产生协同效应，从而促进向海经济的发展。

三是产业维度：向海产业是沿海经济发展的支柱，向海产业的发展以现代海洋产业体系为基础，促进了陆地经济向海洋经济的延伸，推动了陆地经济、传统海洋产业和战略性新兴海洋产业的深度融合，也加快了基于绿色经济、科技创新、开放合作的现代海洋产业体系的建立。现代化的港口和多层次的海洋运输网络是发展向海经济的基础，也是海洋发展对外开放的前提条件。

四是要素维度：高效的海洋运输系统是向海经济的基础，它将优化海洋资源的配置，促进贸易、物流、资本和信息等资源要素的整合。一方面，要素流动将科技资源、人力资本和管理技术等先进要素从陆地转移到海洋，完善海洋发展基础设施，提高海洋产业的整体实力；另一方面，通过海洋经济的开放与合作，将先进技术、设备、高技能人才和管理模式等国际上先进的要素转移到陆地，加快国家的转型和现代化进程。

（二）向海经济的战略意义

面对世界百年未有之大变局，中国正在加快构建国内国际双循环相互促进的新发展格局，发展向海经济、推进海洋产业转型发展具有重要战略意义。

一是，发展向海经济有利于加快国家重大战略的实施。RCEP 正式生效、中国—东盟自贸区升级版加快推进、西部陆海新通道上升为国家战略、平陆运河规划实施、新一轮西部大开发战略实施，都为完善向海发展基础设施、密切与周边国家海上合作、承接沿海国家产业转移、完善向海产业链和构建现代向海产业体系、实现"大通道+大平台+大产业"的融合发展带来重大的市场机遇和优越的发展环境。

二是，发展向海经济有利于加快新的经济空间形成。海洋发展有助于国民经济增长，并创造新的需求和空间。向海经济的发展促进了广西与内陆、西南、中南、西北等地区的产业对接，实现了优势互补和协同发展，优化了全域空间发展格局。这种发展模式形成了通道经济，促进了形成全方位开放的新格局，形成了新的经济增长极。

三是，发展向海经济有利于深化"一带一路"倡议精神，加强与东盟国家的合作。发展向海经济，利用广西区位优势，打造重要的"一带一路"门户，连接西南、中南、西北地区和东盟等国家。西部陆海新通道将成为最高效、最便捷、最活跃的通道，加速全方位开放新格局的构建。

四是，发展向海经济有利于推进海洋生态文明建设。发展向海经济，要实施海洋生态环境保护与治理的陆海统筹模式，促进陆海经济绿色低碳发展，提高资源利用效率，促进产业绿色转型，维护生态平衡与安全，构建陆海一体化生态新格局。

（三）向海经济的发展定位

发展向海经济是实现海洋经济转型发展、可持续发展的必然选择。向海经济将孕育新产业、引领经济新增长。新时期，向海经济的发展定位如下。

一是向海经济先行区。实施陆海统筹、江海联动、海岸一体、山海协作，构建以陆带海、以海促陆发展新格局，形成中国沿海地区可推广、可复制的向海经济发展新模式。以西部陆海新通道为引领，整合陆海资源要素，优化产业结构，打造现代海洋产业体系和特色海洋产业集聚区；建设美丽蓝色海湾，实现人海和谐、绿色发展、向海拓展，建成海洋生态文明示范区；加强与东盟国家的海洋交流合作，积极探索构建互利共赢的蓝色伙伴关系，助力共建中国—东盟海洋命运共同体。

二是区域特色现代化湾区。例如，广西北部湾以北海市铁山湾—廉州湾、钦州市钦州湾、防城港市防城湾为主要空间载体。通过错位发展、特色发展和互联互通，广西北部湾区着力打造产业聚集、科技密集、交通汇集、城市集群的现代化湾区，成为继渤海湾区、杭州湾区、粤港澳大湾区后中国第 4 个重要湾区。

三是向海通道产业聚集区。加快西部陆海新通道建设进程，建立陆海通道产业集聚区，发展枢纽经济，加强沿海和内陆产业集聚，引导制造业等关键要素向通道沿线关键节点集聚。打造现代海洋产业集群，推动电子信息、化工、装备制造、生物医药、可再生资源和商贸物流等领域高速发展。打造高质量陆海经济走廊，实现"物流+贸易+产业"新业态。

四是面向东盟开放合作高地。全面拓展与东盟国家合作的广度和深度，推动建立 RCEP 先行示范区，推进与东盟国家基础设施互联互通，完善中国—东盟跨境物流体系，高标准建设中国（广西）自由贸易试验区，做深做实中国—东盟博览会、中国—东盟信息港、中马"两国双园"等开放平台，推动中国—东盟自贸区升级。

五是海洋生态文明示范区。全面践行绿水青山就是金山银山理念，坚持生态环境保护与海洋资源开发并重、海陆污染协同治理与生态保护修复并举，创新海洋生态综合管理体制，从技术层面提升海洋生态环境治理能力，推动海洋经济循环、集约、低碳发展，打造人海和谐、生态良好的海洋生态文明广西样板。

第二节　海上合作理论基础

鉴于海上合作是一个较为笼统的概念，目前国内外几乎鲜有关于海上合作的理论体系。海上合作不仅包含单纯的海域海洋活动合作，也包括所属海域内的岛屿或沿海区域的商事活动，所以学者们也主要是通过区域合作、区域经济一体化及其他国际贸易等理论体系来研究海上合作。

从区域经济合作理论体系来说，大卫·李嘉图的比较优势理论认为，技术和资源等要素禀赋差异引起的相对价格差异是国际贸易产生的原因，即使一个国家在所有产品上都比另一个国家更有效率，两个国家仍然都可以从贸易中获益。继而，学者们以比较优势理论为基础，创立了传统的区域经济一体化理论和新国际劳动地域分工理论，强调了该差异产生的历史积累原因和差异加大的趋势。"中心—周边"理论虽然认为中心是权力、资源、信息和知识的集中地，周边的地位和资源相对较弱，但是它提出了改变不合理的国际经济秩序的理念，采取割断不合理交换关系、建立发展中国家内部区域经济合作方式，以避免两极分化的加剧。新国际劳动地域分工理论强调了发展中国家与发达国家之间的经济联系，并认为这种联系实际上反映了发展中国家对发达国家的依附。新经济地理理论中的新贸易理论则认为，即使不存在相对价格条件的差异，规模经济和不完全竞争也是国际贸易产生的独立因素。这个理论还指出，区域经济的出现依赖于多种因素，包括运输成本、规模经济、市场需求、制造业分布和产业外部性。

一、区域分工理论

区域经济学是从经济地理学演化发展而来的。从区域经济学未来的发展趋势来看，区域经济学是以资源空间配置的合理性为基础，构成日益规范的空间分析经济学。

区域分工理论最早由亚当·斯密提出。他认为，每个地区都有一定的绝对有利的生产条件。如果分工在绝对有利的条件下进行并随之改变，各地区的资源将得到最有效的利用，从而提高地区生产力，增加地区收益。随后，其从区域层面演化到国家层面，逐渐发展成为绝对优势理论，该理论最大的缺陷是没有解释不具备绝对优势的地区或国家如何参与分工并从中受益。大卫·李嘉图借助比较优势，解决了亚当·斯密的绝对优势理论无法回答的问题。他认为，国家和地区应该选择生产他们最具有优势的产品，而不是所有产品。对于那些在所有产品生产方面都处于劣势的地区，他建议生产劣势最小的产品，即"两优相权取其重，两劣相权取其轻"。这两类国家或地区都可以从这种分工和贸易中获得比较优势。比较优势理论不仅解释了绝对优势理论的不足，而且发展了区域分工理论。但是，和绝对优势理论一样，它也是建立在生产要素不会流动的假设之上的，这与实际情况是相悖的。

赫克歇尔和俄林在区域或国际贸易中，从促进区域或国家生产的要素数量上解释了前两者的不足。赫克歇尔和俄林提出了生产要素补贴理论，认为不同地区生产要素可获得性不同，是造成区域和国际分工的根本原因。如果不考虑需求因素的影响，假设生产要素流动存在障碍，则各地区都可以利用其相对丰富的生产要素进行生产，并进行区域和国际贸易。不过该理论也存在不足，如假设条件较为苛刻、生产和需求因素考虑较少、政府不干预市场与实际不符等。

区域分工理论经过学者不断完善，其理论体系越来越成熟，并在区域经济理论体系中占据越来越稳定的地位。该理论的主要思想是劳动地域分工是区域经济发展的源泉，决定因素包括绝对优势、比较优势和要素禀赋。

区域分工理论能够很好地解释中国与东盟国家海洋经济合作的动因。东盟各国的绝对优势、比较优势都不相同，同时东盟国家的要素禀赋十分丰裕，能够促进多边贸易发展，从低廉的劳动力成本到广阔的海域通行优势、从优质的矿产原料到上好的自然资源、从高水平的消费市场到尖端的产业技术等，都是中国与东盟国家全方位深度合作的内在动因。此外，来自外部的合作驱动因素，如地缘优势、政治同盟、战略重心等，也都促进中国与东盟国家在 RCEP 框架下深化海上合作。

二、经济一体化理论

经济一体化是国家与国家间的经济联合，是当代世界经济的特有现象。最典型的经济一体化组织欧洲联盟，最早由欧洲国家提出煤和钢的资源供应共同规划，欧洲煤钢共同体（ECSC）是其最早的形式。后经《罗马条约》《单一欧洲法案》《马斯特里赫特条约》等协议的签署，欧共体正式改称欧洲联盟，简称欧盟。

经济一体化理论反映了当代世界经济的一个重要特征。一般来说，经济一体化只能在相同类型的国家间实现，相似的经济机制和经济制度是构成一个新的经济体的基础。在实行经济一体化的国家之间，产品和生产要素的流动是最基本的内容。现代世界经济中的经济一体化机制对全球经济产生了重要影响，并会在一体化组织内外产生两种不同效应。

经济一体化的形式包括特惠关税区、自由贸易区、关税同盟、共同市场、经济联盟等多种。

特惠关税区：是指签订协议的成员国之间相互给予对方关税减让的优惠待遇，其税率比最惠国税率还低。虽然成员国之间仍有一定程度的关税存在，但是特惠关税区是发展程度低、最松散也最易行的区域一体化组织形式。

自由贸易区：由相互签订自由贸易协定的国家组成的贸易区。成员国之间免征关税并取消其他贸易限制，但各国对区域外国家仍可以保持各自的关税和限额。

关税同盟：关税同盟是两个或多个国家为了取消彼此之间的关税和贸易壁垒而建立的同盟，同盟内商品可以自由流通和自由竞争。

共同市场：共同市场是在关税同盟的基础上，除满足关税同盟协议的所有条款以外，增加生产要素可以自由流动，并引入关税、贸易和市场一体化等措施，最终目标是实现全面经济联盟。

经济联盟：要求成员国在实行海关、贸易和市场一体化的基础上建立跨国管理机构，在国际经济决策中享有平等地位，实行统一的货币体系，建立统一的银行机构。欧盟以实现经济、金融、货币、海关、贸易和市场等方面的全面经济一体化为目标，是最成功的经济联盟。

RCEP 的实质就是一个区域经济一体化组织，包括东盟十国、中国、日本、韩国、澳大利亚、新西兰共 15 个国家在内。其目的是促进本地区的经济增长、社会进步和文化发展，保障本地区的和平与稳定等多方面，致力于将本地区发展成为世界经济增长的新极点。区域经济一体化理论有利于中国加强与东盟、日、韩、澳、新等国的经贸往来合作，特别是在海上合作领域，从海洋产品生产到海上货物运输、从专业格局重构到高端技术引进、从海上安全合作到航线互联互通建设等，加强多边合作深度。RCEP 的深入推进有利于加强缔约国的经贸合作机制，深化海上合作，为各国居民带来更大福利。

三、生产要素流动理论

生产要素理论最早由经济学家配第在其经济著作中提出，认为劳动力是财富之父，土地是财富之母，两者都是生产要素的重要组成部分。在经济学理论中，生产要素的流动通常被视为内在性质或前提条件。例如，经济增长理论和一般均衡理论的前提都是假设国内生产要素自由流动。国际贸易实际上是生产要素的间接流动，包括劳动力、资本、技术、管理和信息等要素在国家之间的转移。劳动力国际流动指的是劳动力在不同国家之间的迁移，可能导致劳动力的国籍或身份改变。这种改变可能是永久性的，例如移民，也可能是暂时性的，例如临时劳动力流动。资本国际流动是指一个国家或地区的政府、企业或个人与另一个国家或地区的政府、企业或个人之间，以及国际金融组织间的资本流入和流出。技术国际流动是指系统知识在不同国家的企业、个人或其他经济组织之间的转移，包括制造 1 项新产品、应用 1 项新工艺或提供 1 项新服务等。

国际生产要素流动和国际商品及服务贸易是各国及区域经济交往最重要的两种形式，对于此二者的关系，目前学界主流观点有两种，即要素流动与贸易的替代关系和要素流动与贸易的互补关系。

从替代的角度看，劳动力的国际流动与劳动密集型商品的国际贸易形成替代关系。因为在其他要素不变的情况下，资本/劳动力比率（人均资本）下降。一方面，这意味着移民接受国的劳动力市场将变得竞争更加激烈，可能导致工资水平下降。然而，这也可能会促进经济增长，因为更多的劳动力意味着更多的生产和更多的消费，从而会刺激经济活动。另一方面，移民输送国的劳动力市场将与之相反，变得更加缺乏竞争。这可能会导致工资水平上升，但也可能会限制经济增长，因为资本相对充裕，但劳动力不足，生产要素不匹配。这种劳动力的自由流动改变了一国的资源配置。从要素收入的角度来看，根据"斯托尔珀—萨缪尔森"定理，劳动密集型产品贸易的最终结果与美国的发展现状正好相反，它会使劳动密集型的进口国工人的工资降低，而出口国工人的工资增加，所以劳动力和贸易的国际自由流动也存在相互替代的作用。同样地，罗伯特·蒙代尔（Robert Mundell）在"赫克歇尔—俄林模型"的基础上得出了国际贸易与要素流动之间是替代关系的结论。这不仅适用于资本的国际流动与资本密集型商品的国际贸易之间的关系，也证实其他要素与相应商品在国际流动过程中都存在替代效应的结论。

从互补的角度看，各国生产技术不同时，要素流动对国际贸易具有促进作用。蒙代尔的相互替代结论是在"赫克歇尔—俄林模型"中各国生产技术相同的假设条件下得到的。而马库森（Markuson，1983）在其研究中提出了"差异性假设"（divergence hypothesis），即认为各国之间的生产技术存在差异，这差异性是国际贸易和要素流动的重要原因。他认为，国际贸易和要素流动之间不仅存在替代性，也存在互补关系。与大卫·李嘉图的比较优势理论相似，马库森的理论认为技术差异将会促进国际贸易。除此之外，技术相关的生产要素在国际流动中会促进国际贸易，例如发达国家向发展中国家的劳动密集型产业转移、对发展中国家资源产业的投资，以及发展中国家向发达国家的技术移民。

RCEP成员国中既有经济、科技、人才等生产要素十分发达的国家，如日、韩、澳、新等国家，也有自然资源、地理区位、劳动力等生产要素十分丰裕的国家，如越南、老挝、菲律宾等国家。这种两极分化较大的格局，形成了区域贸易的良好未来发展趋势，尤其是在海上合作领域，发达国家亟需发展中国家优质的资源禀赋和低廉的劳动力，而发展中国家需要发达国家的丰厚资本与人才技术，双方生产要素互补。

四、"中心—周边"理论

20 世纪六七十年代，发展中国家正处于经济发展初期，"中心—周边"理论成为当时发展中国家区域经济合作的主要理论基础。这是由阿根廷经济学家劳尔·普雷维什提出的理论模型。他认为世界经济存在中心和外围的格局。资本主义发达国家是技术创新者和经济驱动力，成为发展的"中心"。发展中国家则是中心的附属物，属于"周边"，主要是技术模仿者和原材料供应者。这个理论的特点反映了经济发展的整体性、差异性和不平等性；主要思想是交换初级产品，如中心成品、半成品和周边农产品进行交换。由于发达国家，即中心国家，在技术水平、生产效率、销售方法、购买能力上处于有利地位，因此使经济剩余转向中心国家，产生中心国家剥削周边国家、中心国家统治周边国家、周边国家依附中心国家的现实。

国际依附理论可以被理解为比较激进的"中心—周边"理论。该理论认为对发达国家的依赖是发展中国家贫困的主要原因。剩余价值从外围周边国家流向中心国家，导致中心积累，周边负积累。中心与周边的差距还会随着经济的发展而增大。为此，发展中国家应改变各国不成比例的经济制度，脱离现行国际经济体系，实现发展中国家的区域经济一体化，抵制从"中心"到"周边"的剥削和支配。

"中心—周边"理论存在明显的系统性问题。最重要的是，由资本主义国家主导的世界经济，其"中心—周边"体系导致了"中心"和"周边"起点不同，周边国家一开始就处于落后地位。周边国家初级产品贸易条件的长期恶化会导致发展中国家陷入"初级产品陷阱"，并加深了"中心"与"周边"之间的不平等。资本主义世界经济体系的"活力中心"从英国转移到美国，进一步加深了"中心"与"周边"之间的不平等。"周边"国家永远处于劣势，这是由这一制度的基本特征决定的。东盟国家及中国，都在某些行业、领域处于 RCEP 的"周边"，而日、韩、澳、新等发达国家则处于"中心"。这种不平等是隐性的，但又是显性的。为了更好地发展区域经贸合作、海上合作，需要深入了解"中心—周边"理论的基本内涵与潜在深意，深化区域多边关系，加强海上合作。

第三节　国内外研究现状

进入 21 世纪，中国加快建设海洋强国，推进海洋发展战略，制定海上合作政策。学者们对中国—东盟海上合作现状、中国—东盟海上合作领域、其他国家海上合作、广西海洋发展现状、RCEP 实践与海上合作等方面展开了研究。

一、中国—东盟海上合作现状研究

国内外学者普遍看好中国—东盟海上合作。Mehdi（2018）认为，"一带一路"倡议将开启中国与东盟国家贸易与伙伴关系的新时代。Khalid（2009）认为，中国利用广阔的海岸线和众多的海港资源，不仅增加了东盟国家对海上安全合作的重视，也让东盟国家充分利用了地缘优势，搭乘中国经济高速发展的便车，增强自身优势。蔡鹏鸿（2015）认为，中国—东盟合作既有外部推动力，也有来自内部的需求。海上合作机制的建立是中国—东盟海上合作的内在发展动力，这可以有效推动双方经济发展，防止冲突或冲突的复杂化。中国与东盟建交初期海上合作较为松散，加强合作是中国与东盟深入发展的基本动力。韦红、颜欣（2017）指出，中国与东盟经济相互依存度不断加深，发展战略相似，未来双方均有共同构建和谐海洋秩序的意愿和规划，深化中国与东盟海洋合作的可能性很大。Karim，Aminul（2015）认为，"21 世纪海上丝绸之路"是中国发起的一个巨型"经济工程"，将促进亚洲陆海互联互通和经济合作，帮助中国与亚洲其他国家实现互利共赢。

中国—东盟海上合作也存在诸多问题。George（2012）指出，中国南海地区的渔业资源的开发与保护因为受到当前南海争端的影响，将成为中国与东盟共同讨论的重点议题。田昕清（2016）认为，随着中国与东盟双边贸易不断升级，南海问题的影响不容忽视。同时，海上合作方式缺乏创新，海上合作缺乏系统性和规模性，也限制了中国与东盟海上合作的进一步发展。杜军、林燕飞（2019）以广东省为例分析认为，当前中国与东盟海上合作仍存在双方政治互信不足、双方文化差异较大等现实障碍。林优娜（2014）指出，海上互联互通面临诸多困难，双方仍需在加强文化认同方面做出努力。王玫黎、吴永霞（2018）认为，中国—东盟港口建设存在港口基础设施参差不齐、建设合作机制不完善、港口便利化水平不高、具体行业规则标准衔接不够等问题。因此，有针对性地推动各方谈判是维护相关海上安全的有效途径。

为解决上述问题，王勤（2017）指出，中国—东盟经贸关系在新时代背景下不断发展，为进一步深化中国—东盟在海洋产业等领域合作，有必要加快建立中国—东盟合作机制，建立中国—东盟海上互联互通机制磋商制度，鼓励沿海省市参与区域合作。陈相秒（2014）指出，中国与东盟深化海上合作应遵循几项基本原则：依靠人文交流和历史联系，淡化相互间的政治警惕和安全警惕，避免因为缺乏政治安全互信阻碍新丝绸之路的顺利实施。樊兢（2016）认为应以陆地经济协调支撑海洋经济协调，同时以内部机制完善支持海洋协调未来发展。吴涧生、张建平和杨长湧（2014）提出要促进双方相关人员交流等。

二、中国—东盟海上合作领域研究

从海上安全合作领域来说，周楠、周欣（2018）认为东南亚地区的恐怖活动已经威胁到处于东南海域的中国公民生命财产安全，以及海上丝绸之路的顺利建设，但是现有法律框架不能完全满足中国与东盟海上合作需要，亟须完善。马晓雪（2017）发现，就政治地缘和中国海上力量而言，中国在维护海上通道节点和防范恐怖主义这两方面存在通道安全脆弱性的问题。南海争端也是中国与周边国家进一步合作的一大障碍。罗圣荣和黄国华（2017）指出，越南对南海的主权争议持强硬态度，对中国在南海的行动非常敏感，两国合作受到限制，特别是在高敏感度领域。郑洁、薛桂芳（2018）认为不单是东盟国家之间海上安全合作滞后，由于同时面临美、日等国的强势干扰、频繁摩擦，中国南海的安全隐患更大。殷悦、王涛和姚荔（2018）则提到，在"一带一路"倡议下，借鉴了国外的海上合作案例经验与启示，中国与东盟国家的海上合作形式和领域得到了进一步发展，中国与一些东盟国家就海洋非传统安全等问题进行深入探讨，并形成了初步的合作计划。

从传统海洋资源发展合作的角度看，周昌仕、姚芳芳（2018）深入分析了中国与泰国海水产品贸易的现状，提出了深化中泰双边贸易合作的建议，包括建立贸易合作对话机制和专题论坛。吴崇伯（2015）指出印尼在海洋产业方面有资源和技术优势，并有意与其他国家开展合作，在当今中印尼"蓝色海洋经济"合作稳步展开的背景下，可进一步加深海洋渔业、海洋生态保护、海洋旅游业等领域的合作。杨程玲（2015）总结归纳了中国与印尼在海洋三次产业的经贸发展现状，并建议以"21世纪海上丝绸之路"为平台，推动海洋智慧科技、海上互联互通、海洋生态保护等领域的深入合作，拓展两国海上合作领域。张群、卢秋佳（2017）分析了福建省与东盟国家海洋渔业合作的基础条件和优势特色，认为由于技术、设备和环境的差异性，中国与东盟海洋渔业合作发展存在不同步问题。此外，管理机制不完善也导致了一些违反合作原则的捕捞行为的发生，这些问题都是中国与东盟进一步开展海上合作亟须解决的问题。

在海上合作次区域的研究方面，全毅、尹竹（2017）提出，开展次区域的合作有利于促进中国—东盟区域合作措施的实施，并总结了当前行之有效的次区域合作机制。王玉主（2018）指出，中国—东盟贸易历来多是中国与东盟整体的"大双边"经济合作问题，在当前国际经济发展新形势下，中国非常关注次区域层面的发展问题，并在此基础上，阐述了泛北部湾经济合作中存在的问题。王庆忠（2011）解释了美国、加拿大等国家介入大湄公河次区域合作的动因，并指出中国可能会出于经济目的谨慎地与其中一些国家合作。对于这些出于政治和安全目的的干预介入，中国应该保持警惕，坚持推进次区域合作。Li（2011）讨论并分析了中国—东盟在大湄公河次区域、新兴的泛北部湾经济区、东盟增长三角区在水电发展领域方面的合作。Cheng（2013）对中国与东盟次区域合作开展研究，重点关注大湄公河次区域与泛北部湾地区经济合作，分析中国与东盟国家次区域合作、区域合作。

三、其他国家海上合作研究

世界各国对于海上合作主要内容涉及安全、能源、航运等方面的合作，其中又以海上安全合作为主。以海上军事力量作为立国之本之一的美国，在全球海上安全合作领域具有绝对话语权，且其海上行动十分频繁。

吴凡（2022）认为美国与东盟海上执法安全合作，表现出美国为主要推动力、呈现双轨运行合作机制、由盟友优先向伙伴关系调整、深化海域态势感知与能力提升等特征。双方合作的动力是基于各自安全战略需求和非传统安全威胁的考量，并借鉴了日本海警外交经验，但双方的合作将受到美国战略调整、东盟战略自主、其他国家制衡和东盟内部合作基础的影响和制约，未来一定时间内，美国—东盟海上执法安全合作的动力将大于困境。

徐万胜、邱月（2020）指出美日两国的海上安全合作主要是围绕"从波斯湾及霍尔木兹海峡、红海及亚丁湾经印度洋、马六甲海峡、南海至日本近海的海上交通线"展开的。在美日海上合作同盟内部，日本承担海上通道防卫的责任与作用虽在不断加大，但在整体上尚依赖于美国保护。基于自身的利益诉求与战略考量，美日两国在海上通道安全领域合作也存在着分歧，因为它们的利益出发点和战略关注点是不同的。此外，日本有时会采取"防卫自主"的形式，独自行动，超越同盟框架。这种合作机制加剧了地区紧张局势，可能导致大国之间的海权博弈。

从美俄冷战至今，俄罗斯与欧美国家频频发生纠纷，同样也遭受西方国家的大力制裁。

除美俄等军事强国以外，其他国家的海上安全合作也值得关注。韦红、姜丽媛（2019）指出，澳大利亚和印度尼西亚在海上安全方面面临着海盗、恐怖主义、非法捕鱼和人口走私等非传统安全问题的威胁。因此，他们开展了海上安全合作。澳大利亚和印度尼西亚的海上安全合作涵盖了双边战略框架和多边安全架构，并在务实领域密切合作。这种合作已经取得了一定的成果，并在海上安全能力建设和海上非传统安全等领域，形成了常态化例行化的合作机制。同时，澳印双方在合作领域的主权敏感度降低、需求供给不对称及机制化程度低等问题也是两国的合作关系呈现出的痛点。刘磊、于婷婷（2019）认为由于地理连通性、海上贸易、人文交流、友好关系、能源需求、两国外交和安全挑战等因素的推动，印度和东南亚国家在海上安全方面的合作越来越紧密。虽然印度和东南亚国家的海上安全合作仍然存在一些问题，如各自利益诉求不一致、战略和实力的差异及其他国家推动等问题，但总的来说，这种合作关系与发展趋势对印度、东南亚国家，以及对中国和整个地区局势都会产生一定的影响。

从海洋区域视角来看，Mahan（2004）指出毒品、恐怖主义、枪支走私、海盗、非法移民和自然灾害给印度洋海域安全带来了极大风险，认为印度洋地区的沿岸国应该向地区权力中心寻求援助，以维持海洋秩序和应对自然灾害。美国、印度、南非和澳大利亚等海洋安全能力较强的国家不仅可以相互合作，还可以让其他沿岸国加入进来，作为维护海洋秩序的多边努力的一部分。马来西亚、印度尼西亚和新加坡海军在马六甲海峡就进行联合反海盗巡逻，达成一致协议，这是加强海上合作取得进展的一个典型例子。东南亚海域也同样如此，更需要加强可操作的安全合作。例如，区域合作、双边合作、网络化合作等在切实改善区域海洋安全方面具有最大潜力。

四、广西海洋发展现状研究

广西海洋发展现状的研究主要集中在海洋经济与海洋生态环境保护两方面。

广西海洋经济发展方面，陈禹静、温雪（2022）指出广西的海洋经济高质量发展水平在某些年份出现波动甚至倒退的情况，且低于全国平均水平，其原因在于广西港口货物吞吐量和货物进出口总额比重较小，海洋经济规模较小，海洋经济贡献程度较低。此外，海洋科研经费投入、人均海洋专利授权数较低也都限制了广西海洋经济的发展。陈丙先、林江琪（2014）认为广西海洋资源禀赋高却未被充分利用，海洋产业结构优化度低，海洋经济总量小，海洋基础设施建设相对落后。要想实现广西海洋经济快速且持续发展，亟须实现海洋资源的高效利用，进一步优化海洋产业结构，加快海洋基础设施建设。林昆勇、刘其铭（2017）认为广西海洋产业发展速度较慢，海洋第一产业在广西的整个海洋经济结构中比例较高，产业结构不合理，产业间缺乏联系，没有形成一条龙式的产业链，致使三大产业在国内竞争中显得十分落后；此外，广西面向海洋企业的金融、信息等服务行业有待进一步拓展，海洋科教发展先天不足，海洋领域人才比较缺乏等问题限制广西海洋经济的高质量发展。Xiong，Tang（2014）从北部湾海域的视角出发，指出广西海洋低碳产业结构不合理，科技含量高的工业服务业在第三产业中所占比重较低。广西海洋技术发展的整体水平较低，少有的科技成果在转化过程中也存在严重滞后的问题。整体海洋经济仍保持着高能耗、低效益的粗放型经济增长。这不仅导致环境污染、资源紧张等后果，而且由于海洋开发资源被不合理地占用，新兴海洋产业的发展受到制约。鉴于以上问题，叶蜀君（2019）、林昆勇（2017）等认为应从理念强化、政策扶持、人才培育、科研投入、优化产业结构等角度入手，做好长远的科学谋划，抓好发展着力点，逐步改善广西海洋经济发展不足的问题。

广西海洋生态环境保护方面,罗锋懋(2020)指出广西沿海地区一味地追求经济发展,对海洋生态环境保护的重视不够,大量地围海造地,使得局部海域生态环境失衡;不合理的开发活动使海水污染严重,红树林遭到破坏致使近海生态环境恶化;近海地区的工业和海洋产业的发展,给海洋生态环境带来了巨大的压力,同时海洋生态保护的立法和执法机制也存在不足,过度捕捞使得渔业逐渐衰竭,海洋生物多样性逐渐减少。陆海生、陈波(2014)发现广西近海海水中活性磷酸盐和耗氧有机物浓度逐渐升高,富营养化指数明显增加,局部污染现象日趋严重。广西沿海地区污染源主要包括工业污染源、规模化畜禽养殖污染源、生活污染源、集中式污水污染源和海洋污染源。胡俊雄(2018)从北部湾海水质量状况、海洋生物生存状况、海洋污染状况、海洋灾害状况等角度分析,发现北部湾经济区在海洋环境治理方面投入较多,也取得了一定的进展,但仍然存在海水质量低下、海水污染严重、海洋灾害威胁等问题。李阳(2015)指出广西海洋环境管理存在多方面困境,包括管理体制不合理、执法队伍缺乏技术支持、倾废船舶监管困难及环保意识不强等问题,并针对各个问题提出相应建议。

五、RCEP 实践与海上合作研究

苏亚艳(2021)指出在 RCEP 价值链重构中,中国与东盟存在合作困境。一是区域层面,美国对排除了美国参与的东亚区域经济合作抱持反对的态度。二是中国与东盟国家之间存在的产业结构趋同、贸易竞争及政治互信等困境,不利于二者之间价值链重构。三是从东盟自身问题来看,东盟内部成员在历史、文化、宗教冲突,以及存在产业结构相似的问题,导致东盟的凝聚力不足。魏慧玲(2017)指出,在 RCEP 框架下,中国与印度尼西亚的海上丝绸之路(MSR)合作也面临着不少挑战。印度尼西亚国内政治带有不确定性,并且秉持大国平衡的外交策略,力求在美国、日本、中国这些大国中寻求平衡。在南海争端问题上,印度尼西亚和中国的立场存在分歧。张程锦(2017)指出,在 RCEP 框架下深化中国与太平洋岛国的实践合作同样面临诸多挑战:内部面临经济落后、军事薄弱、政局动荡等问题,外部面临大国博弈、政治选边、经济包围等问题。从执法的缺陷来看,联合国海洋法公约本身存在的不确定性和制度空白,加之某些国家为扩大管辖范围与空间而过度解释条款,导致海上执法管辖权时常发生冲突。

从中国—东盟的实践角度看，面对世界范围内区域一体化浪潮的兴起，东亚国家开始迎头赶上。引人注目的步骤之一是在 2001 年年底的中国—东盟峰会上共同达成协议，并对外宣布在未来 10 年内建成"中国—东盟自由贸易区"。在经济领域，中国与东盟将重点关注农业、信息和通信技术、物流交通网络、国际旅游、人力资源开发、投资支持和湄公河流域发展，并将逐步扩展到其他领域。从 2003 年 10 月 1 日起，中泰两国开始实施蔬菜水果零关税协定。此外，自 2004 年 1 月 1 日起，中国—东盟自贸区总体框架形成，并围绕"早期收获"计划开始实施，率先降低两国在粮食、乳制品、鸡蛋、饮料等产品的进出口关税。钢铁、机械零部件、棉织物、化肥、化学品等的关税也开始降低。

在 RCEP 框架下，争端解决机制十分重要。蒋德翠（2020）指出无论是双边性的、综合性的还是专门性的投资争端解决方式，都存在针对性不强、未设置纠错程序、约束行为范围较小、执行规则缺失等问题。赵玉意、董子晖（2022）和杨海涛（2015）也指出中国—东盟争端解决机制存在适用主体模糊、仲裁机制不合理、监管制度较弱等问题。鉴于上述问题，袁达松、常磊（2022）和王彦志（2022）提出有必要构建 RCEP 投资者与国家间争端解决机制，建议采用投资法院加上诉机制的仲裁模式，在兼顾效率与公正的基础上融入投资者与国家间争端解决机制改革的新发展。

目前，学者们对于中国—东盟海上合作开展了较丰富的前期研究，从不同的角度和层面对中国—东盟海上合作进行了研究，为本书的研究奠定了坚实的前期研究基础。

第二章 SECOND

世界海洋事业发展与海上合作溯源

第一节 世界海洋事业发展

一、主要海洋国家海洋事业发展简史

（一）美国海洋事业发展

美国三面环海，这个地理优势使得海洋成为美国发展史上不可或缺的一部分，影响力不可低估。美国已经从一个以陆地为主的大国转变为一个海洋大国、海权强国及海洋事业全面发展国家。

美国的海洋事业发展大致经历了三个阶段。

第一阶段：海上崛起准备期。起初，美国的航海活动是以"海防"为基础，为了巩固海防，美国议会于1794年通过了一项议案，该议案由一名炮兵和一名工程师组成调查小组，调查美国沿海防御系统。1812年，英美两国爆发了一场大战。为了突破英国海军对美国海岸的封锁，保护美国的海权，同时也为了打击英国的海上贸易，美国组建了一支常备舰队，这支舰队为美国在后来几次战役中取得胜利起到了关键作用。19世纪后期，由于美国的经济实力不断增强，美国在海洋大国中的地位日益凸显，美国逐步摒弃了过去的"孤立主义"，将发展目光转向了海外。

第二阶段：海洋强国崛起期。1890年，美国通过了《海军法案》，开始大规模发展海军。在这期间，美国的海军实力从世界第12位急速上升到世界第3位，仅次于法国和英国。在第一次世界大战期间，美国海军行动遍及全球所有大洋和重要海域。第一次世界大战末期，美国海洋战略家们所期待的两洋舰队的梦想已经成为现实。

第三阶段：海上综合实力快速发展期。到了1950年，美国的海洋事

业发展不仅表现在海军的建设上，而且表现在管理、经济、科技、文化和教育等多个领域，呈现出一种立体的、全方位的发展。因此，美国的海洋事业发展是一个全面的、综合性的过程。1960年，美国加大了对海洋科学和技术的投资力度，也加大了对海洋事业发展的投资力度。美国在20世纪的海洋开发政策中，既有延续性，又有变革性。其中，最大变化就是更加强调海上安全，并在争夺战略性的海上资源和维持海上航线等问题上，进一步强化了国家的军事力量。进入21世纪，美国更是不断加强对海洋认识的深化，加快了对海洋发展规划的顶层设计。

（二）英国海洋事业发展

海洋是英国的立国之本。15世纪开辟新的海上航线后，英国开始积极拓展海外市场，发展海上贸易，加强海军力量，培养强大的舰队，夺取海域控制权，不断向外扩张，且在海洋强国的舞台上给自己提前留出空位。

1620—1640年，英国经历三次"英荷战争"，打败了荷兰，并在1651年发布了《航海条例》，接替了荷兰的大部分海运贸易。英国由此变成世界上海军强国和商业强国。英国选择依靠武力夺取海上贸易霸权的道路，开辟了殖民帝国争夺海洋霸权的先路。

1783年，英国在北美的庞大殖民系统接近瓦解，海洋霸权的争夺出现短暂的低谷期。

1805年，英国在特拉法加海战中，大举消灭法国海军势力，确立了海上的绝对霸权地位。在这期间，英国以强大的海军力量控制了欧洲的海权，为海上贸易发展铺平了道路，为资产阶级革命的完成和"日不落帝国"的建立奠定了基础。

1842年鸦片战争期间，中国被迫割让香港，英国夺取东亚第一个海外战略据点。

1859—1869年，连接大西洋和印度洋的苏伊士运河开通，英国和法国在其中占有绝大多数股份，从此以后，长期控制着这条重要的海上战略通道。

1900年，英国开始建造更具规模优势的"无畏"舰。

1921年，在华盛顿会议上，《四国公约》和《五国海军条约》确立的舰队条例对英国的海上优势产生巨大影响。

19世纪后期，英德两国争夺海外利益的斗争日趋激烈。英国制订了

"3C"和"3S"海洋计划。"3C"计划是以中东的开罗为中心，建筑一条南到好望角的开普敦、东经巴格达到加尔各答的战略铁路线，把整个非洲、西亚和南亚次大陆都囊括在自己的势力范围之内。"3S"计划指联结苏伊士运河、新加坡和上海三个基点，建立交通网，进而控制亚洲。英国计划通过"3C"和"3S"海洋计划，在陆地和海上同时控制亚非大陆及其海岸线。第一次世界大战后，英国依旧保持着世界海上霸权。

进入 21 世纪，英国力求促进可持续经济增长和就业，非常重视海洋事业发展，以期保持其在应对全球气候变化、调整能源结构、培育新兴产业中的战略地位，使得海洋技术和海洋产业在国际上保持领先地位。

作为一个以海为本的国家，英国曾经是世界上最强大的海洋国家，至今仍保持着海洋强国的地位。

（三）法国海洋事业发展

在海洋强国史上，法国是一个较易被忽视的强国。事实上，法国的地理位置为其拥有海权提供了良好的条件。法国国力强大，且拥有葡萄牙、西班牙、荷兰等国家都无法比拟的海洋优势，缺少的只是将海洋发展置于国家战略高度的观念。

17 世纪初，法国对海洋发展的看法发生了重大变化。1624—1642 年，法国建立了 4 个海军基地。1642 年，法国历史上的第一支正规海军在北美蒙特利尔市成立。后来，内陆文明接管国家管理观念的主流，形成新的民族观念，法国组建的海军慢慢消失了。1661 年，路易十四勾画出一个比较完整的海洋强国战略，把海洋和远距贸易组织起来形成巨大的实体，创建具有坚实基础的海军。1683 年，法国海军已拥有 107 艘战舰，成为世界上强大的海上力量之一。

从 18 世纪 70 年代中期开始，法国首先将资源集中在海战和殖民战争上。尼罗河海战失败后，法国海军分崩离析，无力撼动英国海军霸权。从 17 世纪末到 19 世纪初，法国在与英国争夺欧洲霸权和世界领导权的近一个世纪的权力斗争中，由于路易十四的错误决定，法国在海军战场上连连受挫。

1805 年，在拉法尔加海战中，缺乏训练和战斗力的法国海军被英国人彻底摧毁，失去了成为海军霸主的机会。

20 世纪以来，法国清楚地意识到稳固自己的地位，必须加强国家综合实力和影响力，充分利用海军力量和海洋资源，着力建设海洋强国。法国积极参与维护海上安全的行动，拓展海外利益，聚焦海洋发展合作目标，努力在近海赋能，推行如"地中海计划"等海洋建设发展举措。

（四）俄罗斯海洋事业发展

俄罗斯一直以来重视海洋开发，其历史可谓一部海军力量的曲折发展史。

17世纪，由于缺乏通往黑海和波罗的海海岸的自然通道，俄罗斯的海洋发展受到阻碍，这表明"俄罗斯需要海洋"。

1700年，俄罗斯在从土耳其获得第一条出海口后，彼得大帝于瑞典发动北方战争。

1703年，俄罗斯成立海军部，进一步提高海军在国家战略的地位。

1712年，在北方战争结束前，彼得一世坚定地迁都沿海城市。

1718年，俄罗斯成立海军委员会，海军委员会负责船舰管理、基本训练、海上防御等事务。

1721年，瑞典被迫签订尼斯条约，俄罗斯获得了进入波罗的海的通道，取得了海域霸权。

1722年，俄罗斯与波斯开战，建立里海舰队，沿里海攻打波斯，自此向南打开了通往黑海和印度洋的门户，并谋求向西伯利亚、中国的黑龙江流域扩张。

1725年后，俄罗斯海军力量的发展出现停滞期。

1768—1799年，叶卡捷琳娜二世不断扩张和发动战争，占领了整个黑海北岸的广大地区，独占了对黑海海峡的控制权。

进入19世纪后，俄罗斯经历内部农奴制危机，海洋的扩张似乎停止了。特别是在1840年《伦敦条约》签订后，俄罗斯关闭了黑海海峡，意味着俄罗斯海上竞争力的全面下降。

20世纪初期至20世纪中叶，俄罗斯依托辽阔海域、丰富的矿产、能源资源和科技实力，一方面重视从海洋获取资源，另一方面利用国际海洋立法的空洞，走在立法前沿，为自己争取在国际上的海洋利益。苏联的海洋产业在20世纪50年代发展到顶峰，苏联逐步成为世界性海洋强国。苏联解体后，俄罗斯国力衰退，尤其是在20世纪90年代经济实力减半，海军实力基本丧失，严重影响到海军与海洋产业。

21世纪以来，俄罗斯经济进入了高速发展时期，海洋产业发展迅猛，俄罗斯又一次朝着海洋强国的目标迈进。俄罗斯在国家战略层面建立海洋政策体系，制定涵盖全国海洋活动的海洋战略总体规划，确保海洋的全面发展，保障国家新海军力量的推进。

（五）日本海洋事业发展

日本是典型的岛国，由四大岛屿和许多小岛组成，海域面积大，陆地面积小。这种特殊的自然地理条件促使了日本必须走海洋开发之路。

明治维新以来，日本开始定位海洋大国，积极制定海洋事业发展战略，进行工业化改革，形成了"海洋居首"的国家发展战略，属于最早制定海洋经济发展战略的国家之一。日本自然资源匮乏，但日本的领海、专属经济区的海洋面积在世界上排名前列。海洋是日本经济复苏的新增长点。

1961 年，日本成立海洋科学技术审议会，提出了海洋科学技术的发展方针。

20 世纪 70 年代中期，日本提出开发海洋的基本理念和战略方针。

1980 年，日本海洋产业产值就占 GDP 的 10.6%。日本坚持把加快发展海洋产业作为国家发展的战略方向，期望在无限辽阔的海洋空间中开发利用矿产、生物、能源等资源，满足日本的社会经济需要。

2007 年，日本国会通过了《海洋基本法》，设立"综合海洋政策本部"及海洋政策担当大臣。

2008 年，日本政府颁布实施了《海洋基本计划》，在近海和专属经济区内重点推进油气资源、海底矿床等海洋资源的勘探开发与利用活动。2009 年，日本政府颁布实施了《海洋能源矿物资源开发计划》，重点推进了包括油气资源、海底矿藏等海洋矿产资源的勘探开发与利用活动。

2013 年，《海洋基本计划（2013—2017）》出台，日本把培育海洋经济视为新的经济增长点。2018 年 5 月，日本政府通过了《海洋基本计划（2018—2022）》，日本海洋政策逐步将重点转向安全防卫。

2020 年 8 月，日本海洋政策学会（Japan Society of Ocean Policy）与笹川和平基金会海洋政策研究所（Ocean Policy Research Institute）合作，成立了"海洋十年"研究小组，由海洋领域专家和观察员组成，致力于将日本的海洋科学项目收集、编辑成册，并与世界各国和各机构分享。

2021 年"海洋十年"正式启动，日本也正式开启了国家"海洋十年"机构和相应的体制机制建设，积极参与相关活动。同年 2 月，在"海洋十年"研究小组基础上，日本正式成立了"海洋十年"国家委员会。2021 年 10 月，日本建立了"海洋十年"官方网站，标志着"海洋十年"在日本的正式启动，更标志着国家层面对"海洋十年"的重视与支持。

近代以来，日本通过扩海占岛，加大海洋资源的开发利用程度，推动海洋经济发展的规模和水平，在很大程度上满足了国家资源经济发展需要和海洋国际地位的需求。

日本曾因"闭关锁国"政策陷入海洋事业发展的停滞期，海洋开发较晚。日本政府依靠国家层面的推动和提高公众意识，坚持对海洋的持续开发，使日本的海洋开发战略得以快速推进，"蓝色文明"成为重中之重，进而使日本在较短的时间内达到世界海洋强国的高度。

（六）中国海洋事业发展

中国是海洋大国，自秦汉以来，海上丝绸之路就已经开通。唐宋时期的海上贸易在东亚不断发展。明朝以后，中国的海上活动相对停滞。1840年第一次鸦片战争后，西方列强敲开清政府大门，中国的海洋活动被动兴起。1861—1895年洋务运动时期，中国政府消耗大量钱财建三洋海军。孙中山曾指出"国力之盛衰强弱，常在海而不在陆，其海上权力优胜者，其国力常占优胜"，并致力于港口建设和海军建设。由于国家的积贫积弱和列强干涉，直至1949年中华人民共和国成立初期，中国海军力量薄弱、海权丧失的局面仍未能得到根本扭转。1978年改革开放以来，中国逐步发展为依托海上通道、在全球海洋拥有广泛战略利益的外向型经济大国。

21世纪以来，中国海洋经济发展条件和外部因素发生明显变化。

中国海洋事业正处于新的发展阶段，面临着新的挑战和机遇。传统海洋资源产业规模将继续发展，绿色低碳可持续发展成为中国未来海洋事业发展的唯一选择。同时，传统海洋制造业产能过剩仍在影响着产业结构调整。随着新资源的开发利用，新兴海洋产业和服务业将逐步发展壮大。作为世界海洋资源大国，中国也将加快实施海洋资源开发利用。此外，沿海地区人口集聚度的提高也对中国海洋经济的发展提出了新的发展要求和挑战。这既是中国面临的新形势问题，在一定程度上也是世界各个海洋强国面临的困难与挑战。未来，中国海洋事业将以"创新、协调、绿色、开放、共享"为发展理念。

二、世界海洋经济发展概况

（一）世界海洋经济发展

海洋约占地球总面积的71%，是一个巨大的资源宝库。随着全球陆地经济增长放缓，海洋经济的重要性逐渐凸显，海洋开发方式逐渐从传统的单向开发向现代综合多向开发转变。

海洋经济兴起于 20 世纪 40 年代，定名于 20 世纪 60 年代，发展于 20 世纪末 21 世纪初。2001 年，联合国正式文件中首次提出"21 世纪是海洋世纪"。在 21 世纪，海洋将可能成为全球发展的焦点，为全球发展提供新的契机，世界人口、城市和产业日益向沿海地区集中，海洋经济的活力和吸引力会充分显现。

从全球经济发展进程看，世界经济中心依托广阔的海洋资源，最先从地中海国家向内陆国家扩张。自第二次世界大战以来，随着陆地资源的不断利用与开发，各沿海国家都将目光转向海洋，加快了对海洋的研究和开发，一些国家把开发海洋、发展海洋经济纳入基本国策。特别是随着联合国《海洋公约》的生效，全球国际组织和世界各国对海洋开发活动越来越重视，海洋经济进入一个快速发展的阶段。

从海洋经济产出效益来看，20 世纪 60 年代后期，全球海洋经济产出值为 130 亿美元，20 世纪 70 年代初为 1 100 亿美元，1980 年为 3 400 亿美元，1992 年为 6 700 亿美元，2001 年为 1.3 万亿美元，2016 年突破 1.5 万亿美元，到 2022 年全球海洋经济总产值已约 3 万亿美元。近 40 年，海洋经济总产值每 10 年翻一番，海洋经济在全球经济中的比重逐步提高：1970 年为 2%，1990 年为 5%，2010 年为 10% 左右，预计到 2050 年将增加到 20%。值得一提的是，自 2014 年起，由于在欧美、日本等发达国家，渔具和渔业作业方式发生变革，渔业和水产养殖产品的国际贸易显著增长，扩大到各大洲、各区域。2018 年，海洋渔业总产量达 1.79 亿吨，其中出口总量为 6 700 万吨，价值 1 650 亿美元，2020 年全球水产品出口总量约为 6 000 万吨，价值 1 510 亿美元，与 2018 年相比下降 7%，但渔业和水产养殖总产量创历史新高，达 2.14 亿吨，其中水生动物 1.78 亿吨，藻类 3 600 万吨。从海洋产业结构变革来看，全球海洋产业结构不断优化升级。海洋渔业作为传统海洋经济的主体，虽然海上捕捞总量不断增加，但在现代海洋经济中的比重却逐渐降低。在美、日、英等发达国家，海洋渔业占海洋经济的比重已降到 10% 以下。

海洋油气业、港口工业和滨海旅游业快速发展，以高科技支撑的现代物流和生产性海洋服务业成为现代海洋经济发展的主要内容。海洋运输业从单纯远洋运输逐渐向综合物流服务，产值实现跨越式的突破，国际航运成为海洋运输业发展的大方向。

根据联合国贸易和发展会议（UNCTAD）的研究，截至 2019 年，全球有 10 000 余个港口，有 95 402 艘船（100 gt 以上有推动船舶），总计运力 19.7 亿 dwt。干散货船舶和油轮毫无疑问地占据了最大的比重，分别占总 dwt 比重的 42.6% 和 28.7%。与 2018 年年初相比，全球总运力增长了 2.6%，希腊、中国、日本船队载重规模较大。此外，随着生活消费水平显著提高，人们对更高的物质和精神享受产生需求，利于海洋观光、滨海旅游业等现代海洋服务业的发展。

从海洋产业发展支撑来看，高度依赖现代科学技术是现代海洋产业发展的一大特点。美、日、英、法等国海洋产业高速发展的原因，主要是这些国家的海洋科技水平一直走在世界前沿，尤其是海洋高新技术。目前受燃料能源危机和环境变化压力的驱动，"海洋能源"已成为世界各国共识，能源利用也趋向绿色化。2005 年，世界范围内的波浪能研发非常活跃，法国、加拿大、俄罗斯和中国纷纷建设潮汐发电厂。据估计，到 2030 年，全球潮汐能发电总量将达到 600 亿千瓦时。

人类社会数千年的海洋经济活动延续到 21 世纪，世界各国的战略重心将从太空转向海洋，海洋产业将成为全球经济新的增长点。海洋智慧科技有利于世界海洋经济快速发展，主要呈现产值增长高速化、产业结构高度化、产业支撑科技化、能源利用绿色化。金融危机后，全球经济增速放缓，经济增长的动力正在改变，海洋经济是世界经济的重要组成部分。在中国、美国和韩国等主要沿海国家，海洋经济的增长速度已经超过了本国的国民经济和世界经济的平均增长水平。

（二）世界海洋经济发展的总体趋势

21 世纪是海洋的世纪。随着人类对海洋资源的深入开发和利用，海洋经济产业模式和本质也在随着社会发展的需求不断演变。国际社会逐渐关注并积极推动海洋事务的发展，在安全、海洋科技等领域取得了许多新进展，并呈现出以下发展趋势。

1. 注重巩固传统海洋产业的龙头地位

从世界主要海洋国家的海洋经济发展情况看，海洋渔业、海洋运输业、滨海旅游业、海洋油气业是海洋经济发展的支柱产业，在国民经济中的经济贡献和就业份额很重要。在未来的发展中，由于过度捕捞和非法捕捞，海洋捕捞增长几乎为零，海水养殖业也亟须技术支持。中国、印度尼西亚、秘鲁、美国、印度、俄罗斯、缅甸、日本等 11 个国家将是最大的海水产品产出国。未来，海水产品产量的增长主要依靠海水养殖，海水养殖的发展将成为渔业和水产养殖业变革的主要驱动力。在全球范围内，海洋运输业的发展与 GDP 的实际变化密切相关。在过去的 60 余年里，国际游客人数稳步增长，海洋旅游业的发展也在不断发展。依据以上数据可以看出，全球主要海洋国家的传统海洋产业仍占据主导地位，在未来的发展中，传统海洋产业也会进一步革新，夯实其主导地位。

2. 以核心技术抢占新兴海洋产业市场份额

由于海洋环境问题的重要性和复杂多变的国际环境，特别是油气市场价格波动，世界主要海洋国家开始积极开发海洋可再生能源。未来可再生能源产业和整个新能源技术的拓展都有极大的发展空间。从全球范围看，多国大力发展海洋可再生能源，希望通过政策制定，为海洋可再生能源的发展提供更好的投资条件。日本于 1974 年、1993 年实施了"阳光计划"与"新阳光计划"，1980 年 10 月成立新能源产业技术综合开发机构（NEDO），积极推进新能源技术开发。中国在 2013 年发布《海洋可再生能源发展纲要》，指出需要在顶层规划、关键核心技术、公共服务平台和标准体系建设、技术示范应用、成果转化及国际合作等方面加大发展力度，全面促进海洋可再生能源发展。2019 年，美国编制发布了《以加强水安全为目标的海水淡化统筹战略规划》，确定了发展海洋技术的三大目标。近期英国发布的海洋战略和政策包括《全球海洋技术趋势 2030》《产业战略：海上风电部门协议》等重点支持水产养殖、能源和海洋生物技术的发展。

3. 以科技创新发展与转化催生海洋新兴产业

由于全球经济增长缓慢，海洋经济成为世界主要海洋国家经济新的增长点，科技成为海洋经济发展的驱动力。世界主要海洋国家重视海洋科技发展和涉海人才培养，将海洋科技和海洋人才作为海洋经济发展的重要驱动力，以加快海洋经济发展。

2018 年，美国国家科学技术委员会发布《美国国家海洋科技发展：未来十年愿景》，美国明确了 2018—2028 年海洋科技发展的研究需求与发展机遇，提出以科技进步推动海洋经济发展。日本设立了研究院、科学技术研究中心等，培养了大量的海洋发展优秀专业性人才，为海洋经济发展做出了贡献。

4. 坚持绿色发展促进海洋经济可持续发展

海洋资源枯竭和环境问题引起了全球公众的共同关注,世界各国开始注重海洋经济发展的可持续性。海洋生态环境污染问题也受到世界各国人民的共同关注,各国注重海洋环境保护,及时完善海洋法律,调整海洋发展政策,确保制度和政府发挥积极作用,加强海洋环境监测与管理工作。此外,各国也开始重视国际之间的海上合作,共同开发海洋资源,保护海洋环境,推动全球海洋事业发展。

三、主要海洋国家海洋经济发展概况

(一)美国海洋经济发展

美国地处北美洲中部,东临大西洋、西近太平洋、南靠墨西哥湾,拥有全球最大专属经济区(又称经济海域),总面积达到1 135万平方公里,比其50个州的陆地面积还要大。其中,174万平方公里的大陆架海域为全美提供30%的石油产量及23%的天然气产量。美国海岸线长达22 680公里,漫长曲折的海岸线给美国提供了优良的港口资源,美国95%的对外贸易都是通过海上运输进行的。

美国依托得天独厚的海洋资源优势,重点发展海洋工程装备产业、海洋生物产业、海洋矿业、船舶建造业、滨海旅游和休闲服务业、海上交通运输业六大海洋产业,海洋及相关产业已成为美国国民经济发展的重要支柱。1972年,美国海洋经济生产总值为306亿美元。2020年,美国海洋经济生产总值为3 610亿美元。在美国国民经济组成中,沿海经济是美国国民经济的重要组成部分,美国80%的GDP增速由沿海经济拉动,40%的GDP增速直接由海洋经济拉动,95%的对外贸易和37%的附加值是通过海运完成的。美国商务部公布:2021年美国海洋GDP扩大到4 324亿美元,名义增长1.9%。其中,与沿海、近海相关的"旅游、娱乐、餐饮、住宿、捕鱼及各类其他服务活动"创造的GDP最高,2021年扩大至1 530.3亿美元,达到了美国海洋GDP总规模的35.39%;与沿海、海洋相关的"国防、公共行政"的增加值为1 403.08亿美元,是美国海洋GDP中第二大部分,占比32.45%;近海采矿业创造的GDP为565.12亿美元,占比13.07%;与海洋相关的运输、仓储完成的GDP为278.45亿美元,与"海洋生物资源"相关领域创造的GDP为184.34亿美元,造船及相关活动创造的GDP为101.5亿美元,沿海其他公共事业创造的GDP

为 100.62 亿美元。

目前，美国积极全球收集、筛选优质海洋生物资源，建立海洋生物养殖基地，美国在海洋工程、生物医药、风力发电等依赖高投入和高新技术研发的海洋产业方面处于全球技术前沿，特别是深海锰勘探、试采、加工等技术的进步使其成为世界上为数不多的能够完成 1 500 米以上深度油气钻探和开发的国家之一。与此同时，美国海洋经济迅猛发展，保证了美国对海军军力的巨大投入，为其实施海军战略规划提供了巨大的时空优势。

（二）加拿大海洋经济发展

加拿大是北美海洋经济发展水平仅次于美国的另一个海洋经济大国。加拿大海洋资源丰富，拥有三面临海的海岸线，包括太平洋、大西洋和北冰洋。加拿大的海洋领域由一系列的湾泊、水道、海湾、海峡、海岸和海岛组成，独特的地理位置使其在生态、经济和文化方面都受益于海洋。

加拿大的海洋生态系统极为多样化，包括多种鱼类、海洋哺乳动物、海鸟、珊瑚、贝类、甲壳类动物等多种生物。加拿大的海岸线还提供了丰富的海洋资源，包括渔业、石油和天然气开采、航运等。

加拿大的海洋产业主要包括：海洋渔业、海上石油和天然气、航运和仓储业、沿海休闲旅游和造船业。加拿大外接太平洋、大西洋、北冰洋，内拥五大湖，海岸线长达 24.4 万公里，是全球最长的海岸线，占世界海岸线总长度的 25%。

在海洋渔业方面，加拿大域内淡水总面积达到 75 万平方公里，占世界淡水储量的 20%。加拿大 85% 的水产品用于出口。近年来，加拿大海产出口稳步增长，但由于受到新冠疫情冲击，出口有很大回调，2021 年又重拾升势。根据国际贸易中心历年给出的数据，2017 年加拿大出口的渔类产品总值达 68.6 亿加元，2020 年回落至 43.9 亿美元，2021 年加拿大海产出口额增至 63.2 亿加元，增幅高达 43.9%。加拿大在大西洋的渔业产出约占渔业总量的 76%；在太平洋的渔业产出占渔业总量的 21%。

在交通运输方面，据加拿大交通部统计，截至 2015 年年末，加拿大注册船队（运力在 1 000 吨以上）共有 189 艘船只，总运力为 260 万吨。至 2016 年年末，加拿大有 559 个港口，其中 18 个主要港口归属 18 个港务局。航道与三大洋（太平洋、大西洋和北冰洋）、五大湖区及圣劳伦斯河连接，年总吞吐量约 4 亿吨。2017 年交通运输业创造增加值 784 亿加元，占加拿大 GDP 的 4.5%，就业人数为 94.4 万人。其中，汽车运输服务增加值约占全行业的 29%，空运占 10%，铁路运输占 9.8%，水运占 2%，其余是机场、车站、码头管理等支持性服务。

如今，海洋是加拿大社会发展的核心基础之一，每年海洋经济为社会提供了 30 万个就业岗位。加拿大渔业发达，滨海休闲旅游业稳步发展；海上油气资源丰富，航运收入增加，相关造船业发展滞后。

（三）澳大利亚海洋经济发展

澳大利亚四面环海，地理位置优越，油气资源丰富，2019 年已探明天然气储量 96.5 万亿立方英尺，石油储量 18 亿桶。澳大利亚海洋生态保存完好，其对人类的服务功能和人文价值具有巨大的开发潜力。从长远发展来看，澳大利亚的海洋发展战略具有突出特点，在海洋产业发展、海洋环境保护和海洋技术开发等方面走在世界前列，在多个海洋发展领域处于领先地位。澳大利亚目前正着力实施积极的海洋发展战略，以促进海洋经济的全面发展。

澳大利亚海洋产业呈现强劲的增长势头，海洋经济总产值从 2001 年的 237.8 亿美元增加到 2022 年的 653.9 亿美元，扩大了约 2.75 倍。2008 年，澳大利亚引入"蓝色经济"这一概念，将海洋经济细分为海洋生物资源产业、海洋油气产业、造船业、海洋建筑业、海洋旅游产业、海洋运输业六大类。根据最新统计报告，澳大利亚的蓝色经济在过去 10 年中规模翻了一番多，达到 68.1 亿美元，成为推动澳大利亚经济发展走向未来的重要转折点。海洋经济年增长率预计将保持在 4% 以上，预计到 2050 年，海洋经济总产值达到 1 000 亿美元。

2021 年，澳大利亚港口超过 100 个，国内港口集装箱吞吐量达到 815 万标准箱（TEU）。墨尔本是澳大利亚最大、最繁忙的港口，也是该国最大的现代化港口，它处理着澳大利亚超过三分之一的集装箱贸易。其国际集装箱码头 Swanson Dock 和 Webb Dock East 在 2021 年共处理了超过 280 万 TEU 货物。澳大利亚是海洋经济强国，海洋经济在国民经济发展中占有重要地位，海洋旅游和近海油气产业是澳大利亚海洋经济的重要支柱产业，其中海上旅游业占 45%，海上石油和天然气业占 34%。从航运业对就业的贡献来看，海上旅游业就业占比 62%，位居航运业就业贡献榜首位；海上油气就业占比 17%，位居第二。

总的来说，澳大利亚不仅海域辽阔，资源丰富，而且海洋科学研究历史悠久，在海洋资源综合管理方面处于世界领先地位。

（四）日本海洋经济发展

日本鱼类资源丰富，拥有世界著名的北海道渔场，盛产 700 多种鱼类。日本陆地自然资源匮乏，工业所需的大部分原料和燃料必须依靠从国外进口。海洋资源丰富而陆地资源匮乏，导致日本的经济发展对海洋尤其依赖。

20 世纪 60 年代以来，日本政府的经济发展由陆上产业转向海洋产业，打造了以海洋渔业、海洋工程、航运业为支柱的高科技海洋产业经济结构。随着海洋相关经济活动的日渐频繁，日本海洋经济蓬勃发展，包括海洋科技、海洋文化、海洋生态环保和公共服务支持系统等多个领域。

日本海洋渔业、造船业、滨海旅游业和新兴海洋产业占有较大比重，发展较为成熟，成为日本海洋经济的支柱产业。在海洋渔业方面，日本海洋渔业集渔船捕捞、水产养殖、水产品物流、水产品销售等相关产业于一体，形成了完整的产业链，配套完善，产业关联性强。在造船业方面，尽管造船产量大幅下滑，但造船业仍是日本海洋经济的支柱。据中国造船工业协会、华经产业研究院数据，2021 年世界新接造船业订单量为 11 985 万载重吨，日本新接订单量为 1 283 万载重吨，占比为 10.7%。横滨港是日本滨海旅游的一个重要地标，其"未来港口 21 计划"吸引了众多游客前来观光。

除此之外，为了实现海洋产业转型和海洋产业现代化发展，日本政府正在大力培育和扶持新兴海洋产业，其中海洋信息、海洋资源与能源、海洋生物资源开发产业正在逐步崛起，成为日本未来海洋产业体系的重要组成部分。

日本海洋经济呈现三大基本发展趋势：依托大型港口、引领海洋技术与产业发展、以经济腹地为基础。日本的海洋产业历史悠久，底蕴深厚。日本实施通过主要港口拓展经济腹地的海洋战略以来，海洋经济占 GDP 的比重逐渐提高，海洋产业已成为国民经济的重要增长点。

（五）英国海洋经济发展

英国是一个岛国，由大不列颠、北爱尔兰和周围的许多小岛组成。英国的海岸线长达 1.8 万公里，港口众多，沿岸海域蕴藏着丰富的石油、天然气。到 2030 年，英国的海上风电总容量将超 19 TW（离岸 5 海里至 EEZ 界线），可用容量将超过 5 TW，且潮汐能和波浪能资源分别占到全欧洲的 50% 和 35%。英国有 3 200 公里的内河航运，其中 620 公里用于货运。泰晤士河是英国最繁忙的内河运河，其次是福斯河。海运承担了95%的外贸运输。目前，120多个商业港口完成了英国95%的国际货运量。

在海洋渔业方面，英国海洋渔业增加值虽然整体缓慢，但发展较为稳定，2017年海洋渔业总产值达到27.78亿欧元，比2009年增长35%，英国海洋渔业部门吸纳了约3.3万个工作岗位，占英国GDP的0.08%。

在海洋油气行业方面，英国油气行业总体呈下滑趋势，2009年油气总产量为1.21亿吨，2018年下降至8 567万吨。20世纪初，英国经济实力下降，航运业竞争力下降，运输量锐减。航运业提供的工作岗位数量，从2015年的19 200个下降到2017年的16 100个。造船和海洋工程装备的国际竞争优势也呈下降趋势。

在滨海旅游方面，英国滨海旅游吸纳的工作岗位数量下降。2017年增加数量低于2009年4.57万个，与2009年相比，英国滨海旅游业产值在2017年增加值达到81.14亿欧元，增长14.20%。从海洋经济的内部结构来看，滨海旅游一直是提供就业岗位最多的产业板块。

在可再生海洋产业方面，英国的海洋能源产业还处于研发和试验阶段，风能、潮汐能、波浪能等能源研究和产业处于世界领先水平。

总之，英国的海洋经济规模约占国民经济的1.7%，沿海旅游、海洋油气和海港（仓储）业是最重要的三个海洋产业部门；传统海洋产业向现代海洋产业加速转型，一个以教育和科研为基础的成长型海洋产业国家正在高速发展。

（六）中国海洋经济发展

中国海域辽阔，拥有约3.2万公里的海岸线，领海面积达300万平方公里。海洋资源丰富，有海洋生物2万多种。2021年，中国海水产品产量为3 387.2万吨，同比增长2.2%；海洋原油产量同比增长6.2%；海洋天然气同比增长6.9%。

中国主要海洋产业包括：海洋渔业、海洋油气业、海洋盐业、海洋交通运输、滨海旅游业及新兴海洋产业等。1982年以前，中国海洋产业涵盖行业比较广泛；1982—1991年，海洋产业主要包含6个下属行业；1992—2001年，海洋产业主要涵盖7个下属行业；2002年以后，随着海洋经济的快速发展，产业涵盖范围越来越广泛，下属行业也拓展至12个。

一直以来，中国海洋经济保持平稳发展状态，2006—2019年海洋生产总值逐年上升，由20 958亿元增至89 415亿元。2020年，受多重因素影响，中国海洋经济生产总值降至 80 010 亿元。"十一五"期间和"十二五"期间中国海洋经济快速发展，年均增速分别为 16%、11%，"十三五"期间增速开始放缓。2020 年，中国主要海洋产业生产规模为 29 641 亿元。其中，滨海旅游业由于其发展较早而遥遥领先，为 13 924 亿元。其次为交通运输业和渔业，均为海洋优势传统产业；新兴海洋经济六大产业中"海洋生物医药业、海洋船舶工业、海洋工程建筑业"因其高新技术导向，具有强发展潜力。

2021 年，中国海洋生产总值 90 385 亿元，中国新兴海洋产业发展势头强劲。相较于传统海洋产业，海洋生物医药业、海洋电力业和海水利用业同比增长了 18.7%、30.5% 和 16.4%，增速明显更快。海洋油和气的产量同比增长 6.2% 和 6.9%，其中深水油田和超深水大气田的投产起到了重要作用。在国内石油增长中，海洋石油增长的比重高达 78.2%。通过"向海争风"计划，中国的东部沿海地区得以获得"蓝色能源"保障，从而推动了绿色低排放的发展。中国的海上风电装机容量已经达到世界第一，全年新增并网容量达到 1.69 千万千瓦，同比增长了 5.5 倍。此外，2021 年中国海洋货物周转量比上年增长 8.8%，沿海港口完成货物吞吐量、集装箱吞吐量分别比 2020 年增长 5.2% 和 6.4%。全年实现增加值 7 466 亿元，增长 10.3%。

2022 年，中国海洋生产总值 94 628 亿元，比上年增长 1.9%，占国内生产总值的比重为 7.8%，占比与去年持平。其中，海洋第一产业增加值 4 345 亿元，第二产业增加值 34 565 亿元，第三产业增加值 55 718 亿元，分别占海洋生产总值的 4.6%、36.5% 和 58.9%。

2022 年，15 个海洋产业增加值 38 542 亿元，比上年下降 0.5%。海洋传统产业中，海洋渔业、海洋水产品加工业实现平稳发展；海洋油气业、海洋船舶工业、海洋工程建筑业、海洋交通运输业及海洋矿业均实现了 5% 以上的较快发展。海洋电力业、海洋药物和生物制品业、海水淡化等海洋新兴产业继续保持较快增长势头。受新冠疫情影响，海洋旅游业下降幅度较大。

未来，中国海洋经济将向增量提质迈进，建立"流域—河口—近岸"的海洋环境污染防控联动机制，有效减轻各沿海城市海洋环境治理压力；加大对海洋产业发展的支持力度，不断完善涉海金融体系；加快数字经济建设，逐渐引领海洋领域的新业态；推进全球海洋治理国际合作，引领中国海洋城市建设发展新方向，参与国际海洋竞争与合作，不断推进海洋企业现代化和国际化，助力海洋强国建设。

（七）新西兰海洋经济发展

新西兰是一个岛国，海岸线长达 6 900 公里，拥有约 400 万平方公里的专属海洋经济区。新西兰有丰富的海洋生物和矿产资源，仅非金属矿产总产量就达 4 000 万吨，资源管理模式与澳大利亚相似。然而，新西兰的海洋、海岸和海洋生物近年来承受着愈来愈大的压力。据统计，新西兰 90% 的本土海鸟面临灭绝的威胁，超过四分之一的本土海洋哺乳动物面临灭绝的危险。

从整个海洋经济来看，新西兰 2002 年海洋经济总产值为 33 亿新西兰元，占国内生产总值的 1.8%；2016 年增加至 38 亿新西兰元，占国内生产总值的 1.4%。从占比上来看不具备优势，但这主要是因为往往一国如果工业化程度高且经济具有多样性，其海洋经济的贡献率一般较低，像美国、欧盟等均如此。

从海洋产业结构来看，海洋矿产资源业比重较大。至 2015 年，新西兰已探明约为 7 000 万桶的石油储量，约为 13 600 亿立方英尺的天然气储量，生产主要用于国内；海洋航运业提供了 24% 的生产价值，新西兰 87% 的出口价值和 76% 的进口价值都通过航运业运输，13 个港口和货运航线对海洋经济发展至关重要；渔业和水产养殖业占海洋产值的 20% 以上，其中水产养殖业是该国人口的重要食物来源；海洋服务业包括海洋测绘、海事商务咨询和水上运输服务，海洋旅游业包括休闲垂钓、滨海和海洋旅游、游轮和海洋设备零售，两者约占 5% 的海洋市场经济价值。

作为世界一流的海产品出口国，新西兰海洋产业高度重视其原生态海域的可持续发展和资源保护。新西兰的渔业体系，首先是面向未来，其次是确保能够源源不断地为世界提供优质海鲜产品。此外，新西兰的经济繁荣主要建立在公海、空中和电子商务上，因此，新西兰国防部高度重视国际航行自由，重点参与国际反海盗和海上安全行动。

第二节 全球性海洋治理组织机构

一、政府间海洋学委员会

政府间海洋学委员会（Intergovernmental Oceanographic Commission，IOC），简称"海委会"，是成立于 1960 年的全球性政府间组织，是联合国教科文组织下属的一个促进各国开展海洋科学调查研究和合作活动的国际性政府间组织。该组织旨在协调全球海洋科学研究、海洋观测和海洋服务，为成员国研究海洋和海岸的情况和资源、改善海洋生态系统管理、实现海洋的可持续发展提供支持。海委会与政府机构、非政府组织和团体紧密合作，为海洋、大气和海洋环境污染研究、地图制作、海啸预警等领域提供情报服务和研究培训，发挥着重要的作用。2016 年，海委会推进了海洋科学与技术转让治理解决方案的提出，在很大程度上是以会员国的政治意愿互通、各国之间提高和加强伙伴关系以减少信息资源限制来提高海委会在全球和各区域的影响力的。

二、国际海事组织

国际海事组织（International Maritime Organization，IMO）成立于 1959 年，总部设在英国伦敦，前身为"政府间海事协商组织"，1982 年 5 月改为此名。它是联合国内负责世界海上航行安全和防止船舶污染的专门国际组织。国际海事组织致力于为从事国际贸易的各种航运技术事宜的政府提供合作机制。

此外，国际海事组织还负责处理与海上航行安全及船舶管理相关的行政和法律事宜。为了实现维护海上航道安全的目标，国际海事组织的具体工作不止在于帮助培训来自不同国家的海事人员，并组织适当的培训，以及向各国普及海上安全领域的知识。国际海事组织定期向相关政府、轮船企业发布海盗活动的报告，在国际航运中发挥着重要作用。

三、亚太经济合作组织

亚太经济合作组织（Asia-Pacific Economic Cooperation，APEC），简称

"亚太经合组织"，是亚太地区重要的经济合作论坛，也是亚太地区最高级别的政府间经济合作机构。该组织为推动区域贸易投资自由化，加强成员间经济技术合作等方面发挥了不可替代的作用。它是亚太区内各地区之间促进经济成长、合作、贸易、投资的论坛，主要讨论与全球及区域经济有关的议题，如促进全球多边贸易体制、实施亚太地区贸易投资自由化和便利化、推动金融稳定和改革、开展经济技术合作和能力建设等。目前共有21个成员国（地区）和3个观察员国。

作为亚太地区最具影响力的合作组织，亚太经合组织在新形势下面临着新的挑战和机遇。中国愿意与各成员国一道，积极推动亚太经合组织合作，共同维护和促进地区和平、稳定和繁荣。中国将继续发挥建设性作用，深化与亚太经合组织成员的合作，推动建设开放型世界经济，推动实现包容性、可持续和平发展，打造更加紧密的亚太伙伴关系。同时，中国也将推动亚太经合组织在海洋可持续发展、数字经济、区域全面经济伙伴关系等领域深入合作，为地区和全球经济的可持续发展做出贡献。

四、上海合作组织

上海合作组织（Shanghai Cooperation Organization，SCO），简称"上合组织"，是中华人民共和国、哈萨克斯坦共和国、吉尔吉斯斯坦共和国、俄罗斯联邦、塔吉克斯坦共和国、乌兹别克斯坦共和国于 2001 年 6 月 15 日在中国上海宣布成立的永久性政府间国际组织。

上合组织在地区的安全稳定和发展繁荣中发挥着重要的作用，是中国在全球治理中发挥重要作用的平台。上合组织建立的初衷主要是以政治、军事、反恐等领域的合作共建为核心，随后发展到以能源合作为代表的经济协同，合作领域还涉及政治、经济、人文等方面。

上合组织自从提出"上海精神"和新安全理念以来，不断发展完善区域合作安全理念，加强合作法律基础，建立了框架合作机制。特别是在联合执法等方面取得了长足进展，为地区安全稳定提供了重要保障。

在新形势下，上合组织作为地区和国际事务中的重要建设性力量，需要勇敢面对国际形势的变化，顺应时势，不断加强团结合作，推动构建更紧密的合作关系，促进上合组织成为更加紧密的命运共同体。

五、联合国粮食及农业组织

联合国粮食及农业组织（Food and Agriculture Organization of the United Nation，FAO），简称"粮农组织"，根据 1943 年 5 月召开的联合国粮食及农业大会决议，于 1945 年 10 月 16 日在加拿大魁北克正式成立，是联合国的专门机构之一。该组织是各成员国间讨论粮食和农业问题的国际组织。其宗旨是提高人民的营养水平和生活标准，改进农产品的生产和分配，改善农村和农民的经济状况，促进世界经济的发展并保证人类免于饥饿。组织总部在意大利罗马，现成员共有 194 个成员国、1 个成员组织（欧盟）和 2 个准成员（法罗群岛、托克劳群岛）。

作为一个国际组织，粮农组织在全球海洋渔业管理中发挥着非常重要的作用。粮农组织根据《联合国海洋法公约》和《负责任渔业行为守则》，在全球范围内展开海洋渔业治理，如打击非法的、不报告的、不受管制的捕捞活动，规范渔业捕捞技术。

2014 年，粮农组织提出海洋蓝色增长倡议，理论基础是：健康的海洋生态系统更具生产力，是确保可持续海洋经济发展的唯一途径。

粮农组织积极处理渔业监测、环境保护、经济发展和资源安全问题，确保渔业管理的综合性；关注和支持与渔业相关的二、三产业，渔业经济战略发展深入；规范了渔业的可持续发展，注重保护渔业工作者的权益，发展绿色经济，缓解人与地球的矛盾，促进生态和谐。

六、世界气象组织

世界气象组织（World Meteorological Organization，WMO）是联合国的一个专门机构，是联合国系统内负责关于地球大气层现状、地球与海洋的相互作用、地球的气候特点及由此产生的水分布的权威机构。世界气象组织有 187 个国家成员和 6 个区域成员。世界气象组织的前身是 1873 年成立的国际气象组织（IMO）。世界气象组织成立于 1950 年，次年成为联合国负责气象（天气和气候）、业务水文学和相关地球物理科学的专门机构。

世界气象组织表示，2015—2022 年是有记录以来最暖的 8 年。2013—2022 年的 10 年全球平均温度估计比 1850—1900 年工业化前水平高 1.4［1.02~1.27］℃。拉尼娜事件对 2021—2022 年的温度有轻微的降温影响，但影响也只是暂时的。地球系统中约 90% 的累积热量都储存在海洋中，

2018—2022 年的海洋热含量比其他任何 5 年期都要高。在过去 20 年中，海洋变暖率呈现出特别强劲的增长。世界气象组织的研究人员会定期监测海洋及其变化情况，同时模拟海洋对大气的影响并提供各种海洋服务，包括支持沿海管理和海上生命安全。目前，气候变化的影响在日益扩大，使得海洋观测、研究和服务比以往任何时候都更加重要。

第三节　世界主要海洋国家海上合作

一、印太战略下各国之间的海上合作

随着社会进步，国家对海洋的利用越来越多，国家间涉及海洋主权的冲突也越来越频繁。一部分大国提出了适合印太的发展战略，印度洋地区海上战略通道的价值最显著。在法国和印度的印太战略框架中，双方都将印度洋地区的海上安全作为首要考虑事项。印度洋地区海上战略通道安全成为法国和印度的共同关注点。鉴于印度洋海上安全威胁日益复杂，海上安全合作是法印两国维护海上战略通道安全的最佳方式，契合双方共同利益。

在"全球英国"构想和"印太"作为地缘政治概念持续发酵的双重背景下，英国与印度的海洋安全合作有升温之势。英印海洋安全合作聚焦于印度洋区域的海洋治理，以英印共同应对海上非传统安全威胁为重点，两国同时就全球海上安全问题开展对话。英国将以印度为支点实施印太战略目标，印度则希望借英印合作提升它在印太海洋安全秩序中的地位。英印海洋安全合作面临印度洋区域海洋安全合作机制化水平不高、英印对"印太"概念理解不同、两国间存在政治分歧，以及英国印太战略设计滞后和印度执行力不强等因素的制约。

2020 年以来，印度和印度尼西亚（以下简称"印度—印尼"）在海洋安全领域的合作不断升温，海洋安全合作逐渐成为两国关系中的重要内容，两国在海上联合演习、海洋安全合作机制建设和多边合作等方面取得显著发展。印度—印尼加强海洋安全合作的逻辑动因，既有地缘战略因素和"制衡"中国影响等因素，也有维护自身安全利益、追求大国地位的综合考量。可以预见，海洋安全合作将是印度—印尼未来合作的重点内容，并将成为两国深化双边关系的重要动力。但是，受印度尼西亚大国平衡战略、两国经济联系松散和域外主要力量因素影响，印度—印尼海洋安全合作面临着挑战。

海洋安全既是美韩合作的重要层面，更是美国"印太战略"的核心领域，影响美国地区战略的长远发展。随着中美之间发生权力变迁，以及美国加强针对中国的战略竞争，一方面，美韩深化了双边海洋安全合作，同时，韩国加强了地区多边海洋安全合作，并积极配合美国提升联合行动能力；另一方面，两国也存在分歧，如韩国并不愿意参与美国在亚太地区的权力竞争。通过对比两国海洋战略，可得知，虽然两国的海洋战略目的存在一定分歧，但战略手段具有很强的互补性。美国可以帮助韩国增强海军实力，实现韩国的海洋发展战略目标；韩国可以为美国提供前沿基地、海军力量及对空中作战的支持。两国由此奠定了海洋安全合作的基础。

海上安全是美国"印太战略"的重要组成部分。近年来，随着中美大国博弈、南海地区局势变化等因素的发展变化，美国通过与马来西亚开展联合军演、签署安全协定、完善对话机制、进行军购交易，以及为马来西亚提供军事支持与外交支持等方式加强两国间海上合作。在美国和马来西亚进行海上安全合作中，美国发挥着主导作用，而中国因素也是两国加强合作的重要考量。然而，马来西亚的大国平衡战略，以及两国在人权问题和一些重大国际问题上的矛盾和分歧对双方海上安全合作的发展产生一定消极影响，并制约了这种合作的深度。

2022 年以来，日本与法国在双方"印太战略（构想）"的相互交汇与影响下开展合作机制建设、防务装备与技术合作、海上联演、非传统安全等海上安全合作，成效显著。日法两国能够在印太地区开展海洋安全合作，除了受到"印太"地缘结构变化及美国"印太战略"等外部条件影响外，也与双方巩固本国既得海洋利益、维护西方自由国际秩序和稳定的双边关系等内在基础密切相关。在当前美日等国不断扩大海洋安全合作联盟的背景下，日法海洋安全合作无疑会对中国的海洋安全及权益带来一系列影响。然而，由于法国坚持独立自主和多元化的外交传统、日法遏制中国和对俄问题上存有分歧，以及双方在合作过程中也将面临集体行动的困境，这都不可避免地制约着双方海上合作的进一步发展。

二、南海争端视域下各国之间的海上合作

20世纪70年代，随着南海海域丰富的自然资源被发现，周边国家陆续加入了争夺南海岛礁的行列。其后，有些国家以各种借口和一己私利搅局，让南海问题变成了一个极其复杂的问题。

中菲在南海油气联合勘探开发、海上渔业、海港建设、海上安全等方面的合作存在诸多制约因素，但也存在诸多促进因素。中国在南海问题上的一贯立场是"主权归我，争议搁置，共同开发"，这为中菲在南海的渔业合作定下基调。

此外，全球海洋治理发展大趋势也促进了中菲海上安全合作。中国参与全球海洋治理的意识和能力增强，中菲关系正常化，"一带一路"建设推进，为双方合作创造了良好基础。南海主权争端、双方海上力量发展的不平衡及美日等第三方势力的干预又不利于双方海上安全合作的发展。这要求中菲双方加强战略互信，积极实施战略对接，以双边磋商的方式解决南海争端，推动海上安全合作，共同推进全球海洋治理。

俄罗斯与越南在南海的海上安全合作，可以溯源到苏联时代。苏联时期，苏联和越南海上安全合作随着两国政治关系的改变而产生变化，主要是苏联对越南的军事援助，逐渐转向军售模式。这为越南军队的现代化奠定了根基，也为俄罗斯介入南海事务提供了历史依据。苏联解体后，俄越关系进入新的历史时期，两国海上安全合作逐步恢复并全面发展，极大地促进了越南海军军事力量的迅速提升，也极大地影响了南海争端问题的解决。冷战结束后，特别是21世纪以来，俄越在海上安全领域的合作更加广泛。从经济和安全的角度来看，两国海上安全合作不断加强的主要推动力有两个：一是双方在经济和安全利益上可以互惠互利；二是双方可以互利共赢、相互依托，共同满足两国国家战略需要。未来，两国南海海上的安全合作在内容、规模和层次上都有进一步发展的空间。

21世纪以来，南海问题日益受到世界各国的关注，印度和日本海上安全合作也延伸至南海，合作的深度和广度都在稳步提升。2018年以来，印日海上安全合作出现新动态，南海问题也成为两国海上安全合作的新热点。印日两国出于维护自身海上安全、扩大国际影响、应对中国发展等原因，将进一步深化南海安全合作。印日海上安全合作已从最初以印度洋地区合作为重点转向太平洋，特别是南海地区安全合作。两国就南海安全问

题进行频繁的安全对话和磋商，逐步与美、韩、澳等国建立南海问题安全对话机制，更在南海举行联合军演，保证海上航线的安全和提升航海战术方面的技能。

三、中、英与欧盟之间的海上合作

2017 年，中国在首届联合国海洋大会上正式提出共建"蓝色伙伴"合作倡议。近年来，合作共赢、互利共赢逐渐成为中欧海上互动的主旋律，这些关系的缔结是双方海上合作的里程碑。面向未来，中欧将进一步推进蓝色伙伴关系，主要从海上安全、蓝色经济、航道和极地治理 4 个方面着手。然而，深化中欧蓝色伙伴关系面临巨大挑战：欧盟海洋整体利益与区域利益的差异、中国企业对欧盟海洋投资面临的高风险、中欧合作的风险等；另外，南海、印度洋等问题引发的海上安全合作，将阻碍中欧蓝色伙伴关系的深化。

地中海是中欧贸易的必经之地。地中海作为连接欧亚非的重要航道，是"一带一路"倡议下各国商船往来大西洋、印度洋和太平洋的一条捷径，是中欧海上合作要关注的重点。

英国脱欧后，英国与欧盟的关系仍在调整中，并逐步向特定领域拓展。在海洋能源合作方面，英国在脱欧前，积极推动欧盟内部的海洋能源合作，包括推动欧盟共同的海洋能源政策、资金和技术研发等。英欧海上能源合作大于竞争，欧盟海上能源政策、联合资本投资和海上开发经验，对英国海上能源发展产生了重大影响。脱欧后的英国虽然可能更好实现"全球化的英国"，但不可避免地会与欧盟展开竞争；欧盟国家则仍会统一战线，致力于发展海洋能源。海上能源开发和海上资本投资目标的差异性，影响了英国与欧洲的竞争关系，苏格兰和北爱尔兰的海上能源开发，使英国与欧盟在海洋开发方面的合作关系复杂化。因此，英国与欧盟要实现双赢，需要保持良好的互动与合作，在海洋能源领域开展合作。

四、印、中与东盟之间的海上合作

印度一直与东南亚国家有着较为频繁的联系，但在东盟成立之初，双方受制于两极格局，接触较少。冷战结束后，为缓解国内经济压力，拓展自身战略空间，印度迅速启动内部经济改革，出台"东向政策"，积极寻求与东盟国家的合作。

21 世纪以来，印度与东盟海上合作发展呈迅速上升趋势，合作范围不断扩大和深化，双边与多边合作并行推进。海上合作成为推动印度与东盟战略伙伴关系发展的重要动力之一。印度与东盟在推进海上合作方面取得了一定进展的同时，也面临着不少困难和挑战，比如双方利益不对称、缺乏互信、缺乏推进某些海上合作项目的动力。印度与东盟国家加强海上合作，特别是海上安全合作，将对印太地区的安全和经济形势产生影响。

2009—2015 年，东盟国家海上合作逐渐"制度化"，2015 年年底开始向"去安全化"方向发展。东盟国家在海洋合作上的进展，是其对大国视角下海洋问题展开的地缘战略竞争，以及随之而来的内部分歧所作的回应。当中国在东南亚海洋问题上的影响力不断扩大、东盟内部可能出现分裂的时候，东盟通过"安全化"海上合作来优先考虑海洋相关议程，从而确保维护东盟的关键位置。

中国高度重视并积极参与南海搜救区域合作，《南海各方行为宣言》中强调，通过海上"搜查与救援合作"建立中国—东盟海上合作互信互助的途径。自该宣言签署以来，中国积极推进中国—东盟海上实用搜救合作，和南海周边各国开展了多个海上搜救项目的合作。还设立了 30 亿元人民币的中国—东盟基金海上合作，用于中国—东盟海上合作，拟以航运安全、搜救等领域为起点，逐步拓展到其他海上合作领域，打造多边全方位的海洋安全合作格局。

五、中、苏、印、泰、韩与美国之间的海上合作

国际海洋战略格局随着冷战的结束，发生了巨大且影响深远的变化。其主要表现是国际海洋战略格局的轴心地带，从大西洋转移至太平洋，中国自近代以来首次成为世界海洋战略格局中的主要国家。

受美苏两极格局影响，冷战时期美国和印度海洋合作发展也存在一定问题。进入 21 世纪，美印海洋合作进一步巩固。在海洋合作领域，美印两国高层交往频繁，签署多项涉及海洋合作的协议；海上联合军演规格不断升级，军售规模日益扩大；海上非传统安全领域合作日益密切；海洋战略对话逐次展开。

2018 年，美印战略共同体就推进海上合作达成基本共识，与日本、澳大利亚等国积极"牵线搭桥"。这无疑会对地区安全走向造成影响。

美泰海洋安全合作经历了复杂的演变过程，其发展受到两国政局、两

国利益、国际格局等因素变化的影响。美泰海洋合作早期以贸易为主。冷战开始后，美泰缔结同盟，两国海洋合作变为以海上安全合作为主。21世纪初，双方海洋安全合作关系时好时坏。2009年1月，美国奥巴马总统执政，其后8年里，美泰海上合作方兴未艾，合作内容也比较丰富，海上联合军演是两国的安防领域对外合作的主要途径。同时，美泰海洋安全合作也受到泰国军事政变、泰国独立外交政策等因素影响。2017年1月，美国特朗普总统执政后，美泰同盟关系及两国海洋安全合作有所恢复。未来，两国对彼此安全需求仍较大，海上安全合作将继续发展。

韩美海上安全合作是韩美同盟的重要内容，经过几十年的发展，合作范围不断扩大，内容也逐渐丰富。韩美海上安全合作的深化是朝鲜半岛局势紧张的缘由之一。

六、印度、印尼、俄罗斯与中国之间的海上合作

进入21世纪，印度洋在世界地缘政治格局中的地位越来越重要。随着中国和印度正在迅速崛起为海上大国，印度洋在中印（以下中印指中国和印度）各自海洋战略中占据显著地位，两国海洋利益和海洋权力不断向印度洋延伸。中印在印度洋地区的互动越发频繁，其在印度洋地区的竞争与合作关系引起了国内外学者的广泛关注。

海洋合作是当今世界发展潮流，并符合世界开放合作大势，中印在印度洋地区的海洋合作不断加强。中国和印度在印度洋地区既有共同利益，也存在利益冲突。在印度洋地区，中印就维护海上通道安全、防范非传统安全威胁及推动海洋科研环保发展达成共识，为中印在这些领域的合作奠定基础。然而，这种相对有限的共同利益，在一定程度上使中印海洋合作局限于低敏感度领域，中印缺乏在海洋经济、海上互联互通及海上传统安全领域的深入合作。

中印在印度洋地区的海洋合作仍停留在政策协调阶段，部分领域的合作时断时续。中印双边海上合作机制发展不充分，对中印海洋合作约束力有限，无法满足中印海洋合作进一步发展需要。

由此来看，中印在印度洋地区海洋合作整体水平偏低，未来，中印在印度洋地区的海洋合作仍将面临各种挑战，中印需要充分激发海洋合作潜力，不断推动海洋合作发展。中国应密切关注中印海洋合作中的潜在风险和不确定因素，同时本着合作共赢的态度，积极主动与印度开展海洋

合作。

中国提出的"21世纪海上丝绸之路"倡议，被视为新时代的战略举措，将为中国带来新的增长动力和发展机遇。印度尼西亚领导人考虑到海洋的巨大发展优势，提出将印尼打造成"全球海洋支点"。"全球海洋支点"构想与"21世纪海上丝绸之路"倡议在发展路径和实施目标上相对应。因此，双方在发展海洋运输、滨海旅游、海洋渔业等方面进行了深度合作。中国和印尼都拥有丰富的渔业资源，通过海上合作可以提高海洋渔业管理和技术开发，促进海洋渔业的规范化和效率化发展，提升两国海洋竞争力。印尼是旅游大国，中国是印尼旅游业最大的客源国。因此，印尼有必要发展两国间的海上航运业，加快解决排外暴乱、恐怖主义等安全问题，改善旅游环境，提高本国旅游业的市场竞争力，带动本国服务业的发展。同时，双方应共同努力，以海洋战略对接为指引，携手努力，抓住机遇，应对挑战，早日实现海洋强国目标，实现互利共赢，积极推动海洋科研和技术人员的交流与沟通，完善海洋战略对接，发展可持续的蓝海经济。

中俄两国在太平洋、北冰洋等海域存在诸多共同的海洋安全目标和利益，双方的海洋安全合作，不仅可以在理论层面丰富发展国家间海洋安全合作的内涵，而且可以在现实层面改善两国的海洋安全环境，维护两国海洋安全权益，同时为全球海洋安全治理做出贡献。21世纪以来，国际形势的变化和中俄关系的相向而行给中俄海洋安全合作营造了良好的外交环境。中俄两国多层级、多领域的海上合作机制，为两国海洋安全合作的开展提供了丰富的交流沟通平台。加强中俄海洋经济的合作，积极构建海上安全利益共同体，合理规划中俄在海上安全领域的重点方向和合作领域，可以有效应对两国海上安全合作面临的挑战。同时，推动建立多边海上安全合作机制，可为新时代中俄海洋安全合作的深化保驾护航，也有利于促进全球海洋安全的制度化建设。

第四节　全球海上合作存在的问题

一、海事管理合作问题

海洋发展备受世界各国的关注。近年国际海洋治理问题日益突出，海上安全、海上走私、船舶保安等海洋治理问题层出不穷。

中国与东盟自古就是重要的外交伙伴。海洋在双方交往中占有重要地位，海洋管理则是海洋研究的重要内容。随着"一带一路"倡议的不断推进，中国—东盟海洋合作取得了较好成果，合作范围不断扩大，合作框架不断丰富。双方合作领域广泛，但也存在跨国合作制约。中国与东盟的海上合作主要以双边机制为主，多边合作为辅；合作机制不完善，合作框架缺失；海洋治理合作方式较单一，以海上磋商为主。双方的合作中有国家利益的博弈，存在各参与方利益发展不平衡的矛盾。

在中越海上合作中，双方海上合作机制不平衡，海上事务管理形式存在差异。针对两国北部湾航道问题，双方有必要建立中越海上合作机制，派遣海事官员，建立北部湾海上安全保障体系，进一步维护中国航运权益，共同保障北部湾海上航道安全。

维护南海海上安全需要有效的国际合作。南海现行海事安全保障机制存在局限性，个别国家在海事安全国际合作旗号下介入南海问题，形成对中国南海主权的压制和威胁，影响了南海国际海事安全合作的有效开展。

东盟各国执行海事法的能力差异性较大。菲律宾实行权力下放的海洋治理体制，主要海上执法机构是海岸警卫队，负责海上搜救、打击海上犯罪、保护海洋环境和管理海上安全。中国执行的是具有行政和司法属性的综合性行政执法权，主要由中国海警和中国海事局负责执行。在保障海上安全方面，南海地区的国际执法合作至关重要，但实际情况显示，海上执法合作方面存在难以突破的问题。由于各国执法机构的权力配置存在差异，因此在南海地区进行海上执法合作时，存在着执法主体之间难以协调的情况。

国际海上安全合作的法律框架已经具备，但是在实际操作中受到一定限制。其中一些规定过于原则化，缺乏具体的操作性，难以解决海上安全问题。尽管有许多海上安全国际公约，但是它们对于有效打击和威慑各种海上违法行为的作用还有待进一步提高。此外，在海洋治理合作方面，目前还没有专业权威的国际组织来指导国际海上安全合作，也没有被广泛认可的海上安全执法合作标准或模式。

二、海上安全合作问题

（一）中国—东盟国家

海上通道安全，主要是指海上通道畅通无阻，能够保证抵御其他外部威胁，维护国家利益和安全。2013年，"海上丝绸之路"首次被提出，中国指出，东南亚自古以来就是"海上丝绸之路"的重点区域。中国希望与东盟国家在海洋领域加强合作，建立合作伙伴关系。

随着经济全球化进程的推进和中国经济对外开放的深入，中国对海上通道的依赖度不断增加，相关研究也在不断涌现。然而，海上通道面临传统安全威胁和非传统安全威胁，容易受到攻击，海上通道的安全已成为各国关注的重点问题。各国纷纷制定了海上安全保障的政策文件，以确保海上通道的安全。近年来，恐怖主义、海盗活动和大国地缘博弈等问题不断威胁海上通道的安全。海上通道的安全管理不仅涉及国家行为体，还涉及非国家行为体，有时会引发冲突。这也是各行为体在开展合作时必须面对的新挑战。

对于中国与东盟国家来说，中国与东盟国家的安全治理合作有着共同的利益基础。但中国与东盟国家在海上通道安全管理方面的合作也面临政治互信和认知错位、外国干预、信息安全管理沟通不畅、制度化程度低等阻碍海上通道安全管理合作的因素。

（二）韩国—美国

韩美在海上安全合作中面临一些挑战，主要体现在当事国能力建设不足、预算压力大、同盟目标未达到等方面。随着韩美海上安全合作的发展，美国需要韩国不断深入双边海上合作，这对韩国海军能力提出了更高的要求。

（三）马来西亚—美国

美马两国之间的海上安全合作，可以说是互惠互利、各取所需。美国在这个合作中一直占据主导地位，马来西亚则扮演着从属角色。在战略层面，美国将中国视为"战略竞争对手"，与马来西亚的合作，使得美国更有机会介入南海争端。因此，美国加强了与马来西亚在海上安全方面的合作。然而，美国和马来西亚并不是完全意义上的盟友，两国在许多问题上存在矛盾和分歧。马来西亚的"大国平衡"战略和独立外交政策，清晰界定了美马两国海上安全合作，关乎国家利益的边界。

三、海洋资源保护合作问题

20世纪60年代以来，世界各国开始集体向海洋进军。目前，海洋开发取得了长足进步。现代海洋发展的一个显著特点是发展规模和领域迅速扩大，海洋产业特别是新兴海洋产业不断壮大。除传统的海洋渔业、海盐业和航运业外，油气业、海水养殖业、海水综合利用业、海底采矿业、滨海旅游业等新兴海洋产业发展势头迅猛。

随着经济的发展，海洋生态环境保护问题在世界范围内引起了广泛的关注。

南海海洋生态环境问题也变得日益突出。由于南海海域各国经济发展水平不同，治理海洋环境的能力和水平也不一样，因此南海面临的压力不容小觑。同时，南海海洋资源十分丰富，一些沿岸国家一味追求资源的经济价值，过度、不科学地开采极易破坏海洋生物资源的可持续性。此外，不合理的开采行为也可能引发南海海洋生物资源开发事故，进而破坏海洋环境。南海地区的可持续发展和沿海国家的未来经济发展，都与海洋环境和自然资源的保护密切相关。如果各国只关注于争议，抢占海洋资源，而没有综合考虑整个南海地区的发展，南海的环境和资源问题将会对后代造成极大的负面影响。

白色污染已经成为全球性的环境问题。其中，塑料垃圾在环境中的大量堆积对生态资源和环境健康造成了极大的威胁。据预测，到 2050 年，海洋中塑料垃圾的总量可能会超过鱼类的总量。每年全球生产的 3 亿多吨塑料中，有约 800 万吨最终流入海洋。由此，海洋塑料垃圾的数量不断增加，已经对海洋环境和资源造成了严重的破坏。除此之外，处理海洋垃圾和微塑料等相关环境问题，还存在着很多技术困难。例如，目前缺乏海洋垃圾和微塑料的基础数据，动态跟踪监测不完善，评估系统也存在缺陷。

海洋生物的生长、繁殖和代谢过程，也受到了海洋酸化所导致的化学环境变化的影响。这种影响破坏了海洋生态系统的平衡和海洋生物多样性。人类过多地排放二氧化碳，从而导致气温升高和全球气候变暖，这是海洋酸化的主要原因。随着全球工业化进程的加速，人类的生产和生活活动对海洋生态环境和海洋生物资源的影响日益显著，导致海洋生物资源的数量和质量持续下降。

总之，世界各海洋国家在发展海洋产业时，为不断获取海洋的最大资源，存在着不合理的竞争，海洋资源的开发活动对海洋水体、生物等造成严重破坏。海洋资源的连通性、流动性决定了世界各国的海洋资源必然相互依赖、相互影响。同时，在不可预见和监测的海域，人类因开发海洋或者意外事故而引起的海洋资源锐减及环境污染问题也时有发生。为此，相关国家需要加强海洋资源环境保护及灾害的预报等领域的合作。

四、海洋治理合作问题

（一）利益动机不足

利益动机不足是海洋治理合作面临的一大障碍。利益动机有外部利益动机与内部利益动机。相较于外部动机，内部动机是海洋合作高效开展的决定性因素，影响相关国家政府参与治理的积极性。

政府是海洋合作的重要力量，动机不足不但会影响海洋环境社会组织的长期发展，更会对该区域海洋环境造成破坏，影响海洋环境合作治理的发展。许多国家都希望通过控制资源来获取更多的经济利益，因此往往只关注自己的利益，而不考虑其他国家的利益。这种情况在一些有争议的海域尤为突出，如南海、东海等地区。

此外，缺乏恰当的机制来促进海洋国际合作也是利益动机不足的一个重要原因。许多国家之间缺乏信任和相互理解，很难建立起有效的合作关系。国际法律规定在某些方面缺乏清晰度和实施的可行性，也增加了海洋合作的难度。

（二）利益沟通阻碍

利益沟通是国家间通过协商、对话等形式化解分歧、洽谈目标、共享利益、互换数据、促进海上合作的有效途径。在区域合作和交流中，政府扮演着重要的推动角色，其沟通手段主要依赖于有效的平台和媒体。政府认为，建立良好而紧密的互动关系是沟通的前提条件。

西方多中心理论学者指出，多元化国家政府的协同互助关系是利益沟通的基础。在国家政府与社会组织之间的关系层面上，社会组织严重依赖国家政府的资源和政策，呈现出政府与社会组织之间的单向沟通现象。在国际关系层面上，经济、政治、文化等方面的利益冲突将严重影响国家间的海上合作关系。从沟通方式来看，国家政府缺乏有效的沟通渠道，这是沟通困难的一个主要表现，特别是缺乏促进国家政府与社会组织沟通的政策和解决方案。

（三）利益权衡难题

国家政府和社会组织在海洋环境治理中的主导权争夺表现为利益缺乏制衡，这需要平衡国家和社会组织之间的主导权。海洋环境利益制衡缺位的实质是缺乏合理的合作机制来平衡国家与国家间、国家与社会资本组织间的主导权争夺问题。

虽然中国也签署了备忘录、战略计划等保护性文件，但有效的海洋保护条约的缺乏导致海上合作管理项目难以实施。欧洲海洋治理项目的成功关键在于拥有完备的海洋保护体系，而中国缺乏类似的条约和体系，这可能是中国海洋环境治理面临的一大挑战。

五、海洋渔业合作问题

（一）养殖方式老旧，合作过程依然艰难

中国与大多数东盟国家开展了海水养殖合作项目，渔业合作模式不断创新。中国与泰国合作开展了"企业＋合作社＋农民"的渔业合作模式，还推出了在线技术交流平台。但总的来说，中国与东盟合作开展的渔业养殖方式仍秉承传统，主要表现在养殖生产、管理和服务领域的人工化。在"互联网＋"快速发展的时代，人工、传统的养殖方式将阻碍双方在海洋捕捞领域的合作发展。阻碍因素突出表现在：一是双方对"互联网＋"了解不足，传统养殖产业产销环节互联网化程度较低；二是缺乏掌握"互联网＋"技术的养殖人才，大多数渔民和养殖户不擅长使用互联网，专业运营能力有限。

（二）捕捞技术落后，合作范围受限

在开放包容、合作共赢价值观和"走出去"战略行动的指引下，中国不仅与印尼在海洋渔业合作方面取得进展，而且增加了与柬埔寨捕捞行业的交流发展。中国与东盟国家的渔业合作主要集中在印尼、缅甸和柬埔寨3个国家，合作范围相对狭窄。主要原因有：一是中国渔船装备和生产技术相对落后，国家科研投入和资金支持不足，导致企业"走出去"积极性不高；二是中小型民营企业是中国海洋渔业捕捞的主力军，但企业规模大小不一，总体实力不强，产品加工销售溢价被低估，双方合作有限；三是全球经济环境复杂多变，海洋生物资源开发竞争日趋激烈，渔业资源丰富的国家管理日渐严格，给合作带来阻碍。

（三）加工基础薄弱，合作产品附加值低

中国与东盟国家开展合作的海洋渔业加工企业数量不断增加，但加工种类和加工技术还停留在初级阶段，技术含量与附加值低，产品精加工能力较差。主要原因有：双方的海产加工企业基础比较薄弱，技术水平不高；对海产品的废弃物综合利用意识较差，如鱼头、内脏、虾壳和蟹壳等

下脚料，或被丢弃，或被生产为饲料鱼粉，其含有的蛋白质、不饱和脂肪酸等物质未得到充分利用；海产品加工企业规模小，缺乏大规模的龙头企业，产业集中度低，且自主创新能力差，缺乏品牌意识，优质且具有特色的海洋鱼类产品没有得到良好开发。

（四）水产品出口种类单一，贸易往来存在制约

水产品作为贸易品种的大类，在东盟共同体的三大支柱产业中有着重要的贡献。中国与东盟的水产品贸易流量逐年上升，但是贸易品种单一，双边贸易及出口到世界市场上的水产品种类多年保持不变。这些贸易品种基本属于加工程度不高的种类，无法使得双边市场消费者的选择实现多元化。中国与东盟出口到世界市场上的水产品总量较为可观，但两者的比较优势都非最强，表明双方水产品出口在"量"上占优势，在"质"上还有待提高。

第五节　海上合作对全球化的影响

一、海上合作中的区域经济发展更加高效

全球化是一个涉及经济、信息等领域，涉及多种学科，具有多种维度的历史进程。全球化的产生和发展，始终影响着人类社会和人类历史的发展和进步，是当今世界发展的主要潮流。当前，全球经济一体化和区域经济一体化已经成为世界经济发展的两大趋势。

随着人口的增长、土地资源的稀缺和土地开发空间的日趋饱和，开发海洋资源和发展海洋经济将成为缓解当今人类生活、资源和环境所面临压力的有效途径。积极发展海洋经济，具有科技价值、经济价值和社会价值，是应对资源匮乏、环境恶化和人口膨胀三大挑战的内在要求。

各国为了发展经济不惜牺牲生态环境，导致土地资源严重枯竭，人类必须从海洋中寻找新的发展方向。海洋作为自然界稳定的资源库和基因库，为人类提供了丰富的原材料和发展空间。因此，各国加大对各种要素资源的投入，优化海洋产业结构，以期获得海洋经济的稳定增长，成为全球经济增长的重要动力。

二、海上合作中的国际关系更具挑战性

展望未来发展，海上合作的国际关系不仅受到个体因素的影响，也受到系统层面的制约。

从个体因素角度看，海上合作涉及多个国家和地区的利益，每个参与方都有自己的目标、战略和利益诉求。这些利益诉求可能相互冲突，也可能相互补充，因此，如何在尊重各方利益的基础上寻求共同点，达成合作，是一大挑战。此外，参与方的政治体制、文化背景、经济发展水平等也会影响到合作进程。

从系统性角度来看，海上合作主体结构的多元化演变和合作力量对比重构过程，对合作所涉及地区政治发展和关系演变产生系统性影响。海上合作涉及多领域，如海洋资源开发、海上安全、海洋环境保护等，这些领域之间相互关联、相互影响，形成一个复杂的系统。在这个系统中，任何一个领域的变化都可能对其他领域产生影响。因此，如何在海上合作这个复杂的系统中找到平衡点，确保各领域的协调发展，是一大难题。

三、海上合作中的海洋文化交流日益增多

海洋是世界各国共同的财富，保护海洋生态环境、实现海洋资源的可持续利用和发展，是全球各国的共同责任和使命。海洋和平、合作、和谐发展，不仅能够推动全球经济的发展和繁荣，也能够为人类文明和社会进步做出重要贡献。因此，全球各国应该倡导共建共享、合作发展的海洋理念，加强沟通交流和合作协调，推动建设更加和谐、繁荣、美丽的海洋世界。

海洋文化是人类对海洋本身的认识、利用和创造出的精神、行为、社会和物质的文明生活内涵。作为一个海洋大国，中国正在以政治主导、经济支撑和文化驱动的方式发展海洋经济，并以建设海洋强国、促进沿海经济文化协调发展、建立综合经济文化纽带为目标，其中海洋文化建设和发展是中国海洋经济建设框架的重要组成部分。

不同地区的海洋文化具有不同的特色和文化底蕴，这些多样化且相互关联的海洋文化是海洋合作的纽带，也是汇聚"一带一路"沿海地区的协同发展力量的重要方面，符合"一带一路"发展共赢的核心理念。因此，海洋文化的建设和发展是中国国家软实力的重要组成部分。

四、海上合作中的海洋科技发展日趋智能化

21 世纪以来，随着科技的发展和需求的增加，全球海洋资源开发和科技创新进入了新的发展阶段。2020 年以后，全球格局的深刻变化使海洋在地缘政治、国家安全和经济发展中的作用日益明显，海洋科研和科技创新的基础作用逐渐得到关注。

一些主要海洋国家已制定了未来海洋科技的规划和布局。美国确定了2018—2028 年海洋科技发展的迫切研究需求和机遇，设定了未来美国海洋科技发展的目标。日本在 2019 年年初公布了《海上能源和矿产资源开发计划》，专注于特定海洋能源矿产资源的勘探开发和技术研发。俄罗斯在2020 年年初，推出了《北方航道计划》和《2035 年前国家北极基本政策》，重点关注科考船建造、北极冻土融化对天然气设施、自然资源勘探的影响和内部安全相关的技术。

五、海上合作中的全球性海洋环境问题日渐凸显

海洋生态环境的健康是实现海洋可持续发展和认识海洋价值的关键前提。然而，自工业革命以来，人类不断地对海洋进行开发，导致海洋生态环境逐渐恶化。全球范围内，海洋富氧化、海洋缺氧、海上溢油等原因造成的经济损失不断上升，海洋塑料和重金属污染等带来的问题也日益严重，甚至向深远海和南北极地区扩散。这些问题既对人类健康和海洋相关产业的发展产生了负面影响，也损害了海洋生态系统的完整性和稳定性。因此，目前全球关于海洋环境重点研究方向包括海洋微塑料污染机理、重金属污染控制、海洋溢油监测及深海和南北极海洋生态环境变化等问题。

第三章

中国与东盟海上合作

第一节　中国海洋事业发展及海上合作

一、中国海洋发展概述

中国是开发和利用海洋最早的国家之一。在上下 5 000 年的历史当中，我们始终能找到海洋的踪迹。海洋强国已然成为国家战略。我们需要翻开中国海洋文明的历史书卷，找寻海洋发展的智慧，释放海洋历史积累的能量。

（一）最早的海洋活动实践者之一

秦南取百越之前，中国上古先民早已成为海洋活动的实践者。《竹书纪年》载有帝芒"东狩于海，获大鱼"。这说明在当时中国先民就已经能够利用工具捕捉鱼虾，靠海而生。

无独有偶，位于南方沿海地区的百越族群，更是依靠沿海的地理优势，开创了中国海洋文明的大格局，中国台湾地区出土的陶器被证实与闽越和吴越地区的陶器一脉相承，就证明了当时越人已经开展了航海活动。在工具上，殷商时期沿海夷人的航海工具已经从木桨和独木舟改进为木板船和风帆。

经考证发现，由东夷和百越族群所创建的以海洋活动行为为主体的"海洋国家"是中国早期中华先民最为活跃的时代。如夷人被并入齐国后，齐人凭借齐莱地区附山带海的优势与各国互通有无，被称为"海王之国"。不仅如此，齐人对外航海事业也发展得极为繁荣。据悉，齐时期于秦汉之前就存在着一条更为古老的古代"海上丝绸之路"，起于齐都临淄到芝罘、蓬莱、海阳、崂山、斥山等港口，经过带方（朝鲜），最后到倭奴（日本）。

除此之外，海洋性文化促使文人学者积极进行文化交流，深深影响了中国后来2 000多年的思想、教育和文化。

（二）古代海上丝绸之路与海上贸易合作发展

对海洋的探索行为随着以齐、越等为代表的"海洋强国"被灭、秦国一统中原被暂时搁置了下来。在东夷、百越被纳入了以农业文明为主体的王朝体系后，海洋文化也逐渐失去其鲜明特征。这一方面是因为大量东夷人内迁，离开海洋环境进入中原内地；另一方面是因为中原地区地广人稀，完全能够做到自给自足的内循环，基本上无须与外界进行互通。海洋族群在与中原人的融合发展中形成了两种文化族群，前者继承东夷百越时期对于海洋的冒险与探索，后者则完全适应对土地的开发和利用。两种文化共同影响了中国传统社会的海洋文明，虽然这种海洋文明仍然是以陆地为本位的。

秦朝时期，中国就与海外有了相当的交往，当时中国已能制造重达25~30吨的木楼船。两汉时期，南越国就已经在印度半岛开通海路，并且在归顺汉武帝后扩建海贸规模。三国时期，造船业的技艺也属世界一流，因此形成了东海丝绸之路。魏晋以后，开辟了一条沿海航线，对外贸易涉及15个国家和地区，丝绸是主要的输出品。唐朝时期的繁荣将中国海洋事业的发展带上了一个小高潮。"万国来朝"就意味着周边海域国家都会前来中原地区，如日本、阿拉伯和室利佛逝等。伴随着中国造船、航海技术的发展，海上丝绸之路成为中国对外交往的主要通道。根据《新唐书·地理志》记载，唐朝时期有一条海上航路，叫作"广州通海夷道"，这便是中国海上丝绸之路的最早叫法。

宋朝时期，指南针的使用和造船技艺的提高等，使中国船舶的航行能力得到大幅提升。广州成为海外贸易第一大港，海外贸易扩大到亚、非、欧、美各大洲，并且在此期间诞生了中国历史上首套较为完整系统的外贸管理法则。

明朝时期，世界各国对国界之外的世界探索欲望达到顶点，众多国家纷纷投入远航的队列，开辟了世界性海洋贸易新时代。此时明朝拥有着公认的世界上最大、最牢固、最适航的船舶。郑和七次下西洋时的船体规格、船队规模及船舶远航能力都是其他国家无法比拟的。这次壮举标志着中华海洋文明开放的高潮。

清朝时期，由于实行海禁政策和闭关锁国政策，政府放弃了对中国海域管理权的把控。中国海权的丧失，在很大程度上使得中国沦为西方列强的半殖民地。沿海口岸被迫开放，中国成为西方倾销商品的市场。西方列强掠夺中国资源和垄断中国丝、瓷、茶等商品的出口贸易，人民回到通过土地自给自足的状态。自此海上丝绸之路进入了衰落期。

（三）海洋意识的再次觉醒

回顾中国强国崛起之路就会发现，这似乎与国家对海洋发展的重视程度存在极大的联系。海洋发展所带来的海洋文化具有开放包容、创新进取的特点，这些特点往往会在各方面刺激国家的发展，如中国唐朝时期的繁盛，以及西方国家英国、荷兰的霸权崛起都揭示着这个道理。

1949 年，中华人民共和国成立之初，国家当务之急就是恢复海洋管理。该时期的海洋政策包括建设一支强大的海军，以及明确中国领海区域和领海管理制度。针对海洋资源的开发和利用，政府决定设置水产部负责水产业的恢复和建设。针对航海运输，政府分别在 1950 年陆续恢复了长江口以北、华南沿海航线。1954 年，中国与 17 个国家通航。关于海洋科研与教育，中华人民共和国一经成立就着手建立了第一批海洋教育和科研机构，如上海水产学院、山东大学水产系及华东水利学院，并于 1959 年 3 月在山东大学水产系基础上成立了山东海洋学院，于 1964 年成立国家海洋局。1973 年，国家派海军前往英国、美国等国家进行观摩学习，在了解海洋"公权"与"私权"的基础上划定了中国海洋领域，划分了中国自己的专属经济区和大陆架。

1979 年，随着改革开放的展开，中国海洋发展进入了全面稳步发展的时期。这一阶段，在党的领导下，各沿海地区开设"海岸带调查办公室"开展海洋调查，在开发利用海洋资源的同时，注重海洋生态环境问题，并且开始从近海区域走向深海和极地区域。《中华人民共和国海洋环境保护法》及"向阳红"远洋计划等都是在该时期所获得的成果。此外，中国维护国家主权及领土完整的意识日益增强，从 1958 年通过的《中华人民共和国政府关于领海的声明》，到"九段线"南海海域划分方式，再到 1994 年《联合国海洋公约》的正式生效，中国至此在国际上有了明确的公开认可的海域划定范围。1998 年，国务院对其机构进行改革，经第九届全国人大第一次会议批准后在国务院内设国土资源局，并规定国家海洋局归属国土资源部管理。2000 年以后，中国海洋事业进入了发展的快速期，中国颁布实施了《全国海洋功能区划》规范中国海洋资源开发，并相继通过了多部海洋相关法律法规巩固海洋开发体系。

党的十八大以来，中国的海洋经济事业取得了举世瞩目的历史性成就，开始了以高新海洋科技为重要支撑，以陆海统筹为基本模式，以海洋生态环境友好、海洋经济发展、涉海区域社会进步为主要内容的新发展阶段。

党的十九大报告指出，坚持陆海统筹，加快建设海洋强国。建设海洋强国是中国特色社会主义事业的重要组成部分。

2022年10月，党的二十大之后，为推动海洋经济发展，国家会进一步优化区域开放布局，巩固东部沿海地区开放先导地位，提高中西部和东北地区开放水平，并加快建设西部陆海新通道及加快建设海南自由贸易港，实施自由贸易试验区提升战略，扩大面向全球的高标准自由贸易区网络。

此外，针对海洋与强权的关系，中国始终注重海军人才建设和海军武器装备建设，致力于打造一支能够适应世界新军事变革的深入发展，以及成功完成从机械化到信息化转型的海军队伍。针对海上争议，中国始终坚决维护海洋权益和海洋安全，秉持中国领土一寸不可少的态度。主权问题绝对是不得商量的问题，中国会在承认主权的前提下，寻找一条"双赢"的解决路径。

二、中国海上合作基础

随着经济全球化和区域经济一体化的进一步发展，以海洋为载体和纽带的市场、技术、信息等合作日益紧密，发展蓝色经济逐步成为国际共识，一个更加注重和依赖海上合作与发展的时代已经到来。当前，海洋事业的发展得到了党和国家的高度关注，前期有关"海洋文明论"和"海洋国家论"的研究帮助中国海洋发展进入了新时代。

（一）中国海洋文明发展历史悠久

通过梳理中国海洋发展的千百年历史，我们会发现中华民族辉煌的航海历史，可以追溯至7000年之前。中华民族从来没有拒绝过海洋的召唤，并孕育出了具有中国特色的海洋文明。中国海上丝绸之路是一条囊括丝绸、茶叶、香料、陶瓷等交易商品，以及文化衍生品的世界性海上经贸交流通道。

21世纪是属于海洋的时代。发展海洋经济的落脚点在悠久的海洋历史文化上，这二者之间的关系是辩证统一的。中国过去的海洋传统文明侧重于将海洋看成陆地农田的延伸或补充，现在则更注重于将海洋文明作为单独一部分来考虑。这种海洋文明观的变化，对于培育一批具备全球海洋视野，以及具备海洋软实力新思维的 21 世纪海洋人才是必要的，有利于重新构建一种更加开放的、正确的及创新的海洋发展观。

此外，中国与周边国家共享着相似度高的同源文化，这种相同或近似的文化可以拉近国与国之间的心理距离，所以这一事实会更好地助力彼此携手共同打拼经贸合作。与周边国家，如东南亚和东盟的交往还可以帮助中国以点带线、以线带面，串联起与世界上的各大经济板块之间的海上合作，发展面向南海、太平洋和印度洋的庞大新兴经济区域。

（二）海洋经济发展已经成为国家战略

参考世界上享有盛誉的海洋强国的发展历史，我们会发现其共同点在于政府层面会给予海洋发展高度重视，从而在军事、经济、政治和科教等方面出台符合国家海洋发展战略的法律、法规等政策文件。

中华人民共和国成立初期，国内局势尚未稳定，各项事业百废待兴。为了让海洋发展尽快走上正轨，国家层面采取了多项措施。此时的海洋政策着重于保卫国家安全，保障海上运输通道，防止帝国主义的海上侵略，并为祖国统一积蓄力量。因此，在后来相当长的一段时间内，建设强大的海军，捍卫祖国统一、领土完整成为中国海洋政策的主要取向。

改革开放以后，国民经济和社会发展对海洋资源的需求日益紧迫，对中国海洋环境资源进行普查显得尤为重要。中国海洋政策也由早期的海军建设为重点，逐步过渡到服务于国民经济和社会发展领域。海洋政策的不断丰富，涵盖到海洋科技、海洋资源、海洋产业、极地及大洋考察等领域。党的十一届三中全会后，海洋事业全面稳步发展，各个部门的海洋工作正努力地向现代化的方向发展。

1996 年 5 月，国家海洋局编制了《中国海洋 21 世纪议程》，旨在海洋领域更好地贯彻《中国 21 世纪议程》精神，促进海洋的可持续开发利用。

2001 年 10 月，全国人大常委会颁布《海域使用管理法》，我国已初步形成海洋法制体系。

2003 年 5 月，国务院批准实施《全国海洋经济发展规划纲要》，该文件作为中国第一个促进海洋经济发展的宏观指导文件，明确地提出了海洋经济发展的指导原则和发展目标。

2008年2月，国务院公布了《国家海洋事业发展规划纲要》。该规划纲要从机遇与挑战、指导思想、基本原则、发展目标等角度，对海洋资源的可持续利用、海洋环境和生态保护、海洋经济的统筹协调、海洋公益服务、海洋执法与权益维护、国际海洋事务、海洋科技与教育等10个方面制定了实施规划与措施，系统规划了中国在2006—2010年的海洋事业发展目标，具有重要的指导意义。

2012年11月，党的十八大报告首次完整提出了"海洋强国"战略目标。报告指出，中国应"提高海洋资源开发能力，发展海洋经济，保护海洋生态环境，坚决维护国家海洋权益，建设海洋强国"。这些内容构成建设海洋强国重要和基本的内容。

2013年10月，习近平总书记对印尼进行国事访问时，发表题为"携手建设中国—东盟命运共同体"的重要演讲。习近平总书记指出："东南亚地区自古以来就是'海上丝绸之路'的重要枢纽，中国愿同东盟国家加强海上合作，使用好中国政府设立的中国—东盟海上合作基金，发展好海洋合作伙伴关系，共同建设21世纪'海上丝绸之路'。"

2017年10月，党的十九大报告指出，中国"要坚持陆海统筹，加快建设海洋强国；要以'一带一路'建设为重点，形成陆海内外联动、东西双向互济的开放格局"。报告提出了加快建设海洋强国的战略发展目标，并突出了推进过程中应坚持的原则、重点和方向。"海洋强国"战略目标在党的十九大报告中得到深化，成为加快推进中国海洋强国战略的重要指导方针和政策选择。

2018年，习近平总书记在参加十三届全国人大一次会议山东代表团审议时指出，加快海洋高质量发展，需要完善现代化的海洋产业体系，为海洋强国建设做出贡献。发展是解决一切问题的钥匙，海洋经济发展是中国海洋强国建设的根本，海洋各项事业的发展紧密围绕经济建设这一中心展开。

"十四五"规划和2035年远景目标纲要提出，"积极拓展海洋经济发展空间。坚持陆海统筹、人海和谐、合作共赢，协同推进海洋生态保护、海洋经济发展和海洋权益维护，加快建设海洋强国"。应从全面建设社会主义现代化国家战略全局高度，贯彻新发展理念，推动海洋经济高质量发展，建设海洋强国。

2022 年 10 月，党的二十大报告提出"发展海洋经济，保护海洋生态环境，加快建设海洋强国"，"优化区域开放布局，巩固东部沿海地区开放先导地位，提高中西部和东北地区开放水平。加快建设西部陆海新通道"。

（三）海上合作的国际外部环境良好

首先，全球海洋经济中心明显向亚洲转移。2008 年全球金融危机后，东亚地区逐步发展成为全球海洋经济发展的主要推动力，成为世界新的航运中心、造船业中心。目前，世界很多国家的陆域经济发展都遭遇了瓶颈，全世界都在寻求新的发展，各国与周边国家共同发展的能力与意愿显著提升。中国同"一带一路"国家已经实现了以政府为主导的产业合作，具有多层次、多角度、全方位等特点，中国周边大战略呼之欲出。

此外，得益于中国在改革开放以来正确处理与周边国家关系，以及十八大以来的"一带一路"倡议，世界也看到了中国对外开放的决心和共促发展的意愿。

2022 年 1 月 1 日，中国与东盟国家共同推进的 RCEP 的签署生效也证明，当前中国与沿边国家正处于拓展深层次开放合作的绝佳机会。

其次，欧美国家对于从事海洋产业和海洋相关产业的企业监管日益严格。受金融危机的影响，欧美国家提出了更为严格的监管框架和监管标准，使上述企业的风险权重变高、计提资本金风险增加，部分企业开始思考继续合作的必要性。

由中国所提出的"海洋命运共同体"概念，为寻求发展的国家提供了另一个答案："我们人类居住的这个蓝色星球，不是被海洋分割成了各个孤岛，而是被海洋连结成了命运共同体，各国人民安危与共。"海洋的特性决定了面对海洋如果只顾自身的利益，不顾他人的利益，最终会出现一荣俱荣、一损俱损的局面。

与西方国家显著不同的是，中华民族在儒家思想的熏陶之下，具有"以和为贵""和气生财"等心态。中国在此基础上所提出的共建 21 世纪海上丝绸之路的倡议，是促进海上互联互通合作、推动蓝色经济发展、推动海洋文化交融、共同增进海洋福祉的智慧之举。

三、中国海上合作现状

"独行快，众行远。"中国政府愿与世界上的其他国家一同进行全方位、多领域的海上合作，致力于打造一个开放、包容的合作平台，最终与各国形成坚实的蓝色伙伴关系，谋求共同发展。中国与世界各国之间的海洋合作从海上通道发展、海洋经济合作、海洋环境保护与人文交流合作等多个方面展开。

（一）海上通道发展

海上通道发展和港口基础建设对改善中国对外互联互通、促进国际产能合作和发展地方经济发挥了重要作用。目前，海上通道发展仍然侧重于加强主要区域海运通道的支持和容纳能力，改善陆海联通现状，并优化港口支点布局的设计。

我们可以根据海上通道的定义，梳理中国现有主要海上航线，进而归纳中国主要的海上通道。如表 3.1 所示，中国的海上通道可以归纳为美西通道、美东通道、美非通道、大洋洲通道和欧洲通道。根据中国对外贸易货物流量流向和国际航线走向，中国海上运输可划分为东南西北四大走向。其中，东向去往日韩、北美洲东西海岸及南美洲西海岸地区；南向穿东南亚至大洋洲地区；西向去往东南亚，以及横跨印度洋至南亚、西亚、欧洲、非洲、南美洲东海岸等广大地区；北向主要指北极航线。

表 3.1　中国海上运输航线一览表

通道名称	航线终点	海运航线
美西通道	北美洲西海岸	美西一线—五线 日本关西—关东线条 韩国仁川线条
美东通道	北美洲东海岸	美东一线—四线 南美二线—三线
美非通道	南美洲东海岸	非洲航线 南美东航线条
大洋洲通道	大洋洲	大洋洲一线—二线 大洋洲西海岸航线
欧洲通道	欧洲西海岸	欧洲一线—十二线 地中海线 中东线 东南亚线 黑海

总体上看，西向通道在海上货物运输格局中的地位突出，主要涉及马六甲海峡、苏伊士运河、霍尔木兹海峡等，是中国能源原材料运输的重要

通道，也是中国重要的集装箱海运通道，对中国推动全方位对外开放、构建人类命运共同体具有重大意义。

东向和南向是中国集装箱货物、能源和大宗物资的重要方向，但受美国及其传统政治军事盟友势力影响，中国对上述运输通道的畅通、安全的保障能力相对不高，在经贸领域之外的影响力较弱。

北向受自然环境影响无法全年通航，但北极航线去往欧洲较传统运输路径运输距离近且资源丰富，可为传统运输路径提供重要补充，有较强的开发价值和战略意义。

港口建设方面，早在 2019 年，中国在海外运营的港口数量就突破了50 个，并参股了全球 100 多个港口。截至 2022 年，中国已在海外取得了95 个外国港口码头的租赁权，包括比利时、西班牙、斯里兰卡、德国、以色列等，业务覆盖横跨六大洲。这些港口除了一般港口作用之外还承载了产能合作、陆海联运及区域物流枢纽的作用，这极大地提升了中国对外互联互通水平和区域航运物流网络。

目前，促进基础设施互联互通是中国开展海上合作建设的优先领域，中国正处于加强与沿线各国在交通基础设施、能源基础设施和通信干线网络三个方面合作的时期。通过积极开展西南跨越电力通道和中俄输电通道的建设，继续推进跨境的光缆网络等区域通信网络建设，中国正在加快建设中国—东盟信息港，以打造信息丝绸之路等方式共同推进国际骨干通道的建设。

（二）海洋经济合作

在全球经济陷入衰退的局势下，中国与全球海洋经济合作逆势而上。近年来，中国海洋产业体系逐步完善，海洋经济综合实力不断提升。产业发展实施"走出去"战略，引导涉海企业按照市场化原则建立境外生产、营销和服务网络。

中国海洋原油占全球原油产量的比重由 2012 年的 21.4% 提升到 2021年的 27.6%。海上风电累计装机容量跃升至全球第一位。中国自主研发的兆瓦级潮流能发电机组连续运行时间保持世界领先。

中国海产品供应持续增加，海水养殖规模保持增长，海水养殖产量占全球一半以上。中国自然资源部发布《2022 年全国海水利用报告》，报告显示，截至 2022 年年底，全国现有海水淡化工程 150 个，海水淡化工程规模每天达到 2 357 048 吨，比 2021 年每天增加了 500 615 吨。海水淡化工程规模达到每天 186 万吨，相较 2012 年增长了 140%。

中国世界造船大国的地位也进一步巩固。中国船舶工业协会数据显示，2023 年中国全国造船完工量 4 232 万载重吨，同比增长 11.8%，新接订单量 7 120 万载重吨，同比增长 56.4%。2023 年中国造船完工量、新接订单量、手持订单量以载重吨计分别占全球总量的 50.2%、66.6%、55.0%，市场份额首次全部超过 50%，较 2022 年同比分别增长 2.9%、11.4%、6%。

与此同时，中国海运船队的运力规模持续壮大，2022 年年底达到 3.7 亿载重吨，居世界第二位。港口规模位居世界第一，2022 年全球港口货物吞吐量和集装箱吞吐量排名前 10 位的港口中，中国的港口分别占 8 席和 7 席。

以东盟为例，中国至今已与东盟国家建立对话关系 30 多年，双方一直秉持共发展、同繁荣的理念。中国—东盟自 20 世纪 90 年代初启动对话关系以来，贸易规模扩大 100 余倍。中国—东盟在机械设备、机电产品、高科技产品、能源资源产品、农产品等方面，开展了投资和贸易领域的广泛合作，实现优势互补，进一步创新贸易方式，提高贸易便利化水平，深化与沿线各国海关、标准、检验检疫等方面的双多边合作和政策交流，改善边境口岸通关设施条件。同时还将扩大双边本币互换的规模和范围，以及跨境贸易本币结算试点。

园区合作是中国—东盟合作的亮点，中国企业在泰国、印尼、越南等国合作设立的经贸合作区，为促进当地产业发挥重要作用。中新苏州工业园，以及中马、中印尼"两国双园"等也成为合作标杆。双方加强"一带一路"倡议与《东盟互联互通总体规划 2025》之间的战略对接，提升互联互通水平。中老铁路开通运营，中新共建国际陆海贸易新通道成效显著。

一系列经济数据表明，RCEP 的实施对各成员国经济贸易促进作用成效显著。2022 年中国对 RCEP 其他成员的出口增长 17.5%，占中国出口总额的 27.6%。此外，海关统计数据显示，2022 年中国对东盟的货物贸易进出口总额达到 6.52 万亿元，同比增长 15%，高出整体进出口增速 7.3 个百分点；其中出口额为 3.8 万亿元，同比增长 21.7%，高出整体出口增速 11.2 个百分点。

（三）海洋环境保护与人文交流合作

中国本着"互利共赢"的原则，建立稳定的能源供求关系，同时加强能效和新能源开发领域的合作，与沿线各国深化能源资源合作；建立涉及公共部门和企业利益攸关方的透明和平等的协商程序；建立绿色低碳发展的战略政策框架，积极应对全球气候变化，改善环境质量和促进绿色产业合作。

中国通过开展中欧碳排放交易能力建设合作项目，推动碳排放交易市场建设，运用市场机制应对气候变化。中欧都着眼于绿色可持续发展，欧盟坚持将落实"欧洲绿色协议"作为各国经济恢复过程中的重要任务；中国出台的经济复苏和刺激计划，在电动汽车充电基础设施、可再生能源、更健康的城市等重点领域开展投资。中欧双方在深化环境技术、循环经济、清洁能源、可持续金融等领域有广泛的合作需求。

中国在海洋文化交流合作方面给予了密切关注。

在教育领域，结合了海洋科技重点需求、国际科技合作总体布局，支持海外联合研究中心（实验室）建设，开展海洋与气候变化研究及预测评估合作。推动建立并完善了海洋科技教育合作机制和海洋科技论坛，联合举办各类海洋教育培训班。加强中外海洋教育机构合作办学，提供奖学金资助国外相关专业学生来华学习。引导和动员民间力量开展文化交流。

在旅游领域，中国与"一带一路"国家联合打造具有丝绸之路特色的国际精品旅游线路和产品。积极推进海上文化合作，进一步扩大中国—东盟海上基金。本着平等友好的原则，鼓励中国和合作国互设文化中心。鼓励汉语在其他非汉语国家的推广教学。加强学生学者跨文化交流，支持青年互访交流。继续支持高校建立中国研究中心和各种区域与国别研究中心。探索便利中国和外国公民相互往来的方式，包括互免双方持外交护照人员签证、在打击非法移民活动方面加强合作等。

第二节　东盟海洋事业发展及海上合作

一、东盟海洋发展现状

东盟国家除老挝是内陆国外，都拥有漫长的海岸线，海域辽阔，海洋资源丰富。其中，印尼海岸线为 54 720 公里，菲律宾海岸线为 18 533 公里，马来西亚海岸线为 4 192 公里，越南海岸线为 3 260 公里，缅甸海岸线为 3 200 公里，泰国海岸线为 3 219 公里，文莱、柬埔寨和新加坡也有一定的海岸线。因此，这些国家发展海洋经济和海洋产业，具有得天独厚的条件。近年来，东盟国家的海洋经济迅速发展，海洋产业成为国民经济的重要组成部分。

自 1967 年由印度尼西亚、菲律宾、泰国、马来西亚及新加坡 5 个国家共同商建成立东南亚国家联盟（简称"东盟"）以来，东盟成员国已由最初的 5 个发展为 10 个，人口高达 6 亿。

1997 年金融危机以来，东盟十国在经济和安全领域都经历了不同的困境后，充分认识到未来海洋发展的重要性，开始修正海洋治理制度，并开始了全面扩展海洋强国战略的区域化进程，力求未来能成为世界海洋文明的中心。

近年来，随着东盟国家的海洋经济迅速发展，各国相应地重视海洋发展战略和政策的制定与实施，以此来推动海洋经济发展和促进海洋产业结构调整。作为海洋经济的主导部门，海洋渔业、海洋油气业、海洋船舶业、海洋交通运输业、滨海旅游业等快速发展，海洋产业已成为各国经济的重要组成部分。东盟各国的海洋经济呈现出广阔的发展前景。

二、东盟海上合作基础

（一）印度尼西亚

印度尼西亚共和国，通称"印度尼西亚"或简称"印尼"，是世界上最大的岛屿国家，由 17 840 个海岛组成，其海岸线长度位居世界第二。作为世界最大群岛国，海洋资源是印尼的生存基础。主要产业有石油天然气、农林渔业和旅游业等。

印度尼西亚一侧被印度洋包围，另一侧被太平洋包围。由于海洋覆盖面积大，该国是全球鱼类产量最高的国家之一，主要出口虾类和金枪鱼类等，产量约为 1 500 万吨。2022 年 1—11 月，印尼水产品出口额达 57.1 亿美元，同比增长 10.66%，同比增加额约为 5.5 亿美元。印尼地处太平洋与印度洋的交界处，是海上贸易的交通要道，控制着海上交通的命脉——马六甲海峡。印尼作为岛国，优良港口数不胜数，其主要港口包括雅加达港口、赛拉育港口、婆罗洲港口、班达鲁梭港口及普卢梅朗港口。

其中雅加达港口是该国最大的集装箱港口，岸线长达 5 514 米，吞吐量占印尼港口输入的 50%以上。

印尼作为东盟最大的经济体，在最近几年的国际市场对于东盟的投资热潮中备受青睐。2021 年 1 月，中国商务部、福建省人民政府和印尼海洋与投资统筹部共同参与的《关于中国和印尼"两国双园"项目合作备忘录》，一致同意在平等互利的基础上，推动中国和印尼"两国双园"项目合作；2022 年 7 月，印尼总统佐科访问中日韩，为印尼带回至少 130 亿美元的投资承诺和商业订单。印尼政府立足于海洋经济，持续推动对海洋资源的利用开发，印尼海洋产业迅速发展，成为该国重要的经济部门。其中，油气产业对经济的贡献最大，其次是海洋服务业、滨海旅游业，同时海洋服务业、滨海旅游业和渔业对就业的贡献最大。

（二）马来西亚

马来西亚是一个海洋国家，地处亚洲大陆和东南亚群岛的衔接处，马来西亚处于太平洋和印度洋之间。海岸线总长 4 192 公里，全境被南海分隔成东西两部分。马来西亚与印度尼西亚和新加坡共同掌控着马六甲海峡这一"世界生命线"。

马来西亚总共有 19 个港口，国内的很多产品都可以通过这些港口输送到全世界，2020 年马来西亚船运量达到 11.4 万艘，占世界海上贸易量的 1/5～1/4。其主要港口包括巴生港、槟城港、柔佛港和马六甲港等，最著名的港口当属巴生港，被称为马来西亚的海上门户。由于地处马六甲海峡东北部，巴生港承担着全国大部分的能源、原材料、进口。目前该港口的吞吐能力为 2 000 万 TEU，而且已安排扩建计划，并开始规划新港区，预计建成后巴生港年设计吞吐能力将暴涨到 7 000 万 TEU。

马来西亚海洋资源丰富，石油储量、天然气储量位居世界前列，更是世界第三大液化天然气出口国。马来西亚国际航运公司是全球最大船运集团之一，旗下运营超过 100 艘轮船，并且拥有 27 艘液化天然气轮船。马来西亚拥有几家世界级的造船厂，船舶维修业处于世界较领先水平。

进出口贸易是推动马来西亚经济发展的主要动力之一。马来西亚的对外贸易不断扩大，带动其港口和海洋交通运输业迅速发展，并成为马来西亚的重要产业。马来西亚海洋服务业主要集中于港口、船运工业和对外贸易领域，外资参与度高，跨国公司分布于物流、船舶运营、船运管理等领域。海洋渔业对海洋经济的贡献最大，其次是滨海旅游业。

（三）菲律宾

菲律宾由 7 107 个岛屿组成，具有漫长的海岸线，总长度为 18 533 公里，位居世界第十。菲律宾各岛多丘陵，菲律宾海岸多为天然良港，森林占地 40% 以上，矿藏有金、银、铬、铜、锰、铁等。菲律宾的珊瑚礁面积达 2.7 万平方公里，提供了全国近 15% 的海洋渔业资源。

菲律宾有着丰富的尚未开采的海洋油气资源，近年来开发天然气力度加大。菲律宾的主要港口主要包括马尼拉港、宿雾港、八打雁港和苏比克港等，其中马尼拉港是菲律宾最大的港口，承担全国出口货物的 1/3 和进口货物的 4/5 的运输量。

菲律宾一直是世界上最大的海事劳动力输出国，约占世界的 40%。2022 年约有 34.5 万的菲律宾海员在全球海运业就业，累计向菲律宾汇入收入 67 亿美元。

菲律宾与 150 个国家有贸易关系。近年来，菲律宾政府积极发展对外贸易，促进出口商品多样化和外贸市场多元化，进出口商品结构发生显著变化。非传统出口商品如成衣、电子产品、工艺品、家具、化肥等的出口额，已赶超矿产、原材料等传统商品出口额。2018 年，中菲两国顺利签下了围绕基建、金融和贸易等方面的 29 项协议，并建立起了合作关系。2023 年 1 月，中菲两国签署了 14 项合作清单，包含能源、基建、农渔业等领域，金额高达约 1 566 亿人民币。

（四）新加坡

新加坡是一个海岛型的城市国家，由新加坡岛和 63 个小岛屿组成，其经济发展与海洋密切相关。新加坡港位于新加坡岛南部沿海，西临马六甲海峡的东南侧，南临新加坡海峡的北侧，是亚太地区最大的转口港，也是世界最大的集装箱港口之一。其最大港口新加坡港扼太平洋及印度洋之间的航运要道，战略地位十分重要，是中国、日本、韩国等贸易大国与中东、欧盟贸易的必经之地。新加坡与全球 600 多个港口实现了通航，拥有 200 条海运航道。每年停靠新加坡的船舶超过 13 万艘。2022 年，新加坡港集装箱吞吐量为 3 729 万 TEU，仅次于中国上海，居世界第二位。

新加坡自然资源贫乏，属于高度外向型经济，外贸总额约为国内生产总值（GDP）的 4 倍，与全球其他 100 多个国家建立了贸易关系。新加坡港口运输发达，物流业成为新加坡经济的重要组成部分。同时，新加坡加大力度促进临港工业发展。特别是作为世界主要的港口，新加坡成功吸引了壳牌石油和埃克森美孚等大型石油公司在此投资设厂。

此外，滨海旅游业是新加坡重要的海洋经济支柱，新加坡在 2019 年的旅游收入为 271 亿新元。而在这当中，中国旅客占比最大，贡献了 19.4% 的收入。

（五）泰国

泰国包括专属经济区在内的海洋面积达 42 万平方公里，海岸线长 3 219 公里，拥有 513 个岛屿，海洋资源丰富，海洋产业在国民经济中占有重要的地位。泰国主要港口包括曼谷港、曼谷 BMT 港、曼谷 PAT 港和林查班港等，其中曼谷港是泰国最大的港口，连接金三角地区和世界各地的繁忙枢纽。港区主要码头泊位岸线长 1 900 米，最大水深为 8.2 米。

海洋产业对泰国国民经济的贡献分为海洋资源和海洋活动两部分，其中海洋资源（生物资源和非生物资源）贡献比例为 9.9%，海洋活动（包括海上交通运输、滨海旅游等）的贡献为 90%。数据显示，过去几年，泰国全国渔业总产量一直保持在 300 万至 400 万吨之间，主要为鱼类、虾类、贝类及海草等。2022 年，泰国渔业产品出口额为 67 亿美元，占泰国对外出口总额的 2.3%。同时，泰国拥有丰富的滨海旅游资源，滨海旅游成为泰国旅游业的重要组成部分，并成为泰国外汇的重要来源。2022 年，泰国入境游客达 1 115 万人次。

（六）文莱

文莱达鲁萨兰国，简称"文莱"，位于加里曼丹岛西北部，北濒中国南海，东南西三面与马来西亚的沙捞越州接壤，海岸线长约 162 公里，被沙捞越州的林梦分隔为不相连的东西两部分。文莱港口主要包括摩拉港、斯里巴加湾港等，摩拉港是文莱最大的港口和唯一深水港口，也是当地主要国际贸易通道，在先进的管理经验和领先的数字经济技术加持下，2022 年摩拉港完成货物吞吐量 155.73 万吨，同比增长 20.03%，营业收入较 2017 年实现翻番，成为新的经济增长点。此外文莱经济以石油天然气产业为支柱，有"东方石油小王国""婆罗洲闪亮的明珠"之称。

文莱政局稳定，深海资源丰富，海域水质优良，非常适合发展渔业，其主要海洋经济产业为海洋油气业和滨海旅游业。根据 2022 年《BP 世界能源统计年鉴》，截至 2021 年年底，文莱已探明的石油储量为 14 亿桶，天然气储量为 3 900 亿立方米。文莱政府一方面积极勘探新油气区，另一方面对油气开采奉行节制政策。据文莱官方统计，文莱石油日产控制在 20

万桶以下，是东南亚第三大产油国；天然气日产量在 3 500 万立方米左右，为世界第四大天然气生产国。中国主要从文莱进口原油，并积极拓展油气领域的海上合作，双方在文化、安全、宗教、教育和旅游等方面的交流与合作不断扩大。

（七）越南

越南社会主义共和国，简称"越南"，位于东南亚的中南半岛东部，北与中国广西、云南接壤，西与老挝、柬埔寨交界，国土狭长，面积约 33 万平方公里，紧邻南海，海岸线长 3 260 公里。越南渔业资源丰富，盛产虾类，其中南美白对虾占产量比例约为 90%，而黑虎虾占该国虾产量的 10%。2020 年越南渔业总产量达 850 万吨，其中海鲜出口营业额约为 84 亿美元。

越南和世界上 150 多个国家和地区有贸易关系，主要贸易对象为美国、欧盟、东盟、日本及中国，主要进口市场为中国、新加坡、日本、韩国等。1991 年中越两国关系正常化以来，两国经贸合作发展迅速。越南是中国重要的贸易合作伙伴，越南市场拥有巨大潜力。2022 年 10 月，中越双方签署了《中华人民共和国国家海洋局与越南社会主义共和国自然资源与环境部关于开展北部湾海洋及岛屿环境综合管理合作研究的协议》，越南对外海上合作开启新纪年。

（八）缅甸

缅甸，位于中南半岛西部，南临安达曼海，西南濒孟加拉湾，海岸线总长 3 200 公里，占国境线总长约 1/2。缅甸的自然条件优越，资源丰富，森林覆盖达 50%，林区产硬木和贵重柚木。工业有碾米、木材、石油开采、小型机械制造、矿产等。缅甸的矿藏资源丰富，其中有石油、天然气、钨、锡、铜、铅、镍和金等。

近年来，缅甸的经济保持了稳定的出口增势和经济的增长。滨海旅游业、数字支付行业及交易所业务等海上经济产业最具经济增长潜力。政府出台政策鼓励将产品出口往多个国家。缅甸玉米的出口市场拓展到泰国、菲律宾、越南和印度等国家。中国是缅甸最大的贸易伙伴，中缅两国优势互补，经贸关系紧密，互联互通推进，务实合作，前景可期。

（九）柬埔寨

柬埔寨，位于中南半岛南部，一个由湄公河系统灌溉的肥沃大盆地形成柬埔寨的中心地区。每年的洪水使土地日益肥沃，有助农民播种水稻。

柬埔寨稻米生产量较高，目前已跻身至全球第五大稻米出产国。柬埔寨是传统农业国，工业基础薄弱，政府把农业、旅游业、基础设施建设及人才培训作为优先发展领域，推进多领域综合性改革，不断改善投资环境，取得显著成效。洞里萨湖是东南亚最大的天然淡水渔场，素有"鱼湖"之称。柬埔寨西南部沿海地区也是重要渔场区，多产鱼虾。

柬埔寨是近年来全球经济成长最为迅速的国家之一，柬埔寨政府在发展过程中采取以下措施提升经济实力：大力吸引外资、充分发挥农业的基础作用、大力鼓励支持发展新兴产业发展、积极融入区域经贸合作。

柬埔寨基础设施建设和运输网络发展也逐步完善，并且是东盟国家中公认投资政策最宽松的国家。截至 2022 年年底，柬埔寨的公司和常设机构的标准税率为 20%，政府鼓励的投资企业可以享受 9% 的优惠税率，从事石油、天然气和特定矿产资源开发公司的税率为 30%。柬埔寨海关总局称，2022 年第一季度，海关税收达 5.97 亿美元，汽车进口税一直是最大税收来源。

第三节　他国与东盟海上合作及发展

东盟国家都是出口导向型的发展中国家，在很大程度上依赖发达国家的市场、资源和技术。因此，如何与西方工业化国家打交道是东盟国家进行海上合作的一个必修课题。为解决这个难题，东盟采取的具体措施包括以下两方面：一方面，东盟尽可能地吸纳同区域国家入盟成为盟友；另一方面，针对无法吸纳的则尽量与对方发展对话关系。在联合国贸易和发展会议上，在涉及商品一体化计划和建立共同基金问题上东盟采取了共同立场。

截至第 56 届东盟外长会议，东盟目前有 11 个对话伙伴，即美国、加拿大、日本、中国、澳大利亚、新西兰、印度、欧盟、俄罗斯、韩国和英国。该对话会议是为了经贸合作与政治安全问题进行沟通和协商的机制，后期东盟通过与这些对话伙伴进行更深层的合作，与多个国家签订了自由贸易协定（FTA），使各方在合作方面更加密切。本小节重点介绍除中国外的美国、欧盟和日本三个对话伙伴，通过分析东盟当前与该三方的海上合作现状，明晰国际区域经济合作中的动态和发展趋势。

一、美国与东盟海上合作

美国与东盟于 1977 年建立合作关系，随着苏联解体、亚太战略格局变化，双方不断调整深化合作关系。

跨入 21 世纪，美国与东盟经济关系进入新的发展阶段。东盟国家是世界海空运输的重要枢纽，对美国而言，这一位置正处于其"印太战略"的连线终端上。

2022 年，美国与东盟正式启动全面战略关系，并宣布将开启美国—东盟海上合作主要新计划，涉及海上安全和防务合作、海洋科技环保与海洋人文交流及海上互联互通等方面。

（一）海上安全和防务合作

美国与东盟开展海上执法安全合作可划分为三个阶段。

第一阶段是探索合作阶段（21 世纪初至 2012 年），标志着美东双方围绕打击恐怖主义、人道主义救援等探索开展海上执法安全合作。

第二阶段为发展合作阶段（2012—2019 年），标志着美国将战略中心向亚太调整，美东双方建立了双轨运行的海上执法安全合作机制。

第三阶段是深化合作阶段（2019 年至今），标志着特朗普和拜登两任政府"印太战略"的实施，逐步深化美东海上执法安全合作。

通过对三个阶段的梳理可以发现，美国—东盟海上执法安全合作呈现以下发展特征。

第一，美国是双方合作的主要推动力。从奥巴马政府开始建立区域海上执法倡议，到特朗普和拜登政府的"印太战略"多次提到海上执法安全合作，再到美国—东盟特别峰会中将海上执法安全合作写进联合声明，这些行为都充分体现了美国对于促进与东盟开展海上执法安全合作的高度重视。近年来，美国高层领导多次表示将向"印太"地区部署美国海岸警卫队，与东盟国家开展海上执法安全合作。2022 年 5 月，美国在与东盟举行东盟—美国特别峰会的第一天便宣布拨款 1.5 亿美元用于强化其双边关系。其中，6 000 万美元将投放于海事相关项目，重点是打击非法捕捞，以及确保海上航行自由。海事安全合作是美国落实 2 月份新版印太战略的实质性举措。

第二，合作机制不断优化升级，呈现双轨运行态势。美国与东盟国家在非传统安全领域主导建立了两个重要的合作机制：2013 年建立的"东南亚海上执法倡议",后与"泰国湾海上执法倡议"进行合并;2015年建立的"海洋和渔业伙伴关系",旨在加强与东南亚渔业发展中心和东盟渔业部门工作组合作,打击亚太地区的非渔业捕捞活动,保护海洋生物多样性。在传统安全领域,美国国防部主导建立了三个合作机制,主要聚焦与东盟国家共同开展联合演习与培训:"东南亚合作训练",旨在通过海军与海上执法力量开展联合演习、情报共享和人员培训,以应对海上非法活动;"海上战备合作与训练",旨在通过双边军事演习,增强海域态势感知,提高海上安全能力水平;"东南亚海上安全倡议",旨在提高印度尼西亚、马来西亚、菲律宾、泰国、越南、新加坡和文莱等东盟国家维护海上安全的能力。

美国借着与东盟"海上安全和防务合作"的旗号,实施重回亚太的战略,将会使南海问题复杂化。

(二)海洋科技环保与海洋人文交流

在利用技术和促进创新方面,美国承诺进一步以符合东盟相关协议和框架的方式探索在互益领域中的合作,如智能生产制造、区块链应用、贸易便利化、数字联通、中小微型企业数字化和电子商务、电子服务、数字金融服务和地区支付联通及新型和新兴技术等,并增加对东盟成员国的技术援助,促进创新和数字技术的能力建设。美国承诺支持发展东盟数字基础设施,促进开发和平、安全、开放、可靠、共融和有复原力的信息通信技术生态系统和5G网络,并探索如何加强在数字经济、智能可持续城市发展及新兴技术方面的合作,包括通过美国—东盟智能城市伙伴关系。

在增进民间联系方面,美国和东盟国家承诺投资人力资本开发,增进年轻人和弱势或边缘群体的权能,加强各国人民之间的联系,其中包括为这一地区提供英语语言、数字技能支持、技术与职业教育培训,以及科学、技术、工程和数学培训,如"亿万未来行动计划"和"东南亚青年领袖计划"。

在应对气候变化方面,双方承诺准备在清洁能源转型中共同合作,包括通过融资和技术;增强东盟抵御灾难的能力和适应气候变化的影响,以共融和公正的方式,通过促进清洁和再生能源发展,以及促进政府与民间的合作。通过投资再生能源,建立抵御能力,以及对森林和水源的卫星监测,应对气候危机和保护关键生态系统,例如湄公河区域的生态系统监测和保护。

（三）海上互联互通

在新的印太战略中，美国声称欢迎一个强大而独立的东盟在东南亚发挥领导作用。美国与东盟各国讨论了在基础设施领域的合作，在联合愿景声明"加强经济纽带和连通性"及"利用技术和促进创新"。在合作方面，双方承诺通过促进对基础设施项目的投资来满足该地区的基础设施需求，支持发展东盟数字基础设施；寻求深化在交通运输互联互通方面的合作；推进可持续基础设施发展。这是美国大规模参与东盟基础设施建设的开始，未来美国必将加强与中国在东盟各发展领域的竞争，而"一带一路"倡议在东盟的实施环境也将变得更为复杂。

在次区域合作方面，湄公河—美国伙伴关系下的共同倡议行动支持落实《东盟互联互通总体规划2025》和《东盟一体化倡议第四份工作计划（2021—2025）》。这一"伙伴关系"是美国在2020年特朗普当政期间，在2009年《湄公河下游倡议》基础上发展起来的新合作关系。2021年8月，哈里斯在对新加坡进行访问期间，将"湄公河—美国伙伴关系"和"四方会谈"相提并论，可见美国对这一新伙伴关系的重视。事实上，湄公河—美国伙伴关系是美国为平衡中国在湄公河地区日益上升的区域影响力而构建的新合作机制。

二、欧盟与东盟海上合作

经过7次范围和领域的扩大，欧盟已从原来的西欧地区逐步扩大到中欧和东欧地区。1977年，欧盟和东盟双方正式建立对话关系。2007年，欧盟—东盟加强伙伴关系的《纽伦堡宣言》通过。2012年，欧盟加入东盟《友好合作条约》，并通过了《斯里巴加湾市行动计划（2013—2017）》。随后是2018—2022年，第二份东盟—欧盟行动计划产生并付诸实施。2020年，两方关系进一步提升为战略伙伴关系。在欧盟—东盟纪念峰会上，通过了2023—2027年行动计划。总体而言，东盟与欧盟的关系经历了许多转折，但呈现出的是不断加强、不断发展、不断进步的趋势。

（一）海上安全和防务合作

欧盟与东盟开展海上执法安全合作可以划分为三个阶段。

第一阶段是早期探索与曲折发展阶段（1977—2000年），标志是欧盟成为东盟地区论坛和亚太安全合作理事会（CSCAP）的正式成员。

第二阶段为反恐合作快速升温阶段（2000—2007年），标志是双方签署了《反恐合作联合声明》，加强了欧洲海警组织和东盟海警组织的联系。

第三阶段是多元合作趋向成熟阶段（2007年至今），标志是技术援助和能力建设是欧盟对东盟安全合作的主要方式，逐步提高东盟海上执法安全向欧盟靠近并且一同发展。

从以上三个发展阶段，可以看出双方合作一方面是深化了海洋安全合作，并开始推动专业领域的机构之间展开合作；另一方面是合作领域从反恐问题扩展至危机管理、洗钱等非传统安全领域。

2013年，《斯里巴加湾市行动计划（2013—2017）》将海上安全的议题提到了欧盟与东盟跨海合作议题的前列，欧盟提出将加强并继续推动在海上安全领域的合作。双方通过欧盟的技术分享，在柬埔寨和越南两国边境推出东盟—欧盟全面边境管理项目。

双方针对非传统安全领域的合作问题也更加细化。2013年，双方组织了首次欧盟—东盟海上安全对话，深化双方在海上监控和港口安全方面的合作。2018年，双方共同发布《东盟—欧盟行动计划（2018—2022）》，突出了对海上安全和跨国犯罪的关注和打击。在该行动文件的指导下，欧盟先后多次参加了东盟各国的海上联合军演。在海上安全问题上，双方通过欧盟—东盟海上安全合作高级别对话和东盟地区论坛闭会期间海上安全会议等平台，依法制定了区域合作框架，提高区域各有关体制和国际法律框架运作效率。

（二）海洋科技环保与海洋人文交流

欧盟曾对东盟地区实施高等教育的支持（EU-SHARE）项目。该项目加大了东盟的高等教育流动性，并增加了欧盟—东盟人民之间的互联互通。欧盟—东盟地区高等教育的支持（EU-SHARE）项目和"伊拉斯谟+"（Erasmus Plus）计划使研究人员、高等教育机构和学生受益。利用这种教育项目，双方在提升人民技能、民主教育、公共卫生、向绿色经济过渡和数字互联互通等方面开展合作。

双方为推进海洋科技发展，开展了一系列有关教育合作、职业培训和劳动力开发方面的合作。具体措施如下：增强两个区域之间学生、教师和研究者的领域，并为青年志愿者、青年工作者等开发专门的交流项目；通过"伊拉斯谟+"和两个联盟成员国的国别计划，落实学生和青年跨区域流动的战略目标；开发东盟和欧盟间的联合学位项目、联合学位计划；加强欧盟大学协会和成员国高等教育机构与东盟大学网络的合作；探索建立东盟—欧盟智库网络的可行性；等等。

（三）海上互联互通

2022 年，东盟与欧盟将互联互通、清洁能源转型、双方贸易、数字化转型等方面作为交流的重点，而贸易关系的升级、产业链合作、绿色伙伴关系成为双方下一阶段发展的重要内容。

基于此，欧盟分别与泰国、马来西亚签署"合作伙伴协定"，并向东盟做出投资百亿欧元的承诺。欧盟与新加坡和越南等东盟成员国签订了自由贸易协定，同时寻求加快与印度尼西亚、菲律宾、马来西亚和泰国的类似谈判。欧盟于 2010 年开始与新加坡和马来西亚、2012 年开始与越南、2013 年开始与泰国、2015 年开始与菲律宾、2016 年开始与印度尼西亚等个别东盟国家进行贸易谈判，力求实现可持续互联互通支柱，实现交通联系多元化，促进安全和可再生能源供应。

东盟—欧盟联通政策对话于 2014 年 2 月 24 日在比利时布鲁塞尔举行，对话为提升东盟区域联通水平、深化欧盟—东盟互联互通合作提供了平台。2021 年，东盟与欧盟作为贸易伙伴，双边贸易总值达 2 689 亿元。欧盟是东盟第二大直接投资方，总投资额达 265 亿美元。未来，两个联盟体的合作将继续增强经贸来往，加快创建双方互通有无的产业，稳固跨海供应链产业链。双方也将推进数字化转型，海洋能源开采的互联互通合作，该合作涉及 3 000 万欧元的绿色倡议计划。

三、日本与东盟海上合作

日本是一个狭长的岛国，南北延伸长达 2 400 公里，四周被海洋环绕。

日本所处的地理环境决定了海洋在其国家战略中的特殊地位，海洋安全已成为维护日本整体国家安全的核心和基础。与东南亚海域的合作一直是日本海上合作的突破点，2022 年，日本防卫相与东盟防长展开会谈，强调了海洋发展的重要性。双方将夯实发展海洋研究领域的合作，助力海洋交流加强。

（一）海上安全和防务合作

马六甲海峡对于日本来说具有重要的战略意义。因为日本从国外进口的，尤其是其 90% 的石油和 20% 的船只都需经由马六甲海峡到达岛内。日本和东盟就该海域安全问题成立了马六甲海峡沿岸国家委员会，该委员会负责出资支持马六甲海峡附近的水文研究并出资购买有关导航设备，并需要负责区域内灯塔的安装和维护。

2011 年 10 月，日本提议将东盟海事安全论坛扩大，把东盟的对话伙伴国包括进来，东盟表示同意但强调必须在论坛事宜中保证东盟的中心地位。

2015 年，东盟和日本承诺针对海上安全合作，将确保航行安全，保障不受阻碍的自由贸易。

2017 年，日本在东盟成立 50 周年之际表示，会通过与东盟的海上安全与合作来促进地区安全与区域法治。

日本与越南达成双边合作框架。2007 年日越首脑联合声明发布后，两国海洋安全合作步入正轨。除了在东盟地区论坛等多边框架内开展多项合作外，日本和越南还在双边框架内不断完善领导人和高级官员互访对话机制，另外，双方多个实务部门之间的沟通与合作，以及海事安全能力建设也取得了重大进展。2013 年，安倍外访第一站选择了越南，在峰会上讨论了重要议题：海上安全。2015 年，日越签署《日越关系共同愿景声明》，两国表示将通过海上搜救、打击海上恐怖主义及海盗等合作项目促进海洋安全合作。2016 年以后，双方加强海上执法机构能力建设，日本继续给越南提供全新或二手巡逻舰艇，进行海上搜救和装备合作。

（二）海洋科技环保与海洋人文交流

日本与东盟国家在海洋科技环保与海洋人文交流领域的合作持续推进。日本向东盟部分国家开展海洋资源和环境研究、调查、开发和可持续利用提供援助。

日本向越南分享经验和进行技术转让，帮助提高海洋科技、海洋经济发展、海洋环境保护等领域的工作能力。此外，日本同越南开展海上环保合作，协助越南建立东亚各海域海洋塑料废物管理的伙伴关系的倡议，向越南分享海上和沿海地区危险废物收集与处理的管理经验和技术，加强阻止外来物种侵害和各海域上生物多样化衰退等的能力。

日本与东盟国家共同建立信息搜集体系，构建信息集成与共享机制，多渠道收集国外及国际机构海洋领域相关信息，寻求与同盟国及伙伴国联合构建海域监视合作机制，提高海洋监视能力。日本支持东盟国家着力培养造船、海洋土木工程等领域高技术人才及骨干分子，提升船员就业稳定性，改善工作环境；通过设立海洋教育机构，对青少年加强海洋知识教育，并通过虚拟现实等技术手段、社交媒体平台及科普活动等，加大对国民的海洋知识普及力度。

（三）海上互联互通

由于其经济和地缘政治利益，日本长期以来一直高度重视与东盟的关系，日本发展和维系这种关系的重要手段之一，就是利用政府开发援助（ODA）促进东盟国家之间的联系。

20 世纪 70 年代，由于国际分工等原因，日本企业将本国部分产能和工厂大规模转移至泰国等东盟国家，建立了大城市群互联体系。

20 世纪 90 年代，由于受到冷战影响，为了弥补政治真空并增强区域影响力，日本重点推动湄公河次区域东西经济走廊和南部经济走廊的建设。

进入 21 世纪，出于反恐、反海盗及应对中国崛起的需要，日本又与新加坡、印尼等国围绕海上航路畅通加强安全合作。日本应地区形势变化及自身利益拓展的需要，积极进行政策谋划，进一步推动东盟互联建设。

地理布局上，日本的构想可概括为"两大板块""三大经济走廊""一大联接"。基于东盟地理特点，以及日本在该区域投资与贸易布局和对互联互通功能定位的理解，日本于 2011 年提出"建设以东西与南部经济走廊为核心的主干线""东盟海上经济走廊"两大愿景规划，从而将东盟分为湄公河次区域、海上东盟两大板块。在湄公河次区域，日本着眼于建设两条贯穿该区域并连接太平洋、印度洋的陆海大动脉，形成东西经济走廊和南部经济走廊。此外，2016 年 9 月，《日本与湄公河区域互联互通倡议》提出，将把促进越南河内到老挝万象的互联互通作为另一大政策重点。日本打算构建连接马来西亚、新加坡、印尼、文莱等国的环形海上东盟经济走廊，重点是港口建设与航路设计，特别是建设能够支持海陆一体、高速联运的滚装船港口，从而形成海陆无缝对接的海上高速交通网线。

第四节　中国与东盟海上合作及发展

一、中国—东盟海上合作关系溯源

（一）互信对话，确定基本方向

1991 年，东盟与中国建立对话伙伴关系，之后迅速发展成为最具实质性的东盟对话伙伴关系之一。20 世纪 90 年代初，中国与东盟国家全面恢复或逐步恢复外交关系。1997 年，双方决定建立 21 世纪睦邻互信伙伴关系。2002 年，中国成为首个与东盟签订自贸协定的对话伙伴国。2003 年，中国更是率先与东盟签署《东南亚友好合作条约》，并建立战略伙伴关系。其后，中国与东盟开展了多次双边和多边海上合作。2004 年年底，中国与东盟国家针对印度洋海啸问题开展了海洋灾害预防和救援活动，并在之后几年陆续与越南、马来西亚和泰国等国家进行了海上安全、海洋科技和海洋经济方面的合作。2011 年，中国设立 30 亿元人民币的中国—东盟海上合作基金，将海洋领域合作推向新高度。

（二）进程加快，深化合作层次

2012 年，中国与东盟签署实施了《南海及其周边海洋国际合作框架计划》，预示中国与东盟合作进入加速阶段。在该框架计划之下，中国与东盟开展了多领域的海洋合作，包括海洋与气候变化、海洋环境保护、区域海洋学研究及海洋政策。2013 年 9 月，中国与东盟十国共同签署《中国—东盟港口城市合作网络论坛宣言》。2013 年 10 月，中国提出以东南亚为枢纽建设 21 世纪海上丝绸之路的倡议。2013 年 11 月，首届中国—东盟海洋科技合作论坛举行，就制订未来 10 年中国—东盟国家海洋合作计划达成共识。2014 年 11 月，中国提出建立"中国—东盟海洋合作中心"的倡议。同年国家海洋局申报的"中国—东盟濒危海洋物种合作研究""东南亚海洋环境预报与灾害预警系统建设""北部湾海洋和岛屿环境管理合作研究"3 个项目，作为中国—东盟海上合作基金资助的项目立项。2015 年，"中国—东盟海洋合作年"正式启动。

（三）项目落地，夯实多边合作

2012 年 5 月，中国国家海洋局第一海洋研究所牵头启动"亚洲季风暴发监测及其社会和生态系统影响"项目，参与国家包括泰国、印度尼西亚、缅甸、马来西亚、菲律宾。

2013 年 5 月，该项目执行"孟加拉湾观测航次"行动，获得了大量现场观测数据，对研究亚洲季风暴发过程具有重要意义。

2013 年 8 月，中国—东盟暑期培训班项目在马来西亚举办，课程内容涵盖与季风相关的海洋、气象、生态及社会影响等多方面，学员来自泰国、印度尼西亚、马来西亚、缅甸、马尔代夫、孟加拉国、斯里兰卡、越南、中国等多个国家。中国、泰国、马来西亚共同倡议建设东南亚海洋预报示范系统。2014 年，马航 MH370 航班失联后，该预报系统基于前期研究成果和技术积累，无间断预报搜救海域的海浪、海流、海温等海洋环境情况，根据搜救工作研制出海域溯源模型，为搜救工作提供支持。

该项目的执行加强了中国与马来西亚、印度尼西亚、泰国等国在物理海洋与气候、海洋生物多样性、生态系统与生物技术和海洋地质等领域的学术交流。

（四）加强战略互信，夯实政治支撑

2018 年，《中国—东盟战略伙伴关系 2030 年愿景》发表，加强了中国与东盟在海洋经济发展等蓝色经济领域的合作。

2019 年 6 月，《东盟印太展望》表示，包容、互利、尊重是双方海上经济合作的重要原则。

2021 年，双方在中国—东盟建立对话伙伴关系 30 周年纪念峰会联合声明中强调，未来将加强蓝色经济伙伴关系。为此，双方需要进一步明确蓝色经济的定义，制订详细具体、切实可行的行动计划，以实现蓝色经济的共同愿景。

此外，中国—东盟海事磋商机制、中国—东盟港口发展与合作联合声明、中国—东盟海运协定、东盟—中国海事教育与培训发展战略等现有双边机制和协议，也得到有效落实。

中国海南自由贸易港在推进中国—东盟蓝色经济伙伴关系方面发挥着重要作用，能促进双方在蓝色经济领域的联合研发，加快国际碳排放交易市场的建设，推动沿海和海上旅游业的发展。

发展蓝色经济离不开地区和平稳定，也离不开包容、开放、平衡、有韧性、基于规则的多边体系。因此，中国与东盟之间的战略互信至关重要。双方在相互尊重、合作共赢的基础上积极开展坦诚开放的对话，从而建立并维持了战略互信。中方大力支持落实《东盟印太展望》框架下的各领域合作，增进了双方互信，巩固了合作信心。

二、中国—东盟海上合作发展现状

与东盟共享同一片海域，使得中国与东盟各国的海上合作交往具有天然的地理优势。经过了"中国—东盟海洋合作年"的发展，东盟在中国经济、贸易和投资中的重要性持续上升。RCEP 生效以来，中国—东盟区域内大约 90% 的商品都采取了"零关税"政策，内部经济发展迅速。随着 2022 年 APEC 会议、东亚峰会、东盟峰会、东盟"10+1""10+3"会议、RCEP 峰会的召开，海上合作问题再次成为中国与东盟共同开展合作中的重要议题。

（一）海上互联互通

海上联通最初出现于中国—东盟自贸区谈判和昆明至曼谷和新加坡的公路建设规划中，主要包括海上运输、航道开辟及港口建设等。推动中国—东盟海上联通，就意味着通过海上运输和港口城市合作等方式将中国和东盟国家的沿海港口城市连接起来。

一方面，油气开采、海洋运输、港口基建等领域通过联通建设有了新的投资机会；另一方面，随着海上通道的互联互通，中国与东盟国家之间的人员和货物交流变得更加便利，并为不同国家公司之间的贸易铺平了道路。中国与东盟国家若想依靠海洋在经济、技术和信息领域建立更紧密的联系，首先就需要实现海上联通。

目前，中国与东盟国家港口开通了多条海上运输线路，主要有中国—越南航线、中国—菲律宾航线、中国—新马航线、中国—印度尼西亚航线、中国—泰国湾航线，以及中国至新加坡、曼谷、巴生、海防、胡志明等港口的国际直达航线。涉及的中国港口有上海港、天津港、大连港、广州港、青岛港、厦门港、海口港、北部湾港等沿海大港。近年来，中国港口吞吐量能力持续攀升，港口建设已进入世界先进水平。据统计，2021年中国港口全年货物吞吐量达到155.5亿吨，同比增长6.8%，其中外贸货物吞吐量47.0亿吨，同比增长4.5%；集装箱吞吐量2.8亿TEU，同比增长7%。国际航运咨询分析机构Alphaliner公布了2022年全球集装箱港口吞吐量排名前30的年度排行榜，全球前十大集装箱港口中就含有7个中国港口。港口规模和水平是实现海上互联互通的主要硬件指标。中国港区硬件能力不断提升，集疏运体系不断完善。例如，2022年上海港完成集装箱吞吐量4 730万TEU，位居我国集装箱吞吐量排名第一（见表3.2）。

表 3.2　2022 年中国集装箱吞吐量 TOP20

排名	港口名称	集装箱吐量（万 TEU）	同比增长（%）
1	上海港	4 730	0.6
2	宁波舟山港	3 335	7.3
3	深圳港	3 004	4.4
4	青岛港	2 567	8.3

续表

排名	港口名称	集装箱吐量（万 TEU）	同比增长（%）
5	广州港	2 486	1.6
6	天津港	2 102	3.7
7	厦门港	1 243	3.2
8	苏州港（内河）	908	11.9
9	北部湾港	702	16.8
10	日照港	580	12.2
11	连云港港	557	10.6
12	营口港	500	-4.1
13	大连港	446	21.5
14	烟台港	412	12.8
15	东莞港	361	-2.2
16	福州港	346	0.4
17	唐山港	334	1.5
18	佛山港（内河）	322	-13.1
19	南京港（内河）	320	2.9
20	嘉兴港	285	28.4

数据来源：国际航运咨询分析机构 Alphaliner

（二）海上经济合作

中国与东盟的海上经济合作已从渔业、港口航运等传统产业，逐步扩展到海洋旅游、海洋高等教育等多个领域。为促进和深化海上经济合作，中国与东盟国家在调整各自海洋战略的同时，更以积极建设中国—东盟自由贸易区、RCEP 生效推广等为工作重点。此外，中方提出的"21 世纪海上丝绸之路""泛北部湾经济合作""环南海经济合作圈"等合作倡议，为推动中国与东盟国家间的海洋经济产业合作提供了源源不断的机制性动力。

中国—东盟自贸区作为由发展中国家组成的最大自贸区，成立以来经贸合作成绩斐然。中国—印尼经贸合作区是中国在印尼设立的第一个国家级境外经贸合作区，这之后中方在东盟设立了 25 个境外经贸合作区深化双方合作。中国—东盟自贸区建成之后，中国与东盟的进出口贸易总额在 2022 年达到了 9 753.4 亿美元（见图 3.1），增长 11.2%，较 2002 年自贸区开始启动时的 548 亿美元贸易额增长了近 18 倍。2022 年是中国—东盟全面战略伙伴关系开局之年，双方经贸往来更加密切，进出口规模达到 6.52 万亿元，增长 15%，其中出口 3.79 万亿元，增长 21.7%，进口 2.73 万亿元，增长 6.8%。同期，东盟占中国外贸比重较 2021 年上升了 1 个百分点，达到 15.5%，继续保持中国第一大贸易伙伴地位。

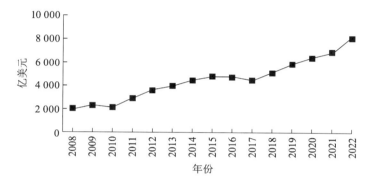

图 3.1　2008—2022 年中国与东盟进出口贸易总额

数据来源：根据商务部和海关总署数据整理绘制

（三）海上安全合作

21 世纪以来，在经济全球化、信息化、多极化发展的大背景下，世界各国之间的联系愈发紧密，互相之间的依赖性不断加强。随之而来的是，威胁国家安全的跨国因素不断增多。震惊全世界的"9·11"事件、愈演愈烈的海盗袭击事件及各种海洋自然灾害的发生，使"非传统安全"问题尤其是"海上非传统安全"问题逐渐进入人们的视野。中国作为一个陆海国家，海上安全本身就是国家安全的重要组成方面。中华人民共和国成立以来，中国海上安全主要涉及两方面：一是海洋权益争端，如海上领土争端及海上划界等传统安全问题；二是全球性海盗和武装截船等非传统安全问题。

针对海上传统安全问题，南海问题始终横亘在中国与东盟之间。中国与东盟签署的《南海各方行为宣言》，是南海周边国家给这片海域的秩序订立规矩的初步尝试。《南海各方行为宣言》取得了两项重要成果：一是磋商机制得以不断完善，形成多种多样的对话合作机制，如中越、中菲、中马海上问题磋商工作组等；二是双方深化海上安全合作措施：中越在北部湾联合巡逻，中菲建立海警海上合作联合委员会，以及中国和东盟国家在海洋科研、搜救、渔业等领域的合作。针对海上非传统安全方面，为维护南海的和平稳定与可持续发展，中国与东盟积极开展海上合作。有关海盗问题，双方签订了《亚洲地区反海盗及武装劫船合作协议》，并于2006年在新加坡建立信息共享中心。此外，中国—东盟双方已建立了包含海洋环境保护、防灾减灾、航道安全与海上搜救、打击跨国犯罪、海上执法等在内的非传统安全海上合作网络。

三、中国—东盟海上合作展望

回望中国—东盟"黄金十年"（2003—2013年），曾有不少学者认为未来十年将是中国—东盟合作质的飞跃期，该时期将涉及人员、产业、金融等多种要素的充分流动和优化配置，战略伙伴关系应向更加全面、更加体现互利共赢、惠及民生的方向发展。

站在新的历史起点上，中国—东盟关系已经拥有了能够支持继续深化合作的坚实基础。尤其是中国—东盟在地区合作共赢、共同发展方面的典范意义和战略意义，更是让中国—东盟关系这"钻石十年"（2013—2023年）闪耀全球。

（一）多层级海上合作框架顶层设计将愈加完善

中国—东盟领导人对话机制实行以来，提出了重要合作倡议160余项，落实率超过99.5%。这个落实率表明了中国—东盟双方合作的决心，这也使得双方进一步坚定了合作信念。

双方将在现有合作基础上，尽快完善顶层设计，进一步深化双方海上合作关系。2002年《南海各方行为宣言》的签署和2013年"中国—东盟海上合作基金"的成立是双方海上合作历程中两个重要的里程碑，促进了多层次、多领域、立体化的双多边海上合作机制的构建。其中最具代表性的是中国与东盟国家成立的落实《南海各方行为宣言》高官会和联合工作组会议，为双方海上合作领域和内容的扩大和深化提供了制度保障。2013年，中国倡议共建"中国—东盟命运共同体"，并先后提出"2+7""3+X"合作框架。

此外，双方设立的"中国—印度尼西亚海上合作基金""2015年中国—东盟海洋合作年""中国—东盟海洋合作中心""中国—东盟海洋科技合作论坛""中国—东南亚海洋合作论坛"等，也为推进中国—东盟海上务实合作项目提供了资金支持和交流平台，成了双方海上合作机制建设中的亮点。中国—东盟将建立更全面的对话机制，以求多领域、多层次、多渠道拓展双方交流与合作，增进彼此信任，扩大共识。

"三十而立"，2021 年是中国与东盟的关系迎来又一次提质升级的一年：在中国—东盟建立对话关系 30 周年纪念峰会上，双方正式宣布建立中国—东盟全面战略伙伴关系。双方将对接《东盟互联互通总体规划2025》与中方"一带一路"倡议共同的重点领域，努力以互利共赢方式促进区域各互联互通战略的对接。

（二）新兴海洋产业合作将快速发展

中国与东盟的海洋经济合作已从渔业、港口航运等传统产业，逐步扩展到海洋旅游、海洋科技、海洋高等教育等领域。为促进和深化海洋经济合作，中国与东盟国家在调整各自海洋战略的同时，更以积极建设中国—东盟自由贸易区、签署 RCEP 等为工作重点。双方提出的"21 世纪海上丝绸之路""泛北部湾经济合作""环南海经济合作圈"等合作倡议，也为推动中国与东盟国家间的海洋经济产业合作提供了源源不断的机制性动力。中国与东盟应在建设蓝色伙伴关系上聚集更多力量与资源，通过保护与发展相兼顾的思路，推动本地区的海洋产业经济向高质量、高附加值转型升级，取得更多贸易投资成果。

中马"两国双园"合作模式的成功，为未来海上合作的方式提供了范本答案。未来双方将按照该模式，重点推进中国与东盟国家共建一批沿港临港的产业园区，主要努力方向包括中越东兴—芒街跨境经济合作区，以及中泰、中印尼等国的合作产业园建设等。产业合作的深化，能够有效增加中国与东盟各国经济关系的紧密程度。

双方将进一步深化中国—东盟农业、能源资源合作，推动双方企业在粮食、水产品、果蔬、畜禽产品等特色农产品的种养和精深加工领域进行技术交流、资金合作。

双方将继续加强在海洋渔业、海上旅游、海洋生物制药、海上油气资源开发等领域的合作，在北部湾湾口内探索建立中国—越南北部湾海洋经济合作试验区，在北部湾湾口外探索建立南海海洋经济合作试验区等。

（三）海上安全与防务合作取得更多突破

作为双方海上合作的敏感领域和"短板"，中国—东盟之间的海上安全与防务合作于近年来取得突破性进展。2017年10月、2018年8月、2018年10月、2019年4月，双方分别在新加坡和南海北部海域等地举行了海上军事联演。中国与东盟国家间的多边海上联合演习，对于推动中国—东盟海上安全合作和双边关系全方位提升具有里程碑式的意义。

中国与东盟在进行海上防灾减灾、海上反恐、打击海上走私等相关合作时，始终将双方的利益诉求及合作底线（如坚持一个中国的原则、坚持对南海拥有主权等）放在第一位去思考，以便与东盟国家进行长期有效的协调沟通、对话谈判，不断明确彼此所要传达的信息。

为维护南海的和平稳定与可持续发展，中国与东盟未来也将积极开展海上非传统安全合作。在促进双边关系中，东盟国家与中国都主张鉴于过去合作的经验，以及东盟与中国之间存在的问题，在考虑中国与东盟在未来海上非传统海上安全合作的过程中，将秉持着相互尊重、相互信任、互利互惠、平等互助的原则。双方将完善已建立的包含海洋环境保护、防灾减灾、航道安全与海上搜救、打击跨国犯罪、海上执法等在内的非传统安全海上合作网络。例如，中国与东盟国家在《亚洲地区反海盗及武装劫船合作协议》框架下，有效推进打击海盗和海上武装抢劫的合作，为南海地区航道安全提供了保障。

（四）海洋争端管控针对性与有效性大幅提高

中国—东盟海上合作的最大障碍和不利因素是中国与东盟部分国家之间的南海领土主权和海洋权益争议。为管控争议，中国与东盟国家除了在2011年落实《南海各方行为宣言》指导方针外，还建立了多个南海问题双边磋商机制。

上述努力对于管控分歧、维护海上和平与稳定、促进海上合作发挥了积极作用。中国与东盟国家需形成新的海洋安全观，摒弃以邻为壑的观念，树立共同合作的安全理念，共同维护南海的和平与稳定。近10年来，南海地区的安全局势因美国主导的大国竞争而持续紧张升温。中国与东盟国家可以以中国提出的新安全观为指导，通过安全领域的长效对话机制，构建形成以合作促进共同安全的新格局。

南海问题长期受到美国等域外国家干扰，想要在短期内解决并不容易。现阶段利用"双轨"思路解决南海问题已成为中国和南海周边国家的共识。中国倡议有关方采取实际行动尽快落实《南海各方行为宣言》，尽快完善相应行为准则，并以该准则对待南海问题，使其真正发挥作用。

《中国与东盟国家关于在南海适用〈海上意外相遇规则〉的联合声明》的通过便是和平妥善解决南海问题的一个良好开端。与此同时，中国始终以积极态度同东盟国家磋商，希望双方都采取切实措施加强互信，在尽量避免触碰到海上合作的敏感领域的前提下，为解决南海问题铺平道路。

（五）海洋人文合作更上一层楼

近年来，中国与东盟国家互办文化艺术节、文化年，举办图书版权贸易洽谈会暨出版合作论坛、广播影视展播展映、大型节目制作播出等活动，开展舞剧《碧海丝路》等民族文化精品东盟之旅活动；建设中国—东盟文化交流中心、北部湾国家数字出版基地等"丝路书香工程"平台，实施中国—东盟广播影视产品译制工程。双方大力推进媒体交流合作，拓展互信广度。网络、电视、广播、报纸、刊物等媒体是宣传、沟通和交流的主要载体，通过媒体的交流与合作，可以加深东盟各国对中国情况的了解和认识，从而减少误解、深化互信。

针对海洋科教合作，中国与东盟彼此扩大相互间政府留学奖学金名额，实施中国—东盟政商领袖培育工程，重点支持对东盟国家留学生的培养和东盟专业人才的培训，推动建设北部湾大学、中国—东盟职业教育培训中心；大力支持国际组织和国外智库在中国设立分支机构。积极推进民间交往，增强互信深度。重点推进学界的交流，通过中国国际问题研究所、广西大学中国—东盟研究院、厦门大学南洋研究院、海南中国南海研究院等智库的学术联系渠道，加强与东盟国家的学术交流，推动政治互信的深入发展。加强减贫领域交流合作。建立中国—东盟减贫中心，巩固、推广和扩大中国与东盟减贫经验成果，推动面向东盟的开放式扶贫。

第五节 中国与东盟海上合作对中国发展的影响

一、政治

良好和稳定的中国—东盟伙伴关系是中国在亚太地区维护边境安全、获取经济收益和扩大文化影响力的政治保障。随着世界政治议程中大国竞争议题的重新凸显,东南亚成为大国竞争的焦点地区;与此同时,大国对东南亚事务的参与也意味着,这些大国都需要协调它们与东盟国家的关系。

（一）促成成熟健全的政治协商机制

面对百年变局,在中国—东盟关系持续深化的基础上,双方在《中国—东盟战略伙伴关系 2030 年愿景》的指导下,坚持"亲诚惠容"的睦邻友好外交政策,以海上合作为契机,形成了高层之间沟通往来的对话机制。如通过双方领导人会议、部长级会议、高官级工作层面合作等战略对话平台与协商机制,推进中国的发展战略和东盟国家的发展战略相互嵌入与深度对接。

多边正式对话会:借助中国—东盟合作的"南宁渠道",2020 年,在第 17 届中国—东盟博览会举办前夕,中国共产党与东南亚国家政党在广西南宁举行了首次对话会。2020 年 11 月 26 日,以"促进新时代中国—东盟合作:政党的责任与担当"为主题的中国共产党同东南亚国家政党首次对话会,在广西南宁以线上线下相结合的方式举行。东南亚近 40 个政党,包括 20 多位党首、5 位议长,以及驻外使节、中国共产党代表等共聚一堂,话题包括但不限于海洋环保、海上航行和交通安全、搜寻与救助、打击跨国犯罪。对话会传递出 3 个明确的信息。一是标志着中国与东南亚国家关系向前迈出了重要一步,双方政治互信达到了一个新的水平。二是对话会是中共十九届五中全会之后,中国与东盟地区规模最大、层级最高的政党对话会,表明东南亚国家对同中国合作寄予更多期待和希望。三是此次对话会也是在 RCEP 签署后召开的一次重要会议,传递出双方加强合作、共克时艰的积极信号。

双边层面上,中国与东盟各国基本都拥有较为源远流长的交往史,各方关系在不同历史时期可能存在不同的远近亲疏。随着苏联解体和冷战结束，中国与东盟各国双边关系迈向稳定期。2013 年，中国与新加坡成功签署备忘录，成立中新双边合作联合委员会（联委会），为双方领导就双边问题提供了协商沟通机制。中共二十大胜利召开后，中越两国联合发布《关于进一步加强和深化中越全面战略合作伙伴关系的联合声明》。双方在政党对话中就中越海上问题交换意见，一致同意要继续通过双边对话协商管控海上争议，积极推进海上合作，共同维护两国关系良好发展势头与南海和平稳定局面。

2022 年是中泰建交 47 周年，国家主席习近平应邀赴泰国曼谷出席亚太经合组织第二十九次领导人非正式会议。

通过领导人会见、开幕大会、巡视展馆、主题国等一系列高层友好交往活动，中国与东盟各国增进了政治互信，也为双方经贸及其他领域的合作提供了政治和机制性保障。

（二）营造和谐稳定的周边环境

冷战结束后，世界格局剧变。随着东亚崛起，世界多极化深入发展，亚太地区逐渐成为世界范围内大国博弈的焦点地区和格局调整的核心地区。亚太地区的稳定和繁荣直接关系到中华民族伟大复兴的实现，是如期实现建设现代化强国目标的必要条件和基础。

21 世纪以来，亚太地区人口、经济和贸易分别约占世界的 40%、57% 和 48%，是世界经济贸易的火车头和日益重要的中心，其和平与发展不仅直接关系到本地区的生存和福祉，而且攸关全球命运。作为联合国安理会的常任理事国和身处其境的大国，中国有责任通过施加有利影响促进亚太地区和平与发展。"远亲不如近邻"，东盟十国是中国周边环境的重要组成部分。中国与东盟都清楚，只有稳定的地区环境，才符合各方的长远利益。

2008 年全球金融危机后，中国周边安全形势总体上稳定可控。但是，中国与部分东南亚国家因南海问题出现政治互信危机。美国推出的"印太战略"及其构建的"价值观联盟"等"小多边"安全机制在亚太地区的出现，也导致形势更为紧张，导致中国周边安全环境的不确定性上升。

2013 年，中国倡导要形成以共商、共建、共享为目标的中国—东盟命运共同体。这不是要在形式上建成某种超越民族国家的制度安排，而是要在政治互信的基础上树立中国与东盟国家对共同利益和责任的认同。这实际上是把东盟的自主可持续发展同中国自身发展紧密结合起来，不搞你输我赢的零和游戏，不做唯利是图的狭隘之举，最终实现合作共赢、命运与共。

2021年11月24日，中国—东盟正式宣布建立全面战略伙伴关系。这是中国与东盟关系的重大提升，有利于亚太地区的和平稳定与繁荣发展。双方关系的提升完全基于整个地区的普遍需要，不会影响平等协商、包容互鉴的任何第三方。中国和东盟已成为亚太地区和平、稳定与繁荣的重要支柱。目前中国需要市场，除了资金和技术支持，东盟国家也需要中国的市场，从经济上来说是完美的伙伴关系。中国和东盟提升整体战略关系，将推动双方融合，促进两国人员往来，使东盟国家更深入地了解中国，对该地区的稳定和繁荣产生积极影响。

（三）塑造和平发展的中国国家形象

国家形象是国家间基于社会互动而构成的一种相互认同关系，是一国在与他国的互动进程中被他国赋予的一种身份认知。国家形象具有建构性、主体性、集合性、可塑性、相对稳定性等特点。要注重塑造中国的国家形象就要重点展示中国坚持和平发展、促进共同发展、维护国际公平正义、为人类做出贡献的负责任大国形象。当今世界新形势下，中国视东盟为周边外交优先方向和高质量共建"一带一路"重点地区，中国支持东盟共同体建设，支持东盟在东亚合作中的中心地位，支持东盟在构建开放包容的地区架构中发挥更大作用。

对新时代国家形象和国际受众的系统性深入性研究显示，中国与世界的认知处于一个重要的互动磨合期。《中国国家形象全球调查报告2019》在全球22个国家同步展开，受访者达11 000人，新增年度热点话题，涵盖了对中国政治、外交、经济、文化和科技等领域国际形象的调查。过半数的海外受访者认同"人类命运共同体"理念在个人层面、国家层面和全球治理层面的积极意义。其中，"人类命运共同体"理念对全球治理的积极意义认可度更高。中国以合作共赢的姿态与东盟国家发展关系，展现了大国风范（见图3.2）。

惊涛历险扬国势，碧浪轻风睦远邦。600年前，郑和下西洋开启了明朝与东南亚地区的一轮合作浪潮。600年后，东南亚作为中国走出国门的重要一步，也将助力彼此之间经贸的再一次辉煌发展。中国将坚定不移扩大对外开放，增强国内国际经济联动效应，以自身复苏带动世界共同复苏，包括东盟在内的世界各国都将从中受益。开放的中国必能打造更紧密的中国—东盟命运共同体，为促进世界和平发展做出更大贡献。

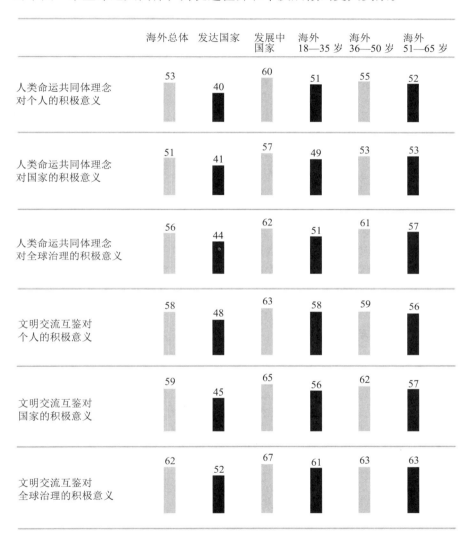

	海外总体	发达国家	发展中国家	海外18—35岁	海外36—50岁	海外51—65岁
人类命运共同体理念对个人的积极意义	53	40	60	51	55	52
人类命运共同体理念对国家的积极意义	51	41	57	49	53	53
人类命运共同体理念对全球治理的积极意义	56	44	62	51	61	57
文明交流互鉴对个人的积极意义	58	48	63	58	59	56
文明交流互鉴对国家的积极意义	59	45	65	56	62	57
文明交流互鉴对全球治理的积极意义	62	52	67	61	63	63

图 3.2　《中国国家形象全球调查报告 2019》

二、经济

中国与东盟乃至整个东亚地区，是经济全球化与地区合作的受益者。东盟十国是中国倡导的"一带一路"国家中同时兼有经济发展潜力、劳动力充盈且政权相对稳定、经济发展环境相对有序的地区。通过中国同各国各港互联互通建设,必将带动东盟各国的经济发展进而带动整个区域经济增速,刺激全球经济增长。

（一）贸易合作升级

首先,中国和东盟人口合计接近 21 亿人,大多数都是发展中国家,经济发展的空间比较大,市场消费潜力大。其次,中国与东盟地缘相邻,产业结构互补,文化上也有不少相通之处。中国诸多产品,如机器设备等,在东盟国家很受欢迎。特别是在 2008 年之后,随着全球贸易格局深度调整,中国—东盟的互补性不断显现,区域内逐渐凝聚合作共识、形成发展合力。2020 年,东盟成为中国最大贸易伙伴,中国则连续 12 年保持东盟第一大贸易伙伴地位。

根据南宁海关联合广西大学中国—东盟信息港大数据研究院于 2021年 9 月在第 18 届中国—东盟博览会和中国—东盟商务与投资峰会上首次正式发布的《中国—东盟贸易指数报告（2020）》,中国—东盟贸易指数五个一级指标值都保持较好的增长态势,其中,贸易密切、贸易潜力、贸易活力和贸易环境的指标值较 2010 年均实现大幅提升,且较 2019 年仍保持增长;贸易质量的指标值较 2019 年虽小幅下降,但较 2010 年仍有所提升（见表 3.3）。贸易畅通是"一带一路"倡议中的基本内核,其基本目标是在经济全球化不断加深的背景下,推动"一带一路"国家经济合作。

表 3.3　2010—2020 年中国—东盟贸易指数及其一级指标值

年度	总指数	贸易密切	贸易质量	贸易潜力	贸易活力	贸易环境
2010	100.00	100.00	100.00	100.00	100.00	100.00
2011	102.96	99.32	102.01	109.48	97.02	106.97
2012	106.10	102.68	102.01	114.77	100.25	105.62
2013	116.15	110.70	101.02	118.68	110.78	139.57
2014	147.13	113.87	99.36	119.30	160.07	243.05
2015	173.79	117.22	100.59	117.66	129.08	404.39
2016	160.12	117.64	97.64	116.91	126.98	341.44
2017	161.27	122.17	100.07	123.63	130.07	330.41
2018	190.42	123.20	102.08	131.48	134.91	460.45
2019	201.52	129.29	103.28	137.71	141.28	496.08
2020	241.09	134.47	102.35	138.84	143.00	686.812

数据来源:截取自《中国—东盟贸易指数报告（2020）》

（二）投资合作蓬勃发展

东盟是中国最主要对外投资目的地，也是对华主要直接投资来源地。2021 年，东盟连续 4 年成为中国第二大对外投资目的地。东盟是中国第三大投资来源地，中国与东盟经贸合作保持良好势头，双向投资蓬勃发展。

数据显示，2021 年中国对东盟全行业直接投资 143.5 亿美元，其中前三大投资目的国为新加坡、印尼、马来西亚。2021 年东盟对华实际投资金额 105.8 亿美元，其中前三大投资来源国为新加坡、泰国、马来西亚。根据东盟方统计，中国对东盟直接投资从 2010 年的 36 亿美元增加至 2021 年的 143.5 亿美元，增幅达 399%。双方在制造业、农业、基础设施、高新技术、数字经济、绿色经济等领域投资合作稳步拓展。

中国与东盟国家金融合作稳步推进。一是货币互换合作。近年来，中国与东盟国家如马来西亚、泰国等签署了货币互换协议，降低了汇率风险和结算成本。中国在新加坡启动离岸人民币结算业务，新加坡也因此取代英国伦敦，成为仅次于中国香港的离岸人民币结算中心。二是投资银行合作。中国发起成立的亚洲基础设施投资银行和丝路基金，为地区基础设施互联互通、国际产能合作提供了相应的投融资服务。三是商业银行合作。中国—东盟银联体自成立以来，合作机制日益完善，金融合作务实有效，交流研讨不断深入，已成为中国和东盟国家之间重要的多边金融合作机制。

（三）基础设施合作成效显著

中国—东盟双方积极推动国际陆海新通道建设，实现中国与东盟各国海、陆、空、网等设施互联互通。双方通过削减关税和非关税壁垒，开通便利人员往来和货物贸易的"快捷通道"与"绿色通道"，最大限度发挥双边的互补优势，实现双方产业链、供应链、价值链的深度融合。

2021 年，中国企业在东盟国家新签的工程承包合作累计 606.4 亿美元。中老铁路、印尼雅万高铁，以及中新共建国际陆海贸易新通道、中印尼和中马"两国双园"等一批重大基础设施项目顺利实施，互联互通不断加速。中老铁路是连接中国云南省昆明市与老挝万象市之间的第一条采用中国标准、中老合作建设运营，并与中国铁路网直接连通的境外铁路。自开通以来，货物运输量逐月攀升，截至 2022 年 11 月，中老铁路累计运输货物突破 1 000 万吨，货物运输已覆盖老挝、泰国、柬埔寨、新加坡等国。此外，中老泰铁路、马来西亚东海岸铁路建设提速，国际陆海贸易新通道高效联通欧亚。

第四章 FOURTH

深化广西—东盟海上合作引擎

第一节　全球大环境异变与世界格局重整

自改革开放以来，中国经济创造了长期快速且稳定增长的奇迹。在当前全球大环境异变和工业4.0背景下，新一轮科技革命和产业分工升级蓬勃兴起的同时，全球财富印证了马太效应，逐渐走向两极分化。新冠疫情在全球肆虐之后，世界经济市场萎缩衰退，逆全球化思维和保护主义思想导致大国竞争持续加剧，各种矛盾冲突频频发生，国际贸易秩序和产业、劳动及价值分工格局也发生重大调整，全球产业链、供应链、价值链更趋于区域化，地缘政治环境更加多元化、复杂化，一个新的世界秩序格局正在加速诞生。

一、全球大环境异变

对处于重要战略机遇期的中国来说，对外贸易与合作所面临的外部环境发生巨大变化，海上合作面临新的机遇和挑战。具体而言，全球大环境异变至少包括以下两个重要方面。

（一）百年未有之大变局

当前，全球政治格局和经济秩序混乱而又复杂，并随着世界格局出现全新拐点而快速变革。传统的生产、生活方式和社会结构都随着新一轮科技革命的不断发展而发生巨大改变，全球产业分工与升级也随之不断变化，世界进入了百年未有之大变局的时代。

一是全球秩序的加速转型。随着世界各国的经济实力的变化，国际体系、治理格局和世界力量对比也呈现明显的"东起西落"和"新起旧跌"的趋势。从"三十年战争"结束后的1648年开始，欧洲各国以主权国家为中心、以资本主义为根基、以西方国家为主导的"威斯特伐利亚体系"延续了近 400 年。加速发展的多极化伴随着经济全球化，中国将面临更多挑战。近年来，世界力量逐渐向非西方世界转移，新兴和发展中国家共同崛起，经济世界中心向亚洲转移。西方国家主导国际政治百年的局面正在发生根本性变化。美国与盟友的关系在二战后跌至低谷，盟国也试图走上国家独立、战略独立与阵营独立的道路。全球政治经济新秩序正在加速形成。

二是世界大国关系迎来了转折点，尤其是中美俄三国之间的关系发生微妙变化。美国逐步升级对华的遏制措施，最直接也是最主要的原因是中国经济总量正在向美国靠拢。2012 年，中国 GDP 总额就已经接近美国红线，即达到美国 GDP 的 60%，工业总产值已经超过美国。根据国际货币基金组织的数据，2022 年，美国的 GDP 达到 25.04 万亿美元，中国的 GDP 达到了 18.32 万亿美元；2022 年，美国 GDP 实际增长 2.2%，而同期中国 GDP 增长 3%，中国经济增速高于美国。

与此同时，自 2008 年以来，以美国为代表的西方资本主义国家受到次贷危机所引发的全球金融危机的巨大冲击，经济放缓、失业增多和社会动荡更加明显，民族和宗教问题也往往表现为外部化矛盾。政治、商业、外交、舆论乃至军队都承受着前所未有的压力。

三是传统的生产、生活方式发生深刻变革。维持几百年的社会结构在科学技术不断发展之下发生了深刻变革。以新一代信息技术（如 AI、人工智能、云计算等）为代表的生产力变革，导致供应链生产关系、社会治理结构和传统生活方式发生了根本性变化。信息传输技术（如 5G、6G 等）的不断突破和应用领域的不断扩大，使得社会分工更加灵活。信息传输、计算机服务、云计算和软件业与租赁和商务服务业等能够快速有效地为生产者或者消费者提供专业性服务。银行业运用高技术含量的计算机网络技术，创建电子银行系统，使存贷款业务从银行营业大厅转移到网上，服务效率显著提高。

当前，超大型高科技跨国公司、新兴技术公司发展迅速，跨国金融投资集团、企业大型银团等组织异军突起，尤其是那些非国家行为的集团主体，如联想、华为、海尔、谷歌、苹果、微软等公司，成为全球生产组织中的重要角色。人工智能等高科技的突飞猛进，深刻地改变着人类社会的生产生活方式。

在普通民众的日常工作、休闲、学习、生活中，人工智能与民生的保障和改善不断加速融合，创造出更加优越、轻松的工作和生活方式，如智慧交通、智慧家居、智慧医疗等领域。中国作为一个后发国家，虽然在工业革命上落后西方国家200多年，但是也具有独特的工业生产、信息技术、科学创新等发展优势，如代际跨越和市场规模优势。这就使得中国在一些新兴领域，如通信技术、民商军用无人机、电子信息制造等领域，已经追赶上甚至是超越了西方国家。科学技术的发展与创新，让很多过去人们想做而做不到，甚至是想都不敢想的事情成为现实，世界运行体制机制有了更多的创新空间。

（二）百年未遇之大疫情

COVID-19（新冠病毒）对全球经济社会发展进程产生巨大影响，加剧了全球的变化，疫情防控成效也成为检验各国综合治理成效的重要标杆，具有重要意义。

过去几次全球传染病疫情对经济社会产生了类似于重大自然灾害、世界大战和全球金融危机的影响，导致人类社会与经济发展格局发生了微妙变化。

14世纪四五十年代，欧洲遭受黑死病（瘟疫）席卷，人口减少近50%，青壮年劳动力大量流失，生产率水平大幅下降，经济遭受了严重损失。同时，劳动力短缺、劳动力价值提高、耕地使用规模急剧增加，促进了新技术的普及，带来了资本主义的出现等一系列影响深远的变革。

1918年的大流感是20世纪最严重的全球性流行感染病。据不完全统计，约占世界1/3的人口被感染，因此而死亡的人数更是超过2 500万。这次全球性大流感与第一次世界大战几乎同时结束，大流感肆虐后的恢复努力与战后的经济恢复努力相互重叠，医疗、工业、科技等相继变革，进而引领世界经济重回正轨，呈现出欣欣向荣的局面。

从历史的角度来看，新冠疫情与当时的大流感有相似之处，当前疫情防控压力依然较大，这也就导致全球有新一轮疫情暴发的可能。有医学专家表示，人类将继续与病毒共存一段时间。因此，疫情对世界经济的影响在短时间内都难以消除。

国际货币基金组织、世界银行等全球性金融机构预测，近年来发生的各种全球性大事件，将导致全球经济出现急剧收缩，对全球贸易和投资产生巨大影响。与此同时，全球产业组织形式、劳动分工、产业链结构、价值链布局、全球治理方式也在新冠疫情的巨大影响下发生重大变化。全球化思潮、政治格局、地缘安全、世界经济秩序、全球治理体系和国际关系也随着新冠疫情的影响，向着后疫情时代加速变革。

二、世界格局重整

当前世界格局的重大调整主要体现在国际经济周期调整加快和全球治理方向重构。

（一）国际经济大循环调整加快

一是世界经济格局深刻调整。按现价计算，2021 年中国经济占世界的比重达到 18.45%，比 2008 年提高 11.25 个百分点；美国仍占全球经济大头，达到 23.93%，略高于 2008 年的 23.10%；欧盟占全球比重为 17.77%，相较于 2008 年下降 12.43%。2021 年中国经济总量与美国的比值达到 77.10%，比 2008 年提高了 45.93%。权威机构预测 5 年后，中国、美国和欧盟的世界占比将分别达到 20.09%、23.00% 和 15.50%。总体而言，中国的份额将显著增加，美国将相对稳定，欧盟将显著下降（见图 4.1）。

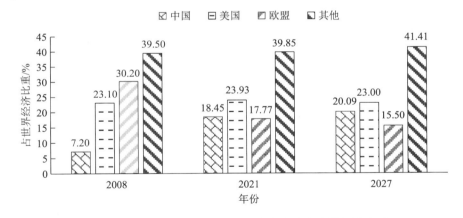

图 4.1　2008 年、2021 年及 2027 年中美欧占世界经济比重

注：相关数据为对一些公开数据的整理而得

经济体量反映着各国经济实力，占世界经济比重的变化不仅反映了世界三大中心的经济实力和综合竞争力的改变，也是各地区产业分工、价值链结构调整的外在表现。全球经济力量对比、各国经济实力和劳动分工在未来很长一段时间内将继续发生重大变化。美国、欧盟和日本仍将是世界重要经济体，新兴市场和发展中国家将继续崛起，部分新兴国家可能成为全球经济增长的领头羊。预计到 2035 年，新兴市场国家和发展中国家经济规模之和将超过发达国家，占世界经济和投资的近 60%。

二是全球产业链分工格局迅速转变。自第二次世界大战以后，包括中国在内的众多发展中国家急速、全面地融入全球产业分工，形成了欧美发达国家主导产业链顶端，而中国等发展中国家占据产业链中下游的分工格局。作为产业链的上游环节，随着国际分工的不断深入，基于生产成本的优势，北美、欧洲和亚洲三大生产网络逐渐形成并快速发展，并随着经济全球化与科学技术的推动与发展，这些生产网络之间的合作日益加深，促进了全球分工和内部专业化，以中间产品贸易为主的贸易网络也逐渐成熟。随着经济全球化出现逆转苗头，国际贸易和跨境投资增长速度开始减缓，而服务贸易和数字贸易却顶住压力，销售额不减反增。各国产业内贸易比重逐渐提高，中间产品流动加快，跨境投资规则也变得更为复杂。

同时，全球供应链、生产链和价值链的布局也正在从追求成本效益向市场和安全等长期考量过渡。跨国企业需要考虑的不仅仅是扩大收益、节约成本，更需要综合考虑企业生态圈和供应链的弹性布局，以此增强自身抗风险能力，并不断增强企业全球化、本土化、就近化、区域化等特征。

原先的"大三角循环"分工格局，即以欧美发达地区为主要消费市场和研发中心，将生产组装等低端制造业放在东南亚等地区，而能源资源主要从中东和拉美等地进口，正在发生重大调整。美国依旧占据价值链金字塔的最顶端，致力于研发和高端制造；新兴国家如中国则将推进低端制造业现代化，被视为创新研发、高端制造的有力角逐者；东南亚、中东和拉美等地区的核心参与者也在不断强化和升级自身产业链结构。随着能源资源生产国，如中东、澳大利亚等国的工业化和产业多元化进程的加快，全球的产业分工将逐步进行系统性重构。

三是新的信息技术加速了全球产业链的深度分工。新一代信息技术包括物联网、人工智能、大数据和云计算等，加速了全球价值链和产业链的深化分工，使劳动分工不断地扩展到更多领域，并降低了产品在地区间自由流动的交易成本。

此外，产业链、价值链的全球化分工新形态有助于形成新的世界经济格局。数字化、互联化和智能化技术的引进，加强了产业链相关单元的相互交流，推动生产单元更加高效地整合资源，改变了产业链的组织结构，促进了传统链状结构向全球网络化进程的转变。

同时，全球产业链布局在不断调整。在技术驱动下，未来全球产业链网络布局将变得更加清晰，产业链的环节将进一步细化，生产布局和生产流程也将变得更加灵活。生产和消费之间将进一步融合，服务型制造业等新兴业态也将继续迅猛发展。受疫情影响，全球产业链和供应链分散化、多中心化的趋势也越发明显。

近年来，以美国为首的西方发达国家，相继实施了一系列经济再平衡战略，如"重新工业化""制造业回流"等，采取了贸易保护主义措施，导致中低端制造环节回流到发展中国家，对全球产业分工和贸易体系造成了巨大影响。

新冠疫情也促使全球的保护主义呈现上升趋势，更加严格的限制将会持续地约束商品、服务、资本、劳动力、技术、数据和信息的流动。全球生产供应网络受困，包括德国、美国和意大利等重要产业节点地区，生产受到影响，甚至暂时停产。全球关键零部件、重要原材料和大宗商品受金融、战争等重大事件的影响而被迫供应中断，导致全球产业链、供应链面临越来越大的适应压力。世界主要经济体、国际银联和大型跨国公司需要进一步调整自身产业结构、优化全球产业布局，在市场开放和国家安全之间取得平衡。这有助于加速其产业安全和抗风险能力的提升，同时产业链、供应链的世界分工格局将更加取向去中心化和多元化。

（二）加快重构全球治理走向多极化

第一，经济全球化掀起逆流浪潮，保护主义盛行，世界竞争更加激烈。2008年全球金融危机后，逆全球化思潮盛行，英国脱欧、欧洲民粹主义崛起、美国无理"退群"，以及贸易保护主义的实施，使经济全球化进程更加艰难。全球性的公共卫生事件给国际社会造成了相互不信任的局面，导致主要经济体变得内向封闭，频繁出台贸易保护主义、经济制裁、汇率管制、移民限制、支持国内商家等各种逆全球化措施。这些早在疫情之前就透露出来并被各国抵制的措施，现在又进一步加强了。支持经济全球化的国际组织面临资金短缺、人手不足甚至是破产重组等困境，许多人甚至开始排斥现有的国际组织。在逆全球化的情况下，大国将在合作与竞争中并存，但竞争将更加激烈、更加直接。

第二，美国不断加强对华遏制打压，世界大国关系快速重构。近年来，美国为保持其全球领导地位，将对华遏制打压从经济、贸易、科技扩大到金融、意识形态、制度、军事等领域。尤其在新冠疫情暴发后，为了转移国内矛盾，美国对中国的抹黑诋毁和遏制打压行动不断加强，中美各领域脱钩的风险显著上升。

有专家认为，随着美国对中国的持续打压和孤立，未来世界可能面临"一个世界、两个体系"的局面，中美市场将成为全球重心。尽管中国始终保持克制，致力于通过国际规则解决争端，主张推动开放、包容、公平、平衡、共赢的全球经济，但也必须做好应对未来风险的充分准备。后疫情时代，全球产业链、供应链将向去中心化、多中心化方向进一步发展。

近年来，西方国家如美国推行多种经济调整战略，如循环制造、再工业化，甚至采取贸易保护主义手段以鼓励低端制造业外包。随着连接回流的发生，全球性贸易格局和产业分工已被彻底颠覆。尤其是在疫情暴发后，全球保护主义不断抬头，导致商品、服务、资本、劳动力，甚至是技术、数据和信息等电子商务的贸易流通，都面临更严格的限制。

第三，多边合作治理模式进一步弱化，区域和多边管控机制得到重视。最初的全球经济治理是由美国在二战后构建和主导的，通过70多年的发展，发展中国家不断壮大，但在全球经济治理中没有发言权。治理体系建设作用总体上继续弱化。逐步形成多极合作的新型高效治理体系迫在眉睫。在这样的背景前提下，美国的温和主义不断削弱其实力和霸权地位，其主导下构建的多边合作全球规则逐渐被改写。联合国全球影响力长期减弱，对联合国系统改革不满的声音甚嚣尘上；G20逐渐失去公信力和社会支持，无法发挥更有效的作用；世贸组织改革已然成为未来的一个关键问题：是否愿意改革世贸组织，以维护其主导的全球经济发展的社会秩序，并获得更大的利益。

第四，在受新冠疫情因素影响的当前形势下，美国维护全世界社会秩序、全方位予以全球社会公共资源的潜力和意愿明显减弱，全世界正在走向"零权力时代"，教育、学校等公共产品供给缺口可能继续拉大，中国等国家可能需要为保障全球社会公共资源承担更大责任。全球生产供应网络受到影响，供应链集中化成为重要趋势。

第五，国家整体作用再次增强，"大政府部门"时代回归。市场存在根本无法解决集体意图问题的地方，政府部门在各个方面的重要作用进一步凸显。新自由主义的主导意识形态逐渐消失和削弱，美国和欧洲国家正加大政府部门的直接干预力度，使经济一体化去全球化，减少对国外长期供应的依赖，将供应链环节移回国内，促进国内产品的持续流通。面对新冠疫情，欧盟集中统一行动面临更多制约，普通成员国对主权和领土完整的作用认识更加明确。在"后 COVID-19"时期，政府部门的行政职能将普遍增强。新的"大政府部门"时代对国家潜力提出了更高、更具体的要求。政府部门对市场的直接干预更加频繁，相关产业政策回归，各级地方政府作用普遍进一步增强。

第二节　国家层面及区域层面政策支持

近年来，广西与东盟的联系日益密切，进出口贸易额逐年提高并保持较快增长，但进出口贸易总量较小，市场比较集中。在国家层面及区域层面政策的支持下，推进广西—东盟海上合作会为广西及西部地区大发展带来新的契机。

一、国家层面政策支持

2013 年 10 月，习近平总书记在印尼访问时提到，中国将继续秉持"团结、友谊、合作"的万隆会议精神，倡导各国一同构建一个新型的区域合作模式。在当下跨国基础设施的网格体系中，以中国经济与政治的合作框架为基础，打造中国对外开放战略的升级版，施行中国—东盟自贸区升级战略。通过基础设施的建设、工业集群的创建、产业价值链的构建，以及火车、高铁、航空、海上航道、能源运输通道、互联网云空间等方面的建设，来实现"一带一路"国家及 RCEP 缔约国的互联互通。习近平总书记指出"东南亚地区自古以来就是'海上丝绸之路'的重要枢纽，中国愿同东盟国家加强海上合作，使用好中国政府设立的中国—东盟海上合作基金，发展好海洋合作伙伴关系，共同建设 21 世纪'海上丝绸之路'"。因此，21 世纪海上丝绸之路应运而生。该战略构想全新地演绎了海上丝绸之路精神，推动了历史进程的发展，翻开了崭新的历史局面。

2015 年 3 月 28 日，国家发改委、外交部、商务部联合印发《推动共建丝绸之路经济带和 21 世纪海上丝绸之路的愿景和行动》，并提出"充分利用广西与东盟国家的陆海毗邻优势，加快广西北部湾经济区和珠江—西江经济带开放发展，建设面向东盟地区的国际运河，打造西南、中南地区开放发展新的战略支点，是建设 21 世纪海上丝绸之路和丝绸之路经济带有机联系的重要途径"。

2018 年 11 月 14 日，李克强总理在第 21 次中国—东盟领导人会议上的讲话中表示，"中国与东盟国家本质上是好邻居、好朋友、好伙伴。中方大力支持东盟共同体建设"。会上发布了《中国—东盟战略伙伴关系 2030 年愿景》（以下简称《愿景》），为中国—东盟关系长远发展勾画了宏伟蓝图。

2019 年 8 月 2 日，中华人民共和国国务院印发《关于印发 6 个新设自由贸易区试验总体方案的通知》，指出在山东、江苏、广西、河北、云南、黑龙江 6 省区设立自由贸易试验区，是党中央、国务院做出的重大决策，是新时代推进改革开放的战略举措，要以习近平新时代中国特色社会主义思想为指导，全面贯彻党的十九大和十九届二中、三中全会精神，坚持新发展理念，坚持高质量发展，主动服务和融入国家重大战略，更好服务对外开放总体战略布局，把自贸试验区建设成为新时代改革开放的新高地。

2020 年 11 月 27 日，习近平总书记在第 17 届中国—东盟博览会暨中国—东盟商务与投资峰会开幕式上发表讲话，指出新形势下，中国视东盟为周边外交优先方向。我们将共建"一带一路"重点领域，支持东盟共同体建设，支持东盟在东亚合作中的中心地位，支持东盟在建设开放包容的地区架构中发挥更大作用。

2021 年 11 月 22 日，国家主席习近平出席并主持纪念中国—东盟对话 30 周年峰会，指出中国—东盟合作实现跨越式发展，成为亚太地区合作最密切、最具活力的典范。

2021 年 12 月 12 日，中华人民共和国国务院印发《"十四五"数字经济发展规划》，提出要推动"数字丝绸之路"深入发展；加强统筹，高质量推进中国—东盟智慧城市合作、中国—中东欧数字经济合作；围绕多双边经贸合作协定，构建贸易投资开放新模式，拓展与东盟、欧盟数字经济伙伴关系。

随着 RCEP 正式生效，中国—东盟伙伴关系迎来了新的发展机遇。广西作为中国对东盟开放合作的领头羊，在中国—东盟自贸区建设中不断推进。未来广西与东盟的合作将立足新发展阶段，实现新发展理念，找准合作突破口，服务构建发展新格局。

二、区域层面政策支持

2011 年 7 月，广西壮族自治区人民政府出台了关于加快实施"退出"战略的意见。意见提到：加快实施"退出"战略，是发挥广西对外开放的边界和窗口作用，服务国家周边外交的需要。要坚持充分发挥广西与东盟开放合作的独特优势，深化以东盟为重点的开放合作，加快形成对外开放新格局和参与国际竞争新优势。

2014 年 10 月，广西壮族自治区人民政府办公厅印发《广西北部湾经济区发展规划（2014 年修订）》。规划提出：广西要积极参与共建 21 世纪海上丝绸之路和升级版中国经济带，进一步增强中国—东盟博览会和泛北部湾合作论坛的影响力和凝聚力；中越跨境经济合作区等园区的建设开创了"一轴双翼"的中国—东盟区域经济合作新模式。

2016 年 6 月 20 日，广西壮族自治区人民政府印发《广西构建面向东盟国际大通道实施方案》。方案指出：广西要抓住重要战略机遇，以东盟国家为主攻方向，建设以互联互通工程为主要抓手，通过扩大规模、完善网络、优化结构、整合资源，加快海、陆、空、内河和国际信息通道建设，大力发展多式联运，打造高效、连接周边国家的舒适、立体、开放的交通和经济走廊。这是广西实施开放战略、充分发挥特殊区位优势、加快经济社会持续健康发展的有力保障。

2018 年 2 月 2 日，广西壮族自治区人民政府办公厅印发《广西北部湾经济区升级发展行动计划》。计划提出：深化和拓展面向东盟的合作，推进中国—东盟港口城市合作网络建设，加快制定和实施中国—东盟港口城市合作网络行动计划，推动成立中国—东盟港口城市合作网络秘书处，与港口城市建立友好关系，推动与 10 个港口城市建立和完善合作机制东盟国家"一国一港"或"一国多港"，研究制定中国—东盟口岸通关标准，促进口岸通关便利化，促进相互投资、口岸建设和运营，促进联合中国—东盟港口产业集群建设，深化航线互通、航运物流、国际贸易、港航融资、文化旅游、海事等领域合作。

2021 年 4 月，习近平总书记在广西考察时强调，广西要主动对接长江经济带发展、粤港澳大湾区建设等国家重大战略，融入共建"一带一路"，高水平共建西部陆海新通道，把得天独厚的区位优势转化为开放的发展优势。

2021年11月，广西壮族自治区人民政府办公厅印发《广西面向东盟的"数字丝绸之路"发展规划（2021—2025年）》。总体规划框架为"一基础""一核心""六任务""五通""三区"，计划以广西为支点推进"数字丝绸之路"建设，开启面向东盟合作新局面。

2022年4月，广西壮族自治区人民政府办公厅印发《广西物流业发展"十四五"规划》。规划指出：加强与东盟国家在国际公路运输、国际铁路运输等方面的一站式对接，有力推动广西面向东盟的国际运河建设，打造战略新格局。为西部、中部、南部等地区开放发展支点，打造"一带一路"有机衔接的重要门户，充分发挥广西与东盟陆海联动的作用，发挥沿海、沿江、沿边区位优势，利用电子商务试验区通关便利等跨境政策，积极打造中国—东盟多式联运联盟基地和服务中心。

第三节　深化广西—东盟海上合作战略意义

中共中央总书记、国家主席习近平从战略和全局的高度提出了建设"一带一路"的伟大构想，作为"一带一路"交汇点的广西，加强深化与东盟的海上合作，具有深远的国家使命和重大的战略意义。2015年，"中国—东盟海洋合作年"正式启动。

一、有利于打造中国—东盟自由贸易区升级版

深化广西—东盟海上合作，为广西建设新的战略支点。例如，西部陆海新通道、平路运河的建设将中国西部地区及南部边境相连，形成便捷、通畅、高效、经济的国际大通道网络，为中国西南、中南地区开放发展建设高水平的综合服务平台。

广西充分发挥多功能、多区域、多领域的合作枢纽作用，从基础设施到高级要素，为中国内陆省份全面深化走出去、扩大开放等战略提供有力支撑，进一步凸显中国在中国—东盟自由贸易区中的主导作用。

到2022年，广西与东盟深化海上合作走过了7个年头，取得了显著成效。

（一）合作机制务实推进

RCEP 的签署生效促使中国与东盟重要区域性合作平台的功能不断拓展延伸，如成立了中国—东盟博览会、中国—东盟商务与投资峰会、中国—东盟自由贸易区论坛等双边开放平台。

南宁作为广西首府，吸引了大量合作平台入驻，收获了中国—东盟合作的"南宁渠道"的美称，在广西—东盟海上合作中发挥着越来越重要的作用。一大批产业合作和投资贸易项目重大平台的建设，如中马钦州产业园和马中关丹产业园的"两国双园"模式、中印尼经贸合作区、中柬现代农业示范中心、中越跨境经济合作区等，开启了共建共享共赢的国际合作新模式。泛北部湾经济合作有力促进了中国—东盟在港口物流、港口产业、海上旅游等领域的合作，将 21 世纪海上丝绸之路与丝绸之路经济带有机衔接。

（二）经贸关系日益密切

2014 年，广西与东盟贸易额已经超过 1 000 亿元人民币。2018 年，这一数字更是突破了 2 000 亿元人民币。2022 年，东盟连续 23 年成为广西第一大贸易伙伴，广西对东盟进出口 2 811.1 亿元人民币，占外贸进出口总值的 42.6%。

自从 2004 年中国—东盟博览会、中国—东盟商务与投资峰会在南宁落户后，广西一直在积极挖掘这两个会议的巨大潜力。2023 年第 20 届的中国—东盟博览会展览总面积达到了 10.2 万平方米，规划了约 5 400 个展位。来自东盟十国、RCEP 全体成员国，以及近 40 个其他国家的展品在线上和线下同时展出。本次展会共有 1 653 家参展企业，其中包括 311 家世界 500 强、中国 500 强等知名企业，另有超过 2 000 家企业线上参展。签约项目总投资额达 4 130 亿元，合作项目总数 267 项，较上届增长 37%。投资合作项目呈现出大规模、广泛区域合作的特点。其中 11 项投资合作项目总投资额超过 50 亿元，平均每个项目投资额达 15 亿元，创历届新高。

从数据上可以观察到，广西外资的主要源头是东盟国家的投资，而东盟在广西所有投资来源中，合同外资和实际利用外资增长迅速。据统计，截至 2022 年 7 月底，广西对东盟投资企业级机构 438 家，协议投资总额 98.9 亿美元，东盟在广西设立外资企业 575 家，合同外资额 66.3 亿美元，为深化中国与东盟的产业投资合作贡献了重要力量。

（三）人文交流日趋活跃

近年来，广西以东盟为发展重点，以 RCEP 为海上合作契机，以"一带一路"交汇点为依托，以西部陆海新通道为战略支撑，以平路运河为当前目标，对 RCEP 成员国及"一带一路"国家的出口不断取得新突破。广西充分利用靠近东盟的优势，深入越南、老挝、柬埔寨、泰国、印尼、马来西亚和新加坡等东盟国家，推广出版、版权贸易、印刷品、印刷设备等方面的交流与合作。

中国—东盟博览会的持续成功和中国—东盟自贸区"升级版"的打造，使广西成为通往东盟的门户，推动广西开创开放合作教育新局面。截至目前，广西各高校与东南亚国家的高校合作不断深化，合作伙伴数量已接近 200 个，有 32 所大学招收该区域留学生。从 2018 年至今，外国留学生数量年均增长速度高达 20%。当前，有超过 1.4 万留学生来广西寻求深造，其中来自东盟国家的留学生就有近 1 万人。由此可见，得益于独特的地理位置、历史渊源和使命定位，广西已成为受东盟国家留学生欢迎的地区之一。此外，广西与东盟国家在多个领域展开合作办学，双向留学规模扩大。广西成为东盟留学生首选之地，也是东南亚留学生最多的省级地区之一。

近年来，广西积极组织区内高校前往东盟国家进行人文交流，广泛宣传广西文化、历史、教育等，促进广西与东盟国家的国际教育合作。迄今已多次组织广西高校前往马来西亚、印度尼西亚、泰国、老挝、柬埔寨等国家进行参观合作，在南宁举办的"广西—东盟国际教育展"大受好评，取得了显著成效。中国—东盟职业教育联合展览暨论坛受到东盟国家的认可，论坛内容不断增加，合作形式不断创新，促进了彼此的了解和互信，获得了共赢发展的成果。在中国孔子学院总部的支持下，广西高校已经在东盟国家建立了 8 所孔子学院。

此外，广西经常承办大型文化交流活动，积极打造以"海上丝绸之路"、共建"人类命运共同体"等国家战略理念为主的文化交流圈，与邻国共建友好城市群，打造跨国旅游圈，大力推进与东盟在青年文化、旅游和科技等领域的合作。

截至目前，越南、老挝、缅甸、泰国、马来西亚等东南亚国家均在南宁设立了总领事馆，进一步促进了广西与东盟的国际教育发展。

此外，广西区内的部分高校还实行特色教育，开设东盟国家的官方语言课程，为学生出国留学打下基础。中国—东盟科技转移中心、中国—东盟青年联合中心、中国—东盟青少年培训基地、中国—东盟妇女培训中心等社会性培育机构也落户南宁，南宁作为一个人文友好型城市在东盟的知名度不断提升。东盟国家对广西文化的认同和共鸣，源于共同的文化价值、历史渊源和地缘交流、族群间的紧密联系。广西与东盟国家之间的人文合作为"一带一路"合作、广西—东盟海上合作、RCEP框架的深入实施打下了坚实的基础，为升级版的中国—东盟海上合作提供了有力的民意支持。

二、有利于完善区域开放格局

在经济全球化趋势逐渐衰退的背景下，区域经济一体化趋势加强，专业化进程加快，劳动分工变革、生产要素流动和产业转移也不断加快。任何一个区域的发展都必须突破地域限制，以及融入区域经济一体化进程。亚洲经济特别是东南亚经济发展活跃，中国与东盟的开放合作日趋广泛和深入，成为国际区域经济加快发展的一大亮点。广西和中西部地区加速融入此进程，扩大向西、向南和向东开放发展的幅度和范围，内陆和沿边地区开放开发实现新突破，取得了新成效。

内陆地区的重庆、四川、陕西、湖北、宁夏纷纷提出打造内陆开放型新高地的战略构想。

重庆市提出"一个高地、两个集群、三个中心"的全局构想，即一个"内陆开放高地""全国重要的产业集群、全国重要的城镇集群"两个集群，长江上游"经济金融中心、商贸物流中心、科技教育中心"三个中心。通过建设新型开放平台，建设西部陆海新通道、平陆运河等畅通开放新通道，加强中国西部与东南亚接壤各国构建区域协作新格局，形成新型开放格局，建成内陆开放高地。

四川省提出要着力构建"多点多极支撑发展格局"和"提升首位城市、着力次级突破、夯实底部基础"的战略构想，突出市省经济梯队，做大区域经济板块，努力形成"首位一马当先、梯次竞相跨越"的生动局面。

陕西省形成以构建"西安国际大都市"和推进"西安—成都一体化"为核心战略支撑点的发展规划。

湖北省"两圈一带"推进全面开放开发，即"武汉城市圈""鄂西生态文化旅游圈""湖北长江经济带",形成区域协调发展新格局。

宁夏回族自治区借鉴先进案例,提出构建内陆开放型经济试验区、面向西部开放的战略高地、能源化工产业的重要基地、清真食品和穆斯林用品产业集聚区,以及承接科技产业转移的示范区。

面对国家加快沿边地区开放的新机遇,云南、新疆、内蒙古、黑龙江等沿边省份和自治区纷纷加快边境经济合作区、重点开发开放试验区、跨境经济合作区建设,加快口岸、连接周边的国际大通道等,掀起新一轮沿边开发新高潮。

云南省以桥头堡建设为龙头,加快沿边开放步伐。

新疆维吾尔自治区致力于打造中国向西开放的桥头堡。

内蒙古自治区加快推进向北开放战略和充满活力的沿边经济带建设。

黑龙江省推进沿边开发带上升为国家战略,努力形成"牡丹江沿边开放区、三江流域开放区、兴安沿边开放区"三区开放新高地,以及以"哈牡绥东先进制造产业带、佳双同抚新兴产业带、嫩爱逊重化工载能产业带"和"黑瞎子岛"为重点的"三带一岛"沿边区域经济发展新格局。

因此,深化广西—东盟海上合作,需要加快建设广西新的战略支点,加强北部湾经济区的战略作用,形成北部湾经济区和西江经济带"双核驱动",并联合左右江革命老区,与北部湾经济区、西江经济带形成"三区统筹"的发展大格局,从而服务和支撑中国西南地区在更大范围、更宽领域、更高水平上的开放发展,形成全方位开放新格局。

三、有利于推动西部大开发和中部崛起

党中央、国务院和国家发改委高度重视中国东西部地区协调发展,更高质量实施西部大开发战略、加快中西部地区产业升级,是中国现代化战略的重要组成部分之一。

为实施西部大开发,国务院于 2000 年 10 月 26 日、2008 年 3 月 28 日、2009 年 9 月 30 日,分别发布了《国务院关于实施西部大开发若干政策措施的通知》《国务院关于进一步推进西部大开发的若干意见》《国务院办公厅关于应对国际金融危机保持西部地区经济平稳较快发展的意见》等重要文件。

2004 年 3 月,国务院总理温家宝在党的政府工作报告中首次提出"促进中部地区崛起"的宏大目标。

2008 年 3 月 28 日，《国务院办公厅关于落实中共中央国务院关于促进中部地区崛起若干意见有关政策措施的通知》出台。

2009 年 9 月 23 日，国务院常务会议通过了《促进中部地区崛起规划》文件。

实施西部大开发、促进中西部地区崛起、促进东西部平衡发展是中共中央、国务院的重大战略部署，同时是贯彻落实科学发展观、贯彻新发展理念、构建社会主义现代化国家的必然要求，对扩大以国内需求为主的"双循环"大格局、挖掘西部发展潜力、拓展国内回旋空间、促进全国区域协调发展、助力各民族共同繁荣，具有十分重要的战略意义。

经过改革开放后的多年积极努力，在承载国际物流通道、人文交流桥梁、经贸合作平台等方面，广西已经具备了基础功能。在新的起点上深化广西—东盟的海上合作交流，更加有利于广西成为带动西南、中南地区开放发展、辐射面向东盟经贸发展的新高地，更加有力地支撑和推动西部大开发和中部崛起的战略格局，形成东中西优势特点互补、产业相互促进、经济共同发展的区域协调新格局。

21 世纪以来，广西抓住了一系列重大发展机遇，尤其是中国—东盟自由贸易区建设、西部陆海新通道建设、中国—东盟博览会落户南宁及平路运河世纪工程建设等机遇，不断推动和深化广西—东盟海上合作，扩大以东盟为重点的开放合作，加快打造西南出海大通道，带动和支撑西部大开发，扩大和提高沿边和内陆开放水平，深入推进实施 RCEP 规则，开辟中南地区出海新通道，为中部崛起发挥了重要的枢纽和门户作用，推动中南地区与东盟的开放合作，拓展了中南地区的开放发展新空间，在推动区域经济协调发展中的作用日益凸显。

四、有利于加快形成"一带一路"重要门户

2015 年 3 月，国家发展改革委、外交部、商务部联合发布了《推动共建丝绸之路经济带和 21 世纪海上丝绸之路的愿景与行动》。这一文件旨在推进实施"一带一路"重大倡议，联通沿线国家，让联通中外的古丝绸之路在 21 世纪焕发新的生机活力。同时，它也致力于以新的合作形式、合作内容，将亚欧非三大洲的各国紧密地联系起来，并促使广西与东盟的互利合作迈向新的历史高度。

此外，"一带一路"倡议对广西参与建设的目标定位是发挥广西与东

盟国家陆海相邻的独特地理区位优势，加快广西北部湾经济区和珠江—西江经济带开放发展，构建面向东盟区域的国际通道，打造西南、中南地区开放发展新的战略支点，形成 21 世纪海上丝绸之路与丝绸之路经济带有机衔接的重要门户。这就要求广西在"一带一路"建设中，既要充分发挥自身区位、沿海、政策、人文等优势，又要开放眼光，站在国家全面开放的高度，搭建好加强东盟合作的大平台，服务好 RCEP 框架协议，促进西部陆海新通道与"一带一路"建设的有机结合，为广西经济高质量发展做出贡献。

因此，广西与东盟国家具有独特的历史渊源和陆海相邻的地理优势，广西要通过合理规划、科学发展、改革创新、开放合作、加快务实，深化与东盟的海上合作，构建面向东盟地区的国际大通道，激发东盟活力。广西加强融入"一带一路"建设与 RCEP 实施，二者相互促进，能助推广西成为 21 世纪海上丝绸之路与丝绸之路经济带有机衔接的重要门户。

五、有利于引领广西高质量发展

落实新发展理念，推动高质量发展是当前及未来一段时间中国经济社会发展的主旋律，也是中国在经济社会发展和政治发展方面的重要任务。

习近平总书记在党的二十大报告中指出，中国必须全面、准确地贯彻新发展理念，坚定不移地走中国特色社会主义道路，推进社会主义市场经济改革，致力于高水平的对外开放，以新发展理念为指引，加快构建以国内大循环为主体、国内国际双循环的新发展格局。

习近平总书记强调，要坚持以推动高质量发展为主题，从国内实际出发，将实施扩大内需战略与深化供给侧结构性改革相结合，摆脱外需依赖，增强国内大循环的内生动力和可靠性，提高国际循环的质量和水平，加快建设现代化经济体系。中国要努力提高全要素生产率，从量变引起质变，增强产业链和供应链的生产韧性与安全性，推动城乡融合和区域协调发展，使经济实现质量有效提升和数量合理增长。落实新发展理念、推动高质量发展、构建新发展格局，需要构建高水平的社会主义市场经济体制、深化金融经济的开放监管程度、建设现代化产业体系、加强产业结构国际高端化、全面推进乡村振兴、促进区域协调发展，以及推动高水平的对外开放。

广西与东盟海洋合作不断深化，能使自身不断集聚高级资源要素，实现高质量发展。要坚持以高水平开放引领高质量发展，继续着力践行广西"三大定位"新使命，加快区位优势、政策优势向开放发展优势转化。

广西—东盟开放合作的内容、形式不断深化，中国—东盟博览会和东盟领导人峰会频频举办和续签，中国—东盟信息港、中马钦州产业园等主要开放平台水平不断提升，广西—东盟的影响力也不断增强。西部陆海新通道、平陆运河建设等重大项目的实施升级为国家转型战略做出贡献。北部湾国际门户港通行标准达到 30 万吨级，2022 年集装箱吞吐量突破 702.08 万 TEU，同比增长 16.78%。西部陆海新通道海铁联运班列全年累计开行量突破 8 800 列，同比增长 44%。与粤港澳大湾区的全面对接取得实效，贵港港口已发展成为珠江水系亿吨级内河港口。2020 年以来，梧州长州水利枢纽船闸年过货量连续两年突破 1.5 亿吨。中国—东盟（广西）自贸试验区建设稳步推进，已有超过 7.3 万家企业入驻。今天的广西，发展环境更好，活力更加旺盛。广西积极与东盟合作、与大湾区相融，在国家新发展格局中的战略地位更加突出。

六、有利于赋予广西新的区位优势

区位优势是广西最大的优势。广西地处中国内陆东部、中部、西部三个地带的交汇点，也是中国向南连接东盟经济圈的结合部。良好的江河通道也使得其成为西南和中南地区最便捷、最便宜的出海大通道，在连接中国东南沿海地区与西部内陆地区的通道建设中具有重大意义。

广西地理位置独特，是中国西部唯一一个既沿海又沿边又沿江的省级地区，拥有 1 600 多公里的海岸线，拥有全国第一个重要国际区域经济合作区——广西北部湾经济区，拥有 1 020 公里的陆地边境线，还拥有西江黄金水道；既属于东部地区又属于西部地区，既属于沿海地区又属于沿边地区。

随着中国—东盟海上合作的开展，深化广西—东盟海上合作，发挥广西与东盟国家陆海相连的独特优势，通过科学发展、改革创新和开放合作，构建面向东盟的国际大通道，不断加大未来拓宽中国—东盟海上合作的深度与广度，加强中国与东盟国家经济、文化、贸易、交通等紧密联系，使得广西区位新优势和战略地位更加凸显。

七、有利于进一步巩固民族团结和边疆稳定

广西既是多民族聚居地区，以壮族和汉族为主，同时居住着其他许多少数民族，如瑶、苗、侗、京、毛南等世居民族；又是边疆地区，与越南毗邻。

广西的发展不仅直接关系到民族团结、边疆稳定的大局，而且也关系到中西部的发展，关系到是否能够跟上中国快速发展、全面建成社会主义现代化强国、全面深化改革开放、实现第二个百年奋斗目标、以中国特色社会主义为基础的中华民族伟大复兴的步伐。中西部只有发展起来，才能在全面建设社会主义现代化强国、全面推进中华民族伟大复兴、各族人民团结奋斗齐头并进中稳住脚跟。

中西部实现全面发展，是第二个百年奋斗目标的难点和关键。没有中西部的转型升级，也就谈不上全国的转型升级。就全国而言，中国最大的不平衡不均衡问题就是城乡之间、收入分配之间、东西区域之间的发展不平衡，最大的升级是城乡之间、区域之间的结构调整和协调发展。只有东中西部、城乡协调发展，中国经济才能真正转型升级，这是关系全国发展的大格局。

深化广西—东盟海上合作，有利于带动和支撑中西部地区协调发展，促进产业结构调整和升级，有利于加快广西及中国西南和中南地区深度融合与协调发展，促进各民族思想统一、共同繁荣、维护边疆安宁，带动和提升民族地区发展水平，有利于实现第二个百年奋斗目标。

第四节　RCEP助力广西—东盟海上合作

世界上规模最大、范围最广、人口最多的区域经济合作协议——《区域全面经济伙伴关系协定》（RCEP）于2022年1月1日正式生效并运行，东亚及大洋洲区域经济一体化将在这项区域合作制度的安排下，向前迈出重要一步。同时将为地区和全球经济发展、抗击疫情、产业升级、打击犯罪、环境保护、和平稳定等宏伟目标注入强劲动力和新鲜血液，大力深化亚太地区间经贸合作，助推区域经济一体化发展迈上新台阶。

自 1991 年正式开启对话进程以来，中国—东盟合作实现了跨越式发展，双方关系提升为全面战略伙伴关系，广西与东盟的经贸联系也日益密切。随着 RCEP 生效，为推进更高水平的广西—东盟海上合作注入了新动力。

近年来，全球重大事件频发，全球经济陷入低潮，地域摩擦不断加剧，国际贸易壁垒不断增加，大国矛盾愈发凸显，全球贸易风险加剧。在这样的背景下，RCEP 对中国—东盟的合作发挥了积极作用，协议所涵盖的投资、货物贸易、服务贸易等内容为深化广西—东盟海上合作提供了强有力的政策红利和发展动力。

一、深化投资领域改革助力海上合作

RCEP 的第十章及两个附件等具体条款，集中讲述了 RCEP 对于投资相关的详细要求。这些投资规则大致分为 4 大类，即提升投资市场化程度、促进和提升投资便利化程度、保护国外投资、解决投资争端等，将原有的 5 个"东盟 10+1 自贸协定"进行整合统一管控，以确保 RCEP 地区共同投资规则的有效实施。

近五年来，东盟国家已成为广西对外投资的首选目的地。广西与东盟的投资合作关系较为稳定的国家有越南、柬埔寨、马来西亚等。（如表 4.1 所示）

表 4.1 2017—2021 年广西对东盟国家投资情况表

年份	2017 年	2018 年	2019 年	2020 年	2021 年
广西对东盟投资额（中方协议投资额）	8.34 亿美元	9.1 亿美元	5.64 亿美元	5.55 亿美元	1.42 亿美元
投资东盟国家数量	7 个	6 个	9 个	10 个	6 个
投资主要东盟国家（占中方协议比重）	越南 34.8%、柬埔寨 6.7%、马来西亚 2.5%	马来西亚 44.9%、泰国 10%、越南 6.3%、柬埔寨 5.7%	柬埔寨 26.%、越南 17.1%、印尼 6.2%、文莱 4.7%	菲律宾 36.1%、印尼 24.5%	新加坡 39.5%、柬埔寨 11.2%、老挝 8.3%
主要投资领域	农林渔牧、服务业	制造业、建筑业、农林渔牧	制造业、交通运输仓储、农林渔牧	制造业、农林渔牧	交通运输仓储、采矿业、农林渔牧

数据来源：广西统计局

贸易投资自由化、便利化，以及促进和保护外来投资等具体措施都是RCEP中的投资条款的主要内容，为区域投资提供了更低的市场准入门槛，向全面与进步跨太平洋伙伴关系协定（CPTPP）和美国—墨西哥—加拿大协定（USMCA）等高水平自贸协定看齐，为广西—东盟的投资营造稳定的投资环境，优化营商环境、提高吸引力，对广西—东盟海上合作具有推动作用。

广西与东盟的合作机制在RCEP框架下得到不断巩固拓展，促进一系列双边共识的快速达成、各项合作成果逐渐落地，广西与东盟的贸易投资合作不断扩大。

据统计，2022年广西与RCEP成员国进出口额3 214.3亿元，占全区外贸总额的48.7%，占比高于全国17.9个百分点；东盟仍然是广西第一大贸易伙伴。对日本、韩国、澳大利亚、新西兰出口分别大幅增长108.9%，158.2%，47.1%，68.5%。与新加坡、马来西亚等11个广西海外招商合作机构签署合作备忘录。

对外投资仍是广西与东盟海上合作的短板和不足，利用RCEP有助于推动投资促进和保护机制的完善、有助于推进投资自由化和便利化，以助力双方海上合作。

（一）有助于推进海上投资自由化和贸易便利化

RCEP在外商投资管理方式上做出了明确的要求，即"准入前国民待遇+负面清单"的管理模式，将禁止行业的要求更加细化，不仅降低了投资准入门槛，也降低了投资限制的条件，并通过棘轮效应将投资从非准入限制调节到自由化层面的合规措施。

同时，RCEP通过营造良好的投资环境、完善法律法规、简化申请审批程序、促进信息公开、设立联络咨询中心等服务点、建立机制等措施，为投资者提供畅通的投诉渠道，解决投资活动中遇到的困难，进一步促进区域内投资便利化。全球普遍适用的国际公约、条约和惯例促进了RCEP的实施，并巩固了这一改革开放成果。以上举措，不仅有利于广西—东盟海上合作得到进一步强化，同时RCEP中对外商投资的"准入前国民待遇+负面清单"的新型管理制度，也为广西在海洋发展方面吸引外资提供了巨大便利。

（二）有利于完善海上投资促进和保护机制

RCEP提出了促进投资的具体措施，如支持相互投资、联合举办投资促进活动、研讨会和交流投资促进信息等，为成员国加强投资促进提供了新的合作平台。同时，从投资和投资者界定、投资待遇、转让、征收与补偿、追索等方面保护投资者利益，有利于维护投资者权益，推动区域投资增长。

广西与中国—东盟自由贸易区建设也得到了强有力的政治支持和有效的投资促进措施。例如，南宁出台了《支持外商投资若干措施（试行）》，明确提出了对促进外商投资的具体奖励政策和措施；广西与东盟自由贸易区建立健全外商投资"专员制"、外企投诉"直通车"协商等服务体系，不断完善投资促进政策和服务体系等改革。在投资促进和保护方面，RCEP 在规则和制度上的完善与中国（广西）—东盟自由贸易区在奖励政策和服务体系的优势互相叠加，有助于进一步促进东盟跨国公司加大在自贸区的投资布局，加强广西与东盟的海上合作及海上业务往来。

二、创新金融领域服务助力海上合作

RCEP 第八章服务贸易中的附件一《金融服务》，包括保险和与保险相关的服务，如海上保险、直接保险、附加险、再保险、保险转让、保险中介、保险附属服务等多种金融服务；包括银行业务和其他融资等金融业务，如存贷款、资产抵押、金融租赁、资产拍卖、支付和货币转移服务、税务抵免、担保和承诺、证券发行相关业务、股权融资、货币经纪、资产管理、风险预防、金融资产的结算和清算业务等；还包括提供给其他金融服务提供者的风险预估、金融信息、金融数据处理和相关软件服务，以及对企业、银行和其他金融业务活动提供信息咨询、服务中介、征信查询与前景分析、投资风险评估、收购咨询、公司重组等附属金融服务。

RCEP《金融服务》条款有如下特点。一是业务范围广泛，包括保险、银行、证券、股票、信息转移、货币、支付和清算、信息处理、衍生品、新金融服务和其他金融附属服务。二是开放程度高，向 CPTPP 和 USMCA 等高水平自贸协定看齐，适用于服务贸易的所有跨境模式。RCEP 第八章包含了世界贸易组织框架下服务贸易总协定（GATS）的 4 种服务贸易分类，包括跨境供给模式、境外消费模式、商业存在模式和自然人流动模式。RCEP《金融服务》条款不仅有助于中国金融企业更好地开拓市场，在打开国际市场的同时还能加强自身风险抵抗能力，进一步扩大广西与

RCEP 协定国的金融合作与交流，而且能为广西—东盟海上合作的金融发展注入新的动力。

（一）消除人民币使用局限，推动海上合作金融创新

目前，中国与东盟开展跨境人民币业务仍存在困难。东盟国家对人民币的接受程度不一，部分国家在人民币跨境结算方面存在障碍。此外，部分东盟国家的人民币清算机制覆盖面有限，且东盟国家金融机构的 CIPS 接入渠道不足，使得人民币的使用不够便利。与此同时，人民币境外融资成本高于美元，导致东盟银行对人民币融资需求低迷。这些困难的存在，阻碍了广西—东盟海上合作的金融创新进程。

RCEP 生效后，广西和东盟的经贸联系更紧密，消费市场不断扩大和升级，有助于扩大国际贸易规模。此外，RCEP《金融服务》条款的政策框架涉及范围广，开放程度高，可帮助消除更多人民币使用上的局限性，推动区域内跨境支付结算服务机构和边境支付结算服务运营商发展，产生更大的资本项目往来需求，深化广西—东盟海上金融合作。

（二）更新保险服务体系，推动广西与东盟跨境保险合作

广西跨境保险业体量小，有效覆盖面不足，没有充分发挥其帮助中小企业"走出去"的重要作用和历史使命。同时，跨境保险产品创新能力不足，不能充分满足市场双方的需求。中国与老挝、缅甸、泰国、柬埔寨等东盟发展中国家尚未建立有效的跨境保险合作机制。

RCEP《金融服务》条款对保险及保险相关服务的具体规定进行了充分说明。中国 2018 年首次宣布将保险及相关开放措施列入承诺清单，这一划时代的举措有助于中国金融投资业的进步。RCEP 采用国际公认的高标准经贸规则，优化广西外商投资监管环境，促进贸易投资规则体系开放。

RCEP 生效后，东盟国家也将在保险业外资参与、机构准入和业务范围、管理层和董事会要求等方面做出各种自由化承诺。东盟地区的市场潜力及其对东盟保险业跨境融资产业链的发展为中国保险业带来了巨大的发展机遇。

RCEP 的实施将有助于完善跨境保险，促进产品创新，满足广西—东盟海上合作进程中贸易、投资和产业合作的保险需求，打造跨境保险合作机制，促进边境优化跨境保险合作机制。跨境保险监管将加快落实互认理赔委托，引导国内保险机构向东盟国家拓展跨境保险业务，进一步推动广

西—东盟保险业跨境合作。

（三）推动金融机构互设，为海上合作提供更加高效的金融服务

RCEP 对金融开放的高水平承诺，降低了东盟国家金融机构在华设立机构的许可要求，取消了外资银行机构的资产要求，以及外资保险机构的总资产和注册时间要求。RCEP 还取消了限制大型外资金融机构在华扩大经营范围的要求，协议生效后，将取消金融机构外资股比限制，推出综合性金融服务产品。东盟国家对外开放为中资金融机构优化境外机构布局、提升国际竞争力提供了良好机遇，海上合作为中国—东盟金融机构提供了更优质、更高效的金融服务渠道。

（四）促进征信机制建设，降低海上合作信息不对称风险

东盟各国征信市场发展情况参差不齐，但征信监管框架已基本建立，信用评级机构参与度较高。RCEP 支持在银行和其他金融活动中提供辅助金融服务，如提供咨询、中介、征信调查和分析、投资研究和投资组织建议、收购咨询和企业重组等业务。

中国《关于进一步扩大金融业对外开放的有关举措》已经明确承认外资机构在华对银行间债券市场和交易所债券市场的所有种类债券评级。这些规则为金融中介机构的发展营造了稳定、透明、公平的市场环境，将有助于鼓励东盟国家进一步放宽评级市场准入、机构和企业准入。广西现有征信机构和信用评级机构，可以借助 RCEP 的信息可视度与透明度条款，积极对接国际先进法律体系、管理制度和技术标准，与国际知名征信机构开展深度合作，促进区域内信息跨境采集和流动，促进广西与东盟跨境征信合作，为市场主体跨境投融资提供差异化的信用评级和征信服务，进一步降低境外合作中的信息非对称风险。

（五）推进跨境监管协同，优化海上合作金融环境

RCEP《金融服务》条款承诺实现最高水平的金融监管透明度。例如，监管机构对金融服务申请做出行政决定的期限限制为 180 天，并应通报结果。《金融服务》条款第八条"金融服务例外"则赋予成员国可以采取必要措施确保其法律法规得到遵守的权利。

随着广西对东盟建立金融开放体系的步伐加快，金融外部性水平上升，跨境资本流动更加频繁，金融风险隐患增多、传染性增强，对监管提出了更高要求。RCEP 有利于广西进一步完善跨境资金流动监管，构建"一体化监管框架"，深化金融机构建设，打击跨境假币、洗钱和恐怖融

资，建立跨境环境风险预警、评估和处置体系，为广西—东盟海上合作进程中的市场主体和金融机构开展跨境交易创造更好的环境，促进边境商务合作。

三、促进货物贸易便利化助力海上合作

RCEP 的实施将削弱关税壁垒、降低非关税壁垒，以及适用原产地区域累积规则等提高贸易便利化水平，促进广西对外开放潜力释放。RCEP 将使广西在对接东盟国家的枢纽地位更加突出，有利于全方位提升广西—东盟海上合作的货物贸易水平。

（一）降低交易成本

根据 RCEP 第二章货物贸易的相关规定，未来区域内 90% 以上的货物贸易将在 RCEP 框架下免税，从而全面降低来自该地区的贸易进出口交易成本。

从广西—东盟货物贸易来看，RCEP 有利于将更多东盟国家的产品推向广西市场，例如化工产品、纸制品、车辆装备、胡椒、菠萝汁等。同时，广西的部分产品在销往东盟时竞争力也将大大提高，尤其是摩托车出口。

根据 RCEP 第三章原产地规则的相关规定，在决定是否适用 RCEP 优惠关税时，实施的是原产地成分累积规则，即 RCEP 所有缔约方的价值成分都被考虑在内，这大大降低了缔约方出口产品获得原产地资格的门槛。

在促进广西与东盟经贸合作方面，由于 RCEP 原产地规则适用的缔约方数量多于中国—东盟自贸协定，加成效应更大，体量更大，实际从协议中获益的商品数量更多，因此在更大程度上降低了广西—东盟海上进出口贸易的成本。

（二）提高通关效率

根据 RCEP 第四章海关程序和贸易便利化的相关规定，鼓励各国利用各种信息技术，货物放行和通关速度在"到港前处理""预报关"等措施下得到大幅加快。

RCEP 甚至规定货物在抵达并提交清关所需的所有信息后，海关应在 48 小时内放行（快递货物和易腐货物为 6 小时）。与《中国—东盟自由贸易协定》（CAFTA）相比，无论是普通货物还是快递货物、易腐货物的通关相关规定显然更加高效。

南宁海关积极落实易腐货物、快运货物"6小时通关"要求。结合RCEP成员国相互认证的"授权经济经营者"（AEO），在区域内贸易投资给予较大便利，积极推动广西外贸企业成为高级认证AEO企业。加快广西国际贸易"单一窗口"2.0版建设，即所有流程手续一站式搞定，推动"单一窗口"功能向跨境贸易、跨界结算等全产业、全链条延伸，促进与"一带一路"及西部陆海新通道沿线其他省份与国家的"单一窗口"对接。这对推动广西—东盟进出口贸易的落实起到了务实的引领作用，能够更直接地从程序层面促进双边贸易的增长。

（三）完善跨境产业链

广西是连接RCEP地区的重要枢纽，可借助RCEP区域产业重构带来的新机遇，加强与东盟国家的跨境产业链合作。

位于产业链中上游的企业，可以向东盟国家拓展上下游产业链，深化跨境产业链。例如，广西造纸企业处于产业链的中上游，产品销往泰国等东盟国家。广西区内企业可以将上游产业链拓展至老挝、柬埔寨等国家，下游产业链延伸至泰国以外的东盟国家，发展造纸企业的跨境产业，深入推进林浆纸一体化发展。

位于产业链中下游的企业，可以引进东盟国家上游优质企业，延长产业链，增强产业竞争力。例如，广西食品行业处于产业链中下游，东盟国家食品大量出口至广西，中马钦州产业园成立燕窝加工贸易基地，引进毛燕加工企业，开展毛燕进口加工特色业务，建成首条中国—东盟燕窝跨境产业链。广西区内企业可以借鉴此模式，推进与东盟国家的合作，推动跨境特色产业的合作，深化海上合作的贸易往来。

（四）减少贸易摩擦

RCEP第七章为贸易救济，在第一节保障措施中，除了设立过渡性保障措施外，还专门规定了对受该措施影响的出口缔约方的补偿。在第二节反倾销和反补贴税中，除了重申世贸组织的权利和义务外，还进一步规范了多项内容，包括"通知和磋商、禁止归零和披露基本事实"等。这些规则与贸易救济程序有重大关联，对促进和显著提高贸易救济程序的透明度起到了积极作用。因此，RCEP的实施在一定程度上可以改善东盟成员国与广西双边贸易逆差较大的现状，减少广西与东盟国家贸易冲突的隐患，促进广西进出口贸易，推进广西与东盟发展走向和谐共赢。

四、推动服务贸易提质升级助力海上合作

目前，广西与东盟服务贸易的主要形式包括跨境旅游、服务外包、初级制造、国际教育、跨国运输、农产品贸易、跨境金融。当前云计算、大数据等知识型服务贸易快速扩张，服务贸易结构得到不断优化。

广西与东盟已成为双方重要的旅游目的地。

跨境运输方面，受全球疫情影响，广西及东盟抗风险能力有待进一步提升，运价出现较大波动。为打破困境，不少进出口企业纷纷转向边境口岸，但陆路口岸却面临着其他问题，如正常通关能力无法适应现阶段运输需求的快速增加，以及因疫情变化而临时关闭口岸的风险等问题。

近年来，广西与东盟对服务外包、国际教育、跨境融资等跨境业务的市场需求更为旺盛，总体上实现了较快发展，显示出较强的发展韧性和活力。广西商务厅数据显示，2020 年广西服务外包实现价值 11.53 亿美元，同比增长 33.3%。服务外包产业呈现技术高端化发展的趋势在中国首次出现。泰国、新加坡、印度尼西亚和越南等东盟国家是 RCEP 的主要发包国。

在人文交流和国际教育方面，广西是中国接收东盟国家留学生最多的地区之一。得益于信息行业、通信技术的快速发展，国际在线教育空前活跃，通过直播教学的方式开辟了国际教育交流的新途径。

在跨境金融服务方面，广西以"先行先试、科技先行、服务先行、沟通先行"为原则，构建东盟跨境金融服务体系。2021 年以来，人民币将继续保持广西对东盟的第一大跨境结算地位，人民币跨境结算位列全国第10 位，在 9 个边境省区市和西部 12 个省区市位列第一。

实际案例和历史经验表明，服务贸易的发展速度永远要比货物贸易发展得更快，也更能深刻地改变人们的生活方式。因此，在全球贸易中商业质量和经济附加值更高的服务贸易日益成为各国企业的发展重心。依托与东盟的区位优势和经贸文化合作优势，同时在 RCEP 对服务业开放承诺的推动下，广西的物流、文旅、贸易、教育、金融等各类专业服务业的潜力将得到进一步释放。因此，抓住 RCEP 机遇，推动服务贸易高质量发展，对广西—东盟海上合作发展具有深远意义。

（一）提高开放度，促进广西与东盟服务贸易合作

RCEP 的实施，可促进服务贸易行业的开放，为区域服务贸易合作创

造广阔空间。中国以 WTO 规则为基础，加大对管理咨询、制造业研发、金融、法律、建筑、航运交通等服务部门的承诺水平；东盟各国也加大对建筑、交通、工程、旅游、教育、金融、房地产等领域的承诺水平；其他行业如酒店、房地产、交通等领域总体开放水平明显高于各自原有签订的双边自贸协定。

广西与东盟将随着 RCEP 的实施不断提高金融和电信监管透明度，通过鲇鱼效应适度增强市场竞争活力，放宽部分市场准入限制，促进经济公平竞争。广西与东盟国家在金融和电信领域的服务合作将在这些有力措施的推动下得到大幅提升。

RCEP 打造区域内统一的数据保护和流动规则，将为培育服务贸易新业态提供新的发展机遇，助力广西和东盟国家企业开拓跨境电子商务、互联网金融、在线办公、在线教育等领域。网上展销会等商务新模式、新业态，将支持跨境服务贸易、远程服务贸易在数字化环境下发展。

同时，RCEP 进一步扩大了个人流动义务的范围，不仅包括服务提供者，还包括投资者、随行配偶和家庭成员等所有潜在跨境移民，并达成互认合作协议。专业资质的提升有助于广西企业引进国外人才，为人才提供更多便利，促进人力资源优化配置。提高 RCEP 开放水平，直接促进广西—东盟服务贸易合作，有利于增加广西—东盟海上合作深度。

（二）区域货物贸易与投资增长，促进服务贸易融合发展

当前，中国与东盟国家的货物贸易、服务贸易和直接投资呈现出融合发展的新趋势。RCEP 有助于区域贸易投资壁垒的消除和数字经济的发展。

第一，RCEP 带来的货物贸易增长将拉动与制造业相关的研发、设计、批发和零售等制造业相关服务的需求，这也将成为广西—东盟海上合作服务贸易新的增长点。

第二，原产地区域累积规则的有效应用，将会大大增加区域内中间产品的交换，拉动物流需求，促进跨境口岸物流业的发展，也将推动国内物流业从工厂到港口和从港口向消费终端发展。目前，东盟国家在国际海运、空运、陆运等服务领域进一步提高开放程度，也将促进跨境物流服务贸易的发展。

第三，RCEP 带来的关税和非关税壁垒消减，使得广西与缔约国的大宗商品贸易和投资增加，将推动广西对金融结算、外贸保险、投融资等供

应链金融服务的需求。随着东盟国家扩大金融服务开放，未来金融服务贸易不仅有望增长，也将为实体产业发展提供更多金融支持。区域货物贸易和投资增长带动服务贸易融合发展，推动广西与东盟海上合作高质量发展。

作为中国唯一与东盟陆海接壤的省级地区，广西在深化与 RCEP 成员的海上开放合作方面具有得天独厚的区位优势。RCEP 的有效实施，为广西扩大对外开放提供了新机遇。广西将充分利用 RCEP 规则蕴含的潜力和机遇，继续推动更高程度的开放，全面高质量实施 RCEP，巩固深化与东盟海上合作，构建更加紧密的中国—东盟命运共同体。

广西—东盟海上合作现状

第一节　经贸合作

广西是中国紧密联系东盟的重要地区，其与东盟国家的密切合作，促进了双方经贸发展。近年来，广西与东盟国家的贸易规模呈持续增长态势，广西成为中国对接东盟的前沿和窗口。广西在"一带一路"建设中扮演了重要角色，积极地促进中国—东盟自由贸易区的建立，成为最早受益的省区之一。

在与东盟国家开展经贸合作这一方面，广西具有独特优势。

首先，广西的地理位置独特。这方便了广西与东盟国家之间的贸易和人员交流，使其成为中国与东盟之间的重要门户和交流枢纽。

其次，广西在与东盟国家开展经贸合作中具有产业互补优势。广西与东盟一些国家在产业结构、生产力水平和自然资源方面互补，能够相互补充，促进经济发展。这为双方提供了合作机会和空间。双方可以实现资源的优化配置，促进产业的协同发展。

最后，广西与其他东盟国家合作具有合作平台方面的优势。广西是东盟博览会、东盟商务投资峰会和中国—东盟自由贸易区会议的承办地，这些平台成为广西与东盟国家之间合作交流的重要渠道。

2010年，中国—东盟自由贸易区1.0版建成，货物贸易零关税覆盖双方90%以上的税目产品，中国与东盟建立了世界上最大的自由贸易区，促进了双方贸易发展。广西作为该自由贸易区的前沿阵地，与东盟的经贸发展密切相关，享受了许多经济和贸易优惠，同时这也意味着广西需要应对不断变化的挑战，深入分析自身在东盟贸易中的优势、劣势、机遇和挑战，利用优势和机遇促进经济发展，实现跨越式的发展。

2019 年，中国—东盟自由贸易区 1.0 版升级，中国与东盟进一步开放市场。2022 年 11 月中国—东盟领导人会议召开，会上宣布启动中国—东盟自贸区 3.0 版升级谈判。1997 年，东南亚金融危机爆发，中国采取了多项措施帮助东南亚国家度过金融危机。东南亚国家采取的应对措施也在相当程度上推动了中国与东盟相互开放市场，有利于深入建设中国—东盟自由贸易区。中方提出打造中国—东盟自由贸易区 3.0 版，彰显了中国实施扩大开放政策和深化睦邻关系的主动性，获得了东盟国家的热烈赞同和积极响应，体现了双方共同期待深化和拓展经贸合作的愿景。

中国—东盟自贸区是中国和东盟与外部建立的第一个自由贸易区，由中国—东盟双方共同打造，旨在以开放促合作，以合作获取发展。中国—东盟自由贸易区的建成无疑对推动广西—东盟海上合作意义非凡。

20 多年来，中国—东盟自贸区建设成果显著，是双方互为成就、命运与共的结晶。自 2009 年起，中国一直是东盟地区的最大贸易伙伴。从 2020 年开始，东盟成为中国的最大贸易伙伴。中国在贸易、投资和基础设施建设等领域全面与东盟展开合作，为促进东盟经济复苏做出了重要贡献。

一、广西—东盟海上经贸合作成果

（一）经济贸易额增长迅速

自从中国与东盟启动自贸区建设以来，广西与东盟的进出口贸易往来越来越密切，且呈持续增长态势。广西以经贸合作为重点，不断促进与东盟的经济融合并取得显著进展。2022 年，广西对东盟海上进出口额总量为 2 811.1 亿元，东盟是广西对外贸易总额的最大贡献者，占比高达 52.9%，同时也是广西最大的贸易伙伴。

（二）"引进来"和"走出去"的战略深入推进

广西充分利用地缘和人员优势积极招商引资，吸引东盟各国投资，鼓励企业走向海外，以扩大外资规模。2022 年，广西致力于加快推进西部陆海新通道建设，并启动了世纪工程——平陆运河的建设。这些重大工程的推进建设，为广西和西部地区的发展注入了强劲的动力。

此外，广西为了加快对外开放，促进国内国际市场的自由便利化，正在加快建设一批高质量的 RCEP 示范项目集聚区，加快南宁临空经济示范区的建设，积极推动中马"两国双园"向"两国多园"新模式的发展。

这些举措将为广西，乃至整个区域的经济增长注入新的动力。广西企业已将东盟国家作为主要的对外投资目的地，广西与东盟国家的投资合作呈现出加速发展的良好趋势。

（三）区域合作平台高效搭建

广西与东盟国家区域合作正在推进当中，这得益于中国与东盟自由贸易区的框架。该框架为广西与东盟经济发展提供了重要的支持和推动。广西建立了多个与东盟国家的产业合作和投资贸易平台，是当前中国与东盟国家在经济领域开展的重要合作项目。这些项目的实施，将促进区域内经济发展和合作的深化。广西正在积极参与大湄公河次区域合作和越南"两廊一圈"合作等，旨在实现共建、共享、共赢的目标。这些举措将进一步促进广西与东盟国家的经济交流与合作。

（四）国际通道建设逐步完善

广西全面提升交通基础设施通达和服务能力，高水平共建西部陆海新通道，加快构建完善面向东盟国际大通道体系。截至 2022 年年末，广西累计建成出区出边出海陆路大通道（高速公路、铁路）43 条，与周边省区市和国家均实现通道连接，共同构建起了"北通、南达、东进、西联"的陆路运输大通道，初步形成了以北部湾港为出海口，铁路、高速公路多通道共担，连接西南西北，面向东盟的国际大通道。

一是主通道运输能力明显提升。至 2022 年年末，广西高速公路通车里程增至 8 271 公里，东、中、西线三大主通道广西境内高速公路全线贯通，全面实现县县通高速的历史性目标。2022 年 8 月，西部陆海新通道骨干工程——平陆运河实现实质性开工、持续性建设，开启新时代运河建设元年。目前，平陆运河项目马道、企石、青年三大枢纽已全面进入主体结构施工阶段。

二是北部湾港口服务能力明显提升。相继建成钦州港 20 万吨级航道、钦州港 30 万吨级油码头等一批重大项目，北部湾港具备 20 万吨级集装箱船舶通航能力。建成投产全球首创 U 型工艺布局、全国首个海铁联运自动化集装箱码头——钦州大榄坪南作业区 7 号 8 号泊位，年通过能力可达102 万 TEU。北部湾港开通集装箱航线 75 条，其中外贸航线达 47 条，与全球 113 个国家和地区的 335 个港口实现通航，基本实现了东盟国家及全国主要沿海港口的全覆盖。2022 年，北部湾港完成货物吞吐量、集装箱吞吐量分别达 3.7 亿吨、702 万 TEU，位居全国沿海主要港口第 10 位、第

9 位。港口货物运输需求保持快速增长趋势，北部湾港完成集装箱吞吐量年均增长 25.2%，增速连续 5 年（2017—2022 年）排全国沿海主要港口前列。加快建设钦州港大榄坪南作业区 9 号 10 号泊位、防城港赤沙作业区 1 号 2 号泊位等项目，进一步增强北部湾港综合吞吐能力。

三是陆海通道物流规模明显提升。西部陆海新通道初步形成海铁联运班列、中越跨境班列、中南半岛跨境公路班车等多种物流组织模式。RCEP 生效并持续落地实施后，海铁联运班列线路覆盖中西部 17 省（自治区、直辖市）60 市 113 个站点，2022 年班列开行量突破 8 800 列，班列开行量从 2017 年开始到 2022 年，由 178 列增长到 8 820 列，年均增长 118.3%。中越跨境班列（经凭祥铁路口岸）开行量达 2 182 列，同比增长 14.6%。跨境公路班车持续常态化运行。西部陆海新通道运行效益持续改善，运营规模持续扩大，在高质量共建"一带一路"中的作用日益凸显。

（五）中国—东盟自由贸易区持续建设

中国—东盟自由贸易区成立于 2010 年 1 月 1 日，由 11 个国家组成，覆盖了 19 亿人口，其 GDP 总额达到了 6 万亿美元，其贸易总额占据了全球贸易总额的 13%。这是当前发展中国家间最大的自贸区。

中国—东盟自由贸易区建成后，中国实现零关税的商品数量超过了 7 000 种，这有效降低了广西与东盟之间的贸易成本，并为广西带来更多的经济活力。

2023 年 2 月 7 日，中国—东盟自由贸易区 3.0 版谈判启动首轮磋商，中国和东盟各国的主管部门，以及东盟秘书处官员通过视频会议的方式参加了会议。双方深入讨论谈判程序规则、组织安排和工作计划等议题，以便为后续制定时间表和路线图做准备。

中国和东盟之间的双向投资合作快速增长，它们互为重要外资来源。迄今为止，双方累计双向投资总额已经达到约 3 000 亿美元。双方共同努力，已经开展了多个综合效益良好、具有带动作用的合作项目。这些项目有效地促进了地区经济和社会的繁荣发展，为推动中国—东盟海上经济合作做出了积极的贡献。

（六）海洋产业结构优化调整

2022 年，广西海洋生产总值达 2 296.9 亿元，增长了 4.2%。它占据了广西地区生产总值的 8.7%，也占据了北海、钦州、防城港三市地区生

133

产总值的 50.4%。这有助于调整双边贸易结构，促进商品结构的合理化，扩大广西和东盟的贸易市场，保持区域经济可持续发展。

2022 年，海洋经济在广西经济增长中的贡献率为 8.5%。按照三次产业的分类，海洋第一、二、三产业分别贡献了 236.5 亿元、690.6 亿元和 1 369.8 亿元，分别占海洋生产总值的 10.3%、30.1% 和 59.6%。

2021 年，广西主要海洋产业的增加值达到了 940.2 亿元，同比增长了 16.2%，占北海、钦州、防城港三市地区生产总值比重为 23.7%，产业结构进一步优化，发展潜力与韧性彰显。海洋科研教育管理服务业的增加值为 251.7 亿元，同比增长 8.9%。与此同时，海洋相关产业的增加值也取得了较好的发展，达到了 636.2 亿元，同比增长 14.2%。

二、广西—东盟海上经贸合作问题

（一）海上贸易方式单一

广西与东盟国家之间的海上贸易方式相对比较单一，主要以边境小额贸易为主。尽管近年来来料加工贸易、进料加工贸易等其他贸易方式也有所增长，但是这些方式的规模相对较小。同时广西—东盟的边境小额海上贸易额仍在迅速增长，仅 2021 年 1—8 月，广西边境贸易进出口 1 051 亿元，同比增长 9.4%。其中，边境小额贸易进出口 761.4 亿元，增长 14.7%；边民互市贸易进出口 289.6 亿元，增长 92.2%。广西边境贸易进出口总额排全国第一位，占全国份额比重超过 40%。

（二）海上贸易主体多元化不足

随着市场经济体制大改革的深入推进，广西的民营企业正在快速壮大，其出口比重稳步提高。广西还通过实施国家重大战略，加强了与东盟和"一带一路"门户的联系，民营企业贸易比重已超过八成，比全部进出口贸易高出 3 个百分点。尽管民营企业的发展增强了竞争力和经济活力，但同时贸易主体多元化不足，也增加了经济增长的不稳定性。

（三）海上贸易结构不合理

虽然广西—东盟海上贸易的增长速度较快，但广西出口的产品主要是劳动密集型，如农产品、纺织品和机电品等。从东盟进口的产品则主要是资源密集型，如煤炭、矿产和农产品等。值得注意的是，劳动密集型和资源密集型产品的出口不利于商品和产业结构的优化调整。

（四）海上贸易发展不均衡

长期以来，广西与东盟国家之间存在海上贸易不均衡的情况，其中贸易额主要集中在越南市场，而其他东盟国家的贸易额较低。这种不平衡的贸易情况亟待得到改善。

（五）海上贸易产品附加值较低

广西对东盟出口的产品的生产过程中往往需要大量的人力和资源等生产要素，因此大部分产品被归为劳动密集型或资源密集型，并且技术含量相对较低，产品附加值也不高。

与此相对应的是，广西从东盟国家进口的产品主要属于初级资源产品，而这种单一的贸易产品结构会对双边贸易的发展产生不利影响。因此，采取一些措施来改善这种不平衡的贸易格局是非常有必要的。

（六）海上贸易市场竞争激烈

美国高调重返亚太地区，导致竞争变得愈加激烈。美国、日本、澳大利亚、新西兰及欧盟等发达国家，凭借资本和技术优势，通过经济援助、投资等方式，致力于扩大在东盟市场的投资份额，以期实现与东盟的贸易自由化，并发展经贸关系。另外，印度作为新兴大国，也高度重视与东盟的海上贸易关系，并积极推进"东进战略"以占领东盟市场。

国内方面，兄弟省区市积极加强与东盟的经贸关系。广东作为国内与东盟贸易的第一大省，经济发达，与东盟隔海相望。云南与东盟陆路相连，具有突出的地缘优势，且一直在积极参与大湄公河次区域合作开发战略，推进红河—越南老街跨境经济合作区建设。另外，海南、湖南、四川、重庆等周边省市纷纷加大与东盟的经贸力度，拓展东盟市场。广西面临来自国内外的多重挑战。

（七）海洋文化交流创新不足

广西与东盟文化交流的发展相对滞后，如未能充分认识到文化交流的市场作用，文化交流机制落后，文化交流创新能力不强，没有建立起资金、技术、人才等各个方面的竞争机制，使得文化管理体制及文化交流市场发育相对滞后，文化交流事业的投入较少，文化交流软硬件设施严重缺乏。与此同时，广西与东盟国家的文化产业科技含量不高，制约了文化的交流和发展。

三、广西—东盟海上经贸合作影响因素

广西和东盟在推进"一带一路"建设和打造自由贸易区的过程中，注定会加强海洋经济合作。然而，也必须承认存在一些挑战，这些挑战可能会对双方的合作进程产生影响。

（一）政治经济合作基础待巩固

中国的崛起在政治上引起了东盟国家的担忧。基于对自身利益的考虑，东盟国家利用不同制度化平台和机制，例如东盟地区论坛、区域全面经济伙伴关系、东亚峰会及东盟等，对中国在东南亚地区的行为进行了约束和重塑。同时，东盟国家努力打造东盟共同体，这导致"东盟抱团"的趋势加强。在一些有争议的问题上，东盟国家根据国际法形成了一致的协调政策，这可能会与中国产生分歧。这种趋势对中国与东盟海上经济合作的发展不利，也会对"一带一路"的建设产生负面影响。

在经济方面，中国和东盟国家之间的合作也面临着挑战。东盟各国的经济发展水平差异较大，对海洋经济合作的需求不尽相同。虽然中国与东盟国家在传统海洋产业领域有很多合作，但关于新兴海洋产业的合作相对较少。此外，有时候中国与东盟国家在海洋经济合作进程中表现出"不对称"的行动，导致合作进展不够顺利。RCEP旨在降低参与国之间的关税和非关税壁垒，该协定涵盖东盟十国、中国、日本、韩国、澳大利亚和新西兰。然而，也有东盟国家认为，在这一自由贸易协定已经存在的情况下，没有必要再与中国建立自由贸易区的"升级版"，这降低了东盟与中国共同落实推进中国—东盟自由贸易区3.0版的积极性。

（二）海上经贸合作机制不成熟

泛北部湾经济合作与中国—东盟博览会是中国与东盟之间合作的主要协调机制。然而，尽管这些协调机制在中国与东盟的关系发展中发挥着重要作用，但仍然存在一些需要改进的方面。一方面，泛北部湾经济合作区与中国—东盟自由贸易区在合作地域、合作对象、合作领域，以及发展框架上存在重合和相似，中国—东盟自由贸易区的加速建设，从某种程度上来说，限制了泛北部湾经济合作区的建设。泛北部湾经济合作区缺乏吸引各方兴趣的合作项目，资金和技术支持不足，因此东盟国家对这一合作机制并不十分热衷。同时，中国各省区市如广西、广东、香港和澳门之间的利益也难以协调一致，这也不利于泛北部湾经济合作区的全面推进。另一

方面，中国—东盟博览会是中国与东盟之间的重要合作平台，但其市场化程度不够高，宣传内容不能紧跟中国—东盟自由贸易区的建设进程，且缺乏专业人才和专业化程度，这使得中国—东盟博览会还没有达到国际品牌会展的标准。

此外，现行的中国与东盟之间的合作框架和协议，主要关注于经济贸易和投资，缺乏海洋方面的合作内容。海洋作为中国与东盟国家之间的一个重要纽带，没有得到足够的重视。

中国国家海洋局于2012年1月发布的《南海及其周边海洋国际合作框架计划（2011—2015）》包括海上安全、渔业、环保、科研等领域，有助于促进南海的和平稳定。该计划实施以来，取得了多项成果，但在充分调动东盟国家热情方面有待进一步发挥作用。

（三）海洋环境日益恶化

广西和东盟国家都存在海洋产业结构不合理的问题。传统海洋产业发展较完善，而新兴海洋产业仍需要高技术和高投入，发展规模不及传统海洋产业。这种不协调的产业结构会导致对近海的过度开发，传统的海洋渔业、海水养殖业及海洋油气开发大多集中在近海海岸，其粗放和不合理的开发方式必然会导致近海污染和海洋资源浪费。

海洋环境污染不利于海洋产业的健康发展，对包括海水养殖、海洋渔业等在内的海洋第一产业造成直接损害，同时也会间接影响海洋第二产业。

随着海洋经济的快速发展，人类对海洋资源和生态环境造成的影响越来越明显，跨区域性的生态系统破坏也使海洋生态的保护面临困境。恶化的海洋环境将成为广西和东盟国家海洋经济合作的障碍，因为没有健康和谐的海洋环境，海洋经济的发展也将无从谈起。

近年来，中国和东盟国家都在积极推进海洋经济的发展，海洋经济规模不断壮大。然而，这给海洋资源和环境带来了一定的压力，海洋经济和生态环境之间的矛盾日益突出。同时，许多国家忽视了海洋生态系统跨区域的整体性，这种趋势会对广西和东盟国家开展海洋经济合作造成严重阻碍。

四、加强广西—东盟海上经贸合作的对策建议

广西积极参与21世纪海上丝绸之路建设，以东盟国家为重点合作伙伴，加强经济合作，具有重要的经济和战略意义。广西在中国周边外交战略中扮演着重要的角色，应该秉持着"亲、诚、惠、荣"的理念，加强与

邻国的合作与交流，推进共建利益共同体和命运共同体。广西在自贸区建设、投资、贸易、能源、生态、人文等领域有很大的发展潜力，应该抓住机遇，积极推进合作，推进区域一体化，实现共同发展繁荣。

（一）建立 RCEP 框架下海上合作机制

区域经济增长的关键在于发展输出产业和扩大区域外部的需求。广西可以借助 RCEP 推进实施的契机，通过各种平台和机制加强与东盟和其他沿线国家的合作，推进经济走廊转型。这些平台包括中国—东盟博览会、中国—东盟商务投资峰会、中国—东盟自贸区论坛、泛北部湾经济合作论坛、中国—东盟交通部长会议、中国—东盟港口合作网络和中马（钦州）产业园、马中（关丹）产业园、中越跨境经济合作区等。此外，广西也可以加强与越南有关部门和边境省份的会晤，以推进双方参与的合作项目。建立推动南宁—新加坡经济走廊的双多边合作机制，加强与沿线国家和城市的沟通与互动，积极推进沿线交通通道建设，联手促进交通走廊加快转变为经济走廊。

（二）加速互联互通建设

为了促进合作，广西需要在交通方面加大投资，加快推动公路、铁路、机场、港口、口岸等建设，加快打造江海联动、水陆并进、空港衔接、铁海联运"四位一体"的交通运输网络。同时，还应加强与东盟国家的产业合作，以重大项目建设为支撑，规划建设一批双边、多边的产业园区。努力打造北部湾国际航运中心，完善金融组织体系，推进保险市场的发展，并争取更多国际性银行在南宁设立分支机构。这些举措将有助于提升广西的综合实力，推动广西与东盟国家的合作与发展。

（三）积极实施"海上走出去"战略

广西与东盟国家人文基础相近，资源互补性高，这为广西企业"走出去"提供了巨大的机遇。

广西应研究建立专项扶持资金，鼓励企业走向国际市场，提高经济竞争力。重点推动银企合作，为企业提供融资、保险等优惠措施。争取政府相关部门支持，提供便利的购汇、通关、检验检疫等服务。简化企业风险防范，提升与驻外使领馆的沟通效率，辅助企业开展项目论证和风险评估。

（四）完善海上经贸服务支持体系

首先，广西进一步完善自治区、市县和企业之间的联系机制，以更好地监测和服务重点外经贸企业。明确部门领导和联络员的对接联系，为重点企业提供定点包干服务。

其次，广西将加强外经贸秩序规范和信用建设，促进涉外经济中介组织的发展，加强质量管理和知识产权保护，严厉打击制售假冒伪劣出口商品。这些措施将有助于提高外经贸发展的质量和效益。

最后，广西将积极贯彻 RCEP 的相关内容，特别是服务贸易方面，禁止成员国在负面清单中限制服务和服务提供者，并确定进一步自由化领域。这些举措将有助于促进协定成员国之间服务贸易的自由化和便利化。

第二节 通道建设

广西与东盟国家的陆路和航空互联互通建设进展较大，但海上互联互通的进展相对缓慢。下一步，广西与东盟国家应该大力推进海上互联互通的建设，双方可以在硬件基础设施建设、交通和海关，以及软件建设方面开展合作。中国愿意支持东盟国家落实《东盟互联互通总体规划》，积极推动双方在基础设施互联互通建设上的合作，包括发展跨境公路、铁路、水路、航空、数字经济等领域的合作。

广西将通过多边机制加强沿线国家的交流和合作，促进人员往来和物流畅通，推动地区经济一体化进程。加强东盟国家之间及东盟与广西之间的互联互通合作，将有助于促进共同繁荣和发展，为中国与东盟经济增长提供新的动力。在规制安排、人员往来等方面，双方还存在着很大的合作空间。广西将积极贯彻《东盟互联互通总体规划》，推动广西—东盟海上合作的发展。

互联互通是中国在处理与东盟关系时提出的概念，也是广西—东盟经贸合作的重要理念。近年来，中国与周边国家在基础设施建设方面进行了广泛合作，例如中国与东盟自贸区的谈判，以及昆明至曼谷国际公路、昆明至新加坡高速铁路的规划建设。互联互通已成为新的合作概念，旨在加强与周边国家在硬件和软件层面的联系，促进商品、资本、信息和物流的自由流通，推动区域经济的共同发展。

互联互通的含义主要有 5 个层次，其中包括基础设施互联互通和规章制度互联互通。基础设施互联互通包括双方基础设施的联通，如铁路、公路、管道、能源设施和港口码头等。规章制度互联互通则包括双方技术标准的统一，以及通关便利化政策等。实现互联互通已经成为发展的趋势，也是广西与东盟发展海上合作的共同需求。

在区域经济一体化浪潮下，互联互通成为广西与东盟加强合作的重要途径。当前广西—东盟海上互联互通已滞后于双边经贸和人文交流的需要，加快推进广西—东盟海上互联互通建设，对于打造广西—东盟利益共同体和命运共同体具有重大理论和现实意义。

目前，互联互通建设已成为全球众多国家对外合作的重点。2009年，东盟提出了加快东盟十国互联互通建设的规划，中国抓住时机，把加强中国—东盟互联互通作为加强中国—东盟关系的重要途径。2013年，中国提出了建设"一带一路"的倡议，旨在加强与东盟及沿线国家的经贸联系，构建利益共同体。东盟在"一带一路"倡议中扮演着重要角色。近年来，中国与东盟陆上互联互通建设取得长足发展，包括修建多条跨境公路和边境公路、推进泛亚铁路中线建设等。

相较于陆上互联互通，广西和东盟海上互联互通建设相对滞后。在中国与东盟共同打造"钻石十年"的过程中，加强海上互联互通建设是重中之重，旨在增强双方海上基础设施的联通，完善合作机制，增强区域整体竞争力，进而增进政治互信和促进合作。

据统计，广西与东盟大部分双边贸易是通过海洋运输完成的，海运贸易量巨大，这促使了双方加强海上互联互通建设。

一、广西—东盟海上合作通道建设概况

（一）基础设施建设

海上互联互通的重点是基础设施建设。近年来，广西与东盟在这方面取得了重要进展，相继建成或启动了一系列项目。

实现海上互联互通的主要硬件设施是港口规模和水平。北部湾港是中国南部重要的海港之一，北部湾港北靠渝、云、贵，东邻粤、琼、港、澳，西接越南，南濒海南岛，地处华南经济圈、西南经济圈与东盟经济圈的接合部，是中国内陆腹地进入中南半岛东盟国家最便捷的出海门户。为了推进"一带一路"倡议，国家发展和改革委员会于2019年发布了《西部陆海新通道总体规划》，指出北部湾的开发是中国"一带一路"倡议的重要建设内容。

东盟国家正在积极推进海上通道互联互通，扩建其主要海运枢纽港。例如，印尼丹绒布禄港的扩建工程包括集装箱码头和散装码头扩建，竣工后印尼丹绒布禄港集装箱年吞吐量将提升至 1 100 万 TEU。同时，多条海运航线正在计划开通，如菲律宾巴拉望到马来西亚沙巴州的新海上航线和印尼苏拉威西港到菲律宾达沃港的航运干线。

此外，东盟国家已经建成了澜沧江—湄公河跨境河流五级航道体系，湄公河可以全年通航。2013 年，菲律宾长滩岛—巴拉望岛的海底光缆项目已经成功交付。其中，印尼还提出了建设"海上高速公路"的计划，旨在推进"全球海洋支点"构想的实施。

（二）交通通道建设

广西大力推进交通通道建设，以加强与东盟国家的经贸合作和交流。这些举措将有助于进一步提升广西在西部陆海新通道建设中的地位和影响力。

南宁以西部陆海新通道为纽带，推动交通、物流、商贸、产业加速融合，通道运输能力和效率明显提升。西部陆海新通道是由中国西部省区与新加坡合作打造的国际陆海贸易新通道。南宁是中国距离东盟最近的省会城市，位于西部陆海新通道核心覆盖区，是"一带一路"建设有机衔接的重要节点城市。

"世纪工程"西部陆海新通道（平陆）运河项目已于 2022 年 8 月开工建设，运河建成通航后将直接开辟广西内陆运距最短、最经济、最便捷的出海通道，使南宁成为滨海型城市，使南宁通过水路出海的距离缩短近 560 公里。西江黄金水道重点工程——西津枢纽二线船闸 2022 年 12 月正式通航，南宁至粤港澳大湾区可全线通行 3 000 吨级船舶。

此外，南宁加快补齐航空基础设施短板，南宁国际空港综合交通枢纽与南宁至崇左城际铁路同步开通运营，实现了飞机与高铁的"无缝换乘"，有效弥补了广西"空铁联运"领域的空白。目前，南宁至越南公路运输 12 小时"厂对厂"运抵基本实现。南宁将持续扩大中越班列、中欧班列、南钦班列、西江集装箱航线、两广班列的开行规模，提升"公、铁、水"多式联运质量，重点打通粤港澳大湾区经南宁至东南亚的运输通道。

2022 年 12 月 20 日，中国—东盟多式联运发展论坛在广西南宁举行，主题是"共建中国—东盟多式联运联盟，助力陆海新通道高质量发展"。论坛探讨了"交通设施互联互通""多式联运标准规则衔接""多式联运推动产业链、供应链、价值链融合"等议题。为了助力多式联运联盟建设，各方在陆海新通道建设的基础上，签署了"共建中国—东盟多式联运联盟"备忘录。

为了支持新通道高质量发展，中国广西北部湾港集团将聚焦多式联运物流体系建设，包括通道、枢纽和网络，重点推进枢纽建设、海铁联运、航线开拓、平台打造等工作。

（三）海关通道建设

位于北部湾北岸西部的防城港，是广西最大的海港，也是全国主要沿海枢纽港之一。它与180多个国家和地区有贸易往来，已开通100多条航线。它是中国西南和华南地区货物的主要海上出口之一，也是通往东南亚、非洲、欧洲和大洋洲最短航程的港口之一。

钦州港位于北部湾钦州湾内，地理位置优越，是国家级经济技术开发区，也是国家重要港口之一。它是中国西南主要海上出口之一，也是陆路运输距离最短的港口之一。

防城港有广阔的开发前景，规划建设50.3公里长的岸线和200多个深水泊位。该港口目前正在建设11个不同等级的泊位，预计到2025年，港口通过能力将达到6 000万吨。

2017年4月19日，习近平总书记在视察北部湾港铁山港公用码头时指出，铁山港有区位优势，发展前景广阔，将来是北部湾经济区一个重要依托。要建设好北部湾港口，打造好向海经济。北海码头目前在建泊位8个，为加快推进泊位建设步伐，根据北部湾港口结构布局调整和规划发展需求，预计到"十四五"末，将新增泊位22个，新增通过能力6 145万吨（其中集装箱120万TEU），届时货物通过能力将达到10 145万吨（其中集装箱220万TEU），具备亿吨大港规模。北海码头2022年港口货物吞吐量完成3 586.7万吨，同比增长7.7%；其中集装箱吞吐量完成71.01万TEU，同比增长15.7%。

二、广西—东盟海上合作通道建设成果

（一）海上经济贸易合作拓展深化

自中国和东盟建立战略伙伴关系以来，双方的合作取得了显著成果。双边贸易额和投资规模不断扩大，经济联系日益紧密。东盟是距离中国最近且最大的国际市场，双方互为最大贸易伙伴。2022年，东盟继续保持中国最大贸易伙伴地位。随着中国省区市、产业和企业计划与东盟国家发展经贸合作，东盟国家的经济形势受到了广泛关注。

广西是中国唯一与东盟国家海陆相连的地区，为中国与东盟海上互联互通建设提供了优越的经贸基础，双边经贸合作已进入良性发展的快车道。经贸合作是"一带一路"建设的基础和先导，中国—东盟自由贸易区的升级是当务之急。双方将进一步开放市场，扩大彼此投资规模，并降低市场准入标准。随着时间的推移，广西和东盟之间的贸易已经从传统的产业间贸易转向产业内贸易。另外，广西对东盟的投资领域也在不断扩展，不再局限于传统的建筑业和矿业等领域，而是拓展到制造业、商业服务业等多个领域。

2022 年，广西与东盟的经贸往来更加密切。与此同时，东盟在广西外贸中的占比也有所上升。2023 年，东盟国家的经济继续向好发展，有望为广西和东盟双边贸易带来新的更大进展。当前，中国与东盟的关系已进入成熟期，经济贸易合作也在不断扩展深化，这为广西和东盟在海上互联互通方面的建设奠定了良好的经贸基础。

（二）海洋发展制度环境向好发展

持久的繁荣取决于好的制度。2014 年 2 月，广西发布并实施了《广西壮族自治区海洋环境保护条例》，这一举措填补了广西海洋地方性法规的缺失。

中国和东盟制定了《中国与东盟全面经济合作框架协议》《中国—东盟全面战略伙伴关系行动计划（2022—2025）》等。随着中国与东盟贸易合作的深化，双方通关和边检政策也在加快对接。这些政策为海上互联互通带来了战略机遇，其中包括"一带一路"建设和中国—东盟自贸区升级版的推进。

2021 年，中国和东盟共同制定了《落实中国—东盟数字经济合作伙伴关系行动计划（2021—2025）》，并积极进行政策交流，分享数字经济发展、数字安全和人工智能等方面的经验，取得了不少成果。

此外，中国还与马来西亚、老挝、菲律宾等国家签署了数字和信息通信合作备忘录，加强了与东盟国家在数字领域的合作。到 2023 年，中国将继续落实与东盟国家达成的共识，与东盟国家在数字领域进一步开展交流和合作，推动数字化转型，共同迈向数字化未来的可持续发展。同时，还将加强涉海部门的沟通对话，出台海洋投资倾斜政策，并加快建立相应的双边运行保障机制和管理机制。通过加强政策和法律方面的沟通交流，实现政策和法律协调，为海上互联互通建设提供制度保障。

（三）海洋合作共识有所提升

21世纪被誉为"海洋世纪"。海洋是人类可持续发展的重要财富，也是各国经贸文化交流的自然纽带。因此，各国都重视海洋的合作与发展。

2013年，在印尼首次举办了中国—东盟海洋科技合作论坛。双方洽谈了多个合作项目，并建立了稳定的海洋合作机制和交流平台。积极推动海洋合作已成为双方的共识。印尼作为一个拥有17 000多个岛屿的国家，提出了重建海洋文化的倡议，并通过一系列海洋文化活动来唤起民众的海洋意识。这将对双方在海洋领域的合作产生积极推动作用。

近年来，中国与东南亚国家的海洋合作不断增强互信、不断拓展合作。中国拥有约3.2万公里的海岸线和300万平方公里的海洋国土，加上东盟十国中有九国临海，这为双方开展海洋合作提供了基础。

为促进海洋的可持续发展，广西与东盟双方需要进一步深化对海洋的科学认识。海洋合作共识的提高，有助于开辟蓝色经济的新领域，同时有助于包括保护海洋生物多样性、提高海洋防灾救灾能力、加强技术交流与合作、促进海洋产业发展，以及增进该区域科学家之间的友谊。

（四）海上互联互通基础较好

广西和东盟是天然的合作伙伴，双方互联互通基础良好。广西同东盟国家已开通多条公路、铁路、航空、班轮等线路，积极推动泛亚铁路，扩建改造港口。广西与东盟在港口投资建设运营合作，实现港口互通，共同推进海上互联互通。

近年来，港口建设取得了重大突破，使得港口的吞吐能力显著提高。北部湾港作为中国西南对外开放的重要窗口，不断推进港口建设，拓展和加密航线，实现了东盟主要港口全覆盖。目前该港口航线总数75条，其中外贸47条、内贸28条。北部湾港辐射带动广西经济加速发展。利用RCEP生效实施的机遇，北部湾港集团开通了多条直航航线，以及"柳州—北部湾港—印尼"等多条特色外贸线路，覆盖了日本、缅甸、越南、泰国等多个国家。2022年通过西部陆海新通道发运至RCEP成员国的货物量达6.9万TEU，同比增长9.7%。

得益于RCEP机遇利好和西部陆海新通道的牵引作用，北部湾港吞吐量保持强劲增长势头。数据显示，2022年，广西北部湾港货物吞吐量达到 3.7 亿吨，同比增长 3.7%，排在全国港口第 10 位，增长水平高于全国沿海港口平均水平。集装箱吞吐量方面，该港口完成了 702 万 TEU，同比增长 16.8%，在全国港口中排名第 9 位，高于全国沿海港口平均增长水平 4.6%，其中钦州港集装箱吞吐量达 540.7 万 TEU。近年来，北部湾港口大型化、专业化、智慧化建设不断加速，已实现集装箱"船边直提""抵港直装"服务。钦州自动化集装箱码头装卸作业能力大幅提升，常规化使用 15 万吨级集装箱船舶靠泊作业。

（五）社会文化深厚

广西与东盟在人文条件、民族风俗、生活习惯等方面有许多相似之处，这使得双方的人文交流合作基础深厚。海外华人已成为提升广西与东盟海上合作软实力的重要支撑，而东盟国家有众多华侨华人，双方民间交流量大。广西—东盟人文往来主要表现在民族节日、文艺表演、学术教育交流等方面。广西与东盟通过文化交流互鉴，可以消除隔阂，促进信任与合作。

自 2006 年以来，中国—东盟文化论坛一直在广西举办，已成为一项有国际影响力的专业论坛，是中国—东盟博览会"十大品牌"论坛之一。

三、广西—东盟海上合作通道建设影响因素

（一）贸易投资挑战较大

部分东盟国家的贸易投资环境和营商环境较差，阻碍了广西对东盟的贸易与投资，主要体现在以下几个方面。一是非关税壁垒较多。某些东盟国家采取多种形式的非关税壁垒保护国内市场，人为设置一些障碍，阻止中国产品的进入。二是基础设施不完善。东盟部分国家基础设施建设不够完善，道路、桥梁、电力和通信等基础设施较差，给中国去东盟国家开展投资和贸易活动带来了一定的困难。三是东盟个别国家的政府部门存在腐败现象，行政事务处理效率低下。

（二）建设资金来源不足

通道建设需要大量资金投入。通常来说，像交通这样的基础设施建设由所在国家承担境内线路的投资，这是国际惯例。然而，除了中国之外，大部分东南亚国家短期内难以完成这样大规模的投资。

目前，泰国、马来西亚等国家的铁路网络比较完善，只需要进行局部改造就能够实现通车。老挝、柬埔寨和缅甸等经济实力较差的国家，则面

临较大的挑战。中国和东盟国家正在全力推进的泛亚铁路建设最大的难题在于资金短缺，这不可避免地会阻碍广西与东盟国家之间通道建设合作的进展。

在西部陆海新通道建设过程中，该项目前期国内用于公路、铁路和港口设施的新建和改造资金高达数万亿元。然而，后续建设面临以下困难：西部陆海新通道建设的融资模式相对单一，主要以传统信贷为主，而非传统信贷、股权投资、金融机构债券和企业债券融资等占比较少。另外，银行业正处于贷款紧缩模式，贷款投放受到限制，难以满足通道建设所需的资金需求。

经济发展不太快的国家如老挝、缅甸和柬埔寨，基础设施建设方面的资本主要依赖政府。政府财政拨款和贷款担保是政府投资的主要形式。然而，东盟发展中国家在交通项目建设中面临成本高、投资回报率低的问题，融资手段单一且缺乏市场化运作，这导致陆海新通道建设难以持续进行。总的来说，陆海新通道建设涉及范围广泛，涉及利益诉求多元化，这导致地方金融机构属地管理意识较强。

目前，西部陆海新通道仍处于初始建设阶段。由于西南三大主通道仍处于规划和筹建阶段，发行通道主题类债券，因此缺乏项目支撑和有效担保。此外，一些地方政府主导意识强，导致地方金融机构竞争意识大于合作意识。除新加坡外，大部分东盟国家的投资和贸易法规不完善，缺乏信用担保体系，金融风险防控手段有限，大型基础设施项目往往缺乏后续资金，投资者的合法权益难以得到有效保障。

（三）基础设施存在短板

当前广西—东盟海上合作通道基础设施建设存在短板，整体通达性不足，多条线路的联通状况仍待提升。

在铁路建设方面，沿线铁路运力趋于饱和，未能满足沿线客货需求，潜力仍有待挖掘。西南铁路的主干道，南昆、南防、钦北大多是单线铁路，尽管经过多次改造，但由于建设较早且标准较低，无法满足日益增长的客货运输需求。如南宁—防城港线经过电气化改造，时速虽已提至 80 km/ph，但远未达到 120 km/ph 的最高运行速度。在三条主通道建设上，由于东向支线"贵柳段"已负荷运载，"黄百段"尚未完工，因此重庆到北部湾港的通路需要绕行怀化，耗时长。成都至钦州港的线路也需绕行麻尾，耗时 57 小时。现有的通道铁路建设"绕行"状况，很难吸引时效性要求较高的生鲜企业。成昆铁路中线也正处于扩能改造中，短期内经云南连接中南半岛的陆路通道，难以发挥效力。

在公路建设方面，通道高速公路网基本建成，但仍存有瓶颈路段。在跨境公路方面，南向境外段，越南、老挝境内二、三级油路较多，路段衔接不畅，严重影响了通道的联通。

在航运与水运方面，北部湾港在集约化程度、码头等级、专业化及现代化水平等方面，与东南沿海存在较大差距。大型专业泊位码头不足，船舶进港航道吨级偏低，最大仅可靠泊 20 万吨级。此外，港口淤积严重、优良深水岸线相对稀缺、连接国内外航线不够丰富、铁路站场建设滞后、港航信息化发展较为薄弱等问题，也制约了港口功能的有效发挥。

钦州港对内综合运输通道不畅，对外连接市场航线不够丰富。钦州港片区铁路专线过少，公路网络比较杂乱，如钦州港至中马产业园并无直达铁路专线，疏港公路仅有 1 条进港大道，路网衔接不畅导致货物无法直航直运，造成保税港区优势难以有效发挥。港区航道泥沙淤积运力不足，10 万吨航道只走 7 万吨的货船，尚容易造成船只搁浅。钦州港航线不足问题较为严重，货物需在中国香港、新加坡二次接驳后，方能抵达欧美等地区，导致货运耗时长，物流成本高。

在航空建设方面，西部机场运输量虽占全国一半，客货运量却不及全国总量的 30%。"运力投放不足、枢纽机场时刻紧张、航班密度低、干支衔接不畅、地区发展不均衡"等问题，影响了西部临空经济的发展。

四、加强广西—东盟海上合作通道建设的对策建议

（一）深入推进 RCEP 实施

积极贯彻 RCEP 精神，深入推进 RCEP 实施，助推广西—东盟港口互联互通。港口作为一种重要的基础设施，是国民经济健康快速发展，以及开展对外贸易的支撑和保障。在广西与东盟国家之间开展的合作中，港口和航运已经成为重要的载体，加强广西与东盟国家港口之间的合作十分重要。

在 RCEP 中货物贸易、海关程序与贸易便利化、经济技术合作等专章规则的支持下，在中国—东盟海上合作基金的支持和资助下，中国沿海港口城市与东南亚地区的港口城市正在积极合作与通航，特别是泛北部湾地

区的贸易合作在中国—东盟经贸合作中占据着绝对比重。该地区涵盖了中国与东盟地区最重要的港口，因此深化该地区的港口合作至关重要，这也是建立中国—东盟港口城市合作网络的关键。泛北部湾区域内有多个港口群，包括北部湾、马六甲海峡及菲律宾沿岸等。北部湾国际门户港是连接东盟国家各港口的重要海港，目前正在积极开通与东盟国家 47 个港口的航线，并致力于打造面向东盟的自由港。

此外，除了加强与东盟国家港口合作外，构建 RCEP 成员国临港产业带也是一个重要的发展方向。在这个过程中，广西钦州港的中马钦州产业园区和马来西亚关丹港的马中关丹产业园区也发挥着重要的作用。这两个产业园区与港口的发展相辅相成，产业园区的繁荣也有助于港口实现更加紧密的互联互通。因此，在推进广西—东盟海上合作的同时，必须重视 RCEP 成员国临港产业带的建设。

（二）增强中国与东盟的政治互信

自 1991 年中国与东盟建立对话关系以来，中国与东盟经过 30 余年的发展，政治互信不断加强。1997 年，双方建立了睦邻友好关系的方针，并于 2003 年 10 月建立了战略伙伴关系，中国成为世界上第一个与东盟建立战略伙伴关系的国家。

此外，中国也是第一个加入《东南亚友好合作条约》的非东南亚区域国家，与东盟国家签订了一系列的合作协议，建立了多个合作机制，涵盖政治、经济、文化、安全等各方面的关系，推动双边和多边合作不断深入发展。

尽管双方的政治互信有所增强，但仍有改善空间。中国综合国力的不断提升和国际地位的上升在一定程度上引起东盟国家的担忧。同时，美国"重返亚太""亚太再平衡"的战略也对东盟国家产生了影响。

在中国与东盟国家之间增强相互信任具有极其重要的意义。双方应继续致力于增进政治互信、加强沟通和交流，积极解决存在的问题和矛盾，互帮互助，互惠互利。政治上的相互信任是促进紧密经济合作的一个重要因素。中国秉持和平发展理念，推进建立友好相处的外交关系，并将东盟国家视为中国外交优先发展的方向之一。此外，中国正在推行的"亲、诚、惠、容"周边外交理念也与"一带一路"倡议相契合。

为了增强中国与东盟国家的政治互信，可以采取以下措施：一是加强政府、社会组织及民众等多层次的合作与交流，包括加强高层互访、设立高级官员定期会晤机制、建立更多中国与东盟国家友好城市，以及开展学术机构和社会团体的交流等，增强民意基础；二是支持东盟国家的发展壮大和东盟共同体的建设，鼓励东盟在国际事务中发挥作用，并支持其在东亚合作中所占据的主导地位；三是讨论签署"邻里友好协议"，以法律和制度保障促进中东关系，共同建设中国—东盟命运共同体。

（三）理性解决南海主权争端

主权争端是中国与部分东盟国家在南海面临的一项复杂的问题，涉及因素繁多，不可能在短时间内得到彻底解决。这场长期争端牵涉到多个国家和地区的利益，并对中国与东盟关系发展产生深远影响，也对广西—东盟海上合作产生影响。在"一带一路"倡议背景下，中国与东盟关系不断升级，因此理性处理南海争端至关重要。

第一，为了维护东亚地区的和平与繁荣，建立有效的合作机制是解决南海争端问题的重要前提。中国要协调与东盟各方利益，制定双方可接受的规则，达成共识，妥善处理涉及海洋渔业、海上交通运输业和石油勘探业等方面的问题。

第二，利用区域内的合作机制缓解南海紧张局势。例如，东亚峰会可以为南海问题提供合作磋商平台。但需要注意的是，多边合作机制的运用并不意味着问题的国际化。此外，亚洲基础设施投资银行、丝路基金和中国—东盟海上合作基金可以优先考虑在南海周边推动合作项目，缓和争议、促进合作。

第三，关于主权争议，应将重点放在搁置争议、共同维护海上安全上，避免过激行为破坏南海的稳定局势。在"南海行为准则"框架下，中国和东盟国家应积极促进《南海各方行为宣言》的落实，推进南海主权争端问题的解决，为广西—东盟海上合作和谐环境的建设和南海和平的实现做出贡献。

（四）积极发展与区域外大国的关系

RCEP不仅涉及成员国的利益，也涉及诸多RCEP框架外国家的利益，需要协调好两者的关系。

在RCEP深入推进和升级版的中国—东盟自贸区建设的背景下，中国和东盟应积极与区域外大国和组织机构合作，利用区域外力量促进海洋经济共同发展。因此，在合作中不应该只关注中国与东盟双方之间的合作，更要注重与区域外的合作，推动中国—东盟海洋经济共同繁荣。

中国一直以和平共处五项原则为指导，致力于构建和谐世界。与区域外大国的积极合作会对中国—东盟通道的建设起到重要作用。中国应继续加强与各国之间的合作，推动广西—东盟海上合作通道的建设和发展。

第三节 人文交流

国之交在于民相亲，民相亲在于心相通。民心相通是最基础的互联互通，而人文交流是促进民心相通最直接的方式。广西与东盟在文化上有着紧密的联系，这为加强双方人文交流提供了良好条件。因此，加强广西与东盟之间的人文交流，增进民间友谊和相互理解，对于推进两地合作与发展具有重要意义。

在过去的几年里，广西与东盟在文化、教育、旅游、科技等领域的交流不断深化，加强人文交流已经成为一项重要战略，双方应进一步建立高层磋商机制，提高人文交流合作层次，全面推进教育、文化等人文领域的合作并使其制度化，进一步加强全方位的交流。

一、海洋文化交流

增进双方互信可以通过文化交流与合作来实现，双方互相设立文化中心，引导和鼓励民间力量开展文化交流。中国将继续支持现有平台建设，并通过深化人文交流和能力建设，促进媒体、青年、智库等领域的交流，扩大睦邻友好的范围，增进双方文化认同和认知。在东盟地区，华侨华人已超过2 000万，双方应积极利用侨务资源，加强与海外侨胞的交流联谊，夯实双方合作的民意基础，使双方民众成为双边关系的积极建设者。同时，应鼓励地方和民间交往的拓展，加强友好城市建设，开展高层互访、经贸往来等活动，打造友好城市和人文交流圈。

中国与东盟国家之间的文化交流活动一直十分频繁。2012年，"中国—东盟文化产业论坛"升级为"中国—东盟文化论坛"。2014年，双方举办了中国—东盟文化交流年活动，这是中国与区域组织首次共同举办的文化交流年活动，包括文化论坛、电影周、书画展等100多项丰富多彩的活动。第二次中国—东盟文化部长会议上，双方确定了未来的合作规划和目标。2016年，第11届中国—东盟文化论坛在艺术教育领域加深了双方的合作。2017 年，第 12 届中国—东盟文化论坛采用"开幕大会+专业会议+艺术呈现+配套活动"的架构，聚焦"中国—东盟传统艺术传承与发展"，并通过了《中国—东盟艺术院校校长圆桌会议南宁倡议》，出版了《中国—东盟传统艺术精粹》。2018 年，第 13 届文化论坛以"传承创新，发展共赢——中国—东盟文化创意产业的交流与合作"为主题，举行了广西非物质文化遗产展演等活动。这些论坛和活动的举办，有助于减少中国和东盟国家在文化领域的重复投入，加强双方的交流与合作，推动了文化创意产业的发展。2021 中国—东盟博览会旅游展在广西桂林举办，共有50 个境外国家和地区驻华机构组团参展。2022 中国—东盟博览会旅游展在广西桂林举办，以"共享 RCEP 新机遇共建文旅发展新格局"为主题，进一步加强了中国—东盟文化旅游交流合作。

中国和东盟国家在文化领域的合作日益重要，这种合作在广西得到了进一步的发展和推广。中国—东盟文化论坛是广西与东盟国家之间的重要平台和文化交流品牌，得到了文化和旅游部门的高度重视。该论坛被列入了"一带一路"民心相通重要工程和"十四五"期间"一带一路"文化交流重要平台。此外，广西地区举办了一系列的文化活动，如中国—东盟（南宁）戏剧周和中国—东盟动漫展，这些活动丰富了广西与东盟国家之间文化交流的内涵。

（一）广西—东盟海洋文化合作基础良好

1. 扮演重要的角色

广西是古代海上丝绸之路的重要始发港，从合浦港到长江流域的水路畅通后，连接了北部湾与长江流域及中原地区，直接或间接地促进了经济和文化的交流，并通过合浦与东南亚、南亚、西亚、北非、欧洲等地发生了直接或间接的经济和文化往来。

2. 拥有丰富的海洋文化资源

广西拥有丰富的海洋文化资源，这些资源分布在广西海岸沿线地区，包括海洋、湾、滩、岛、湖、河、山、老、少、边等人文元素，其中包括历史文化、渔民文化、少数民族文化、海洋港口文化、边海防军事文化、海洋生态文化和古丝路文化等，形成了一个多元化的文化背景。

广西有众多历史文化代表，例如以贝丘遗址、冯子材故居、刘永福故居等为代表的海洋历史文化，展现了可歌可泣的守边卫国、抗击外敌的斗争精神；以疍家为代表的渔民文化，以京族为代表的少数民族文化，古代港口遗迹和现代港口并存的海洋港口文化，以大清界碑遗址和古炮台为代表的边海防军事文化，以红树林、珊瑚礁为代表的海洋生态文化，以潭蓬运河、北海老街、合浦上窑明窑遗址为代表的古丝路文化，这些都是广西海洋文化的展现。涠洲天主教堂、北海疍家人、合浦南珠、合浦古港、三娘湾海豚、东兴京族、山口红树林，这些都体现了海洋文化的特色。

3. 具有与东盟国家友好交往的基础

广西地区与东盟国家在文脉、民俗和人缘等方面有着紧密的联系，共同属于东方文化体系并拥有相似的价值观。长期以来，两地一直保持着密切的人文交流历史。

历史上越南也信奉儒家学说，而泰国和老挝的主体民族与广西的壮族有着亲缘关系。广西的文化特色，如高脚屋等民俗、民乐、饮食、村社和农耕等，都与东盟国家比较相近。近年来，广西与越南高平、广宁、谅山、河江边境四省的交流频繁，特别是在教育领域的合作交流广泛深入。截至2022年9月中旬，在广西高校注册的留学生为7 248人，其中越南学生就有1 573人，占比达22%。广西已成为中国招收东南亚国家留学生最多的地区之一，充分发挥了人文桥梁的纽带作用。

（二）广西—东盟海洋文化合作影响因素

1. 政策沟通不畅

政策沟通是保障文化交流合作的关键措施。双方需要加强政策沟通，增进互信，通过协商和合作来解决分歧，实现互利共赢。

广西与东盟国家的合作协调机制主要包括中国—东盟领导人会议、中国—东盟博览会、中国—东盟投资峰会和泛北部湾合作论坛等。各种协调机制关注点不一致，如中国—东盟博览会和投资峰会聚焦于经贸合作，泛北部湾合作涉及多层次、多领域和多国家的合作。因此，建立更完善的合作机制和协调机构，加强各方之间的沟通和合作，对于广西与东盟国家深化合作是至关重要的。

2. 互联互通不便

广西与东盟国家在交通、物流、信息等方面互联互通不便，存在着瓶颈。

一是交通方面。广西与东盟之间的交通联系是促进双方经济文化合作的重要因素，然而在实际中，还存在一些交通方面的问题需要解决。目前，广西与越南、泰国之间的交通比较便利，但是与其他东盟国家之间的往来仍然存在着一定的困难。其中，部分关键道路规划修建缓慢，这给通关带来了很大的不便。

二是通关便利化方面。通关便利化程度有待提高，这一问题对于广西与东盟之间的人员交流和经济合作都会带来一定的影响。

三是海洋文化合作机制方面。广西与东盟在过去 10 年的合作中，虽然有海洋旅游、海洋文化及海洋文化旅游贸易等方面的合作，但合作方式单一，主要是政府主导模式，民间企业和外资企业较难进入，限制了合作的深入开展。

3. 合作基础条件不足

广西与东盟海洋文化交流合作的发展受制于海洋经济水平。一是缺乏海洋文化合作机制。广西尚未充分发挥其优势，因为海洋文化发展受限于资源开发的不足、发展深度的不足，以及认知上的不足。二是缺乏海洋文化交流品牌。广西海洋文化的国际交流合作仍处于初级阶段，除了"碧海丝路"项目，文旅知名企业和高端品牌缺失。三是缺乏海洋文化交流人才。一方面，缺乏熟悉双方语言、政治制度和文化习俗知识，能有效推动和促进双边经济发展的技术和专业人员；另一方面，缺乏专业的人员培育机构。

（三）加强广西—东盟海洋文化合作的对策建议

1. 加强交流合作，促进双方合作机制和平台的发展

广西要加强与东盟国家的交流合作，拓展合作领域，促进当地交流与合作。以中马"两国双园"为蓝本，充分利用广西港口优势，加强与泰国、文莱、马来西亚、印尼、新加坡等国的港口合作。利用广西与东盟国家人文交流，与东盟国家非政府组织、民间组织的紧密合作，加强文化交流，为海上丝绸之路建设提供服务等。

2. 加强人才培养，促进智库合作

加强人才培养，提高人才引进的质量，以高层次人才为支撑，推进海洋文化领域的研究和开发，为促进与东盟国家的交流合作提供智力支持。加强智库交流，建立和完善广西与东盟国家的智库合作机制，加强对海洋文化的研究和交流，为区域和平稳定与合作发展提供决策咨询和智力支持。同时，调整广西区内高校学科专业设置，推进高校与东盟国家教育机构的合作，增加人员交流、学生交流等，培养更多有国际视野和跨文化沟

通能力的人才。

加强国际管理人才创新培养工作，加大广西与东盟国家人才双向交流力度，探索建立与国际，尤其是与东盟国家接轨的专才特聘、人才绿色通道、绩效挂钩、股权激励机制，面向海内外招聘急需的涉海高层次人才。鼓励区内规划设计、高等学校和科研院所等单位的专业人才到东盟国家参与重大项目建设。

整合高校和科研院所的研究力量，利用好广西—东盟博览会这个聚集人才智力交流的大平台，重视对海洋战略的理论和政策研究，在现有高校科研院所智力平台的基础上设立海洋开发专门的研究机构，为广西加强与东盟国家的海洋合作出谋划策。

3. 创新海洋文化对外交流合作的品牌与服务

遵循国际旅游规范和服务标准，致力于建立和完善广西—东盟的海洋文化旅游市场规则和服务标准体系，不断提升海洋旅游的服务质量和水平，实现国际化的服务标准。

为推动海洋文旅产业发展，引进外资进入法律许可的海洋文化产业领域。支持文旅单位与东南亚地区的文化机构合作开展海洋文化项目，共同开发具有广西与东盟海洋文化特色的影视作品、出版物、音乐舞蹈、戏曲曲艺、武术杂技和演出展览等，提高广西在海洋文化旅游方面的竞争力和创新能力。

4. 设立广西—东盟无障碍旅游合作区

设立广西—东盟无障碍旅游合作区，加快广西—东盟滨海旅游联盟建设。

一是在广西与东盟国家旅游区内实施综合一体化项目，内容包括旅游资源开发、旅游规划、旅游线路、旅游信息、旅游交通、旅游结算、旅游服务等。一体化项目的实施将突破国界区划分割，实现中国与东盟国家文旅行业的协同发展。

二是进一步推进广西—东盟通关便利化，提高通关效率。完善桂林、南宁的航空口岸和铁路口岸，加大东兴、凭祥友谊关、龙州水口等口岸建设，推行便捷通关、联网报关、网上支付、上门验放、担保放行等优惠措施，推动广西与东盟国家形成互免签证区域。

三是开发特色海洋旅游项目，如在北海发展国际游轮高端精品旅游线路；在钦州、防城港建设游艇俱乐部，主打以沉浸式体验休闲为主的近海旅游项目；打造广西—越南边境旅游线、山水旅游线、特色海陆旅游线、环北部湾精品滨海城市旅游线；在钦州、北海、东兴建设大型免税购物中心。

5. 建设广西—东盟海洋文化交流中心

全力建设广西—东盟海洋文化交流中心。

一是以"共建21世纪海上丝绸之路，促进中国—东盟文化合作"为契机，发起广西—东盟海洋文化交流系列活动。各方轮流举办"广西—东盟海洋文化交流年""广西—东盟海洋友好城市交流活动""广西—东盟文化论坛"等活动，搭建广西—东盟文化交流的桥梁。

二是以体育赛事为引领，促进广西与东盟国家进行体育交流合作，定期举办各种体育赛事，如自行车越野公开赛、足球友谊赛、汽车拉力赛、沙滩排球赛等，以及各种趣味赛事，如桥牌邀请赛、中越边境攀岩赛、海上龙舟赛、钓鱼大赛、拉大网比赛等，促进广西与东盟国家民心相通。

三是致力于广西和东盟各国海洋文化资源的开发、利用，促进各国文化交流与经济发展，增进互信。大力支持民间组织与沿线国家联合举办各种节庆交流活动，鼓励沿边沿海人民互相参加对方的节庆活动。加强双方在海洋文物修复、海洋文化博物馆建设、海洋文化展示等活动打造上的合作，共同申报古代海上丝绸之路文化遗产，探索建立海上丝绸之路博物馆。

二、旅游合作

东盟国家已成为中国居民出境旅游的热门目的地，中国也是东盟国家最主要的国际客源地之一。越南、新加坡、泰国、马来西亚等国处在中国居民出境旅游目的地的前十行列；马来西亚、新加坡、菲律宾、泰国、印度尼西亚等国也一直稳居中国入境旅游的十五大客源国之列。

广西的旅游业中，东盟十国是重要的客源地之一。广西旅游部门统计数据显示，2012年上半年，广西全区接待东盟国家旅游者48.76万人次，同比增长32.2%，占全部外国人旅游者人数的54.3%，占入境旅游者人数的29.6%。2018年，广西接待东盟十国入境过夜客104.68万人次，占全部过夜外国游客50%以上。2019年1—11月，广西接待东盟国家入境旅游者总量为146.82万人次，占入境旅游者人数的24.96%，同比增长13.8%。2020年，广西接待东盟国家入境旅游者总量为65 619人次。

（一）广西—东盟海洋旅游合作基础

1. 独特的区位优势

广西拥有优异的经济基础和营商环境，拥有广阔的开发腹地和充沛的发展动力。广西毗邻广东，是粤港澳大湾区的重要腹地，同时作为重要的交通枢纽，可以与大湾区形成 2 小时通勤圈。这种区位优势使广西能够利用大湾区的"溢出效应"红利，寻找新的经济增长点，并成为参与"一带一路"建设的重要载体。

中央赋予广西的"三大定位"新使命，全面激发了广西的发展动能，促进了广西与大湾区建设思路的高度契合。这一举措将带来新的发展机遇和挑战，助力广西加快推进现代化建设，实现经济高质量发展的新跨越。

广西作为西部陆海新通道的核心要地，重要战略地位日益凸显。广西与东盟的海上旅游合作正面临着重要的历史机遇。

2. 旅游产品互补

广西和东盟国家都拥有独特的旅游资源，旅游资源和旅游产品互补性强。例如，广西有桂林山水、北海银滩和德天瀑布等，越南有世界自然遗产下龙湾，柬埔寨有世界文化遗产吴哥窟，泰国有金碧辉煌的宫殿和风光旖旎的海岛，印度尼西亚有风光秀丽的巴厘岛，马来西亚有世界著名的云顶景区，等等。双方可以基于各自的特色产品展开合作，促进旅游互派和开发跨国旅游线路。

3. 文化渊源优势

广西与东盟国家在文化方面存在许多相似之处，尤其是在语言方面。举例来说，广西的壮语与泰语非常类似，广西的京族和越南主体民族则有着相同的渊源。这些共同点展示了广西和东盟国家之间的文化渊源与联系。广西与东盟国家在文化方面存在较好的基础和吸引力，因此在旅游合作方面有很大的潜力。此外，高质量地实施 RCEP 将有助于推动广西与东盟国家之间的出版交流合作。

在 RCEP 生效背景下，广西可发挥区位优势，高质量实施 RCEP，推动广西出版企业"走出去"，持续加深广西—东盟文化交流合作。一是深入挖掘广西优秀传统文化。深入进行壮族文化、民俗文化、山水文化等广西优秀传统文化的挖掘、再创作和出版，努力讲好广西故事、塑造广西品牌，立体式地呈现"文化广西"新形象。二是积极推动广西版权"走出去"。抓住 RCEP 实施机遇，加快"广西数字博物馆""中国—东盟版权贸易服务平台"建设,为中国与东盟各国著作权所有人、版权代理商、出版商等用户群提供版权产品展示、资讯交流、版权代理、版权贸易等专业综合服务,通过版权输出、数字出版"走出去"的方式,促进广西—东盟出版产业的合作交流,共同推进文化领域的交流与合作再上新台阶。三是创新文化交流合作方式。通过创新出版界国际合作、海外设点、平台建设、实物出口等方式推进广西与东盟文化交流与合作。

4. 旅游交流较为频繁

与东盟国家相比,广西在旅游专业人才交流和培养方面处于中间层次,与越南、柬埔寨等国在该领域存在很大的互补性。一方面,广西可以向这些国家提供旅游专业人才的培训和支持;另一方面,广西旅游专业人士也可以到新加坡等发达国家接受高级培训,进一步提高专业技能水平。这种人才交流和培养模式,将有助于促进广西与东盟国家在旅游业务方面的长期合作和发展。

(二)广西—东盟海洋旅游合作存在的问题

1. 各国旅游相关政策不一致

由于东盟国家政策不一致,双方人员往来口岸在通关、签证等方面受限较多,不利于人员往来。目前,中国仅与泰国和越南签署了高等教育互认协议。双方旅游线路开发和旅游营销推广有待加强。

2. 对部分东盟国家缺乏深入了解

中国民众对新加坡、泰国、马来西亚等国较为熟知,但对柬埔寨、文莱、老挝等国了解较少。近几年来,广西除了参加国家文化和旅游部组织的相关展览活动之外,还未在新加坡、马来西亚、印度尼西亚等国家开展大规模宣传促销活动。

东盟国家应加强自身宣传,增加民众对东盟国家文化、国情的了解。此外,双方青年之间的社会文化交流活动还较少,应当进一步扩大青年之间的交流往来。

3. 海洋旅游交通不便

目前,广西与东盟国家之间的交通状况不仅不能满足旅游业高速发展的需求,而且对两地旅游业的发展造成了严重的制约,有待改善。广西与东盟之间的往来交通主要依赖公路、铁路和海上航线,但广西区内通关口岸的道路立交化水平不高,部分关键道路的规划和修建进展缓慢。这种情况可能会对广西参与"一带一路"建设进程产生不利影响。

4. 出入境手续的办理流程较为复杂

近年来，广西居民前往东盟国家仍然面临许多障碍，包括签证烦琐和通关不够便利等。目前，广西仅有南宁国际机场和桂林国际机场两个空港口岸签证处。2013年10月11日，广西在东兴口岸设立了第一个陆路口岸签证处，但这些口岸的签证和出入境手续不够便利，增加了游客的时间和成本，对广西与东盟的出入境旅游市场开拓造成了影响。

5. 旅游产品的质量和种类需要改善

目前，国际旅游业发展需要更高效的出入境手续办理流程，但现有流程尚未满足这一需求。这使得新颖而针对性强的特色产品很少。这种情况限制了广西对东盟客源市场的吸引力。此外，广西与东盟合作的内容相对狭窄，特别是在旅游合作方面，仅限于旅游客流输送和小型旅游产品贸易等领域，缺乏多样化的合作方式。

6. 广西的经济发展水平仍待提高

尽管广西地理位置优越，但其经济发展水平仍与粤港澳大湾区存在较大差距。粤港澳大湾区依托"保税区+自由港"等机制，形成了强大的虹吸效应，吸引了大量人才流入该地区。

在过去的5年中，广西的经济增速表现相对一般，在西部地区的贵州、云南、陕西等12个省区市中的排名较为靠后。根据广西统计局公布的数据，2022年全区生产总值按不变价格计算为26 300.87亿元，较上一年增长2.9%。数据显示，产业结构方面，第一产业增加值为4 269.81亿元，同比增长了5.0%；第二产业增加值为8 938.57亿元，同比增长了3.2%；第三产业增加值为13 092.49亿元，同比增长了2.0%。

2022年，中国国内生产总值达到1 210 207亿元，同比增长3.0%。尽管国民经济面临压力，但仍保持持续发展态势，经济总量再创新高。与全国数据相比，广西的增速相对滞后，中西部地区在经济加速发展中出现了掉队的现象。

（三）加强广西—东盟海洋旅游合作的对策建议

广西与东盟的旅游合作基础稳固，且拥有明显的优势，在建设中国—东盟自由贸易区的过程中，应该充分利用这一有利时机。同时，RCEP的深入推进和"一带一路"倡议为加强海上合作提供了重要的机遇。

1. 丰富海洋旅游合作途径

广西与东盟国家主要通过市场途径、政府途径和旅游通道途径来实现旅游经济要素流动，双方可以从以下三个方面加强旅游合作：一是发挥政府作用，建立政企协调机制；二是进一步完善旅游市场体系；三是开辟安全、舒适和快捷的出境旅游国际大通道。

2. 培养海洋旅游人才

首先，互派留学生，加强对外语人才的培养。其次，开展旅游专业人员的交流和培训，以促进各自旅游人才的培养。最后，建设旅游人才智库。

例如，聚集来自广西和东盟国家的旅游方面的专家、学者和官员，开展旅游合作专项项目；开展联合办学、联合培训公务员等专项合作项目。

3. 完善海上旅游交通通道

加快推进广西与东盟旅游业发达的国家如新加坡、马来西亚之间的航线开辟。积极推进广西通往越南等东盟国家的国际公路建设。此外，进一步完善北海至越南下龙的海上旅游航线，开通防城港至越南下龙的内海交通旅游线。

4. 创新海洋旅游合作机制

广西与东盟深化旅游合作既有经济合作，也有政治合作。为了维持长期的合作，政府的主导和推动至关重要。需要积极推进政府、联盟组织和企业之间的协调与合作，并建立旅游协调机构以解决合作中遇到的问题。同时，还需构建高层旅游会晤与磋商机制等。

5. 加大海洋旅游品牌国际营销力度

结合广西的旅游资源情况，精心打造适合东盟市场客源的产品，扩大广西旅游在东盟客源市场的份额，通过各种宣传促销手段提高广西旅游产品在该市场的吸引力和竞争力。

加大国际旅游品牌营销力度，积极推进广西至东盟海上跨国旅游航线的建设，以形成资源共享、客源互流、市场对接的整体发展格局。这些举措将有助于推进广西旅游业的整体发展，提高旅游业的质量和效益，为广西和东盟国家之间的旅游合作打下坚实的基础。

6. 设立海洋旅游合作发展专项基金

广西应该设立旅游合作发展专项基金，用于支持旅游基础设施和配套设施的建设，加强海上旅游设施的互联互通，建设多元化的立体交通通道，促进广西与东盟地区的旅游业和其他产业的合作及发展。

此外，广西还应该与粤港澳大湾区实现有机衔接，注重政策和规则的衔接，推动与大湾区市场体系、营商环境、经贸规则的对接，以提高海上旅游的整体效益。这有助于促进旅游业的发展和繁荣，同时也有助于降低区域发展的负担。

第四节　科技发展

为促进中国与东盟地区的创新合作，进一步发挥中国—东盟技术转移中心的品牌和资源优势，以深入、扎实、全面的方式推进东盟科技创新合作，构建国内国际双循环，广西付出了许多努力。

一、广西—东盟海洋科技发展合作概况

2020 年 11 月 26 日，广西科技厅在第 8 届中国—东盟技术转移与创新合作大会期间，举办了面向东盟的科技创新合作座谈会。会议提出了 4 个方面的合作重点：打造全方位科技合作平台，促进中国—东盟区域创新一体化发展；加快中国—东盟创新资源优化配置和互联互通，提升双方创新能力；开展关键共性技术联合研发与推广，应对区域性发展问题；加强中国—东盟人力资源开发合作，深化科技人文交流。广西科技厅在科技部的指导下，加强与各兄弟省区市的合作，重点完善技术转移工作机制、拓宽科技创新合作领域、优化技术转移服务体系、构建多元化创新合作载体和拓展科技人文交流渠道等方面的合作。

近年来，中国科技部和东盟各国科技相关部门一起，深入推进中国—东盟科技伙伴计划和"一带一路"科技创新行动计划，在科技人文交流、技术转移合作、联合实验室建设、科技园区与创新创业合作等方面取得了务实成效，为区域经济发展和民生改善贡献科技力量。

为落实习近平总书记在 2021 年 11 月中国—东盟建立对话关系 30 周年纪念峰会上的重要讲话精神，科技部启动实施中国—东盟科技创新提升计划。

一是持续深化科技人文交流，促进民心相通。继续实施"国际杰青计划"、发展中国家技术培训班、创新人才交流项目等品牌计划和活动，与东盟国家共同联合举办中国—东盟创新创业营活动，促进区域创新与繁荣。

二是持续加强技术转移合作，共建繁荣家园。充分发挥中国—东盟技术转移中心的网络渠道和辐射作用，加大与东盟技术转移合作力度。

三是持续拓展联合研究开发，提升创新能力。依托中国—东盟公共卫生科技合作中心、清洁能源创新合作网络、海水养殖联合研究中心、疫苗研发合作联盟和各双边联合实验室，为各国培养科研人员、提升创新能力贡献力量。

科技部将一如既往地支持广西拓展合作渠道，打造合作亮点，提升合作水平，支持中国—东盟技术转移中心发展，共同打造中国—东盟科技创新合作高地。展开中国—东盟技术转移专项行动，在全国范围遴选了1 000项可持续领域先进适用技术，并面向东盟国家集中发布。成立中国—东盟技术转移联盟，这是中国国内首个面向东盟开展技术转移的合作平台，该平台将联合中国国内科技创新能力强、资源集中的省市创新机构，更有效地对接东盟各国创新需求。举行中国—东盟创新创业大赛，启动暨中国—东盟创新创业营开营仪式，着力将中国—东盟创新创业大赛打造成为面向东盟创新创业影响力最大、参与度最广、项目质量最高的赛事，以及资源对接、价值提升、实力展示的开放平台。

2022年9月，第10届中国—东盟技术转移与创新合作大会以"共话科技合作　共建繁荣家园"为主题，聚焦"数字技术"和"大健康产业"领域，举办了主论坛、第4届10+3青年科学家论坛、第19届中国—东盟博览会先进技术展、中国—东盟数字技术推介对接会等活动，以期集聚智力资源、碰撞思想火花、共绘科创图景，为建设更为紧密的中国—东盟创新共同体贡献力量。

2022年11月16日，广西科学技术厅介绍，广西官方近日印发《广西科技创新"十四五"规划》，提出加强面向东盟的技术转移与创新合作，与东盟国家深化数字经济、特色农业、中医药、海洋、疫情防控和公共卫生等领域的全面科技合作，建设一批国际联合实验室或联合研究中心。

二、广西—东盟海洋科技发展合作成果

当前，中国面向东盟科技创新合作区建设取得较大进展，跨国技术转移协作网络覆盖东盟十国，建立了15个联合实验室及创新中心、12个农业科技园区，包括中泰传统药物研究中心、中马北斗应用联合实验室、中越边境农业科技走廊、中国—老挝现代农业示范园、中国—柬埔寨农业科技示范园等，有效促进中国优势产能"走出去"，带动当地科技经济发展。

中国—东盟国家海洋科技联合研发中心作为中国—东盟海洋科技合作交流的重要平台，努力建设成为面向东盟海洋合作的、具有国际影响力的区域科技创新合作平台，谱写中国—东盟海洋科技合作交流新篇章。

（一）引进了大量海洋科技优秀人才

"十三五"以来，广西不断引入海外杰出青年科技创新人才来华入桂工作，为广西的科技创新事业做出了积极贡献。广西是最早实施"东盟杰出青年科学家来华工作计划"的地区之一。该计划聚焦东盟国家的青年科技人才，包括在欧美国家学习工作的东盟籍科技人才。为吸引更多外籍优秀青年科技创新人才，新发布的《"东盟杰出青年科学家来华入桂工作计划"项目指南》也做出了多项优化调整。

（二）推动了农业科技合作

为了更紧密地构建中国—东盟命运共同体，广西利用自身的区位、资源、平台等优势，加快与东盟国家在农业方面开展交流合作；通过"创新模式、搭建平台、建立机制"的方式，推动农业交流合作的发展。

广西将继续以建设境外农业合作示范区、广西区内农业对外开放合作试验区为契机，推动农业产业链"走出去"。同时，重视中国（广西）—东盟农作物优良品种试验站、境内广西试验站的建设运营，提高与东盟国家的农业科技合作水平，进一步加快"走出去"的步伐。

（三）构建了广西—东盟海洋科技合作交流新格局

中国与东盟国家的海洋合作从20世纪90年代的初期探索发展到现在，合作领域越来越丰富，合作形式越来越多样化。应对气候变化、海洋资源管理及利用、海洋公园保护区的规划与设立、海洋防灾减灾、海洋濒危物种的保护等方面是中国与东盟国家开展海洋合作的重要工作内容。

广西作为中国面向东盟的重要门户，是发挥与东盟国家陆地与海洋双向联通地缘优势，开创海陆统筹的海洋发展之路的重要平台节点。

第四海洋研究所作为中华人民共和国自然资源部与广西壮族自治区共建的国家级科研单位，加挂"中国—东盟国家海洋科技联合研发中心"牌子，秉持建设"一带一路"与"构建海洋命运共同体"等理念，围绕中华人民共和国自然资源部生态保护修复主要职责和中国—东盟国家海上合作重点领域，聚集科技人才，创新科技发展，提升海洋科技创新能力，培养东盟国家海洋科技人才。该研究所致力于建设成为具有区域乃至国际影响力的区域性海洋科技合作平台，推动开展海洋科学研究、能力建设与科技成果转化的实质性合作，助力海洋和谐发展。

（四）开启广西—东盟海洋科技合作交流新章节

在中华人民共和国自然资源部的指导下，第四海洋研究所多管齐下，充分发挥中国—东盟国家海洋科技联合研发中心的地位优势，助力广西全方位推进面向东盟国家的海洋合作。

一是推动建立国际合作，为实质性合作奠定基础。近 5 年，第四海洋研究所不断加强与东盟国家和欧美发达国家海洋机构间合作与交流，与相关国家签署国际合作协议 6 份。

二是举办区域国际会议，建立建全交流机制。第四海洋研究所积极承办和参与东盟国家各类国际会议和论坛 20 余场，分别承办 2018 年第 6 届中国—东南亚国家海洋合作论坛和 2019 年中国—东盟国家海洋科技合作论坛，参展第 17 届中国—东盟博览会等，并联合争取到中国—东盟国家蓝色经济论坛会址永久落户北海。

三是深度参与国际组织活动与工作，国际影响力逐步形成。第四海洋研究所多名学者，作为北太平洋海洋科学组织与政府间海洋学委员会西太平洋分委会等国际组织成员，围绕气候变化、海洋蓝碳、海洋经济、海洋环保、海洋治理、海洋科技等国际热点问题进行磋商；第四海洋研究所作为牵头单位，成立并领导"WESTPAC 有害藻华快速检测技术工作组"，应对中国与东盟国家有害藻华灾害，推动空天地一体化监测与海洋防灾减灾合作。

四是推进国际人才培养，为合作交流奠定人才基础。第四海洋研究所配合国家科技援外战略需要，积极承办面向东盟国家的海洋科技培训项目和能力建设项目，搭建国际海洋科技培训合作平台。例如，连续 3 年承办科技部发展中国家技术培训班项目，2021 年与浙江大学，基于自然资源部和教育部"科教融合"共建机制，共同建设"中国—东盟国家海洋科技教育交流中心"创新平台，合作培养中国—东盟国家海洋领域博士生、硕士生，奠定人心相通的文化交流基础。

三、加强广西—东盟海洋科技发展合作的对策建议

2021 年 1 月 21 日，广西科技厅厅长曹坤华在广西壮族自治区十三届人大四次会议上表示，广西将进一步探索新的科技合作渠道和方式，在国际科技合作机制体制建设、跨国技术转移转化、创新资源集聚等方面取得更大成效。

（一）加强海洋产业链技术研发，加深海产品加工开发

广西利用电子商务平台扩大市场，加强与东盟国家在各类资源上的科技合作。建设国际营销网络，推广广西特色产品的跨境电子商务，促进特色产品的出口转型升级。

要实现广西与东盟资源开发合作的可持续性发展，科学降低生产成本是关键。推进科技创新，提升广西特色产品品质、安全和绿色优势，并普及科技成果。新建特色产品加工基地，进行品牌包装和产品质量方面的创新。优化特色产品加工结构，发展精加工和深加工，提高产品附加值。重视产品质量和安全，提高特色产品的国际竞争力。实施特色产品品牌战略，推动重点龙头产业的发展。

（二）利用科技创新贸易模式，构建跨境电商平台

"一带一路"倡议为广西带来了新的机遇，尤其是在特色行业方面。为了开拓东盟国家的国际市场，利用科技创新力量，广西可以投资建设跨境电商平台，并与东盟国家合作，通过电商模式，扩大特色产品的出口市场。此外，应该与东盟国家合作，实现互利互惠，有效化解贸易摩擦。这样，有助于将广西特色产品打造成为广西对东盟出口的金招牌。

（三）扩大中国—东盟技术转移协作网络

《广西科技创新"十四五"规划》显示，广西将加强中国—东盟技术转移协作，进一步扩大中国—东盟技术转移网络，促进科技创新和经济发展。

（四）推动数字经济合作

广西将推动中国—东盟数字经济产业园、中国—东盟（广西）人工智能计算中心等建设，为了推动中国与东盟之间的智慧城市合作，广西积极参与，致力于在物流、医疗、金融等领域建立跨境先行示范项目，助力跨国合作的顺畅进行。

（五）推进人才引进

为深化中国—东盟人才交流，广西将进一步推进多元化人才交流项目，包括青年科学家项目、紧缺科技人才项目、留学生项目等。同时，建设中国—东盟人才大数据库，提供信息化支持，推进跨境人才流动，鼓励外籍人才和优秀留学生来广西就业和创业。

第五节　生态环境

中国和东盟国家是彼此相邻、互相扶持的合作伙伴，生物多样性和生态系统是双方赖以生存的基础。广西作为中国面向东盟的重要门户，应该和东盟一起面对气候变化和海洋环境的挑战，为实现全球可持续发展做出贡献。

一、广西—东盟海洋生态环境保护合作现状

1991 年，中国与东盟国家开始对话，双方互信不断增强。2003 年，中国与东盟国家从对话伙伴提升为战略伙伴。多年来，双方在生态环境、气候变化、防震防灾、区域减贫等可持续发展领域，不断深化友好交流与务实合作，取得了丰硕的成果。2010 年，中国和东盟领导人在越南首都河内发表了《中国和东盟领导人关于可持续发展的联合声明》，绿色发展成为共识，区域环境合作步入快行道。

2011 年，中国—东盟环境合作中心在中国北京正式启动。以该中心为重要合作平台，双方联合制定与共同实施《中国—东盟环境合作战略及行动计划》。在空气质量提升、生物多样性保护、气候变化等领域积极合作。双方共同努力，成功举办了 9 届中国—东盟环境合作论坛，近 5 000 名中国与东盟国家的政府与科研部门、商业机构及国际组织代表积极参与，有效构建起区域环境政策对话与合作平台。作为区域环境意识提升与能力建设旗舰项目，"中国—东盟绿色使者计划"成功开展 30 余期活动，为近 3 000 名中国和东盟的环境与发展部门官员、青年学者及学生，在应对气候变化与空气质量协同管理、绿色经济、城市生物多样性等热点领域搭建了合作与沟通的桥梁。

2021 年是中国—东盟建立对话关系 30 周年，也是中国—东盟的可持续发展合作年，双方共同批准了《中国—东盟环境合作战略及行动框架（2021—2025）》，聚焦环境政策对话与能力建设、可持续城市与海洋减塑、应对气候变化与空气质量改善、生物多样性保护和生态系统管理等全球与区域热点议题，为区域合作务实化探索绿色与可持续发展方案。

中国和东盟山水相连、血脉相亲，友好关系源远流长。中国与东盟在绿色和可持续发展领域的合作空间仍然十分广阔，潜力巨大。中国与东盟

国家也必将携手并肩，为区域可持续发展做出新的更大的贡献，并在气候变化及环境保护等重点领域开展务实合作，共同为深化战略伙伴关系注入绿色动力，为落实联合国 2030 年可持续发展议程做出新的贡献，从而开创一个更加光明的未来。

二、建设创新生态的典范：东盟经济开发区

东盟经济开发区位于广西大明山风景区，周围环绕着西江和壮美的群山，还包括那油水库、定标水库和湿地公园的湖泊等自然生态资源。

近年来，东盟经济开发区注重生态文明建设，致力于打造宜居宜业的生态新区，以实现经济和生态的共同繁荣。为了践行习近平总书记"绿水青山就是金山银山"的环保理念，东盟经济开发区采取了一系列措施，包括循环化改造等，积极推动节能环保、清洁能源和新材料等领域的发展，促进经济持续发展和生态环境优美清洁。

以"教育园区"建设为契机，以现有生态自然资源为基础，努力规划和建设水系，创造人与自然和谐共生的美好环境。以重点项目为中心，积极促进节能环保、清洁能源和新材料等领域的发展，扩大新材料产业链规模，推动节能环保产业的发展。通过循环经济改造示范园区，追求经济持续发展、资源高效利用、环境优美清洁和生态良性循环。

东盟经济开发区将在工业和生态建设两个领域实现平衡发展，以实现产业共生。同时，东盟经济开发区还将延伸食品加工、生物制造和机械制造产业链，加强区域产业之间的关联，构建主导产业之间的耦合发展和企业之间的链接，进一步提升该区域的宜商宜居宜业环境，打造美丽的山水园林城市。

三、广西—东盟海洋生态环境保护合作成果

广西和东盟国家地缘相近，文化相似，经济互补，友好合作关系得到不断深化，环境保护一直是双方合作的重要领域之一。

近年来，双方先后成立了"中国—东盟海洋合作中心"和"东亚海洋合作平台"，设立了中国—东盟海洋合作基金，并明确提出将红树林等海洋环境保护、海洋生态系统与生物多样性等纳入合作范围。

（一）构建广西—东盟国家海洋合作创新生态

广西和东盟国家在全球海洋可持续发展中发挥着重要作用，也是其中

的受益者。为了进一步推进双方合作，广西和东盟国家需要建立开放、包容、务实、互利、互惠、共赢的蓝色伙伴关系。这一伙伴关系旨在共同促进海洋科技，通过双方的合作，将共同开创区域合作的新未来，为促进全球海洋可持续发展做出积极贡献，并共同构建中国和东盟国家海洋合作的创新生态。

（二）加强海洋科技合作交流，助力生态保护

中国与东盟国家的海洋合作从 20 世纪 90 年代的初期探索发展到现在，合作领域越来越丰富，合作形式越来越多样。应对气候变化、海洋资源管理及利用、海洋公园保护区的规划与设立、海洋防灾减灾、海洋濒危物种的保护等方面是中国与东盟国家开展海洋合作的重要工作内容。广西作为中国面向东盟的重要门户，是发挥与东盟国家陆地与海洋双向联通地缘优势，开创海陆统筹的海洋发展之路的重要平台节点。

（三）中国—东盟海洋环境保护科技成果突出

2022 年 4 月 19 日，中国—东盟生态环境部对外合作与交流中心承担的中国—东盟海上合作基金项目"中国—东盟海洋生态环境保护合作框架研究"项目验收会以线上线下相结合的方式顺利召开。来自中国国际问题研究院、中华人民共和国科技部中国 21 世纪议程管理中心、广西海洋环境监测中心站、中国地质大学、北京师范大学、对外经济贸易大学、保护国际基金会、世界自然基金会、野生生物保护学会和深圳市红树林湿地保护基金会等单位的 12 位专家参加了会议。

项目组就中国—东盟近岸海域典型珍稀物种的种群数量、栖息地现状及受威胁因素，东盟国家沿海气候变化趋势及红树林植被对气候变化的响应，近岸河口水质、塑料垃圾污染现状和变化趋势等研究内容和成果进行了详细介绍，并针对中国—东盟海洋生态环境保护合作提出了政策建议，凝聚了地区共识，构建了"基于自然的解决方案：中国—东盟红树林保护合作伙伴关系"，为中国与东盟国家共同应对国际热点环境议题奠定了扎实的理论基础，提供了重要的科学依据。

（四）深化与东盟国家的环境合作

2019 年 9 月，中国—东盟环境合作论坛（2019）在广西南宁举办。来自文莱、柬埔寨、老挝、缅甸、新加坡、泰国、菲律宾等东盟国家和国内相关国家部委、环境主管部门、相关科研机构、产业协会、环保企业的 150 多位代表，围绕生态城市、海洋环境、塑料垃圾、生物多样性和气候

变化等议题，进行了充分的交流与分享，对来自捷克、德国、奥地利等国及广西壮族自治区的水污染防治、大气污染治理、固体废弃物处理和资源回收利用方面的先进环保技术进行了推广。

2019年10月和12月，广西生态环境厅分别组团到泰国参加中国—东盟生态友好城市发展研讨会，到菲律宾、缅甸开展环境合作交流，围绕中国—东盟生态友好城市伙伴关系框架、生态环保合作平台构建，拓宽中国—东盟环保技术转移对接渠道，加快环境保护信息共享进行了深入探讨，为环保企业间的投资合作牵线搭桥。

2020年1月，经多方研究和交流协商，广西人民政府办公厅印发了《中国—东盟环保合作示范平台建设方案》，为"一中心两基地"载体企业顺利授牌打下基础。中国—东盟环保技术和产业合作示范基地（梧州）的建设推进顺利，一批节能环保企业落户并投产。

（五）开启了与欧洲国家的海洋环境合作之门

2019年9月，广西生态环境厅牵头组织广西政府代表团赴德国、奥地利和捷克开展国际生态环境合作交流工作。代表团与德国、奥地利、捷克3个国家的政府、商协会和高等院校科研院所、环保企业人员进行了座谈交流及实地调研，深入了解欧洲国家在生态环境保护的政策、环保先进技术和管理经验，同时突出推介广西，增强了外方政府、机构与广西交流合作的意愿。其中德国萨克森·安哈尔特州政府表达了与广西及有关城市缔结友好区州和姊妹城市的强烈意愿，广西生态环境厅厅长檀庆瑞与该州经济科技与数字化部部长艾明·威灵曼签署了合作会谈备忘录，广西益江环保科技股份有限公司与德国马廷膜有限公司的智能化装配式平板膜组件（PMBR）生产线举行了合作签约仪式。

2019年10月底至11月中旬，由广西生态环境厅欧波副厅长率团的一行人员赴德国参加"环境管理与可持续发展"专题培训班，学习德国先进的环境保护理念和措施，认真思考"人家为什么能""广西该怎么办"的问题，更加坚定了自治区走绿色发展之路的信心，增强了推动自治区生态文明建设的信心和坚强决心。

2019年7月和9月，广西生态环境厅组织召开广西环保企业—欧洲环保企业技术交流座谈会、欧洲先进环保产品及技术介绍会，檀庆瑞会见了前来参会的奥地利博林泰森生物质能源集团公司技术总监郝伯特一行。

（六）积极参与了国际环保活动与合作项目

2019 年 3 月，广西生态环境厅组织 29 家环保企业参加 2019 年澳门国际环保合作发展论坛及展览。

广西展馆以"技术创新促进绿色发展"为主题，突出广西"山清水秀生态美"的品牌，呈现广西城市建设与生态环境和谐发展的新面貌，荣获本届展会环保设计优秀奖，共有 5 家企业与中国香港、巴西、马来西亚等国家和地区的公司达成合作或采购意向。

2019 年 10 月，在香港第 14 届国际环保博览会上，广西组织 10 家生态环境系统相关单位、园区管委会、广西龙头环保企业参展，达成多项合作意向。积极实施大湄公河次区域核心环境项目，参加全球环境基金建立和实施遗传资源及相关传统知识获取与惠益分享国家框架项目的试点示范项目取得初步成果。积极推荐"跨境海洋生物多样性保护及恢复示范项目""南海周边国家海草床保护、修复与可持续发展示范与推广项目""北海儒艮的再调查和中华白海豚保护生物学研究项目"，申报 2020 年中国—东盟海上合作基金项目。

2019 年，广西环保企业加强了与东盟及"一带一路"沿线重点国家的合作与交流。例如，广西益江环保科技股份有限公司先后与 6 个国家对接了 20 项环保技术项目，广西博世科环保科技股份有限公司技术与产品远销东欧、东盟、南美、西非等海外市场。

（七）继续深化中国—东盟对话关系

长久以来，海上丝绸之路一直是中国和东盟国家之间商贸和文化交流的重要渠道。这条古老的航线为两地之间的联系打下了基础。山水相连的中国与东盟各国共同呵护碧海蓝天，绿色转型实现区域可持续发展，实现共赢，已经成为各方共同追求的目标。

广西是中国对东盟开放合作的前沿和窗口，拥有独特的区位优势："一湾相挽十一国，良性互动东中西。"此外，广西还以其山清水秀的生态环境而著名，由此成为中国—东盟合作框架下的优先合作区域之一。

2011 年，在东盟十国生态环境主管部门等的大力支持下，首届中国—东盟环境合作论坛应运而生。目前已经成为中国与东盟国家之间进行环境政策高层对话的主要平台。

四、加强广西—东盟海洋生态环境保护合作的对策建议

（一）加强海洋生态系统建设，推进区域绿色增长

近年来，广西和东盟国家的环境合作不断升级，取得显著成效。为进一步深化合作，双方应加强沟通协调，推动务实的双赢合作，提高各国生态环保的能力。同时，广西与东盟应深入推进广西和东盟生态友好城市的发展伙伴关系。在环境保护方面，积极应对气候变化，加强生态城市建设和海洋生态系统保护应是重点领域。各利益相关方，包括企业、学界和专业机构，需要共同应对环境挑战。政府应该加强与企业的合作，积极引导企业减少包装材料的使用。

（二）拓展国际合作平台，打造环境合作共同体

广西与东盟国家陆海相连。为了加强双方在生态环境保护方面的合作，广西需要拓展国际合作平台和网络，利用各方资源，共同推进可持续发展目标的实现。同时，还要加强环境保护信息交流机制的建设，完善国际环境治理体系，推动绿色发展。

（三）治理海洋塑料污染

全球海洋生态系统面临着多重挑战，其中塑料污染是一项严重的问题。然而，塑料污染不应该只被视为一个垃圾处理问题，而应该采取综合的解决方案，实现塑料智慧城市建设，减少垃圾泄漏，避免其进入海洋。各国要通过合作，来应对塑料垃圾对环境的巨大挑战。

（四）共建绿色"一带一路"，实现合作共赢

在习近平生态文明思想的指引下，中国致力于加强生态环境保护工作，并积极参与区域和全球环境治理，推动了中国—东盟环境合作。在共建"一带一路"过程中，绿色产能合作是一个重要举措。为了建设新型绿色合作平台，广西需要推动建设新的绿色产能合作园区，并选取具有绿色可持续发展的优势、区位优势和资源优势的园区等。为了推动绿色"一带一路"建设，需要建立有效沟通交流机制，并搭建环保产业技术交流平台，寻求更多合作机会。

第六章

国内外典型案例

第一节　国内经典案例

一、长三角经济区海上合作

（一）长三角经济区海上合作背景

长江三角洲经济区（以下简称"长三角经济区"）是中国海洋事业发展的主要引擎。随着"一带一路"建设和长江经济带开发进程的逐步深入，长三角经济区独特的海洋区位优势得以更加突出。长江三角洲地处东海之滨、长江入海口与杭州湾交汇区域，海洋资源丰富，拥有海域面积约30多万平方公里，大陆海岸线和海岛岸线长达 8 200 多公里。海洋经济正成为长三角经济发展新的增长点，2021 年，以长三角为核心的东部海洋经济圈海洋生产总值 29 000 亿元，比上年名义增长 12.8%，占全国海洋生产总值的比重为 32.1%。2022 年，东部海洋经济圈海洋生产总值 25 698 亿元，比上年名义下降 2.4%，占全国海洋生产总值的比重为 32.1%。长三角地区目前已形成了上海、南通、连云港、盐城、杭州、宁波、温州、嘉兴、绍兴、舟山、台州 11 个城市组成的沿海城市带，竞争力日趋增强。

新经济常态下长三角经济区经济稳定增长的重要意义更加凸显，而海上合作是长三角经济区实现新经济飞跃的重要契机。

在海洋资源方面，长三角经济区拥有丰富的海洋资源，如滩涂、浅海和港区等，具有比较优势。江苏在湿地和浅水资源方面具有比较优势，浙江在沿海、浅海和沿海资源方面具有比较优势，上海则在海运业方面具有一定的比较优势。

在海洋产业方面，长三角经济区具有突出的优势，特别是海洋渔业、造船业、船舶运输业和滨海旅游四大支柱产业处于国内较领先水平。近年来，传统海洋产业在该地区的比重已经逐渐下降，而新兴海洋产业比重则逐渐上升。在该区域内，江苏省以海洋能源、海洋化工和海洋生物医药等产业为主导；浙江省主要从事海洋风力发电和船舶修造业；上海则以海洋运输、船舶制造、海洋渔业和滨海旅游为主导产业。值得一提的是，海洋运输业和滨海旅游业的产值已经占据了该区域海洋产业总产值的 2/3 左右。

（二）长三角经济区海上合作格局

目前，长三角经济区海上合作主要体现在海洋产业体系整合与海洋产业联动，并对国内区域间海上合作的发展起到了引领作用。一方面，带动区域内的舟山、嘉兴、绍兴等沿海城市；另一方面，引领长三角区域乃至全国海洋经济带发展，成为中国最具竞争力的海上经济区域之一。

长三角经济区海洋科技合作成果走在全国前列，在长三角经济区中，上海、杭州、宁波海洋科技资源发达，海洋科技研究能力强。上海重点发展海洋制药技术、海洋电子信息等新高技术产业和海洋科技、教育管理与服务业，引领长三角海洋产业向一流水平发展。杭州重点整合涉海高校、科研院所和企业科技资源，并与上海科教资源联合，建设区域性海洋技术研发中心。

长三角经济区集聚了中国两个新区，即浦东新区和舟山群岛新区。其中，舟山群岛新区是长三角地区海洋经济发展的重要增长极之一，是中国首个以海洋经济为主题的国家级群岛新区。2013 年，中国（上海）自贸区在上海挂牌成立，为长三角经济区发展海洋经济提供了新的平台和起点，上海海洋开发建设的体制和模式率先在舟山成功推广和复制。在长三角经济区海洋合作中，舟山充分利用海洋空间和海洋政策优势，打造具有规模效应和技术优势的海洋产业集群。目前，合作正向着加强舟山和上海浦东两大新区的联合互动方向发展，扩大先行先试的政策范围发展。

长三角经济区海洋港口保持合作共赢发展方向，随着合作发展的不断深入，各个港口形成错位发展格局，共建国际航运中心。

（三）长三角经济区南北翼海上合作

长三角经济区南翼地区海岸线长，海岛众多，经济发达。通过长三角经济区海上合作，台州和温州已成为上海国际航运中心的重要进料港，也是浙东南、浙西南和浙中地区的重要外贸港口。长三角经济区南翼民营经济活跃，通过海上合作，充分展现出民营企业优势。民营企业积极参与发展先进海洋装备制造、海洋医药生物制品、港航物流服务等新兴产业和港口物流业。不过温州、台州在长三角海洋经济竞争力的排名分列第五和第九位，这说明其海洋经济竞争力仍需进一步提升。在未来的海上合作中，长三角经济区南翼将深入开发海洋资源，大力发展滨海旅游、海洋渔业等产业，加强与海峡西岸经济区的联系，注重沿海产业集群与滨海新城建设。

长三角经济区北翼海洋产业发展潜力较大，南通、盐城、连云港的海洋经济竞争力分别位列长三角区域的第四、七、八位，位于长三角中下游海洋经济发展水平，是资源型城市，拥有丰富的港口岸线、滩涂资源。长三角经济区北翼拥有海岸线954公里，堤外滩涂面积约为5 000平方公里，约占全国的1/4。在区域海上合作中，长三角经济区北翼充分利用滩涂资源丰富的优势，与上海、浙江等沿海地区共同发展。除此之外，长三角经济区北翼西接亚欧大陆桥和长江黄金水道，是服务中西部、面向东亚的重要综合性交通枢纽。当前，长三角经济区北翼正以国家东中西区域合作示范区为机遇，加强与中西部地区主要交通基础设施的衔接，大力发展海洋运输和现代港口物流。长三角经济区北翼利用南通的滨江和临海两大地理优势，加强江海联合行动，主要发展海洋船舶、海洋工程装备、港口机械产业，已经发展成为长江黄金水道的重要出海通道。

（四）长三角经济区沿江经济带海上合作

长三角沿江经济带主要包括苏州、无锡、扬州、泰州、镇江、常州、南京等长江沿线城市。江海联通是长三角经济区发展的特色和主要亮点，也是实施中国"两带一路"合作和推进海洋事业发展的重要举措。

江苏沿江岸线总长1 290余公里，是长三角经济区的重要区域之一。在交通运输部颁布的《全国沿海港口布局规划》中，南通港、苏州港、江阴港、镇江港、泰州港、常州港、扬州港和南京港等沿江港口均被列入海港范畴。这些港口在海运和港口物流方面发挥着重要作用。

在海洋船舶及海洋工程装备行业，江苏海洋工程装备制造业企业绝大部分分布在长江下游深水岸线。

在海洋科学研究教育上，江苏沿江地区汇聚大批涉海高校和科学研究机构，例如南京大学、国家海洋局（江苏）海涂研究中心等。江苏沿江地区产学研合作条件良好，海洋科研教育管理业的发展前景广阔。

在长三角海上合作中，沿江经济带极大展现了长江下游深水航道与海洋相接的特色益处，基于沿江地区的港口和深水岸线优势，积极发展海洋交通运输、港口物流、海洋船舶修造、海洋工程装备制造等优势产业。同时，借助沿江地区的科教优势，可以加强海洋科研教育管理服务业的发展。此外，充分利用沿江地区雄厚的产业基础和科技研发力量，培育发展海洋生物医药业，积极发展涉海产品、设备及材料制造等相关产业。

二、粤港澳大湾区海上合作

（一）粤港澳大湾区海上合作背景

2010 年，粤港澳三地政府第一次提出了"粤港澳大湾区"的概念。2017 年，国务院总理李克强提出，应加强内地与港澳特别行政区的合作深度，发挥港澳特别行政区独特的政治优势，研究并制定针对粤港澳大湾区具体情况的城市群发展规划，进一步提高中国对外开放的水平，促进国家经济高速发展。这使得粤港澳大湾区的建设从地方战略层面提升到了国家战略层面。

粤港澳大湾区由广州、深圳、佛山、东莞、惠州、珠海、中山、江门、肇庆 9 个城市和香港、澳门 2 个特别行政区组成，位于中国南部，温暖湿润。该区域集聚了众多高等院校和人才，主导产业为先进制造业和高端服务业。粤港澳大湾区不仅能与美国纽约和旧金山湾区、日本东京湾区相比，也是中国努力建设世界一流城市群的重点空间承载体。近年来，粤港澳大湾区海洋经济发展势头强劲，聚焦智慧海洋、海洋新能源等方向，逐步形成了无人船、海上风电等特色产业链。

通过南广铁路等陆海联运通道，粤港澳大湾区与海峡西岸经济区、北部湾经济区和东南亚地区紧密相连，成为国际物流运输的重要航线。此外，粤港澳大湾区也是"21 世纪海上丝绸之路"的重要组成部分，为全球贸易和经济合作提供了重要的支撑和保障。即使粤港澳大湾区经济发展条件较好，具有竞争力、吸引力，但也不可避免地存在陆地自然资源和能源短缺、人口密度过大、生态环境遭到破坏等一系列问题。粤港澳大湾区亟须抓住经济发展新动能，顺应全球海洋经济发展的大趋势，加快海陆经济一体化的发展。

（二）粤港澳大湾区海上经济合作

海洋经济的发展和区域经济增长密切相关，需要投入人力、资金和技术等要素。这些要素的自由流动是经济增长的基础，同时也会影响到区域内的海洋经济关系。新经济地理学认为，要素流动会产生空间集聚效应，从而促进区域经济增长。港口是粤港澳大湾区陆海经济发展最为关键的连接点之一。通过港口，不同类型的交通运输方式可以相互衔接，实现交通运输的中转和联动，从而促进大湾区内的产业空间集聚和海洋产业集群形成。

港口除了基本的连接交通运输和中转功能外，还能够促进陆海经济的联动发展。通过港口的发展，可以形成一系列的海洋金融、海洋保险等高端服务业，进一步促进湾区内技术、人才、资本等生产要素的自由流动，实现最优状态的要素配置。这种产业的集聚和要素的流动也可以形成高度集聚的海洋产业集群，进一步推动港口所在地区的经济发展。

蓝色是粤港澳大湾区发展底色之一。《广东海洋经济发展报告（2022）》显示，2021 年广东全省海洋生产总值达到 1.99 万亿元，占全国海洋生产总值的 22.1%，连续 27 年位居全国第一。其中，珠三角核心区海洋经济发展能级不断提升，已形成广州、深圳、珠海和中山等船舶与海工装备制造基地，拥有吞吐量位居世界前列的广州港、深圳港等重要港口。

海洋经济要素自由流动，具有促进粤港澳大湾区海洋经济协同发展的效应。湾区经济的开放包括对内和对外两个层面。对内开放是指依托湾区内部的要素，通过政府和市场双重合力，全面激发湾区内部的经济活力，调动各方的积极性，共同推动湾区经济发展。由于政策支持和基础设施建设不断完善，粤港澳大湾区的海洋经济合作逐步加强，形成了新的合作模式和合作机制。例如，粤港澳大湾区海洋合作平台、港珠澳合作委员会、粤港澳海洋科技合作示范区等都为加强区域内海洋经济合作提供了重要的机制保障和平台支持。在这样的合作框架下，粤港澳三地的企业和机构之间也逐渐建立了更加紧密的联系和合作关系，为湾区内的海洋产业创新、技术研发、市场开拓等提供了更多的机遇。

（三）粤港澳大湾区海洋生态环境保护合作

海洋污染防治是粤港澳大湾区环境保护的重要议题之一。为了更好地应对这一问题，粤港澳三地需要加强合作，建立统一、互通的海洋污染防治策略，推进海洋污染防治的跨区域合作机制建设。此外，三地还可以加强海洋污染治理技术的交流，提高技术水平和应对能力，共同推动大湾区海洋环境的改善和保护。

粤港澳大湾区的环保合作在过去几十年中取得了一定的成果，粤港环保合作是其中之一。粤港环保合作始于 20 世纪 80 年代，早在 1997 年就签署了《香港特别行政区与广东省环境保护合作协议》等。这些协议旨在加强粤港澳三地在环境治理方面的协作，涉及跨界河流的综合治理、资源的循环利用、环保产业的合作等多方面的合作内容。同时，粤港澳三地还成立了环保联席会议和环保科技合作联席会议等机制，定期举行会议交流，分享经验，推动海洋环保合作的深入发展。

近年来，粤港澳大湾区的海洋环境合作重点转向了大气污染治理和生态环保。2019 年 10 月，粤港澳三地签署了《粤港澳大湾区大气污染防治合作框架协议》，旨在共同应对大湾区的大气污染问题，建立起跨区域的大气污染联防联控机制，加强大湾区内部大气污染治理的协作与沟通。粤港澳三地还联合发起了大湾区海洋生态文明建设行动计划，推动海洋生态文明建设的深入发展。

（四）粤港澳大湾区海上文旅合作

粤港澳大湾区海洋旅游资源丰富，政策、市场、人才、产业等文旅要素紧密配合和协作。在政策方面，三地出台了一系列海洋旅游业发展的支持政策，包括免签入境、旅游交通一体化、旅游税收优惠等。在市场方面，三地共同打造"粤港澳大湾区旅游圈"，推动海洋旅游资源共享和海洋旅游国际市场融合。在人才方面，三地共同推进旅游人才培养和交流，提高旅游服务质量和水平。在产业方面，三地积极发展海洋旅游、文化旅游、乡村旅游等多元化旅游产业，推动旅游业可持续发展。

2019 年 2 月，国务院印发了《粤港澳大湾区发展规划纲要》，提出了打造宜居、宜业、宜游的优质居住圈和共建文化湾区和休闲湾区的目标。海洋文化交流和滨海旅游发展已成为湾区经济和文化传播的重要环节，需要加强粤港澳在教育、文化、旅游等领域的合作，打造优质公共服务和宜居宜商宜游的生活圈。《横琴粤澳深度合作区建设总体方案》的公布，再次表明旅游业对湾区经济发展的重要性。

国务院发布的《"十四五"旅游业发展规划》和粤港澳大湾区建设领导小组办公室、广东省人民政府等联合印发的《粤港澳大湾区文化和旅游发展规划》均提出了应大力发展旅游业，包括建设具有国际影响力的人文湾区和休闲湾区，加快旅游强国建设等。这为粤港澳大湾区文旅融合发展提供了重大机遇，有助于推动社会经济高质量发展，促进港澳融入国家发展大局。三地的合作将在旅游业和文化产业等领域取得更大成果和共同繁荣。

随着粤港澳大湾区建设的不断深入，三地联合推动本地传统文化，如粤剧、潮剧、广绣、客家美食等的传承、保护和推广，让传统历史文化成为恒久的文化符号。同时，三地也积极采用高新数字化技术，利用可视化和数字化手段向全球传播中国文旅和粤港澳大湾区文旅的发展规划和合作前景。

三、环渤海经济圈海上合作

（一）环渤海经济圈海上合作背景

环渤海经济圈作为中国的沿海经济增长"第三极"，其发展具有重要意义。海洋经济是该区域的重要支柱产业，包括海洋渔业、海洋能源、海洋旅游、海洋交通等多个领域。未来，该区域将继续依托海洋经济这一核心，加快推进产业升级和创新发展，提高经济发展质量和效益，推动环渤海经济圈逐步成为具有国际竞争力的海洋经济中心。此外，加强区域协同发展，促进城市之间的互联互通和资源共享，还可以促进环渤海经济圈的协调发展，实现经济一体化和共同繁荣。

2021年，天津市、河北省、山东省发布了一系列海洋发展规划文件，主要内容包括：加快构建现代海洋产业体系、加快建设海洋科技创新中心、加强海洋环保和生态修复、推进海洋经济高质量发展等。这些规划的发布和实施，有望为环渤海经济圈海洋经济的发展提供更加明确和系统的战略方向和政策支持，有助于环渤海经济圈海洋经济实现高质量发展、创新驱动、可持续发展，为全国海洋经济的发展提供重要的支撑和示范作用。

（二）环渤海经济圈海上经济合作

环渤海经济圈海上经济合作旨在加强沿海地区海洋产业之间的合作与协调，促进区域内的海洋产业协同发展。这种跨区域合作可以带来很多好处。首先，它可以加强不同地区之间的联系和交流，增加彼此之间的理解和信任。其次，这种合作可以促进区域内的海洋产业发展和升级，提高整个地区的经济竞争力和发展水平。最后，资源共享和优势互补可以带来更多的创新和发展机会，推动整个地区朝着更加高效、可持续和繁荣的方向发展。

在环渤海经济圈中，各地都有其独特的海洋特色产业和发展方向。除了北京、天津和河北曹妃甸工业区之外，辽宁大连、山东青岛等地也是经济圈内的重要城市。大连以港口和海运为主要特色，发展了船舶制造、海洋工程、海产品加工等海洋产业，2022 年，大连实现海洋生产总值 1 317.4 亿元，同比增长 9.4%。青岛则发展了造船、海洋工程、化工、食品加工等产业，同时也是中国最大的海水淡化和海洋可再生能源利用中心之一。2022 年，青岛市海洋生产总值增长 7% 以上，总量超过 5 000 亿元，占全市 GDP 的比重超过 30%，继续稳居沿海同类城市首位。

通过产业合作，环渤海经济圈的优势产业得到了快速发展，这也是未来继续推进海上合作的重要原因之一。数字化、智能化等新技术的应用也将成为推动产业发展的关键驱动力，为区域经济发展注入强劲动力。此外，环渤海经济圈的不断发展也会吸引更多的投资和人才。总之，环渤海经济圈中各地之间的协同发展，将会为中国经济的高质量发展注入新的动力。

（三）环渤海经济圈海洋生态环境保护合作

环渤海经济圈是中国沿海经济带的重要区域，同时也是一个环境敏感区域。随着环境污染和资源利用问题的日益突出，环渤海经济圈各地政府和企业开始加强合作，共同应对环保问题，推进可持续发展。

其中，海洋垃圾治理是环渤海经济圈海上环保合作的一个重要领域。各地区加强了垃圾清理和分类管理，同时推进海洋垃圾资源化利用和减量化处理。北京以中关村环保科技示范园、通州国家环保产业园和朝阳循环经济产业园为载体，结合天津的循环经济和制造业基地优势，推动形成中国北方环保技术开发转化中心。天津依托天津子牙循环经济产业区和宝坻节能环保工业区等园区，引进南京大学光电源材料研究所等科学研究机构，组建再生资源研究所、循环经济科技研发中心等机构，发展循环经济、清洁生产技术、资源综合利用技术等。山东省的环保产业已经从单一产品制造发展到资源综合利用、清洁生产和环境服务等领域。辽宁省的环保产业由环保产品生产、清洁产品生产、环保服务业、资源综合利用、自然生态保护五个方面组成，已经从单一环保产品生产向资源综合利用、环保服务、洁净技术产品、自然生态保护等领域全面拓展。

此外，环渤海经济圈各地区也加强了大气污染防治、水污染治理、生态修复等方面的合作。例如，河北省积极推进京津冀大气污染联防联控，天津市对黄河口进行生态修复，辽宁省开展海洋环境综合治理等。总的来说，环渤海各地区通过加强合作，共同致力于环境保护和可持续发展。这些合作将有助于减少环境污染、保护生态系统、促进经济发展和提升区域综合竞争力。

（四）环渤海经济圈海上交通合作

环渤海经济圈海上交通合作，旨在促进港口经济发展、提高海上物流效率和推动区域一体化。该合作包括港口建设、海上运输、航道疏浚和物流服务等多个领域。其核心在于增强沿海港口之间的合作与协调，建立互联互通、高效便捷、环保低碳的海上物流通道，为区域经济发展提供有力支持。

随着中国沿海经济的快速发展和"一带一路"倡议的推进，环渤海经济圈海上交通合作进入新的发展阶段。各港口加快设施升级和业务拓展，提高综合竞争力和服务水平，加强合作和协调，实现了资源共享和优势互补，构建出高效、环保、智能的海上物流通道。

未来，环渤海经济圈海上交通合作将继续深化。随着数字化、智能化和环保化的新技术的应用，海上物流的效率和安全性将进一步提高。这反过来也会推动沿海地区经济的转型升级，实现更高质量的发展。

第二节　国外经典案例

一、印度与印尼海上合作

（一）印度与印尼海上合作背景

一个国家的安全状况不仅包括物质层面，还包括文化和制度层面。冷战结束后，印度对印尼实施海洋安全政策。两国之所以能够开展海上安全合作，既取决于同为海上邻国和对共同的海上威胁的管控，也受到两国在冷战时期战略意识形态、海上交往留给对方的历史记忆等主观因素的影响。可以说，冷战期间印度与印尼的海上往来和外交关系，形成了冷战结束后印度对印尼实施海上安全政策，以及两国开展海上安全合作的历史基础。海上安全问题，以及印度和印尼在此背景下的利益战略取向和诉求，为两国海上安全合作提供了客观现实的环境。

（二）印度与印尼海上安全合作

印度海军是印度海上力量的主要体现，在保障海上安全、维护海外利益方面发挥着举足轻重的作用。近年来，印度海军的作用和职责也随着不断变化的地缘经济和战略环境而愈显重要，成为印度外交诉求的重要组成部分。印度海军的一项任务便是发挥海上力量支持国家外交政策，方式包括塑造观念、建立伙伴关系和增加信任，以及参与联合作战等。并为战后大国需求提供框架、创造周边条件。

海军交流是加强国家间友好关系的重要手段，舰艇与军人互访是其中重要的一个环节。20 世纪 90 年代以来，印度军舰频繁访问印尼，并邀请印尼海军高级军官视察安达曼和尼科巴群岛的印度海军设施，促进两国海军专业人士的持续互动，缓解印尼对印度海军基地的担忧。

21 世纪以来，印度加大了对印尼的外交投入，扩大了与印尼的海上贸易。2018 年，印尼海事协调部长卢胡特访问了印度，表明将允许印度军方进入印尼萨邦深海港口，期望印度在该区域开展商业投资，以及开展双边海军演习，扩大传统领域的海上安全合作。

（三）印度与印尼联合打击海上犯罪合作

海盗行为是一种危害海上交易和能源运输的犯罪行为，并且经常危及船员的生命财产安全，也影响到各国的海洋经济利益。海盗、海上恐怖主义等犯罪活动，威胁世界经济增长并破坏世界贸易稳定，任何国家都不能独自面对这些威胁。

2002 年以来，印度与印尼两国海军以半年为周期，在马六甲海峡北入口的六度航道进行海军协调巡逻。该巡逻队由印度和印尼舰机组成，由驻安达曼群岛的印度联合作战司令部统一指挥。2003 年，在印尼巴厘岛，印度与东盟国家通过《东盟—印度合作打击国际恐怖主义联合宣言》，呼吁各国通过信息共享、情报交流和能力建设等方式深入合作，打击一切形式的恐怖主义活动。2004 年 7 月，印度和印尼签订了一项关于打击国际恐怖主义的谅解备忘录，规定成立反恐联合工作组。2005 年 2 月，工作组在新德里召开首次会议，同意通过信息和情报共享、能力建设和法律合作方式，强化两国在跨国犯罪、海上安全方面的双边协作。同时，印度与印尼在东盟组织框架下展开打击恐怖主义的海上安全合作。至此，印度与印尼建立了共同打击海上犯罪合作的基本构架。

在渔业与生物资源方面，印度与印尼均认为，渔业犯罪是新兴犯罪的一种，已成为对全球海洋环境的主要威胁。为此，两国认识到有必要加强对海洋生物资源管理的科学管理和保护，应对气候变化与环境恶化对海洋生物资源的威胁，打击、预防、遏制和抵制非法捕捞，推动海洋资源的可持续发展。

（四）印度与印尼海上经济合作

印尼是东盟最大的经济体，也是印度在东盟最大的贸易伙伴。自印东政策战略实施以来，两国的双边贸易增长了2.5倍。2019年5月，印度总理莫迪访问印尼期间，两国领导人承诺到2025年将双边贸易额提至500亿美元，并在众多经贸领域达成合作转让。双方还达成了《加强印太地区海上合作的共同愿景》，并在蓝色经济领域展开合作，鼓励两国之间有更多的货物、服务、投资往来，促进两国海洋经济的可持续发展等。

印度和印尼在经济和政治领域的合作关系都很紧密，尤其是在海上经济和蓝色经济领域。这种合作关系为双方海上开发之路提供了许多机会。

在双边贸易方面，印度和印尼都致力于提高双边贸易额，并在众多贸易领域达成合作协议。"印度制造"和"数字印度"计划邀请印尼企业参与到印度的经济建设当中，这将有助于推动两国经济的互惠互利发展。

（五）印度与印尼海上能源合作

为了增加海上石油供应的多元化和加强在石油产业领域的现代合作，印度采取东向政策框架，以保证整个地区的能源安全。印尼是南亚地区重要的石油和天然气资源生产和出口国，拥有世界八大油气区之一的海上资源。

2002年，印尼表示愿意向印度提供石油和天然气资源。印度还试图通过海底管道获得印尼的石油资源。2012年5月，印度能源财团和印度国家电力公司签了谅解备忘录。印度石油部积极寻求海外石油和天然气行业的投资和开发机会，并获得了国外的石油和天然气的股份。印尼石油和天然气联合工作组会议于2017年4月在雅加达举行，讨论了印度和印尼的石油政策框架、设施等多方面的合作。

二、印尼与澳大利亚海上合作

（一）印尼与澳大利亚海上合作背景

印尼和澳大利亚都是现代意义上的海洋强国，二者在海洋策略的提出与抉择上都存在着相似之处。两国在制定海洋战略时，首先依地缘环境，确定海洋战略对本国安全与发展的重要意义。其次依本国海洋资源和周边国家海洋发展环境，确定海洋战略的重心，进而制定确实可行的海洋政策，以逐步实现海洋发展战略目标。最后根据形势的变化，阶段性地调整发展战略。总的来说，印尼与澳大利亚的海洋合作是在充分考虑区域和全球海洋治理态势的基础上，以两国现有海洋利益为核心来实现的。

印尼与澳大利亚海上合作的历史可以回溯到几个世纪前。尽管在不同的时期，双方海上合作关系有过波动，但整体来看，印尼与澳大利亚的海上合作历史悠久，合作内容较为广泛。

从经济角度来看，印尼是亚洲唯一的石油输出国组织（OPEC）成员国，拥有丰富的石油和天然气资源。石油运输成本高昂，缩短距离可以大大降低运输成本。随着经济的发展，澳大利亚的燃油消耗量逐年增加。据澳大利亚国家资源经济局统计，2050 年前，澳大利亚的石油进口量预测将以每年 2.1% 的速度递增，能源安全问题日益引起政府部门的关注。印尼与澳大利亚在海洋经济合作方面有着宽阔的前景。从安全角度来看，印尼的位置决定其对澳大利亚的本土防御具有重要影响，只要两个国家间不存在核心利益上的矛盾，澳大利亚政府将抓住机会与印尼加深海上合作。

2014 年，印尼总统佐科提出"全球海洋支点"构想，明确了印尼成为"海洋强国"的战略目标，并指出印尼海洋发展具有巨大潜力，与其他国家加强海洋合作，是实现印尼海洋发展战略的重要途径。澳大利亚是印尼最大的邻国，其经济发达，技术力量强劲，在两国海洋合作中发挥重要作用。

印尼的《2015—2019 年中期建设发展规划》表明，其基础设施建设主要集中在建设海上收费公路、铁路、高速公路、口岸等设施。在这些领域，印尼与澳大利亚有着巨大的合作潜力。印尼政府曾公开表示，印尼和澳大利亚之间的经济利益特别是贸易投资紧密。

从澳大利亚的角度来看，在"亚洲融入战略"的驱动下，澳大利亚一直追求与亚洲邻国，特别是东南亚国家加强合作。澳大利亚政府刊行的《2017 外交政策白皮书》首次明确表示，澳大利亚重视与日本、印尼、印度和韩国等印太地区国家的关系，并寻求通过新的经济、安全合作方式及民间往来，深化与这些国家的关系。

总之，印尼政府的"全球海洋支点"构想与澳大利亚"亚洲融入战略"在国家利益层面具有共通性，在战略内涵层面具有一致性，在战略优势层面具有互补性。因此，印尼和澳大利亚的海洋合作不断深入发展，在海洋经济、海洋科技、海洋安全合作、海洋环境保护等多个领域开展合作。

印尼与澳大利亚作为印太地区的大国，印太地区的稳定发展对两国双方都具有重要意义。自由主义国际关系理论认为各国通过搏斗解决冲突代价高昂且收益有限。随着各国相互依赖程度的增加，各国偏向于通过合作来解决问题。从地理位置的角度来看，澳大利亚与印尼是彼此最重要的邻国，在印太地区都拥有广泛的海洋利益。因此，印太地区的海洋合作态势直接影响两国的核心利益，促使两国加强合作以应对其他地区的挑战。

（二）印尼与澳大利亚海上安全合作

自冷战结束后，海洋非传统安全成为印尼和澳大利亚面临的主要安全威胁，其中包括海洋恐怖主义、海上难民、海上人口走私等问题。澳大利亚北部海域和巴厘岛附近海域等被广泛认定为恐怖主义多发地区。《龙目条约》作为纲领性文件，包含了加强两国反恐合作的相关条款。

恐怖主义严重威胁了两国的国家安全，成为两国进一步加强海上反恐合作的契机。澳大利亚国防部部长罗伯特希尔表示，印尼与澳大利亚要在反恐技术和策略方面开展交流合作。

2002年2月，两国正式签署首份反恐合作备忘录，承诺加强反恐信息交流、海上联合执法，以及相关部门之间的定期交流合作。2012年，两国签署了有关防务和国防工业合作的相关协议，提出加强海上恐怖主义管理合作。2015年12月，印尼与澳大利亚宣布加强反恐合作。2018年10月，印尼与澳大利亚两国国防部部长表示重点关注印度洋地区的反恐问题，承诺合作建设一个共同治理海上恐怖主义活动的高级别协调领导工作组。

19世纪以来，印尼和澳大利亚分别变成区域内主要的难民中转地和目的地。以印尼为跳板进入澳大利亚的难民数量日益增加，这也影响到两国关系及共同安全利益。

从治理机制层面来看，印尼和澳大利亚综合利用双边和多边合作机制对海上难民问题进行治理。2006年签署的《龙目条约》扩大了印尼和澳大利亚在国防、打击跨国犯罪、反恐等领域的合作，为海上难民治理提供了基本合作框架。同年，两国签订了全面安全协议，致力于共同打击跨国犯罪、偷运人口和开展警力合作等情况。2008年，"印尼—澳大利亚部长级论坛"上,印尼与澳大利亚双方重申必须打击偷运人口行为。

从国际层面来看,印尼和澳大利亚主办了2006年区域部长级会议,强调了海上难民问题的严重性,并在与会国家间也达成了区域合作共识,以共同打击偷运移民和贩运人口的情况。从2002年开始,印尼和澳大利亚就共同组织和推动"巴厘岛进程(Bali Process)",在人口走私、海上犯罪等领域展开合作。在"巴厘岛进程"框架下,2013年,澳大利亚政府开展了"主权边界行动",在向印尼提供财政补贴的同时,使用军队和海警拦截来自印尼方向的非法移民和走私人口,并将其遣返印尼。

(三)印尼与澳大利亚海上经济合作

印尼和澳大利亚在印度洋海域有着复杂的海域划界问题。

1969年1月,印尼通过一项总统法令,宣布对帝汶海大陆架拥有主权,并主张以"中间线原则"对大陆架进行划界。

1976年,澳大利亚政府单方面提出关于争议海域划分的"两个大陆架理论",并通过《水下石油开采法案》在帝汶海域划定一个毗邻区。

1978年,两国就东帝汶附近海域的海洋划界展开谈判,但一直未能达成一致,帝汶海域因此留下一个未划界的"帝汶缺口"。

20世纪80年代初,帝汶海域发现了丰富的油气资源。之后,印尼和澳大利亚逐渐就"帝汶缺口"附近海域油气资源的划分达成协议,共同签订了《澳大利亚与印度尼西亚共和国关于在位于印度尼西亚东帝汶省和北澳大利亚之间的区域内建立合作区的条约》。该条约确立了两国在争议海域"搁置争议、共同开发"的基本原则,被国际社会誉为"对争议海域共同开发合作的典范"。

1997年3月14日,印尼和澳大利亚在澳大利亚的珀斯签署了《印尼与澳大利亚专属经济区及海床划界条约》,通过谈判协商的方式处理了两国关于帝汶海附近专属经济区的划分问题。

总而言之,印尼和澳大利亚通过谈判协商的方式和平解决海洋争端,共同开发争议海域的海洋资源,为两国海洋经济合作的开展提供基础。

2012年9月,印尼与澳大利亚政府开始《印尼—澳大利亚全面经济伙伴关系协定》(IA-CEPA)的谈判,意味着两国将在经济领域加强合作。佐科政府的上台推动了海洋经济外交。在双边全面经济合作的框架内,海洋经济合作得到迅速发展,双方重点关注双边贸易。印尼作为人口大国,拥有广阔的消费市场,是澳大利亚企业投资的重要目标。

2015 年 11 月，双方一致同意重新启动 IA-CEPA 的谈判，并力争签署协议。双方还在会议中强调加强海上合作，并在环印度洋联盟框架下加强海洋领域的经济合作。2015 年 12 月，印尼与澳大利亚还签署了货币互换协议（BCSA），为两国贸易的发展提供金融支持。

2016 年 5 月 8 日，在 IA-CEPA 的谈判中，双方还强调经济合作将扩展到海洋经济、基础设施等新领域，而不仅局限于传统的对外投资和贸易。

2019 年 3 月 4 日，两国贸易部长正式签署了《印尼—澳大利亚全面经济伙伴关系协定》，减少或取消澳大利亚目前与印尼贸易的 99% 的关税。

从历史的角度来看，印尼与澳大利亚以 IA-CEPA 的谈判和签署为契机，全面加强海洋经济合作，使两国海洋合作进入新进程。

（四）印尼与澳大利亚海洋生态环境保护合作

由于过度开发，珊瑚礁破坏、海上石油泄漏、海洋塑料污染等极大威胁了印尼与澳大利亚的海洋生态环境。两国共同海域的珊瑚礁、海带森林和红树林，每年都以较快的速度减少，且两国的渔业资源也存在过度开发的危险。

2010 年联合国粮食及农业组织（FAO）的报告指出，两国海域超过一半的鱼类资源已充分开发。对海洋的过度索取和资源透支，导致生态环境赤字，威胁到了两国共同的海洋利益，促使其合作去解决。总体来看，当前两国海洋环境保护合作的重点领域在珊瑚礁、鱼类资源的保护和海上石油泄漏污染治理。

2009 年 5 月，印尼、菲律宾、东帝汶、巴布亚新几内亚、所罗门群岛和马来西亚共同签署了《珊瑚礁、渔业和粮食安全的珊瑚三角倡议》（CTI-FF）。该协议表明要加速区域合作，应对该地区海洋、海岸和小岛生态系统所面临的威胁，并考虑向全世界寻求合作。此外，六国还通过"关于保护和可持续管理海岸及海洋资源的区域行动计划"，将珊瑚礁、渔业、粮食安全和适应气候变化等方面的合作设为重点。

印尼与澳大利亚均处在全球海上石油运输的交通要道，石油泄漏事故是两国海洋污染的主要来源。1996 年，两国签署《关于防止和控制油污的谅解备忘录》，合作应对两国海域的石油泄漏污染问题。随着全球经济的发展，石油贸易的迅速增加，两国面临的海洋环境压力逐渐增大。2016 年起，两国就海洋石油污染问题再次谈判。2018 年 10 月，两国签署《关于跨界海洋污染防范和应对的谅解备忘录》，积极推进海洋污染防治方面的合作，以加强对海洋环境的保护。2020 年 2 月，佐科总统表示，印尼和澳大利亚必须成为太平洋地区发展伙伴的支柱，共同帮助邻国应对气候变化、污染治理和改善环境。

三、日法海上合作

（一）日法海上合作背景

在第二届安倍内阁成立后，日本积极与法国发展战略伙伴关系，希望在政治、安全、经济和文化等领域深化双边合作。

2013 年，弗朗索瓦·奥朗德强调日本是法国重要的合作伙伴，希望加强两国在政治、经济、文化及安全方面的合作。同年 6 月，日本与法国发表了《日法共同声明——促进安全、增长、创新和文化的"特殊伙伴关系"》，确认两国在太平洋地区为和平与稳定做出应有的努力的重要性，并强调在安全与防务领域的合作重要性。

2014 年 5 月，奥朗德提出"全面转向亚洲"政策，强调法国应加强对亚太地区的关注，并与日本进行多元化的海洋安全合作。同月，安倍在与奥朗德的会谈中强调，法国在太平洋地区拥有众多的领土权益，作为"太平洋友国"的日本欢迎法国在该地区加强安全保障的参与。

2017 年 3 月，奥朗德在《法日关系声明》中呼吁扩大两国间军事交流，特别在太平洋海域加强联合军演。同年 5 月，在七国集团峰会期间，安倍与法国总统埃马纽埃尔·马克龙举行会谈，双方表示将把"印太秩序"打造成为国际公共产品。两国高层的交流随着日法"印太战略（构想）"的陆续出台变得频繁，双方在印太地区的海洋安全合作进入新的阶段。

2018 年 10 月和 2019 年 4 月，安倍连续两年访问法国，其间双方会谈的重点包括印太地区的秩序构建、深化两国海洋安全合作等议题。2019 年 6 月，马克龙首次访问日本，两国签署了《"特殊伙伴关系"下开启日法两国合作的新路线图（2019—2023 年）》。该协议对全面强化日法海洋安全合作，做了包括海上自卫队和法国海军互用设施、军事演习与人员培训等内容的详细说明。

2020 年 10 月，菅义伟与马克龙举行首脑电话会谈，双方再次确认将加强在印太地区的各种合作。

2021 年 7 月，马克龙再度访问日本，并在共同声明中表示将按照 2019 年商定的合作路线，继续推进两国在印太地区的海洋安全和基础设施建设合作。2021 年 11 月，岸田文雄与马克龙进行首次首脑电话会谈，双方肯定了近年来在安全合作取得重要进展。岸田还强调法国是极为重要的伙伴，将深度强化与法国的合作，并希望通过与法国的合作来促进日欧关系发展。通过多种形式的首脑互动和协议声明，日本和法国确立了稳定发展的双边关系，为双方具体合作内容打下坚实的政治基础。

（二）日法海上安全合作

在双方高层的频繁互动的推动下，日本和法国逐步构建起一系列完善的海洋安全合作机制。其中，最为突出的是日法外长和防长"2+2"会议。这是目前两国在安全领域设立的最高级别交流机制，也是双方高层积极互动的成果，旨在推动各种安全合作。自 2014 年以来，日法已连续召开六次"2+2"会议，通过物资劳务相互提供、防务装备与技术合作、海洋态势监控（MDA），以及解决地区热点问题等具体实践手段来推进双方合作。

此外，日法还建立了外长战略对话、防长会谈、太平洋政策对话和综合海洋对话等会晤机制，这些机制能为日法海洋安全合作领域的发展提供制度性保障和政策指引。例如，2019 年 3 月，日法第一次太平洋政策对话会议，双方就太平洋的安全局势和日法在南太平洋地区的合作达成许多共识。为落实日法在第五次"2+2"会议上提出的建议，同年 9 月，双方举行第一次日法综合海洋对话会议，通过共享海洋信息、加强海洋环境治理、开展联合舰队行动与训练、向印太沿海国家提供能力建设支援等多项合作意向。

此外，日法借助多边安全对话机制推动双方合作。2018 年 6 月，两国开始探讨在开展武器装备与技术合作、联合军事训练、港口停靠、航行自由，以及应对印太地区热点问题等议题。2019 年 11 月，日法商定将继续开展海洋安全合作。2020 年 2 月，日法两国防长举行会晤，肯定了现阶段日法各类防务合作的进展，并确认将密切配合日法"2+2"会议的召开，进一步推进海洋安全合作。

（三）日法海上军事合作

2015 年 5 月，日本海上自卫队与美法海军首次进行三国联合军事演习，为日法海洋安全合作加强军事演习奠定基础。2017 年，法国两栖攻击舰停靠日本佐世保基地，并与日美英三国在日本附近海域举行首次四国的联合两栖登陆演习。2018 年 2 月，日本"夕雾号"护卫舰与法国"葡月号"护卫舰进行首次双边联合演练。随着联合演习的不断推进，日法主动在演习地域和合作对象方面谋求更大突破，提高联合作战能力。2019 年 5 月，日法澳美四国联合举行大型军演，且日本和法国分别派出准航母级别的"出云号"直升机驱逐舰和"戴高乐号"航母进行了舰载直升机互降演习。

在菅义伟政府成立后，日本为扩大双方在印太地区的利益，深化日法军事演习合作，2020 年 12 月，趁法国攻击型核潜艇"翡翠号"在太平洋执行长期派遣任务的机会，日美法三国在太平洋的冲之鸟礁附近海域开展反潜攻击演习。2021 年 4 月，美日印澳法五国首次在印度洋的孟加拉湾海域举办联合演习。同年 5 月，美日又与法国在日本举行首次两栖登陆演练。

（四）日法海洋生态环境保护合作

在 2019 年的七国集团峰会和二十国集团峰会上，日本和法国将减少海洋塑料污染作为全球性议题进行了多次磋商，并达成了多项共识措施。为了实施这一提议并加强日法之间的海洋治理合作，日本国立海洋研究开发机构和法国海洋开发研究所，于同年 9 月共同召开了南太平洋海洋观测科学会议，就气候变化、生物多样性、海洋污染和生态系统等多个海洋治理项目，展开了具体的合作措施。

近年来，日本和法国在海洋领域的合作不断加强，涉及海洋资源保护、海洋污染控制、渔业资源管理等。在海洋资源保护方面，双方合作研究南极洲海域生态环境、深海生物资源等，共同探索新的技术和新模式。在海洋污染控制方面，双方加强了合作，联合研究油污清除技术、开展应急响应演习等。在渔业资源管理方面，双方共同开展渔业资源调查，加强渔业资源管理等。

四、英印海上合作

（一）英印海上合作背景

自 2016 年开启"脱欧"进程以来，英国提出了"全球英国"（Global Britain）的愿景。该愿景的主旨是在告别欧盟国家身份后，使英国的国家战略更加突出于全球视野，在欧洲以外的地区寻求发展机遇。在这方面，印太地区因其经济增长迅速、市场前景广阔、安全形势复杂而成为"全球英国"愿景的重点关注区域。

在"全球英国"构想引导下，英印海上安全合作成为英印战略合作的关键内容。自 2016 年"脱欧"以来，印度对英国的战略价值不断提高。英国认为，英印两国拥有悠久的历史渊源和密切的人员交流，这为英国在"脱欧"后继续深化与印度的关系提供了有利条件。在"全球英国"构想中，英印关系扮演着核心角色，特别是在金融服务合作，以及防务与安全合作方面。英国将视印度为在印太地区重要的战略支点和重要合作伙伴，英印合作也符合印度"东进"战略的目标。但印度"东进"战略核心目标是在南海和西太平洋地区寻求安全利益，以及在亚太安全体系中占据一席之地。总而言之，英印关系在脱欧后得到了进一步加强，双方在金融服务、防务与安全等领域的合作呈现出良好的发展势头，符合双方的战略利益和合作目标。

（二）英印海上安全合作

英国和印度一直致力于在印度洋地区加强海上安全方面的合作。印度洋区域涵盖了世界上一些最繁忙的航线和贸易路线，同时也是恐怖主义、海盗和非法活动的热点地区之一。

英国海军一直在该地区积极开展反海盗、反恐和人道主义救援等行动，同时印度海军也积极参与了国际反海盗行动。在双边合作方面，英印两国在联合演习、海上巡逻和情报共享等方面展开了广泛的合作，并且在技术转让、培训和装备供应方面开展了合作，共同提高了印度洋地区的海上安全。

此外，英国海军计划加强与印度在印度洋信息融合中心的交流合作。英印两国还打算在海洋军备研发、海上军事交流等领域展开一系列合作，包括发展两国航母的协同伙伴关系。2019 年 4 月，英国和印度在伦敦签署了新的备忘录，以进一步加强两国在防务和安全装备的研发、生产和采购方面的合作。在 2019 年 5 月的高级别外交磋商中，两国同意在印太地区加强合作，特别是在海洋安全领域的双边合作。

除了双边合作，英印两国积极参与了多个国际海上安全领域的合作机制，其中包括联合国海盗打击行动、东盟防务合作和印太区域安全合作等。这些机制旨在协调各国在海盗、恐怖主义和非法活动等方面的行动，共同维护海上安全和稳定。英印两国在这些机制中发挥了重要作用，并派遣海军舰艇在相关地区执行任务，增强了这些机制的实效性和影响力。

（三）英印海上政治合作

英印两国在海上政治领域的合作也非常紧密。双方都认识到海洋对于经济和安全的重要性，因此加强了在该领域的合作。

莫迪政府提出了"印度洋区域安全与发展"计划（SAGAR，又称"萨迦"计划）的倡议，旨在印度洋地区构建和平、稳定和繁荣的印度。该计划的目标是加强印度与海洋邻国的经济与安全合作，并通过对话、互访、海军演练、共建、经济合作等方式，促进在印度洋建立广泛的政治、经济和安全合作关系。

此外，"萨迦"计划还将印度的其他海洋倡议和政策相互连接起来，如"东进"政策（Act East Policy）、"季风"计划（Project Mausam）等，以营造一个积极健康的印度洋环境。通过这些措施，印度正在积极推进印度洋海洋治理，并谋求在其中扮演领导角色。

（四）英印海上军事合作

英印两国之间的海上军事合作始于二战期间，当时印度洋成了英国在亚洲的重要战略地区。如今，英印两国在海上军事合作方面的联系日益紧密，双方在反恐、反海盗、海上安全等领域的合作也逐渐深入。

首先，在反恐和打击海盗方面，英印两国进行了频繁的联合军演和巡逻行动。例如，2018 年，英国皇家海军的"伊丽莎白女王"号航母，在印度洋地区参加了与印度和澳大利亚举行的"马尔巴罗"联合军演。此外，英国还向印度提供了反海盗培训和技术支持。

其次，英印两国在共同维护印度洋地区的海上安全方面，开展了广泛的合作。英国积极支持印度成为印度洋区域安全组织的成员，并参与了在该组织框架下的联合巡逻等活动。同时，英印两国也在反导防御、情报共享和军事技术合作等领域加强了合作。

此外，英印两国也在海军装备和技术方面进行了合作。英国为印度海军提供了多艘"猎豹"级潜艇，并为印度的"维克兰特"级驱逐舰提供了引擎技术。另外，英国还与印度签署了军备采购协议。

第三节 启示

一、国内外案例对广西—东盟海上合作的启示

（一）海上合作有利于进一步促进广西对外投资和进出口贸易

近年来，中国企业对外投资的重点逐渐向东盟国家和地区转移。据中国社会科学院亚太与全球战略研究院的统计，2022 年中国与 RCEP 其他成员进出口总额达 12.95 万亿元，同比增长 7.5%，占中国外贸总额的 30.8%。其中，中国对 8 个 RCEP 成员的进出口增速超过了两位数。

从双向投资来看，2022 年中国对 RCEP 其他成员的非金融类直接投资 179.6 亿美元，增长 18.9%，吸收他们的直接投资 235.3 亿美元，增长 23.1%，双向投资的增速都高于总体水平。这表明 RCEP 对于双边进出口贸易有巨大的促进作用，有利于广西扩大对东盟各国的进出口贸易，增加国内消费者的福利，并进一步推动国内外经济的双循环发展。广西应该抓住这一机遇，加强广西—东盟海上经贸合作，以促进区域内海洋产业的转型升级。

（二）海上合作有利于深化广西与东盟各领域合作

RCEP 协议的签署生效将有助于增进广西与东盟在贸易、技术、人才和投资等领域的合作，促进投资和贸易的便利化。例如，协议承诺为符合条件的投资者或公司内部流动人员提供更优惠的签证便利。广西企业可借此机会，积极进行海外资本和人员投入，推进广西区域品牌建设和高质量海外仓建设，并充分整合海外市场资源。

（三）海上合作有助于提升广西的通道优势

广西是中国通往东盟的重要门户，海上合作将进一步提升广西的区位优势，加强广西与东盟双方的通道建设水平，提高双方的物流效率，降低贸易成本，促进商品流通，加速广西经济发展和产业升级，促进广西与东盟国家的贸易和投资往来，推动经济合作深入发展。

（四）海上合作有利于为广西带来创新发展

海上合作将为广西带来更多的发展机遇和创新思路。随着广西与东盟国家之间的交流与合作的加深，广西的企业将有更多机会与东盟国家的企业合作，开拓新的市场和业务领域。同时，海上合作也将带来更多的创新

思路，促进广西企业的技术创新和管理创新，提高企业竞争力和市场份额，推动广西的经济发展和产业升级。

二、国内外案例对广西—东盟海上合作的借鉴

（一）工业基础薄弱，合作对接困难

中国与东盟国家之间的工业合作占据着双边贸易的主导地位，然而广西的工业基础相对薄弱，导致工业化进程较慢，综合实力不强，这对广西与东盟国家的工业产业对接效率产生了一定的影响。在广西，工业累计值和企业数量相对较少，多数企业缺乏竞争力，重工业占据主体。广西工业的产业结构中，农副食品加工业、木材加工业、电力热力生产供应业和有色金属冶炼加工业等传统产业占据主导地位，技术水平和附加值较低。这些问题都限制了广西与东盟国家在工业领域的合作和对接。此外，广西支柱产业的产品结构水平较低，深加工产品数量少，中低端产品占据主体地位，这使得出口商品的畅销周期较短，难以形成长效需求。同时，广西大型工业企业的产业配套体系不健全，未能形成有效的跨境企业竞争力，增加了广西同东盟各国的合作对接难度。

（二）通道建设仍需进一步完善，以提高贸易畅通度

广西是中国与东盟经济带紧密相连的重要门户，也是东盟与中国贸易往来的主要陆海通道。近年来，在"一带一路"倡议下，广西致力于发展海洋产业，加快港口建设，拓展海洋业务，促进中东贸易，构建海上丝绸之路。然而，随着北部湾港的吞吐量不断增加，其基础设施问题日益显现。具体来说，作为西部出海枢纽，北部湾港口周边省市和东盟国家的陆地、水上通道建设不够完善，不利于货物和人员的运输，也不利于国内和东盟国家之间的业务交流。

此外，北部湾港的物流通道建设也存在问题，物流设备和港口设施的现代化水平不足，影响了物流运输效率。因此，需要进一步提升北部湾港的物流基础设施建设，发挥好广西的西部出海大通道优势，加强同东盟各国的区域合作。

三、广西—东盟海上合作方向

（一）以数字经济为基础，开辟新的区域合作渠道

互联网技术的广泛应用促进了数字经济的发展，数字经济将成为未来

发展趋势。广西可以利用数字经济优势，积极拓宽与东盟的合作渠道。其中，可以借鉴国内成熟经验，通过线上直播带货等方式带动东盟区域产品销售，加强与东盟海上贸易；同时，全方位加强跨境电子商务合作，利用区内龙头电商资源与东盟的 Lazada、Luxola、MatahariMall 等龙头企业进行战略合作，提升跨境电子商务交易效率，并开辟更加便利、高效的跨境电商。

广西可以通过推广新技术，如人工智能、大数据和云计算等，促进智能制造和智慧物流等领域的发展，从而提高产品的技术含量和附加值。另外，数字技术也可以促进旅游行业的发展，如智慧旅游和智慧风景区等新型旅游模式，吸引更多游客前来旅游。

此外，在数字化时代，保护知识产权和建设电子商务信息系统变得更加重要。因此，广西应加强与东盟各国的合作，结合知识产权保护和信息系统建设，为企业提供更稳定和可靠的交易环境。通过数字化手段，广西可以与东盟各国开展更加广泛、深入的贸易往来，实现互利共赢的局面，推动地区经济的快速发展。

（二）以优势互补为导向，提高海洋产业合作效率

RCEP 签署生效所带来的优惠政策，对加强中国与东盟之间的贸易补偿关系，以及提出高双边贸易效率具有重要意义。广西在与东盟国家开展海洋产业合作方面具有天然的地理优势。因此，广西应加快海洋产业结构调整，抓住时机，升级现有海洋产业，加快恢复与东盟的海洋产业合作。重点推介优势互补的海洋产业合作，利用地理优势和次区域结合机制，逐步深化，围绕能源、工业和海洋领域加强合作，为今后长期稳定的经济高质量发展打下基础。

广西应实现海洋低端产业的迁移，发展海洋高端产业，如海洋装备制造业。广西可以通过大湄公河次区域联合机制，与次区域国家进行对话，达成工业转移共识，引导广西柳工、玉柴等工业龙头企业向这些国家转移中低端产业。

广西应全力推动向海经济的发展，继续加强海洋特色产业合作。广西有距离东盟最近的出海口，在海洋合作上占自然地理优势。因此，广西应制定特色产业合作路线，以海上交通运输合作为基础，开展滨海旅游合作；以海洋化工产业合作为支撑，发展海洋高新技术产业合作。

（三）以地域特色为依托，建立广西跨境产业链

当前，全球价值链缩短，国际供应链向国内退缩，出现了去全球化、去国际工序分工、去人际交流的趋势。这种趋势将对广西与东盟海上合作的未来产生深远影响，因此调整和重塑海洋产业链将成为重点方向。

加快构建广西特色海洋产业链。广西拥有天然的市场优势和较低的运输成本。在原材料市场中，糖业、乳胶业等产业都是广西可以大力发展向海经济的方向。因此，应该充分考虑产业的特性，有针对性地调整和重塑产业链。

推广广西的优质特色海洋品牌。品牌价值对企业长期发展至关重要，强大的品牌优势是企业发展的基础。广西应整合现有的企业、部门和政府资源，积极与周边国家开展合作，打造广西的优质特色海洋品牌，并建立相关的海洋产业集群，拓展市场，形成品牌效应，将其规划为一个规模化、集约化的产业。

第七章

RCEP 框架下广西—东盟海上合作驱动机制

第一节　RCEP 框架下广西—东盟海上合作机遇与挑战

　　世界各国之间的海上合作所涉及的方面十分广泛，包括经贸往来、区域安全、防灾救灾、海上搜救、海洋资源、防暴反恐、法律执法等。不同国家发展程度不同，在不同领域的合作程度也不尽相同。例如，中国与印度尼西亚早在 2013 年就分别从绿色生态、经济发展、安全建设、科技创新、海洋治理等方面签署备忘录或协约，展开全方位的合作，此后两国高层领导人几乎每年都会相聚一起，共同商讨双边海上合作方针等事项。

　　RCEP 的生效与实施将为区域一体化带来强劲动力，其全方位、多领域、深层次的多边合作机制，不仅能够进一步推动优势合作领域的创新与发展，同时也能促进合作较弱方面的进步与突破。但需要注意的是，任何事物都有两面性。RCEP 为区域一体化带来的不仅仅是诸多发展新机遇，在加强各领域合作的同时，也会带来许多挑战。例如，RCEP 强调要在极大限度上消除缔约方之间的贸易壁垒，促进贸易投资便利化。贸易壁垒的消除有助于本国企业走出国门、迈向全球市场，但与此同时也意味着国外强大企业的竞争与冲击。能否在竞争愈加残酷、激烈的全球环境中，找到自己的生存之道、站稳脚跟，则成为国际企业的第一要务。

　　因此，本节将从 RCEP 给全球海上合作带来的机遇和挑战两个维度，分别就经贸往来、政治安全、港航交通、人文交流等方面展开研究讨论。

一、RCEP 框架下广西—东盟海上合作机遇

（一）促进世界经贸合作

在殖民主义早期，原始资本积累主要是依靠坚船利炮对亚、非、美洲等地进行海盗式的掠夺和殖民。到了近现代文明社会，自由贸易主义盛行，世界各国则主要通过货物贸易获取资本，进而促进社会生产力的大发展。无论是从大航海时代到工业革命，还是从文艺复兴到逆全球化主义，经贸合作始终是世界各国海上合作中最主要的内容，并且在全球的各种关系中扮演着十分重要的角色。

然而受偏激的重商主义、李斯特的幼稚产业保护理论、凯恩斯的超贸易保护理论等贸易保护主义及其理论体系发展和成熟的影响，世界各国为了在最大限度吸取他国资本的同时保护本国资本以实现本国的经济发展，设置了大量的贸易投资壁垒。加之全球恐怖主义盛行、国际关系错综复杂、全球重大事件频发等，世界经济发展的不稳定性加剧，世界各国的经贸合作又蒙上了一层阴影。

如图 7.1 所示，受到 2001 年 "9·11" 事件、2008 年美国次贷危机、2014 年俄罗斯金融危机、2018 年中美贸易战及 2020 年新冠疫情等全球重大事件的影响，美国的货物进出口总额均受到了不同程度的影响，贸易额大幅减少。同时，中美双边货物进出口总额也受到相应的影响，如图 7.2 所示。

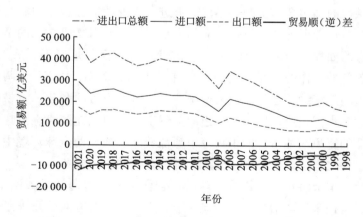

图 7.1　1998—2021 年美国货物进出口总额及贸易逆差

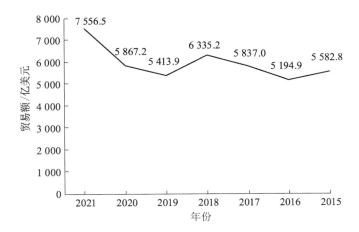

图 7.2　2015—2021 年中美双边货物进出口总额

注：数据来源于世界贸易组织（WTO）

在这种"百年未有之大变局"的复杂背景下，RCEP 的生效与实施将给全球经贸合作重添活力。各成员国成为现代、全面、互惠、高质量的经济合作伙伴，以促进区域内贸易与投资的发展与扩张，推动全球经济增长与发展。

区域货物贸易、原产地规则、海关程序与贸易便利化、卫生与植物卫生措施、服务贸易、自然人移动、投资、知识产权、电子商务、竞争、中小企业、经济技术合作、政府采购、争端解决等领域都是 RCEP 的主要合作内容，同时 RCEP 借鉴了其他高标准自贸协定的经验，旨在最大限度地改善和促进区域内的经贸合作。

RCEP 将逐步取消缔约国之间的关税和非关税壁垒，促进多边货物贸易，以及服务贸易自由化、便利化发展；继续优化并完善各国海关审查程序，使进出口货物报关审批时间大幅缩短；加强相关法律法规建设与交流，尽可能消除因各国法律差异而导致的不必要纠纷及损失；注重深化多边管理体系合作，设立统一的平台机构为政府与企业合作提供服务；建立健全协议内争端解决机制，处理各缔约方之间的协商、仲裁、诉讼等商事矛盾纠纷。

（二）助力基础设施建设

中国提出并付出实际行动的"一带一路"倡议，在中国政府的主导，以及与各缔约国的紧密合作下，初步取得了举世瞩目的成绩。

"一带一路"建设的优先领域就是加强基础设施建设，加强顶层规划，对接国内外技术标准体系，加强基础设施互联互通，从交通物流体系到工业出口格局，与沿线国家一同推进国际骨干通道线路的建设，使亚洲各次区域与亚欧非各国相互联通的世界基础设施网络逐步成型。在基础设施建设良好的情况下，各参与国的经济也在向好发展。

"要想富，先修路。"基础设施建设对一国或地区的经济及其综合实力发展是先决性且十分重要的。从大航海时代开辟海上航线，到蒸汽革命促进铁路运输发展，再到20世纪中叶全球供应链的提出与发展，每一次世界重大发展、人类社会巨大进步，以及全球经济复苏繁荣都离不开基础设施的革新。

RCEP将助力东南亚—太平洋区域各国的交通航线建设，以公路、铁路、机场、码头等交通枢纽建设为主要抓手，重点构建覆盖全域的健全、快捷、高效、安全的交通及物流网络，在促进区域内交通物流体系发展的同时，也为全球供应链、产业链，以及物流产业建设做出贡献。RCEP在基础设施建设方面虽然少有明确条款，但是交通设施建设作为所有高质量发展的基础，在海关通行、自然人流动等多方面的合作条款中扮演重要的角色。例如，RCEP提出以简化海关程序便利贸易为目的，加强缔约国之间航线上港口及海关联通体系建设，一站式海关审查将大幅减化货物的通关流程、缩短时间，并加强优化全球和区域供应链环境等。

（三）加强国际人文交流

人文交流涉及文化、旅游等多方面。旅游的灵魂是当地的特色文化，旅游是文化的一大外在载体。旅游产业作为世界上最大的新兴产业，从初步形成到向好发展，尽管有诸多不确定因素的干扰，但是其前景被界内专家人士一致看好。

国际货币基金组织（IMF）于2021年10月12日发布的《世界经济展望》中预估全球2021年和2022年的经济总量分别增长5.9%和4.9%。2021年，全球旅游总人次达到66.0亿人次（见图7.3），全球旅游总收入达到3.3万亿美元（见图7.4），分别恢复至2019年的53.7%和55.9%。

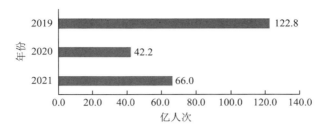

图 7.3　2019—2021 年全球旅游总人次

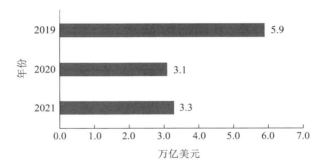

图 7.4　2019—2021 年全球旅游总收入

注：数据来源于《世界旅游经济趋势报告（2022）》

全球经济较快实现恢复性增长被寄予厚望，全球旅游业的复苏与发展也预期向好。2022 年的全球旅游总人次达到 84.5 亿人次，同比 2021 年增长 27.9%，恢复到 2019 年水平的 68.8%；全球旅游总收入达到 4 万亿美元，同比 2021 年增长 21.2%，恢复到 2019 年水平的 67.8%。

全球最受欢迎的旅游胜地总体上呈现出欧洲、美洲和亚太地区三足鼎立的稳定格局。美洲、欧洲的旅游占比有所上升，亚太地区的占比则有所下降。

数据显示，亚太地区 2021 年旅游总人次为 41.8 亿人次，占全球比重为 63%，比 2019 年的 67%下降 4 个百分点；而 2021 年亚太地区的旅游总收入为 1 万亿美元，比 2019 年的 35%下降 5 个百分点，仅占全球比重为 30%。

RCEP 在服务贸易、自然人移动、对外投资等方面所做的规定，将有助于缔约国的旅游产业复苏和发展。简化自然人出入境审批手续，往往能够吸引更多的游客前来，同时方便投资者的进入；关税减让、建设保税园区、海关货物检查便利化、发展电子商务等措施，能为各缔约国提供更多、更优质、更廉价的商品以促进游客消费；利用东南亚特有的旅游资源合作开发旅游生态圈，不仅能更好吸引世界各国的游客，也能带来更多收入；加强缔约方旅游合作机制，从旅游消费、文化领略、安全保障等角度加大合作力度，促进旅游产业发展；建立东盟旅游信息中心，能促进区域内游客信息更新与分享及时化、准确化，能降低运营成本，提高实际收入。

（四）巩固国际政治安全

两次世界大战给各国人民带来的伤痛将永远被世人所铭记。为了远离战争、维护世界和平，诸多国际组织都在积极处理国际事务、协调国际关系。联合国、欧盟、东盟等组织在维护地域安全稳定上做出了重大贡献。

当前，世界正处于百年未有之大变局，不断滋生的各种国际问题，包括民族独立、边界之争、主权挑战及恐怖主义等事件都刺激着各国的神经，将战争风险进一步抬高。而从经济学角度来看，归根结底，所有这些问题的主要原因之一便是区域发展不协调、不平衡、不充分。

RCEP 的实施将为维护地区安全、协调区域发展及助力世界和平做出积极贡献。具体来说，RCEP 要求加强各缔约国政治合作，有助于稳定双边关系长久发展；设立委员会及部长会议，有助于深化多边高层战略沟通；完善争端解决机制，有助于处理协议内商事经贸纠纷；统一卫生与植物卫生措施标准，有助于保障区域粮食安全；等等。这些都是 RCEP 带给世界安全合作的机遇。

（五）助力生态环境治理

自然灾害带来最直观的影响就是大量人员伤亡及巨额经济损失。由美国灾害流行病学研究中心（Centre for Research on the Epidemiology of Disasters）发布的紧急事件数据库显示，仅在 2021 年，全世界自然灾害就造成了 2 520 亿美元的经济损失，比 2020 年增加了 47%，比过去 20 年的平均水平高出 66%。世界气象组织（World Meteorological Organization）的数据显示，1970—2021 年，各类自然灾害，包括与水有关的自然灾害在内，在全世界造成的损失高达 3.64 万亿美元。

工业革命以来，人类活动对自然生态环境的改变及破坏是史无前例的。矿物燃料、化石燃料（如煤、石油等）在近一个世纪以来的大量开发与巨量使用，大量的硫化物、氢化物等有毒气体，以及二氧化碳等 100 多种温室气体被排放，是导致全球气候变暖的主要原因之一，间接加剧了全球范围内的大型甚至超大型自然灾害的发生，如台风、飓风、海啸、地震、火山爆发等；人为过度开发与狩猎使得大量物种灭绝，生物多样性急剧减少，自然界中物种的遗传基因库被破坏，生态平衡受到影响；享有"地球之肺"美誉的森林系统的面积，从 8 000 年前约 61 亿公顷（近 1/2 的陆地被森林覆盖），到 2019 年存量面积只剩 38.25 亿公顷；人类肆意将各种垃圾及工业污染废物倾泻到海洋之中，不仅导致海洋生物减少、死亡，或者部分生物物种灭绝，甚至还会通过食物链使有毒物质影响到人类自身。RCEP 强调在大力促进经济发展的同时，践行绿色发展理念，保护人类赖以生存但十分脆弱的生态系统。将环境保护与经济发展协调融合起来，不是简单的零和博弈，而是造福千秋的大事。

RCEP 加强海关、边检等机关的动植物卫生检疫检验，严厉打击非法走私避免外来物种入侵，有利于维持原有生态系统的平衡；持续抓牢对工业生产污染排放的监管、查处和惩罚，对违规企业进行经济处罚的同时，还需要对已经遭受破坏的生态环境进行修复、补偿；主动发展电子商务、无纸化贸易等低碳贸易新模式，减少碳排放污染；加强海洋环境治理，打捞并回收处理被排放到海洋的工业垃圾，保护海洋生物；合理规范航线建设，有助于减少远航运输产生的污染排放等。这些条款有助于区域生态保护发展，为世界生态环境做出贡献。

二、RCEP 框架下广西—东盟海上合作挑战

RCEP 旨在建设现代化、全面性、互惠性、高质量的经济伙伴关系，议题包括货物贸易、服务贸易、对外及外来投资、经济技术合作、知识产权保护、限制企业联盟的竞争政策、争端解决机制等。

任何事物的两面性都需要理性讨论。对 RCEP 成员国自身乃至全球都有如此多利益的协定，历时 10 年才正式达成，这不仅仅是因为其内容广泛、繁琐、复杂，更是因为协定本身也会给成员国带来许多挑战。关税的消减或是消除一方面能鼓励企业走出国门、促进本国出口发展，但是另一方面也会吸引国外竞争者的到来，抢占本土市场；同时服务贸易的量化宽松政策可能也会给许多不法分子钻法律漏洞的机会，间接壮大灰色地带的发展。对条款的深入理解，有利于各方将利益最大化、损失最小化。下面主要从关税、自由贸易区（FTA）和服务贸易三个方面进行分析。

（一）关税消减冲击商品贸易

征收关税不仅仅是一国政府增加其财政收入方式之一，更重要的还是政府调控宏观市场走向、保护本国企业及产业免受外部冲击、维护国民利益等目标的重要手段之一。然而在超贸易保护理论和逆全球化主义的影响下，有些政府不再将关税作为保护自身利益的工具，而是将其作为攻击他国市场的一种手段。征收关税虽然能保护本国企业免受外部冲击，但是由于缺乏市场竞争，企业容易故步自封、拒绝创新，社会生产力的发展会变得十分缓慢甚至停滞不前。

为了促进区域贸易发展、增强地区经济、实现贸易自由化和便利化，RCEP 十分重视关税的统一与协调。作为新兴区域经济合作协定，RCEP 从一开始就被外界寄予厚望，所以其自身也提出了十分高的要求，在关税消减方面也不例外。然而，不同成员国采用不同的关税减让方式和关税减让标准，这使得 RCEP 在统一关税和继续削减关税方面面临着挑战。

RCEP 的目的是尽可能地消除区域内缔约国之间的所有关税，然而这一目标难度十足。当关税水平降为零时，虽然可以显著提高大多数成员国的宏观经济效益和产出水平，但是部分成员国的部分领域也会受损。模型分析发现，在关税降为零时，有些国家由于工业体系不完善，产业结构低端化且优势产业趋于一致，竞争更为激烈，易陷入比较优势陷阱中，导致贸易条件出现小幅恶化现象。中国也可能会发生这种情况。例如，中国的畜牧产品，特别是牛肉、羊肉等肉制品的竞争力低于澳大利亚、新西兰和东盟部分国家。这种区域不均衡的发展情况可以理解为发展中国家在自由贸易的初期都将经历短暂的"改革"之痛。

（二）自由贸易区建设仍存难点

RCEP 的本质其实是 FTA 的一种，其目的都在于促进区域经济一体化和长远发展，其主要措施之一是消除贸易壁垒，促使常规产品与新兴服务在国家间、区域内自由流动。不过 RCEP 的缔约国更多，协定达成后便成为世界上最大的 FTA，所以其涉及的内容更为广泛和全面。这就造成 RCEP 在实施过程中和原有 FTA 协定产生了部分冲突。

首先，需要解决东盟内部缺乏"向心力"和"共同意志"的问题。RCEP 每个缔约国都率先重视并维护本国的利益，不太在意区域内整体的利益，并且 RCEP 同时包含发达国家和发展中国家，成员国间的经济体系和经济发展水平存在较大差距，加上文化、法律、思想文化、社会体制不同，这便可能会造成东盟各个成员国之间缺少相互信任和共同意志。这种缺失会导致东盟一体化在深化和拓展的过程中遇到阻碍。

其次，RCEP 内部的 FTA 整合问题。现有的 FTA 中，缔约国及各自贸协定的伙伴国对于货物贸易、服务贸易、投资协定等条款的具体规定都各不相同，这对于 RCEP 在区域内的统一整合造成了不同程度的困难。其中整合难度最大的 FTA 要数东盟—印度 FTA 和东盟—澳新 FTA。由于东盟和印度双方在协调敏感产品、统一原产地规定等方面分歧较大，所以东盟—印度 FTA 进展较慢。澳大利亚和新西兰对东盟国家在货物贸易领域达到 100% 的贸易自由度，即实施零关税；而反过来，东盟对澳大利亚和新西兰的贸易自由度分别为 96% 和 99% 左右。

再其次，由于 RCEP 与东盟成员国之间原有的 FTA 相互重叠，因此在某些方面、从某种程度上，将削弱原有贸易伙伴国之间的贸易优惠度，间接影响东盟的出口。例如，RCEP 对东盟内部国家可能形成贸易转移效应，以及更具威胁的贸易优惠侵蚀效应。由于东盟部分成员国原有的 FTA 很多已经达到了 100% 的关税消除，所以当东盟国家从原来价格更优惠的非 FTA 伙伴国的贸易进口转向现在价格更高的 FTA 伙伴国的进口时，这便形成了贸易转移效应，本国利益将会受到损失。此外，协定带来的优惠侵蚀效应和贸易转移效应还会使得东盟国家本地的出口导向型企业和进口竞争型企业，都面临来自 "10+5" 的竞争。

最后，RCEP 也面临着 CPTPP、USMCA 等一系列其他高水平自贸协定的竞争。以 CPTPP 为例，较高的行业标准、全面的影响范围使其在世界范围内备受关注，它不仅涵盖传统议题，如关税消减，也包括对外投资、政府采购、劳工和环境保护等领域。那些既参加 CPTPP 也参加 RCEP 的国家，如新加坡、马来西亚等国，将会受到 CPTPP 条款的巨大影响，这极有可能导致东盟国家内部的不信任、不团结，潜在地削弱东盟在东亚区域经济一体化中的中心地位。

（三）服务贸易规则尚待完善和优化

进一步深化区域内的服务贸易是 RCEP 的重要内容之一，目的在于通过消减各缔约国影响跨境服务贸易的限制性、歧视性措施，包括市场准入承诺表、黑白名单、国民待遇标准、最惠国待遇、国内法规等，实现区域内服务贸易自由化、便利化，推动区域经济发展。

然而，和 CPTPP 与 USMCA 等相比，RCEP 无论是在服务贸易规则的覆盖广度上，还是在规则实施的深入程度上，都存在一定的差距与不足。相较 CPTPP 与 USMCA，在例外规定、政策排除及自由化措施等方面，RCEP 内部的深度和水平差异也较大。各国的关注重心也不一样，金融、电信及数字贸易等新兴议题是协议内的发达国家更为关注的内容，而发展中国家更关注货物贸易规则、农产品等传统产业交易优惠等内容。

在市场准入、争端解决与商业存在等方面 RCEP 同样面临着水平较低的问题。例如，RCEP 采取"正面清单+负面清单"相结合的市场准入设置模式，并且其与市场准入相关的负面清单仅仅针对投资方面而非服务贸易等新兴领域，同时在部分敏感行业对于外企持股比例等仍存在限制性规定。在争端解决机制方面，RCEP 也面临同样问题，采用的是"缔约国—缔约国"的争端解决机制模式。不同发展程度的国家对开放程度的期望也存在差异。有较强服务竞争优势的国家大多采取了负面清单方式，发展中国家则更倾向于采取正面清单的方式，将开放部门和开放水平控制在合适程度。

第二节　RCEP 框架下广西—东盟海上合作机制分析

广西要实现经济高质量发展，需要主动对接中国—东盟开放合作。广西作为中国面向东盟合作的排头兵，在地理区位、资源禀赋、政策红利等方面有绝对优势。为充分利用现有优势，形成与东盟合作的示范效应，在推动自身经济发展的同时，为国家宏观战略转型做出贡献，广西需要主动运用 RCEP 带来的机遇。

广西—东盟海上合作的主要内容包括经贸、产业、港航等多个方面，RCEP 的生效将从金融、产业链、自由贸易区等方面为广西—东盟海上合作带来新动力。为了更好地理解并利用 RCEP，抓住其带来的各种机遇，本书基于国家及广西发展未来战略规划，从金融、产业链、自由贸易区、对外贸易、通道建设五个层次深入分析广西—东盟海上合作的机制。

一、RCEP 助力金融发展驱动海上合作

RCEP 的第八章、第十章、第十二章及第十五章等章节对促进区域内金融行业发展做出相关规定。在投融资渠道、市场消费层次、人民币国际化等方面助力广西经济金融行业发展。

（一）RCEP有助于扩宽金融投资的渠道

RCEP使得区域内投资准入、市场竞争、法律法规、规范标准等方面变得更加开放，在原产地区域累积规则、争端解决机制、服务贸易等方面建立了更加行之有效的合作规则。此外，广西区位优势明显，国家优惠政策的不断出台吸引了越来越多的外国投资者前来广西投资，广西的营商环境也逐渐走向成熟。例如，多家企业的区域性总部入驻广西南宁的"中国—东盟金融城"，各大银行、金融服务企业、证券交易所等高端平台入驻广西，金融监管机构集聚落地南宁，带来大量资本。另外，协定进一步深化贸易和投资的透明度，将使得广西与东盟各国的经济贸易联系得到加强，也会促进中国企业对国外市场的开拓。

（二）RCEP有助于提高东盟各国的消费层次

随着RCEP的实施，跨国公司的商品成本将逐渐降低，因此各成员国对进出口商品的需求将不断增加，从而导致更多优质、多元化的产品进入国际市场。RCEP降低了成员国之间出入境手续的难度，简化了多项手续，将对各国居民的国际旅行、教育、医疗和投资产生积极影响。这不仅促进了成员国旅游业和酒店业的发展，也促进了零售业、医疗业和教育业的发展。此外，随着RCEP的签署，语言消费需求将逐渐增加。语言消费需求是指个人或群体在交际过程中所满足的语言转换需求，包括不同国家之间的政策解读、商务谈判、日常交际、跨文化交际等。广西与东盟国家的合作越来越紧密，语言消费需求也是未来发展的必然趋势。

（三）RCEP有助于加快人民币国际化进程

电子商务使得人民币国际化拥有了更良好的应用场景。中国作为全世界最大且渗透率最高的电子商务市场，将为前来投资的各国跨境电商企业带来可观的利益。同时，以人民币进行计价结算，能够降低可能面临的汇兑风险，也成为跨境电商进入中国市场的内在动力。RCEP单独设置的经济技术合作章节，扩大了人民币的使用范围，对经济发展相对落后的国家提供经济技术支持，人民币的真实需求将在其对于相关基础设施建设的融资过程得到进一步激发。为进一步降低市场准入门槛，中国首次以负面清单形式在RCEP投资章节中的自由贸易协定项下对投资领域进行承诺，以便中国资本市场加大开放力度，从而对人民币国际化产生催化作用。RCEP单独设置了中小企业章节，跨境电商交易量将随着中小企业的进出口需求增长而增加。这既有利于推动跨境支付行业的繁荣，也将进一步发挥人民币计价结算的国际货币功能。

二、RCEP 拉动全产业链发展驱动海上合作

RCEP 15 个成员国总共拥有 22 亿人口，GDP 总额达 25.6 万亿美元。区域内对外出口额达 5.6 万亿美元，吸引外商投资 3 700 亿美元。青年是深入推进 RCEP 的中坚力量，截至 2021 年年底，RCEP 成员国中 15~44 岁的人口约有 9.2 亿，是欧洲和北美地区总人口的 2.2 倍，占区域内人口总量的 44.2%。RCEP 成员国具有绝对的人口优势，但经济生产总值只占全球经济生产总值的 30%，贸易总值只占全球贸易总值的 25%。随着世界经济发展的重心正在逐步向亚太地区转移，这种不平衡、不充分的发展格局将得以改善，亚太地区未来发展潜力十分巨大。目前，东南亚地区是世界供应链、产业链的重要一环，RCEP 的深入推进将有利于中国产业格局高端化，拉动全产业链的发展。

《广西高质量实施 RCEP 行动方案（2022—2025 年）》提到，广西需要大力构建智能终端、新型产业、封装测试、网络通信等产业集群，大力发展向海跨境产业链，积极促进沿海沿边跨境产业链，构建西部陆海新通道沿线物流链，推动与 RCEP 其他成员国科技创新和新兴产业合作等，推动贸易和产业融合发展。

（一）RCEP 促进经济技术合作，提升产业链升级效率

RCEP 中的关税消减、服务贸易开放、海关审批便利化、投资准入等条款都有利于推动成员国的经济技术合作，改善区域整体营商环境。同时，"东亚+东南亚+大洋洲"这三个不同地理区域在 RCEP 的推动下纳入了同一个经贸合作框架，有利于三个地区的产业融合，进而加速新"三大洲"区域生产网络的形成。此外，RCEP 的原产地区域累积规则不仅降低了原产地门槛，还大大便利了区域产品的流通，加强了成员国之间生产部门的分工合作，助力中国（广西）自贸试验区加大纺织、服装加工、机械及钢材等优势产业在区域内各国的布局和发展力度。并且，RCEP 在循环产业链中建立了"供需"合作关系，将促进制造业、纺织业等劳动密集型产业向具有资源和劳动力优势的东盟国家转移，为这种供给提供更多的资源需求关系保障机制。

（二）RCEP 加剧市场竞争，促进产业链升级

RCEP 的有效实施不仅有利于关税的进一步降低，还有助于非关税贸

易壁垒的减少，特别是对贸易自由度的大幅提升。该协议将增强中国（广西）自由贸易试验区在国际和国内两个市场协调配置资源的能力。这不仅有利于中国（广西）自由贸易试验区的企业以更低的成本实施与东盟的产业链跨境建设，促进广西参与国际产业链分工，也有助于突破产业链的僵局和封锁，助力推动西部产业链向中高端转移升级，推动产业高质量发展。此外，得益于 RCEP 采用的原产地区域累积规则，生产企业可以在整个区域内选择最佳的生产链和供应链进行布局，构建新的价值链网络，这有利于打破国家或地区的限制，提高生产效率，实现产业布局灵活性和多样化。

（三）RCEP 推动金融合作，支撑产业链升级

据美国彼得森国际经济研究所测算，从出口产量来看，在 RCEP 的带动下，2030 年中国出口预计将净增加 2 480 亿美元。从进口看，中国的进口增幅将介于 36.56%~77.99%。RCEP 在服务贸易、投资、电子商务及经济技术合作等领域提出具体条款，其新要求、多领域、高标准的合作机制将为中国吸引海量的外资进入，而广西又将承接其中的大部分。随着大量金融资本的到来，投资者对中国产业发展国际化的信心必将增强，国外消费者对中国商品和服务的贸易需求也会得到巩固和扩大。同时，RCEP 成员国之间的产业链、供应链协作成本将随着贸易壁垒的消减而有效地降低。这对中国产业链、供应链及价值链的国际化发展有着十分重要的正面影响，广西的产业链升级也将受益。

（四）RCEP 优化贸易发展，促进产业链与供应链融合发展

缔约国间的关税壁垒及非关税壁垒将随着 RCEP 的实施逐步消减，从而有助于彼此间贸易便利化水平的提高，进一步释放广西对外贸易的潜力。

RCEP 采用原产地区域累积规则，广西可在成员国范围内自由选择和拓展原材料采购市场，更加科学、合理地布局海外供应链设计，最大限度地降低进口成本，提升供应链的灵活性和多样性。另外，广西作为连接 RCEP 区域的枢纽，将加强自身与 RCEP 成员国的跨境产业链合作作为推动，向下可拓展深化跨境产业链，向上可引进优质企业，提升产业竞争力。

三、RCEP 推动自贸区发展驱动海上合作

世界上人口最多、经济商业规模最大、发展潜力最大的自由贸易区随着 RCEP 的生效而正式启动，RCEP 建立了本地区统一的国际贸易、对外投资和经济合作体系，有助于发挥地区经济"整合者"作用，为中国、东盟国家、其他 RCEP 成员国乃至世界经济增长提供新的强劲动力。中国（广西）自由贸易试验区肩负着国家赋予的重要使命，将建设高标准、高质量的自贸区，引领中国与东盟开放合作。全面了解 RCEP 规则，明确 RCEP 的深入实施给中国（广西）自由贸易试验区发展带来的综合机遇，对于广西尤为重要。

RCEP 的生效实施将使中国自贸区发展理论的有效性和科学性得到验证，也将为进一步深化自贸区战略理论、更好地指导具体实践发展提供深刻启示。

（一）RCEP 有助于强化中国（广西）自由贸易试验区主导地位

中国（广西）自由贸易试验区是广西重点发展区域，也是西部地区参与"一带一路"国际经贸监管的重要窗口，是深入实施 RCEP 的实验区域。广西地理区位优势突出，与东盟国家陆海接壤，是中国对东盟开放合作的边界和门户。截至 2021 年，中国与东盟的投资合作企业和机构已经超过 1 200 家，签订的协议投资总额达到 169.8 亿美元。广西连续多年的第一大贸易伙伴都是东盟。现在随着 RCEP 的签署和生效，大部分缔约国之间的关税将立即或在 10 年内逐步降至零。其中，商品贸易中 90% 以上的品类将实施零关税，这为中国（广西）自由贸易试验区拓展全球贸易市场、加快贸易商品种类和贸易方式多元化创造了有利条件。同时，从要素配置方面看，RCEP 有利于中国（广西）自由贸易试验区在全球范围内引入更多有竞争力的市场主体，使得资源要素配置进一步优化，在更自由地要素流动中共享合作红利，强化广西区位优势。

（二）RCEP 有助于吸收大量外资在广西投资设厂

RCEP 的区域经济一体化进程将带来大市场效应，通过税费减免、贸易投资便利化等措施，在吸收大量国外资本的同时，能为成员国企业提供共享的巨大市场空间。协定的合作机制有利于加强广西对日韩两国的招商引资力度，吸引日韩两国将本国高水平的汽车零部件、化工新材料、数控机床、高端金属和电子信息等优势产业带到自贸区。澳大利亚和新西兰在

矿产资源、农产品、畜牧业等方面，相对 RCEP 其他缔约国具有比较优势，广西可以吸引两国投资者到园区投资矿业、食品、纺织加工等产业，甚至可以在自贸区内设立产业园。另外，中日首次达成关税减让安排，广西可以充分利用这一点，鼓励广西企业从日本进口集成电路、汽车零部件等零关税商品，并扩大向日本出口甘蔗、蔬菜等优势特色农产品。

（三）RCEP 有助于完善法律机制

由于 RCEP 内大部分缔约国还是发展中国家，且各国经济发展水平差异较大，在经贸合作及事务处理等方面协调难度较大，所以 RCEP 注重争端解决机制的建设，以及法律制度建设与合作。例如，RCEP 承认各成员方在经济与文化上的异质性，以灵活的安排方式促使各缔约方高需求与高标准之间达到平衡。尽管 RCEP 并未采用投资者—国家争端解决机制（Investor-State Dispute Settlement），现阶段的争议解决机制仅限于缔约国层面的，但为 RCEP 成员国完善争端解决机制留出了发展空间。另外，RCEP 中投资规则的透明度、信息的可获得性，以及投资规则适用的一致性和可预测性，都会提升广西参与区域分工生产、融入全球价值链的程度。同时，与投资相关的行政审批程序效率的提高，可通过加强投资促进多方面的国际合作，以补充现阶段广西对外投资和吸引外资投资便利化的不足。

四、RCEP 加快对外贸易发展驱动海上合作

面对当今复杂多变的世界经济发展形势，广西要以新发展观为指导思想，以签署 RCEP 为契机，以东盟海上合作为抓手，积极扩大对外开放，抢抓时代的发展机遇，战胜各种困难、跨越潜在障碍，深层次融入 RCEP 和"一带一路"倡议，有力推动广西对外贸易经济高质量发展。

（一）RCEP 有助于发挥贸易创造效应，推动广西外贸发展

贸易创造效应主要通过关税降低和贸易多元化两种方式实现，有助于促进成员国之间的贸易发展。同时，贸易创造效应带来的积极影响能够削弱贸易转移效应带来的负面影响。区域贸易协定可以通过减少贸易限制，增加区域内贸易往来，降低贸易所产生的消极影响。这一理念随着 RCEP 减税，使成员间贸易增加得到了印证。同时 RCEP 的签署，使得贸易伙伴的商事关系从区域外逐步转移到区域内，进而加强了成员国之间的贸易合作。RCEP 的实施将进一步释放成员国的贸易潜力，这意味着加入 RCEP

比不加入协议更有利，成员国的贸易创造效应将抵消贸易转移效应造成的损失，同时成员国享受 RCEP 在外国直接投资、技术共享、竞争条款等方面的福利。例如，RCEP 有助于降低制造成本，一定程度上减轻了外贸公司的成本压力。RCEP 成员国实行统一标准，有利于外国公司的投资。

（二）RCEP 有助于关税减免，助力广西对外贸易新发展

广西对外经贸合作的主要方式是商品货物贸易，这也是 RCEP 的重要内容之一。广西的机电产品、农产品和铜矿、铁矿等资源性产品的供应，大部分都来自其他 RCEP 成员国。区域内的关税壁垒将随着 RCEP 的实施被逐步取消。一方面，这有利于增加广西进口商品的种类，满足广西区域内多元化的消费需求。另一方面，这有利于降低广西外向型企业的出口成本，从而增强广西出口产品的竞争力。RCEP 区域内的其他市场有所改善，特别是为广西对日韩澳新等国的货物进出口发展带来新机遇，有利于增加从日韩等国进口高新技术产品，诸如电子信息、数控机床、集成电路及关键零部件等。并逐步消除双边贸易壁垒，出口和进口双管齐下，促进国际产业布局。同时，贸易便利化水平的提高减少了非关税贸易壁垒，国家市场的多元化也将扩大广西的出口规模。

（三）RCEP 有利于保持和提高广西贸易水平

RCEP 成员国在世界贸易总量中的份额将随着协定的生效而增加，贸易地位将逐步改善，但多数参与方仍处于全球产业分工和价值链的中下游。RCEP 将通过原产地区域累积规则、经济技术合作与竞争等规定，鼓励成员国在协定区域内完成所有的生产制造环节；通过明确协定内的循环利益，帮助各国提升产业链水平，培育上游竞争力。此外，中国与其他 RCEP 成员就加强贸易往来达成共识。从产业竞争互补来看，RCEP 未来将在一定程度上加剧中日韩等国在高端产品方面的贸易竞争，尤其在机械设备、汽车产业、电子芯片等高科技行业，但同时将通过贸易互补进一步深化与多数成员的贸易往来、产业合作、科技交流。广西在享受 RCEP 制度红利的同时，需要在优势产业方面加强创新研发，增强自身竞争力。

（四）RCEP 为广西服务贸易带来新机遇

一方面，RCEP 对中国与东盟双边服务贸易的推动，相当程度上需要依赖于双方服务贸易互补程度。东盟国家正处在经济高速发展阶段，需要大量从中国进口商品、建筑等方面的配套服务。RCEP 让中国与东盟国家在商品相关服务贸易和交通运输服务贸易中，形成了较强的双向互补关

系，这种关系会极大地促进广西服务贸易发展。

另一方面，RCEP 在金融、电信等重要领域，以及新兴服务领域采取渐进式的开放政策，进行服务贸易一体化的深度合作。例如，RCEP 条款下数字基础设施的完善与合作，将推动中国与东盟成员国间的电子商务与线上数字交付、电子金融服务贸易等，使广西在新兴服务贸易领域形成出口竞争优势，重塑产业价值链，减小服务贸易逆差，形成新的国际贸易竞争力，提质广西服务贸易。

五、RCEP 促进通道建设驱动海上合作

从区域位势看，广西在中国与 RCEP 其他成员国的经贸合作中处于重要地理位置。未来，北部湾经济区可以与京津冀、长三角、粤港澳、成渝这四大国内开放性经济"增长极"相连接，构成稳定的经济增长结构。

随着 RCEP 的生效实施，广西乃至中国西南地区与东盟各国构建产业链、供应链一体化市场的进程将逐步加快。RCEP 将助力东南亚—太平洋区域国家通道建设，为全球供应链、产业链及物流产业建设做出贡献。

经济基础决定上层建筑。没有好的交通运输系统，不单区域互联互通难以实现，连最基本的生产物资交换也十分不易。RCEP 中关税减免、实施原产地区域累积规则、经济技术合作、简化自然人流动、加强服务贸易等条款会促进区域经济、贸易和投资的发展。所有经贸往来都建立在交通物流的基础上，发达完善的区域交通网络与区域经济发展呈现相互促进的关系。

(一) RCEP 促进广西物流金融发展

物流金融是指为生产链、物流链的上下游企业提供融资等金融服务的金融业务，它是随现代物流产业与生产、金融交相融合的发展趋势应运而生的。从宏观层面看，生产、交通、金融的深度融合可以有效促进供应链的畅通，促进区域交通、物流和贸易的繁荣。从微观层面看，物流企业可以通过开展物流融资业务，对整个供应链流程进行有效监控，确保供应链产品运输的质量和效率，强化客户的黏性需求，进一步赢得市场份额。

一方面，广西与东盟国家的贸易合作将随着 RCEP 的签署得到极大发展。畅通高效的物流是贸易合作的基础支持，RCEP 的签署将促进广西物流业的发展。另一方面，研究表明，中小企业占广西市场主体的 99% 以上，贡献了广西 70% 以上的税收和 80% 以上的劳动力就业岗位。可见中小

企业在广西经济社会发展中发挥着重要作用。然而，中小企业的发展又经常受到融资难、融资贵问题的限制。这种情况下，物流融资模式能够为缺乏资金的中小企业在货物流通连接中提供一种新的融资方式，为解决中小企业融资难问题提供新的解决方案。加快发展物流金融，对促进广西金融、物流和中小微企业发展具有积极作用。

（二）RCEP 促进广西立体交通网络建设

RCEP 第四章海关程序和贸易便利化对通关有明确要求。每一缔约方应采用或引入简化的海关程序，以有效放行货物，确保在尽可能短的时间内遵守海关法律和法规，并在可能的情况下，在货物到达并提交所需信息后 6 小时内放行。要想达到协定目标、最大限度缩短货物通过时间，需要简化海关程序。例如，中国与中南半岛跨境运输畅通，将增加中越跨境公路和铁路运输，促进跨境铁路列车常态化、规模化运营。同时，需要配套的基础物流设施，重点建设西部陆海新通道、平陆运河，畅通跨境物流通道。以西部陆海新通道为带动，推动北部湾港海铁联运高频化、规模化运营。从货物产地到装船运输、从船舶卸货到仓库存储、从货物分类到精准配送，每一步都离不开强大的物流体系的支撑。为了更好地为广西贸易发展服务，从宏观政府政策层面到微观企业执行层面都有对基础物流网络的要求。这些发展要求将促进广西交通网络进一步完善，形成联系中国西南部并直通东盟各国的网络体系。

（三）RCEP 促进供应链与物流链相互作用

广西北部湾港作为中国—东盟发展最直接的门户港，在 RCEP 有利条件的推动下，客运和货运航线不断拓展。广西目前开辟了多条与东盟等国家的直航航线，大力推进与越南、日本、泰国等国家的集装箱船舶往来，不断扩大广西的"贸易朋友圈"，解锁更广区域的物流网络。

据中国国家铁路集团有限公司发布的数据，2022 年，西部陆海新通道铁海联运班列累计发送集装箱 75.6 万 TEU，同比增长 18.5%。货物流量的增加和供应链升级需求的逐步增加，将有助于畅通广西走廊沿线的产业链和供应链。产业互动合作也会加强区域供应链建设，公路、铁路、海运、航空等物流运输方式，配合各国海关审批放行政策，加快了广西交通基础设施建设，从而推动交通网络发展。

第三节　RCEP 框架下广西—东盟海上合作障碍分析

一、自贸区建设滞后阻碍海上合作

（一）制度红利的逐步消失与新一轮政策的不足

一方面，中国（广西）自由贸易试验区的先行价值将随着 RCEP 的有效实施逐步降低。RCEP 明确要求在协定生效后 6 年内将正面清单转为负面清单，并在 10 年内实现 90%以上的货物贸易零关税。这意味着，中国（广西）自由贸易试验区现有的优惠政策可以变成普惠性政策。国内企业减免税的利好将被逐步稀释并趋于稳定，中国（广西）自由贸易试验区的经验与利好将变得相对有限。同时，中国（广西）自由贸易试验区的招商引资和产业发展将面临更大的竞争压力。

另一方面，中国（广西）自由贸易试验区在一些领域的制度性开放还需进一步探索，资源要素配置能力有待提升。自贸区在信息收集、原产地证书签发、市场推广等方面尚未建立有效的管理机制和行动办法。广西的营商环境还存在一些短板，有的政策从制定到落实缺乏比较科学的论证，有的政策则被卡在"最后一步"。如果不能按照对标一些高水平自贸协定的标准来优化改善营商环境，实现与 RCEP 规则的完美对接，打造高水平的制度开放高地，营造优良的生活和营商环境，广西优质要素有可能出现"顶层转移"。

（二）与东盟各国签订的 FTA 存在竞争

广西在设计、生产、销售、交货和售后服务等企业价值链主要环节与 RCEP 内大多国家存在竞争关系，这便是园区产业定位差异化不足的表现，易造成与东盟国家的重复建设或恶性竞争。中国（广西）自由贸易试验区现仅形成了空间格局的产业集群，尚未形成紧密的产业链。此外，广西的成本优势正在逐渐丧失。RCEP 的最惠国税收政策强于中国—东盟自贸区，抵消了跨境贸易相对于一般贸易的免税优惠，对边境地区的脱贫攻坚作用更大，且边境贸易受到较大影响，国际合作园区生产原料成本低的相对优势逐渐丧失。当前跨境金融发展对跨境贸易的支持力度不够，跨境金融产品和服务缺乏创新，阻碍了资金跨境自由流动。此外，广西与东盟共建自贸区，熟练劳动力不足，素质人才匮乏，管理体制不健全。此外，园区对外事务管理和入园咨询服务平台也不完善，所以中国（广西）自由贸易试验区"软环境"亟待提升。

中国（广西）自由贸易试验区各成员国经济、文化、制度差异较大，凝聚共识、弥合分歧、推动自由贸易条款全面落地还有很长的路要走。RCEP 的关税减免政策，以及贸易投资便利化、自由化的发展，使得广西区域内税基侵蚀和利润转移问题将变得突出。如法律体系与监管机制不够完善且协调力度不一致，企业合理避税将有可能转变为偷税漏税，关税减让和税收征管的工作量会显著加大。广西地处边界，接壤越南，与偷渡走私相关等问题也不可放松警惕。

二、产业链不健全阻碍海上合作

（一）现有产业外迁，市场份额被挤占

《广西统计年鉴2021》数据显示，2022 年广西第一产业、第二产业和第三产业占广西全年生产总值的比重分别为 16.2%、34.0% 和 49.8%，可以看出第二产业在广西三次产业结构中仍占据重要地位。广西第二产业的支柱行业主要是以劳动密集型产业和资源密集型产业为主的食品加工业、服装制造业、纺织业及钢铁制造业等。广西产业整体结构不够优化，传统农业大而不强，且产业化程度较低，存在低端产业转移后经济空心化风险。例如，一方面，牛肉、羊肉、小麦等澳大利亚具有竞争优势的产品将随着 RCEP 的生效加速流入广西，进一步冲击广西农产品市场，加剧广西农业竞争压力，压缩广西农业市场份额。另一方面，低端制造业如服装制造业、纺织业需要依靠大量的廉价劳动力，随着国内劳动力成本的不断上升、生态环境修复成本越来越高，以及 RCEP 促进区域非关税壁垒的消除，东盟其他国家，如缅甸、越南、印尼等国的劳动力优势逐渐显现，与广西的产业竞争将进一步加深，广西低端制造业将可能会流向境外。

（二）广西产业结构层次低，竞争激烈

目前，广西资源型、高耗能、低附加值产业比重较大，六大高耗能产业占比接近 40%，高附加值产业占比却不足 10%，核心竞争力不强。

一方面，广西的制造业主要包括低成本汽车、电脑、家电、钢铁和船舶生产。中国（广西）自由贸易试验区的电子信息、跨境电商、新能源汽车等重点新兴产业在 RCEP 生效后会面临更大压力；从事钢铁、船舶生产

等低附加值集中的加工制造业、企业对外部竞争非常敏感，不利于促进竞争。同时，澳大利亚具有十分丰富的矿产资源，在高级资源方面具有比较优势。广西的资源和劳动密集型企业可以将产业链下游和产品生产过程转移至澳大利亚和东盟部分国家，以便充分利用各国的优势。

另一方面，RCEP正在逐步构建与中国具有一定竞争关系的"东亚+东南亚+大洋洲"区域产业链，可能会加速中国和广西部分产业的退出。在RCEP打造的区域产业扩散的竞争环境，以及国际产业链、供应链安全问题的相互叠加影响下，越来越多的厂商正在推动与东盟国家共享布局，"一带一路"倡议将快速发展。

（三）广西—东盟跨境产业链合作层次有待提高

首先，中国—东盟已搭建了诸多合作平台，如中国—东盟博览会在广西南宁永久举办，但目前，双边跨部门、跨领域、跨层级的体制性改革相对较少，一些关键政策缺乏吸引力和落地性。

其次，中国虽然拥有世界上最完整的工业体系，但在有些核心技术上仍依赖于发达国家，在许多高水平技术上经常面临来自欧美等国家的"打压"。同时，产业链扩张缺乏配套设施，产品深加工不足，受制于美国贸易战和技术封锁造成的区域合作深化。中国区域产业链的驱动力也收紧了限制。广西优势产业发展面临外部竞争压力。

最后，自RCEP签署以来，中国各省各地区抓住RCEP合作机遇，围绕与东盟各国的合作定位、合作平台、合作机制、合作领域展开激烈竞争，纷纷融入RCEP合作，并将其作为"十四五"规划的一个重点。如果广西不加快步伐，抢抓机遇，还将会面临内部的激烈竞争，区位优势将逐步丧失。

三、金融业基础薄弱阻碍海上合作

金融业作为现代化国家的经济支撑之一，在世界各国及国际组织中都受到重点关注。良好的金融业不仅能为中小企业及大型企业提供资金融通、资产管理、风险防范等方面的便利，也能为国家层面在就业、财政储备、汇率监管等关乎国民生计的领域提供支持。RCEP的正式生效也将推动区域金融深度合作，促进经济发展。但是更加开放、更加自由、更加便利的金融合作体系，也将给各缔约国的金融业带来挑战。广西如何在直接面向东盟市场的金融环境中站稳脚跟，将是广西金融业的一大难题。

（一）金融基础设施较为落后，不能满足高质量发展

金融基础设施可以从支付系统建设和跨境征信体系建设两个维度评估。

从支付系统建设情况来看，虽然东盟十国已经实现了人民币跨境支付系统（CIPS）的全覆盖，但是部分周边国家，仅有少数银行以间接参加者身份加入CIPS，与中国进行贸易时的人民币跨境清算仍以环球银行金融电信协会（SWIFT）系统为主。以美国为主导的SWIFT体系早已成熟完善多年，并成为全球最主要的跨境支付结算系统。想要在短期内以CIPS系统打破SWIFT系统在全球跨境支付中的垄断地位，实际上仍有较大难度，人民币国际化任重而道远。

在跨境征信体系建设方面，广西与东盟金融业务往来的主体是央行、大型商业银行等金融机构，小微企业参与不足。这制约了两地征信产品创新，也导致征信数据库不衔接、不完整，存在征信报告不对称等问题。一些欠发达的东南亚国家，难以支撑跨境人民币业务拓展的主要原因，在于区域间缺乏高效、便捷、安全的支付结算平台，金融市场发展较为落后。广西作为中国与东盟直接接壤地区，也缺少现代化的清算结算金融工具。从支付系统到征信系统的不完善，都造成广西与东盟各国金融业发展不均衡、融资渠道狭窄等问题。

（二）金融服务、金融监管和金融风险防范能力不足

金融服务方面，没有充分发挥财政、融资、税收及土地等相关配套政策的正向激励作用，是广西各级政府及相关部门对新入桂产业的政策和资源支持较少的主要原因。中小企业为广西提供了大量的就业岗位，然而中小企业对政府金融相关政策的理解与运用少之又少，甚至许多中小企业都不知道有政府扶持项目。

金融监管方面，目前能被RCEP区域内各国一致性认可的高标准监管框架在中国与东盟的合作中尚未建立完善，各国之间的金融监管合作尚停留在表面。在市场准入与退出、股权比例、黑白名单、业务开展、风险管理等相关金融监管规则制度尚不统一的情况下，加上RCEP要求的高标准、高透明度，以及实行负面清单等原则，广西金融监管也将受到巨大挑战。

金融风险方面，金融风险的防范主要依靠央行、银保监会等政府部门和市场规模较大的金融机构合作做出政策调整。广西金融机构数量较少且

总体规模较小，金融活动的信用担保体系也不够完善。当前，除了大型的金融机构外，没有国家背景的中小型金融机构很难开展业务。政府不可能同时照顾到所有企业，而中小企业一旦失去金融机构的监管，风险防范能力将进一步减弱。

（三）内外部形势复杂，面临多重压力

从外部形势来看，一方面，2018 年以来美国单方面发动"贸易战"，新冠疫情暴发、缅甸发生政变、美联储实施新一轮量化宽松货币政策、斯里兰卡宣布国家破产等一系列全球重大事件，都加剧了包括中国和东盟部分国家在内的中小经济体的金融市场的不稳定性。另一方面，美国为维护其美元霸权和世界经济领导地位，将 RCEP 视为其一大威胁，不断拉拢日、韩、印、澳等国，重新调整亚太政策。

从内部形势来看，由于各国在政治制度、社会环境、经济政策、历史文化等诸多方面存在较大的差异，特别是有许多敏感性问题，成员国之间金融合作的内部风险依然存在。虽然得益于人民币的稳定性，中国在区域经贸合作中的金融话语权逐步上升，但是 RCEP 内大部分国家的跨境支付结算仍主要以美元为主，各国仍对美元存在较强的路径依赖。同时，在人民币国际化的进程中，RCEP 的实施将加剧中日两国货币的竞争。中日货币将形成何种新型关系也是深化东亚货币合作必须破解的难题。

四、投资风险加剧阻碍海上合作

RCEP 的第十章对区域投资做出了详细明确的规定。为促进区域投资发展，实现投资自由化、便利化，协定在实施范围、国民待遇、最惠国待遇、损失的补偿及投资的促进等方面，加强了各缔约国之间的合作。然而协定在经济、社会、政治环境等具有较大差异的成员国之间实施时，会遇到诸多问题，企业对外投资面临的挑战也将会更多且更复杂。

下面本书将从常规风险、内部竞争和外部压力三个方面展开分析。

（一）常规投资风险

常规投资风险主要包括：经济风险、社会风险、法律风险。

经济风险是指因经济前景的不确定性，各经济实体在从事正常的经济活动时蒙受经济损失的可能性。它是市场经济发展过程中的必然现象。广西的对外投资主要集中在附加值较低的低端制造业，并且大多都面向 RCEP 中经济发展程度不高的国家。这些国家的金融监管和防范体系不够完善，抗风险能力较差，所以广西企业对外投资易遭受经济风险。

东道国社会环境变动导致的对外投资发生损失的可能性是社会风险的主要衡量指标。广西有诸多少数民族聚居，但其与 RCEP 区域内相接壤的东盟国家的宗教信仰差异化明显，存在一定的宗教矛盾。各国的语言文字和风俗习惯等差异也使得商事投资变得更为困难和麻烦，民族、种族问题亦时有发生。这些问题给 RCEP 国家的中国企业带来极大的困扰，广西企业对外投资也需十分重视这一问题。

法律风险是指因东道国法律不完善或执法不严而产生的投资风险，也包括投资者因违反东道国法律、法规或规章制度而面临法律处罚的投资风险。RCEP 共有 15 个缔约方，法律环境和法律制度各不相同，在法律法规、税收政策和程序等方面存在较大差异。许多发展中国家存在法律不完善甚至日常法律不完善的问题。由于不熟悉当地法律，投资者经常面临运营成本增加的风险。

（二）RCEP 内部存在投资竞争

RCEP 的成员国中既有日、韩、澳、新等发达国家，也有缅甸、老挝等发展中国家。面对投资更加自由化、便利化的广袤市场，各国都想尽早占取市场。

一方面，广西在参与 RCEP 区域内对外投资时，低端制造业会受到越南、菲律宾、印尼等劳动力更廉价、法制监管更宽松的成员国的激烈竞争，新兴产业会受到日本、韩国、澳大利亚等国的高新技术企业的有力竞争。例如，苹果、耐克等公司先后将生产工厂转移到越南、印尼等国以获得低成本优势，广西的本土外贸企业则更愿意去营商环境更好、开放力度更大的国家投资。

另一方面，日本、韩国和澳大利亚等国虽然是 RCEP 缔约国，但在政治上一直追随美国。美国对中国高新企业的打压，将给中、日、韩、澳经贸合作带来难以预料的挑战。例如，在美国的拉拢下，日本对中国实施了一系列十分隐蔽的限制性措施，导致日本企业对华直接投资越发慎重甚至是规避。另外，广西与东盟各国对于投资便利化的牵头机构或者联络点、协调机构还未设定，也存在投资便利化的国际合作架构中缺乏定期协商机制等问题，这将给广西对外投资带来挑战。在复杂的竞争市场中，广西的外贸企业需要步步为营才能站稳脚跟。

（三）外部投资环境不容乐观

RCEP的实施既有利于广西外贸企业拓展国际市场，但同样会使其面临外部环境的挑战。

一方面，美国限制中资企业在美投资，同时通过立法等形式禁止其他发达国家的高新技术企业与中国外贸企业进行出售、生产等商业活动，对中国高新技术企业进行全方面打压。美国还在国际社会上笼络其盟友，不断造谣、抹黑中国，试图污名化中国良好的国际形象与营商环境。

另一方面，东盟国家有的已经签订了许多国际投资协定，不仅包括RCEP，还包括CPTPP和USMCA等协议。广西企业对外投资也需要面对CPTPP和USMCA的竞争。CPTPP在经贸协定等方面具有更高标准，对国有企业、竞争政策和知识产权等方面有更高的要求。此外，中国正在积极申请加入CPTPP，美国也意图重返并主导CPTPP。能否在与CPTPP成员国企业的市场竞争中获胜，将是广西外贸企业的一大挑战。

五、中小企业发展危机阻碍海上合作

中小企业在活跃经济、提供就业、加速创新等方面发挥着不可忽视的作用。数据显示，经济合作与发展组织（OECD）国家的中小企业出口量占比20%~40%，所以几乎所有国家，以及经济合作组织都出台各种政策措施扶持中小企业的发展。RCEP在第十四章规定缔约方同意在协定上提供中小企业会谈平台，以开展旨在提高中小企业利用协定并在该协定所创造的机会中受益的经济合作项目和活动，将中小企业纳入区域供应链的主流之中。协定强调充分共享RCEP中涉及中小企业的信息，包括协定内容、与中小企业相关的贸易和投资领域的法律法规，以及其他与中小企业参与协定并从中受益的其他商务相关信息。

另外，RCEP在海关程序和贸易便利化、信息共享义务与合作义务、争端解决条款、电子商务和知识产权保护等方面对中小企业做出支持，也为中小企业和跨境电商搭建了更广阔的平台，促进中小企业积极参与对外贸易。广西的中小企业占全区经贸总值的比例不低，但是广西本土外向型中小企业要想拓展国际市场，也面临着诸多问题与挑战。

（一）RCEP政策协调能力弱，中小企业难以理解

首先，RCEP相比于CPTPP及USMCA等区域经济协定，在区域政策合作层面缺少中小企业委员会及中小企业定期对话机制。这使得大部分广

西外向型中小企业及民企信息渠道不畅通，缺乏获取出口机会的信息，不能及时感知市场的变化、了解同行竞争者的动向，容易在和来自日、韩等经济发达国家的老牌企业的激烈竞争中处于下风。

其次，中小企业对 RCEP 政策掌握不全面、吃不透，可能导致广西外向型中小企业再度面临挑战。例如，面临烦琐的通关、行政手续带来的成本上升。这显然会降低其市场生存能力。中国与东盟各国签署的 FTA，内容大体一致，但也存在诸多差异。如未能了解到这些法律法规上的差异，可能导致不必要的麻烦和损失。广西外向型企业缺少对进军市场的深入了解，更谈不上有效适用 RCEP 原产地规则，难以享受到最大限度的优惠。

最后，想要更好地利用 RCEP，在东盟这个内部差异化明显的市场中谋求发展，广西的外向型企业需要结合东盟各国的风土人情、宗教习俗，了解不同地区居民的不同消费需求，对整个区域内的大市场数据进行实时跟踪、分析并进行合理预判，提高信息捕捉的速度，同时深入理解 RCEP 各章的条款。这些问题十分考验企业价值链的顶层设计，广西外向型企业的价值链内外延伸、战略制定、人才储备、运营推进及运维保障等重要环节遭遇了新的挑战。

（二）来自企业自身和外部的双重压力

一是中小企业相比于大企业，普遍缺少完善的财务管理、风险监管、人力资源、法律服务等支撑体系。贸易自由化的实施削弱了发展中国家的生存能力和中小企业的竞争力。比如在招商引资方面，融资渠道少、成本高、回款速度慢等问题一直困扰着广西本土外向型中小企业。中小企业不仅更容易受到非关税壁垒的影响，而且风险预测能力差，风险承受能力低，这也增加了广西外向型企业走出去的难度。

二是广西中小企业商务谈判能力不足。与跨国集团或大型国企相比，中小企业在财务上或影响力上均处于弱势，在国际产业链、价值链上的话语权更是微乎其微。这就导致他国政府及国际组织在制定规则、商业谈判时，多会轻视中小企业。例如，大而不倒的理念使得政府在遇到金融风暴、经济危机等重大突发事件时更倾向于保护大型企业。

三是中小企业国际规则在立法技术层面也同样面临困境。由于对中小企业缺乏统一的定义，区域贸易协定很难界定中小企业的具体范围，这间接导致国际规则对大多数中小企业只能起到鼓励作用，不能构成约束性规则。正因为如此，各方只能在较低层面上就广西与东盟各国的中小企业问题进行交流合作、信息共享等。

（三）中小企业价值链重构受到挑战

一方面，广西本土外向型中小规模企业将随着 RCEP 的签署获得巨大的市场空间，同时广西也向东盟成员国打开了市场。因此，广西必须时刻警惕自身相对落后的产业和不合理的产业结构，对劳动密集型和生产低附加值产品为主的中小企业的影响。成员国中经济欠发达地区的劳动力优势会影响国内市场，广西中小企业生存、变革和振兴面临巨大压力和挑战。

另一方面，RCEP 成员国的最惠国政策促进了中国出口型中小企业的商品和服务出口，提高了企业收入和居民生活水平，国内经济增长得到稳步发展。同时，要加强对国外先进技术和优质产品的进口，调整市场供给，通过鲇鱼效应，倒逼国内龙头企业加快步伐。要科技创新，加快产业变革和现代化，实施产业链向中高端发展，提高国内商品和服务质量。广西的高端制造业势必将面对与日、韩等经济发达国家的高新技术、高附加值产业的激烈竞争，可能会遭遇巨大的挑战和冲击。从影响企业市场竞争力的产品创新和技术应用来看，这给广西外向型企业价值链优化带来了挑战。

第四节　RCEP 框架下广西—东盟海上合作效应总述

RCEP 既能促进中国对外贸易出口、输出一定的过剩产能、为中国经济发展提供新的增长点，也能优化中国产业结构布局、加速产业链供应链升级、强化中国整体核心竞争力，更是能够筑牢国际关系、维持国际收支平衡、提升国际话语权及地位。与此同时，RCEP 的实施也会给中国带来诸多问题与挑战。例如，在更加开放的市场竞争下，中国企业、产业能否抵御他国的冲击？金融资本市场能否在更具竞争力的外资冲击下维持健康稳定的发展？央行等机构组成的监管体系能否高效地监督、管理及防范风险？

广西地处中国南部边疆，是中国唯一与东盟国家既有陆路接壤，又有海河相连的省级地区，在中国与东盟的往来合作中扮演着极为重要的角色。广西与东盟的海上合作以经贸发展为主，涵盖交通、航运、产业链、自贸区、人文交流、技术合作及生态保护等多个方面。广西拥有得天独厚的区位优势，其整体发展水平却不尽如人意；广西—东盟海上合作成绩显著，但也存在诸多不足。RCEP是一把双刃剑，只有清楚地认识到其带来的种种机遇与挑战，才能在充分利用其制度优势的同时，最大限度地降低其潜在的风险。

一、RCEP为广西—东盟海上合作带来效益

（一）助力广西—东盟海上货物贸易快速发展

RCEP在关税减让、海关程序便利化、动植物卫生检验、技术性法规及原产地规则等方面做出了对外开放程度较高的规定与要求，有利于广西—东盟之间货物贸易的自由化、便利化发展，进一步释放区域贸易发展潜力。

第一，广西与东盟国家的海上贸易合作，将随着RCEP的生效实施得到极大促进。畅通的物流支持是海上商务合作的重要基础，因此RCEP的签署也将促进广西物流基础设施的建设。同样，广西与东盟国家基础设施建设的合作正在不断推进，也为双边海上货物贸易发展奠定了坚实的基础。特别是随着"一带一路"不断升级、中国—东盟自贸区3.0版本、西部陆海新通道、平陆运河世纪工程建设等项目的推进，广西将成为连接中国与东盟的重要枢纽和国际通道。广西—东盟国家海上货运枢纽体系将随着RCEP的建设更加优化完善，从而全面提升广西—东盟海上贸易发展水平。海上贸易发展与基础设施建设相互支撑、协调发展。

第二，从关税消减角度来看，缔约方之间的关税将随着RCEP的签署在10年内逐步降至零，其中，90%以上的商品贸易将实施零关税措施。这将为广西—东盟海上合作拓展贸易市场、加快贸易种类和贸易方式多元化提供有利条件。关税的消减不仅降低了跨国公司之间的商品价格，进一步增加了各国的商品需求，还为国际市场带来了更多样化的产品。例如，关税大幅下调将极大促进广西与日本、韩国、澳大利亚等国电子产品、精密仪器、矿产等高附加值商品的贸易。

第三，广西与东盟八国开展跨境园区合作，成效显著。随着RCEP的签署和生效，投资准入门槛降低，海关手续得到简化，税率逐步降至零，广西的营商环境也得到改善。随着物流运输网络和产业基础设施的不断完善，广西开展对外投资的能力将得到提升，广西—东盟吸收利用外资的水平显著提高。中马钦州产业园、中印尼经贸合作区等8个国际合作园区有

望成为广西吸引域外投资的首选，进一步推动广西—东盟海上合作发展。

第四，RCEP采用原产地区域累积规则有利于区域供应链升级。广西—东盟可充分利用原产地区域累积规则，着力在成员国内部自由拓展原辅料采购市场，在实现区域生产要素科学合理流动的基础上，组织国外供应链，加快海外发展建设物流仓库，尽可能降低进口成本，增加供应链的灵活性和通用性。此外，RCEP可以增加投资者对广西和东盟国际化产业发展的信心，加强和扩大对外市场对协定区货物和服务贸易的需求。

（二）构建广西—东盟海上产业发展新格局

区域内贸易和投资自由化的范围，将随着RCEP建立的共同原产地规则框架，以及知识产权保护、服务贸易等规则的加强，得到大幅拓展。产业结构的重构与升级便是贸易与投资优惠给广西—东盟海上合作带来的最为直观的改善之一。

一方面，RCEP有助于改善广西—东盟整体营商环境，重塑协定内产业格局。全球制造业的第三阶段主要分布在东亚和东南亚地区，这里也是新兴制造业和全球工业产业转移的重要基地。东南亚国家的劳动力成本较低，且环境资源丰富，拥有丰富的农畜产品和矿产资源的大洋洲，在生产要素与生产结构上与东亚、东南亚形成互补关系。RCEP的签署能够将三地纳入同一经济协定框架，促进全球海洋产业融合，构建"供给—需求"的海洋循环产业链合作关系，进而形成新的"东亚+东南亚+大洋洲"海洋产业格局。这种产业互联互通有利于区域海洋产业分工和重构，处于产业链上游的企业和国家可以向RCEP其他成员国拓展中下游产业链，如日本的汽车核心部件研发生产等高附加值产业可以将下游的原材料、零部件生产和组装等生产工序下放到广西及越南、菲律宾等地；处于中下游的产业，可以引进RCEP中经济发达的成员国，如日、韩、澳、新等国家的上游优质企业，在深化跨境产业链的同时，完善端到端的供应链，增强产业竞争力。

另一方面，RCEP成员国在货物贸易、服务贸易、金融投资等市场准入方面采取全面承诺和限制措施，促进区域整体市场开放和生产要素流通，提高稳定性和安全性，为中国与东盟合作提供制度保障。同时，RCEP原产地区域累积规则将减少中国与东盟跨境产业合作壁垒，有助于促进积极参与广西—东盟供应链的外向型经济发展，加速对接融合东盟产业链，进入东盟经济圈。广西可以利用区位优势，布局在东盟国家产业链中占据重要一环的产业规划，吸引企业落户广西，与东盟共建产业链和中国—东盟制造装备供应链市场。例如，RCEP降低了缔约国之间进出境手续的难度，缩短了处理时间，不仅可以促进当地旅游业和酒店业的发展，还可以支持各种零售业。此外，RCEP的有效实施消除了多个国家之间的关税和非关税壁垒，打开了整个大市场，有助于广西充分利用RCEP的原产地区域累积规则。推进海洋产业结构优化，与东盟国家分工合作，也能缓解中美贸易摩擦下广西部分产业外迁的负面影响。

（三）强化广西—东盟跨境电商深入合作

在广西的跨境电商中，中小企业的发展占据较为重要的地位。中小企业不仅仅能为当地带来大量的就业岗位、解决部分居民的生活问题，更能刺激市场主体的创新发展、拉动经济增长。RCEP设立专章对电子商务和中小企业提供支持，将为广西—东盟跨境电商带来新动力。

首先，关税消减、自然人流动便捷、投融资便利化、物流业发展快速、海关审批程序便利化等利好，有助于广西与东盟国家外向型企业市场生存能力的增强。在加强多方经济技术合作的同时，要对经济发展较慢地区的中大型企业给予大力扶持，提升其竞争能力。

一方面，广西与东盟各国政府间的合作助力跨境电商的发展。例如，于2020年成立的中泰跨境电商孵化园，致力于帮助中国跨境电商企业一站式落地泰国，辐射东南亚市场；中马钦州产业园将搭建"钦州跨境电子商务公共服务平台"和"钦州跨境电子商务海关仓库"对接跨境电子商务企业，支持快递物流企业入市为跨境电商畅通创造条件，开通网上免税进口业务。另一方面，企业之间的合作也在不断加强。例如，阿里巴巴集团斥资美元控股新加坡电商巨头Lazada；2020年5月，又斥资16亿美元对Lazada开展重大投资；同时在新加坡投资商业地产，并积极在东南亚发展在线叫车、送餐和电子钱包业务。大型企业之间的合作将有利于区域跨境电商的发展。

其次，服务贸易与跨境电商交互促进。一方面，跨境电子商务对服务贸易的影响主要体现在扩大范围、优化结构和提高效率三大效应上。在跨境电商的大力支持下，服务商不断探索多元化的服务产品，以满足全球消费群体的需求。跨境电商平台强大的数据整合优势，使服务贸易结构不断向云计算、电子金融、技术服务等新服务领域拓展，促进贸易结构全面优化。在服务贸易过程中，跨境电商平台可以聚合交易双方的需求信息，减少交易过程中的信息不对称，减少交易和物流成本，提高交易效率。另一方面，服务贸易对跨境电商也有三大促进效应。服务贸易进出口规模发展态势强盛，规模效应会直接带来市场空间的指数型扩大，为跨境电商的发展创造先决条件。消费者对服务质量需求的不断提升，对跨境电商物流效率和跨境电商平台的业态功能也提出了更高的要求，这将会倒逼跨境电商效率提升。RCEP 实施，市场门槛进一步降低，跨境电商也能随着贸易便利化迅速发展，坐享服务贸易便利化带来的利好。

（四）助推广西—东盟金融体系全面升级

相较于美、欧、日等发达国家的金融体系，中国及东盟大部分国家的金融体系都还不够完善，仍处于水平较低的阶段。RCEP 的实施将促进各国及区域合作之间的金融体系快速发展，使得广西—东盟海上合作在金融领域由量变引起质变，向经济发达国家的金融体系看齐。

首先，RCEP 促进银行业、保险业发展。RCEP 地区关税大幅下调，增加了成员间的贸易依存度，加强了成员间经济结构的互补性，为区域间银行业和保险业开展跨境产业链金融合作带来了机遇。RCEP 实施后，与现有的中国—东盟自贸区合并，中国与东盟银行业和保险业有望在更广泛、更高水平的领域开展合作，实现互利共赢。另外，RCEP 有利于中国银行业、保险业在"引进来"和"走出去"两方面实现更高水平的对外开放。外资银行机构、外资保险机构的不断落地，增加了外资对中国金融市场的信心，不仅促进了已进入市场的外资机构对中国市场的深耕，也推动了包括非 RCEP 成员在内的更高层次主体通过发挥宣言的作用，共同完善中国金融市场竞争机制，促进金融供给侧结构调整。

其次，推动更高水平的金融体系升级与完善。一方面，中国保险业和银行业自 2018 年以来对外的开放措施，全部纳入法定 RCEP 金融业清单承诺表，以正面清单形式作为开放承诺，推动有效落实。趋同有利于在监管实践层面与高水平国际经贸规则接轨，进一步优化外商投资监管环境，促进规则制度开放。另一方面，RCEP 在推动中国金融业调整对外开放步伐的同时，也推动东盟各国提高对中国的金融开放水平。在新兴金融领域、跨境电子支付、跨境征信服务等方面，RCEP 有利于广西和东盟各国对接国际规程甚至引领国际规则走向，并且有助于完善中国及东盟国家现有的金融监管、金融风险防范体系。

最后，RCEP 有利于加速人民币国际化。第一，RCEP 在促进成员国间跨境电子商务快速发展的同时，也会促进跨境电子支付系统的发展，有助于构筑跨境人民币计价结算的新平台。第二，RCEP 单独设置了经济技术合作章节，随着中国与其他成员国特别是东盟国家经济技术合作的发展，各国对境外人民币的实际需求将进一步增加。第三，RCEP 负面清单投资承诺进一步降低了市场准入门槛，促进了中国资本市场的开放，对人民币国际化起到了推动作用。第四，随着中小企业在外贸领域业务需求的增加，中国与东盟的跨境电子商务交易量将增加。这将促进跨境支付行业的繁荣，进一步发挥人民币作为国际定价货币和结算货币的作用。

二、RCEP 为广西—东盟海上合作带来压力

（一）海上商品贸易遭受更大阻碍

RCEP 更加开放的市场制度同样会带来更为激烈的竞争。关税减让、采用负面清单形式、市场门槛降低等措施，不仅会促进广西—东盟跨境电商的快速发展，也会给区域中小企业带来巨大冲击。

一方面，区域跨境电商面临挑战。首先，制造业是广西与东盟大部分国家的主要产业之一，但生产所需的铁矿石等原材料主要依赖进口，稀有高新技术产品的主要零部件和关键技术也严重依赖美、欧、日等发达国家的出口。国际市场出现动荡，将对区域商品交易产生严重影响。其次，中国与东盟跨境电商支付方式不匹配，未设立专门机构解决跨境电商支付纠纷、网络支付安全和消费者隐私保护不到位的问题，给双方跨境电商企业的支付结算带来了不小的麻烦。再其次，虽然中国物流体系比较完备，但东盟大部分国家基础设施相对落后，物流企业规模普遍较小，缺乏全面、专业、系统的物流仓储系统和技术，物流体系处于较低水平，还不能跟上中国跨境电商高速发展的脚步。最后，广西与东盟大部分国家的跨境电商缺乏先进技术支撑，电子数据与电子信息平台建设不足。此外，缺乏专业的跨境电商高素质人才、职业教育水平较低等问题，也都影响了通关速度，降低了跨境电商的整体效率。

另一方面，区域内中小企业的压力也不容小觑。RCEP 虽然设有专章对中小企业提供帮助与支持，例如为中小企业和跨境电商搭建了更广阔的平台，促进中小企业积极参与对外贸易。但是部分民企及绝大部分的中小企业，尤其是涉海类中小企业对 RCEP 政策掌握不全面、吃不透，更谈不上有效适用 RCEP 原产地规则。同时，RCEP 与 CPTPP 或 USMCA 等协议

相比，缺少中小企业委员会、中小企业定期对话机制，当中小企业遇到商事纠纷时，往往不知道该如何处理，将面临诸多麻烦与不必要的损失。另外，中小企业风险预测能力弱、抗风险能力差，在 RCEP 这个更加开放、竞争更为激烈的市场中，更易受金融等风险的冲击和影响。这些都对企业管理者在市场分析能力、趋势研究能力等方面提出了更高的要求，影响了企业价值链内部结构的优化和完善，对"运营推广、运维保障"等全价值链的凝聚和优化提出了挑战，影响了广西—东盟海上合作的进程。

（二）海洋产业结构面临竞争重构

广西与东盟各国的海洋产业水平较低、结构不完善，RCEP 降低市场准入门槛、实行负面清单制度、加强经济技术合作等条款，将在一定程度上给区域整体海洋产业发展带来"改革前的伤痛"。

首先，海洋低端产业转移。广西的主要产品和产业结构与 RCEP 构建的"东亚+东南亚+大洋洲"区域产业布局存在一定程度的竞争。广西主要出口中低端产品，基础零部件依赖进口，制造业产能相当程度上依赖于人口红利。广西海洋产业结构层次低，高新技术产业竞争激烈，产业差异化不足、关联性差，尚未形成紧密的产业链条。例如，RCEP 生效后，依托廉价劳动力，将增加越南等东盟国家的投资吸引力，加速劳动密集型产业向东盟地区转移。同时，广西海洋资源密集型企业有可能将下游产业链和产品制造工序转移到矿产资源更为丰富的澳大利亚，但不能忽视的是，低端产业搬迁存在产业空缺风险。

其次，海洋高附加值产业竞争加剧。RCEP 中既有越南、老挝等发展中国家，也有日本、澳大利亚等发达国家，所以，在更为开放的大市场背景下，广西不仅会面临着海洋低端产业因更廉价的劳动力带来的产业外迁风险，同时也会面临着来自经济、技术更为发达的成熟海洋高端产业的竞争压力。占比低、规模小、链条短、关联度较低、核心竞争力不强等是广西及东盟部分国家在高新技术、高附加值等海洋产业方面所面临的最主要问题。RCEP 生效后，广西的海洋产业将受到极大影响。日本、澳大利亚、新加坡具有竞争优势的海洋高新产业将进一步冲击广西海洋高新产业市场，广西海洋高新技术产品出口将面临激烈竞争。

最后，海上合作营商环境的改善面临新的挑战。RCEP 是一个更加开放、标准更高的区域经济合作协定，就贸易和投资、知识产权、政府采购、透明度、竞争和争端解决机制提出一系列高质量规则。但是，广西和部分东盟国家在市场准入、知识产权保护、服务贸易、投资贸易便利化等方面的规则与 RCEP 规则还不完全吻合。这种不平衡的情况可能会助长海上合作灰色地带和灰色产业的异常发展，从而破坏有利的 RCEP 规则。同时，各国之间的深度合作也存在不确定性。当关税在短期内使一国逆差过大、影响一国国内市场稳定时，其将影响各国深入开展 RCEP 合作的积极性。

（三）海上合作内部协调机制仍需完善

RCEP 是世界上涉及人口最多、经济规模最大的自由贸易协定，包含众多的国家。由于成员国的经济发展水平不同、政治经济文化等差异较大、法律体制不统一，因此在开展区域合作时，难免会遇到麻烦或出现争端。广西—东盟海上合作的内部协调机制面临诸多考验。

首先，投资便利化的法律机制存在问题。RCEP 的投资条款目的之一便是促进投资便利化，但由于中国—东盟投资协定与 RCEP 自贸区目前生效的 8 个双边投资协定（BIT）并存，因此中国—东盟投资便利化的法律机制处于"碎片化"状态。广西—东盟海上合作在投资规则领域没有建立建设性的利益相关方参与机制，不利于投资者、东道国和地区整体发展。RCEP 并未就投资便利化事宜设立牵头机构、联络点或协调机构。此外，双方都在一定程度上参与了投资便利化国际合作，但都没有建立定期磋商机制，这将影响双方未来投资便利化议程的设计、实施和监测，以及双方的投资便利化进程。

其次，RCEP 争端解决机制面临挑战。RCEP 的争端解决机制涉及内容全面且广泛，有助于区域商业纠纷的处理。但经济发展水平较低、法律体制不健全、新兴领域技术相对落后等致使 RCEP 区域内最不发达国家受到限制。对于资金不足、人才资源欠缺及抵御报复能力弱等，在争端解决的过程中，专家组也可能做出不利于最不发达国家的解释，且需要面临被诉方不予或延缓执行 RCEP 专家组报告的风险。中国与部分东盟国家在参与争端解决机制建设时，需要充分考虑这些因素。

最后，广西—东盟海上商事仲裁机制还需提升。广西及大部分东盟经济欠发达国家的仲裁机构属于国企性质，处于政府全额拨款、享受同级行政待遇、收支两条线的环境中，这使得部分仲裁机构变得慵懒而不思进取。加之目前还缺乏良性的考核与管理机制来考评仲裁员队伍，这便使得区域内商事仲裁的公信力缺失。另外，高素质专业人才缺乏、职业教育体制不受认可等问题，使得仲裁专业化不足，商事仲裁发展缺乏内在动力。同时，国际化程度低，商事仲裁难以纳入国家发展战略。仲裁机构不仅面临国内市场的竞争，也面临国际市场的竞争。广西仲裁国际化与部分东盟国家相比还有较大差距。除了地区之间发展不平衡，大多数仲裁机构甚至没有处理国际案件的经验。

（四）金融市场存在风险隐患

广西—东盟海上合作面临的风险不仅仅包括常规的自然风险，如货物运输中遭遇暴雨、雷电等，更可能面临政治风险、金融风险等突发事故。这将对广西—东盟海上合作的风险监管防范体系提出更高要求。

首先，无论是从支付系统建设，还是从跨境征信体系建设方面来看，广西和东盟大部分国家的金融基础设施都较为落后，对金融防范体系的支撑作用不足。基础设施落后导致金融开放门户循环流通不畅，银行业、保险业及金融服务行业的跨境服务功能规模较小、水平较低，金融业发展不均衡，贷款金融较少，投融资渠道狭窄。小微企业社会融资的主要途径是银行贷款，民间资本的流动性很弱，一定程度上限制了中小企业及区域整体金融业的发展。

其次，在RCEP框架下，成员国之间的联系更加密切，但金融监管合作还比较流于表面，金融监管合作的双边和多边对话机制并不健康和成熟，容易导致区域金融领域的监管套利。区域内多数国家金融机构的规模较小，金融实力普遍薄弱，金融活动信用担保体系不完善，部分东盟国家法律体系存在短板和风险。识别和预防能力不够，遇到问题也缺乏预见性和应对机制。当一个区域内成员国出现严重的经济风险时，该风险很可能通过产业链、供应链和资金链在区域内迅速扩散，使得整个区域内的周边产业，尤其是那些经济韧性较弱、抗风险能力较差的小型市场主体受到严重影响。

最后，在RCEP金融投资、金融服务及市场准入方面，中国承诺将实行负面清单，这将对中国金融服务、金融监管及风险防范等体系提出更高要求。中国在银行、保险方面几乎所有业务都要开放，取消了设立银行的资产要求，特别是公众零售业务，取消了金融机构设立时对外资持股占比的限制。同时，承诺金融监管透明条款：创造公平、开放、透明的竞争环境，利于金融双向开放。相较于西方传统经济强国，中国及东盟大部分国家的资本金融市场发展时间太短，虽然近些年发展迅速且有所成就，但是在制度体系上还不完善，仍然存在一些漏洞。面对更为开放的金融市场条款，中国及东盟势必会面临更严峻的风险考验。

RCEP 的实施对中国和东盟各国经贸合作有极大的促进作用，包括国际关系、公共卫生事件、安全合作等方面。只有深刻理解并充分利用其各项规则条款，才能最大限度地发展经贸，同时将损失降到最低。

RCEP 框架下广西—东盟海上合作推进举措

第一节　充分适应全球发展格局变化举措

一、打造海洋强区，建设"海上广西"品牌

（一）质量重于速度，全面提升海洋经济发展效益

海洋生态环境良好，海洋资源损耗率低，是广西发展海洋经济的最大优势之一，为海洋产业留下了巨大的发展空间。

在海洋生态环境方面，广西秉承无污染、低碳理念，以可持续发展为核心，统筹推动海洋经济发展与海洋生态环境保护，避免走"先污染后治理"的老路；制定海洋生态环境保护政策、防灾减灾政策，建设环保、安全的海洋经济发展生态环境。

在海洋产业布局方面，广西要大力发展现代海洋旅游业，发展现代高端服务业，避免在沿海地区建设高污染、高耗能、低效的项目，避免同类产业聚集，造成产能过剩和与其他沿海地区的激烈竞争。

另外，要准确把握 RCEP 关税减让和原产地规则为扩大海洋出口贸易提供了机遇。广西要努力研究其他 RCEP 国家及其对应东盟国家的关税减让政策，结合各地区海洋产业特点，充分发挥广西自有优势，引导相关海洋产业和涉海企业充分合理享受他国关税优惠。通过利用原产地区域累积规则带来的贸易优势、产业链合作优势和投资优势，广西将在与东盟国家开展海洋经济合作时获得更大的出口优势。

（二）落实低碳发展战略，保护沿海生态环境

广西的生态绿化优势使其成为沿海的"绿色之洲"，为此，需要有效

实施蓝碳发展战略，促进海洋生态环境可持续化发展。要制定相应海洋蓝碳技术标准，加大对蓝碳技术开发投资，为发展蓝碳技术、增强自主研发能力提供资金支持；建立激励和引导机制，引导涉海企业向蓝碳技术进行投资，扩大蓝碳技术研发的经济来源；政府和企业充分考虑对蓝碳技术进行战略投资，规模应用蓝碳技术，提高公众形象，紧密研究和跟踪气候变化的国际制度，超前做出产业发展部署；利用 CDM（清洁生产）项目机遇，发展蓝碳技术，尽早实现海洋发展技术升级，利用技术转让机制加快实现跨越式技术发展；逐步建立起节能和能效、洁净煤和清洁能源、可再生能源和新能源等多元化的蓝碳技术体系，使广西海洋领域重点行业、重点产业的低碳技术、设备和产品达到国际领先水平；加强人才队伍建设，将蓝碳领域科技人才纳入广西人才引进优惠政策范畴。同时，积极提升城市碳汇能力及低碳发展市场化运作能力。

广西应借鉴东盟国家在实现海洋可持续发展方面的战略，加大与东盟国家在发展海上蓝碳技术研究方面的合作力度，借助 RCEP 成员国间的经济发展优势，主动与高新技术领域合作，从而使自身在海洋生态可持续发展上不断跟进国际发展速度。

（三）加快发展蓝色经济，建设"海上广西"

世界和中国的经济发达地区主要集中在沿海地区，这是客观存在的事实。广东和广西是南部沿海的省区。广东海洋经济发展好，海洋气息多；广西山味浓，海洋气息有待加强。

为实现"海洋强区"的发展目标，广西需要转变思维，从"背靠大海，面向内陆"转变为"背靠内陆，面向大海"，加快发展蓝色经济，建设"海上广西"。广西要牢固树立"海洋强区"意识，从战略高度认识和发展海洋经济，用海洋经济带动广西经济发展，实现"海洋强区"战略目标；要以 RCEP 生效实施为契机，重新思考和谋划广西海洋经济发展，克服各种体制机制性障碍及地方保护主义，动员各方力量，发挥各方积极性，推动海洋经济产业发展；要积极与东盟国家开展合作，在东盟国家推广广西海产品和海洋服务。

二、加快建设现代海洋产业体系，提升海洋综合发展水平

高质量海陆统筹、高水平对外开放是提高海洋经济贡献度的应有之义。广西将在时间维度上关注海洋与海岸带经济的可持续发展和海洋资源的代际公平分配，在空间维度上关注海洋和相邻陆域经济布局的优化整合。

广西打破区域界线和部门划分，逐步建立和完善区域海洋经济协调发展机制，将海洋经济发展纳入广西经济发展总体规划；在区域内所有利益相关者之间建立高层次协调组织，共同应对广西乃至世界发展变化，以区域一体化为重点，整合全球价值链分工。

广西各市要统一调整资源配置，建立跨区域市场运行机制，为各海洋经济主体公平竞争营造市场环境。要积极打造辐射东盟地区的北部湾经济区，努力打造先进的海洋装备制造基地，在海洋军工方面加强与国际知名企业的合作；优化进出口战略，提升新能源、医药等有竞争力的行业的出口总量，增强在国际市场上的话语权。

（一）促进海洋传统产业转型升级

1. 现代海洋渔业

打造一批现代渔港经济区，升级改造北海内港、南澫、钦州犀牛脚、防城港企沙中心渔港，重点推动北海、南澫、钦州、防城港 4 个渔港经济区建设。

积极推进"蓝色粮仓"和"海洋牧场"工程，促进海洋渔业转型升级，加快防城港市白龙珍珠湾、北海银滩南部海域国家级海洋牧场示范区建设，重点推广深海抗风浪网箱生态养殖。

壮大海产品精深加工业，建立北海、防城港市海产品精深加工集聚区和南珠产业标准化示范基地，推进防城港北部湾国际生鲜冷链、华立边境深加工、北海福达国际农商冷链项目建设。

2. 现代交通运输产业

强化海陆运输资源整合，拓展向海交通运输网络。增开北部湾港至东南亚、东北亚地区及东盟国家的直达航线，开辟北部湾港至欧美、非洲等地区新的远洋航线，稳固优化北部湾港至香港"天天班"，加增开行至新加坡班轮，常态化开行至重庆、四川、云南、贵州、甘肃等省（市）班列。

重点建设南宁区域性国际航空物流枢纽和国际铁路联运物流枢纽，加快建设南宁、防城港、钦州、崇左等市物流核心节点，提升向海交通运输业综合物流水平。

此外，发挥中国在国际上的发展优势，建设与东盟国家 RCEP 的经贸合作平台，加快建设一批以广西与东盟国家合作为基础的国际产能合作区、跨境经济合作区和地方发展合作示范区。与东盟国家合作，重点推动海洋新型功能材料、海上基础设施维修产业和造船业联合发展。

3. 海洋文旅产业

在广西设立 RCEP 海洋文旅服务业合作示范区，加强与东盟国家文化、服务、旅游等全方位的交流与合作。统筹创新江海、山海、边海旅游线路，培育北部湾休闲度假游、中越边关跨国风情游、海上丝路邮轮游、西江生态旅游等特色精品旅游线路；建设广西边海国家风景道，加快防城港边境旅游试验区、中越德天—板约瀑布跨境旅游合作区建设，形成文旅与大健康山海协作新路径。促进"陆—海—岛—山—边"向海文旅产业联动发展，推动桂林国际旅游胜地提质增效，加快北部湾国际滨海度假胜地和北海邮轮母港建设步伐，推进巴马国际长寿养生胜地升级发展。培育向海文旅新业态，充分发挥海上丝绸之路的文化影响力，重点培塑海上丝绸之路旅游文化品牌。

（二）加快发展海洋新兴产业

1. 做大海洋产业链，发展状大千亿级产业集群

广西依托港口和产业园区，做强做优做大海洋产业链，发展壮大千亿级产业集群，加快升级发展现代海洋渔业、海上交通运输业、海洋旅游等传统海洋产业，培育发展物流加工、智能制造、大健康等新兴海洋产业，创新提升新材料、新装备、新能源等向海新兴产业，具有更加坚实的海洋经济产业发展基础，格局不断提高。

2. 与东盟国家共建产业园区

用好 RCEP 原产地区域累积规则，依托中国优势强大的新兴海洋产业，试行与东盟国家建设"两国双园"或"两国多园"等产业合作区，加大"引进来"和"走出去"发展力度，共同发展开辟国际市场，提升海洋新兴产业现代化水平。

3. 推动防城港国际医学开放试验区

高标准建设国际中小企业医学孵化中心和国际医学创新赋能中心。到2025 年，力争全区海洋药物和生物制品业增加值达到 10 亿元，打造区域竞争力较强的海洋药物与生物制品产业集聚区。

4. 打造海洋新兴特色产业园区

立足广西北部湾经济区，建设数字海洋特色产业园，引育海洋信息服

务领军企业，打造海洋信息产业及设备制造基地。

打造北部湾高技术船舶与海洋工程装备制造基地，加快推进南宁潮力集团铝基新材料产业链、中伟新材料南部（钦州）产业基地、玉林 70 万吨锂电新能源材料一体化产业基地、北海亚王储能材料制造基地等项目建设。到 2025 年，力争形成 110 亿元北部湾海洋装备产业基地。

5. 开发海洋环保产业项目

优先开发北部湾近海风电资源，加快钦州、防城港海上风电示范项目建设。支持南宁等地高新技术企业集聚区建设风电大数据中心和风电咨询设计研究平台。到 2025 年，力争海上风电装机核准开工 750 万千瓦、投产 300 万千瓦。

（三）加强临港临海产业集聚

1. 制定远景规划，加强港口基础设施建设

提高港口系泊通航能力，建设深水泊位、集装箱专用泊位等多功能泊位。建立包括大型仓储配送中心和信息平台在内的综合物流服务体系。加大铁路建设力度。铁路运输在区域运力发展中发挥着先导作用，目前，北部湾港口运输货物周转量只有不到一半由铁路完成，要加大力度推进铁路建设。

2. 利用海港资源，调整和完善临海产业结构

目前，广西海洋产业大多与不可再生的近海资源有关，海洋资源有限，不利于现有海洋产业的发展。广西要科学整合开发沿海港口岸线资源，建设现代港口群，积极发展海洋运输、海洋渔业、海洋医药、海洋旅游、海洋服务等海洋产业。

3. 拓展产业腹地，推进与临港周边城市的合作

随着产业转移，广西北部湾港口城市腹地资源的经济总量日渐不足，需要更广阔的腹地产业作为支撑。要以海域经济区产业合作为载体，落实海洋资源流动，促进东盟国家以港口为导向的海洋产业合作链条发展。

4. 提高口岸信息化水平

广西北部湾口岸经济起步较晚，信息化程度较低，应用范围有限。临港产业合作需要利用网络信息实现港口资源共享，以方便临港产业的开发、建设、管理与合作，促进海港经济的发展。

三、积极开展海洋多边合作，建立友好的新型国际关系

（一）加强多边合作，加快实施高质量 RCEP

习近平总书记指出，"中国将继续扩大高水平对外开放，稳步拓展规则、管理、标准等制度型开放"，"逐步形成以国内大循环为主体、国内国际双循环相互促进的新发展格局，为中国经济发展开辟空间，为世界经济复苏和增长增添动力"。RCEP 谈判历经多年，中国一直是积极推动者之一。RCEP 的生效实施，标志着多边主义和自由贸易的胜利，将为中国构建开放型经济新体制、构建新发展格局提供巨大助力。

RCEP 是一个高质量自贸协定，强调区域内成员国之间经贸的统一性、互惠性。15 个成员国均承诺降低关税、开放市场、减少标准壁垒，这有利于充分释放自贸区内各国的经济增长潜力。

RCEP 最大限度兼顾了不同国家国情，给予最不发达国家特殊与差别待遇，有利于促进自贸区范围内的包容均衡发展，使各方都能充分共享 RCEP 成果，实现更高水平的互利共赢。同为亚太国家，中国与 RCEP 大部分成员之间的地理距离近、文化交流多、消费者需求偏好相似，合作前景美好。从协定实施以来的成效看，红利正在持续释放。

RCEP 生效实施以来，广西积极融入区域一体化大市场，不断扩大与 RCEP 其他成员国的贸易投资规模，加快发展跨境电商等贸易新业态模式，促进贸易投资高质量发展。

同时，广西积极搭建高水平合作平台，加快推动中国—东盟博览会（以下简称东博会）从服务"10+1"向服务 RCEP 拓展，全力推进更为紧密的中国—东盟命运共同体建设。

广西以中国（广西）自贸试验区为主阵地，加快打造办事效率更高、开放程度更高、法治保障更高、宜商宜业宜居的国际化、市场化、法治化营商环境。

广西将加快高质量实施 RCEP，积极融入和服务新发展格局，与东盟和各方一道共享 RCEP 新机遇，共拓经贸新合作。在 RCEP 带来的新一轮产业链重塑中，广西应创新机制、整合资源，为中国—东盟合作增添新动能，为亚太地区和平稳定做出新贡献。

（二）构建新型的国际外交关系

相互尊重是建立新型国际关系的基础，体现了对彼此文化、制度、历

史传统和独立性的尊重和包容。在国际关系中，各个主权国家应该平等相待，不干涉彼此内政，不以自己的制度和文化标准来评判别国；应该相互尊重，并在各国共同关心的国际问题上尽可能协商一致，不以武力相威胁、相压制，同时遵守国际法和国际规则。只有在相互尊重的基础上，各国之间才能建立信任和合作，推动国际社会的和平与发展。

公平正义是新型国际关系的重要保障，它不仅能够促进各国之间的合作与发展，也能够减少冲突和对抗，维护世界的和平与稳定。实现公平正义，需要建立在国际法和国际准则的基础之上，同时要尊重各国的主权和国情，注重合作共赢，让各国在平等的基础上享有公平和正义的待遇。在国际关系标准制定过程中，应该倡导代表各种利益的主体广泛参与，增加发展中国家和新兴经济体的代表比例和话语权，确保规则合理、利益平衡，促进国际关系的公正和稳定发展。同时，国际社会也需要采取更加开放、包容的态度，增进各国之间的相互理解和尊重，从而推动新型国际关系的建设。

合作共赢是新型国际关系的追求目标，具有重要的现实意义和历史使命。从理念意识层面来看，合作共赢强调国际社会应该建立命运共同体意识，增强相互依存和互信，共同应对全球性挑战和问题。在拓展国际关系互动模式和领域方面，合作共赢强调要拓展非传统安全领域的友好合作，加强区域合作，构建新型协作网络，建立多边国际机制，如二十国集团、上海合作组织、金砖国家新开发银行、亚洲基础设施投资银行等，推动"一带一路"倡议。在利益分配方面，合作共赢强调要保持利益分配的包容性和平衡性，打造全球伙伴关系，推动旧有国际机制和组织的适度调整和改革。总之，合作共赢是推动新型国际关系建设的重要理念和行动指南，能为促进世界和平、稳定和共同繁荣发挥积极作用。

广西与东盟国家间，要在中国与东盟国家建立新型的国际外交关系的基础上，积极发挥新型国家外交关系的良好保障作用，将双方海上合作推向更深层次的阶段，强化合作伙伴关系，带动广西—东盟海上经济发展，实现双赢。

四、提升城市国际形象，塑造区域国际传播形象

（一）整合沿海城市人文资源，强化城市形象特色

1. 明确城市形象定位

如果想让一个城市在众多国际城市中脱颖而出，就需要凸显它的独特

之处，利用城市独有的元素来建立鲜明的城市形象。广西的发展定位是：向海经济北部湾先行区、区域特色现代化湾区、向海通道产业集聚区、东盟地区主要合作区、海洋生态文明示范区。将广西北部湾城市群定位为"面向东盟大通道的蓝色海湾城市群"，能够突显其独特优势，提升其在国际上的知名度和形象。这一形象定位不仅充分利用了广西北部湾城市群的海洋资源和地理位置，同时也把握了面向东盟国家的重要性，为广西北部湾城市群的开放包容形象赋予了更为明确的内涵。这一定位并不是要排斥广西北部湾城市群的多元文化和独特景观，而是要将其与海洋元素融合，呈现出鲜明的城市形象和文化特色。

2. 深化沿海城市文化内涵建设

基于对广西城市现有文化资源的分析，积极采取措施来加强保护和深化沿海城市文化内涵。其中，保护古街区和世界名人故居是首要任务，尤其是要保护好南宁扬美古镇、北海老街等。其次，需要加强对海洋自然景观资源的保护，重点保护北部湾滨海红树林、涠洲岛火山口地质公园等自然风景名胜区。同时，要设计和运用城市文化符号，唤起人们对城市的认知。一是视觉效果，引入了更有力的文化符号，如南宁朱槿花、钦州白海豚等；二是听觉效果，比如"大地飞歌"，使人们一听就能联想到南宁。

3. 强化本土特色文化与城市国际形象的协调融合度

全面深入挖掘广西沿海城市的文化内涵，充分融入当地的多民族、异域景观和丰富的物产资源特色，突出广西沿海城市热情淳朴的民俗风情，打造特色鲜明的文化体系。

同时，注意在建设体现文化元素的软硬件设施时，要符合国际化标准，以提升广西沿海城市的国际化水平。但是，在广西融入国际社会的过程中，应尽力避免盲目模仿其他地方的优秀文化，排斥自身城市特色的情况。因此，在开发广西沿海城市各种地方文化资源时，应注重保留和传承能够代表广西沿海地区本土历史特色的古老建筑和风俗文化。

（二）拓宽形象传播渠道，注重宣传推广策略

1. 借助重大节日活动，提升城市知名度

当前，大型节庆活动仍是广西沿海城市国际形象传播的重要途径。各城市应积极争取承办国家级或世界级节庆活动，营造浓厚的节日氛围，以吸引国内外媒体的报道。在活动期间，需要注重为国际友好团体和个人提供更多互动机会，以加深他们对广西沿海城市文化活动的了解，并让他们

亲身体验广西城市独特的魅力。

此外，诚恳听取民众的改进建议，也有助于提升城市形象和促进城市国际形象的传播。

2. 依托现代化多媒体，打造城市口碑

随着多媒体融合时代的到来，城市国际形象的传播渠道得到了大大的拓宽，传播载体的多样性为城市形象的传播提供了更加全面、立体的展示方式。广西沿海城市可以通过微博、微信、抖音等新兴媒体平台，甚至是海外媒体的运用，吸引更多的组织和个人参与城市的宣传活动，从而使城市的宣传更加多元化和全方位。

广西应全力搭建一批面向 RCEP 成员国的海洋文化宣传合作平台，充分发挥海洋旅游资源优势和典型驱动效应，塑造优秀的城市形象，与东盟区域国家深入开展海洋文化交流，共同推动海洋文化产业的发展。

3. 关注城市策略营销

要向外界传达一个城市的风貌，必须很好地概括和总结城市的特色和亮点，这样才能引起国际社会的关注。广西沿海城市要结合自身情况，发现自身亮点，用好 RCEP 动能，搭建 RCEP 服务平台进行战略营销；整合钦州、北海、防城港等沿海城市的优势和亮点，扩大覆盖国际市场的各类媒体平台，增加城市信息在国际范围内的传播。

（三）明确城市开放理念，更新文化与服务模式

在媒体融合时代，广西沿海城市需要明确开放定位、优化文化和服务对外模式，以推动城市向国际化发展。为此，应确定沿海城市发展方向，并加强沿海城市的特质和差异化价值的宣传，借鉴世界各国城市的先进发展经验，积极融入国际化发展的队伍。

在文化和服务对外模式方面，每个城市应该着眼于以下三个方面。一是打造良好城市综合管理模式，提升城市管理水平，优化城市面貌、生态环境、社会环境和人居环境，吸引更多外资企业、组织和个人入驻。二是为涉外机构和个体人员提供便捷的城市服务，营造舒适的工作和生活环境，建立志愿者服务机制，协助涉外人员办理各类政府行政事务。三是加强与国际友好城市的互动合作，建立正式、全面、长期的关系，同时加强在政治、经济、教育、科技和文化等各领域的交流，增进两地城市人民的认同感。

此外，广西沿海城市应该充分利用多样化的传播渠道，扩大城市信息输入和宣传范围，吸引更多的组织和个人参与城市宣传。同时，要重视利

用全媒体扩大传播，让更多的组织和个体充分体验城市的魅力。

第二节　打造国际产业链、供应链重要枢纽举措

产业链和供应链的安全稳定是构建新发展格局的前提条件。面对全球可持续发展所面临的风险和挑战，广西应更加重视全面发展与安全稳定，坚持共同、综合、合作、可持续的安全观念。应从广西海洋产业链发展面临的三大矛盾出发，全面、系统、辩证地看待困难和挑战，充分利用中国国内超大规模内需市场、人力资源储备、基础设施和产业配套等优势，顺应趋势，依托地位，巩固优势，积极维护海洋产业链安全，统筹推进，弥补短板和加强长板，着力提高海洋产业链、供应链现代化水平，加快推进海洋产业链、供应链升级。同时，加快构建现代化海洋产业体系，推动形成以国内大循环为主体、国内国际双循环相互促进的新发展格局。

RCEP 是广西参与区域合作的关键平台，对于广西拓展面向东盟国家的海洋产业链体系具有重要作用。为推进 RCEP 高水平高质量实施，必须在高水平开放中优化与加强 RCEP 区域产业链、供应链、价值链，着眼长远，加强海洋产业链、供应链的安全，进一步促进 RCEP 成员国间海洋产业链的相互交融。

一、顺应全球产业链发展趋势，加快海洋产业国际合作

（一）充分挖掘利用 RCEP 带来的海洋产业链合作机遇

广西需要深入分析世界经济的发展趋势和全球产业布局结构的调整动向。在战略方面，应从本土化、分散化和区域化等新趋势中，把握海洋产业链和供应链的发展机遇，同时在"一带一路"、RCEP 等区域合作框架下，积极加强与周边国家的经济合作，建立多层次的海洋产业链安全合作机制，加快构建以广西为重心的区域分工体系，形成建立区域海洋产业价值链的格局。

此外，广西还应充分发挥中国（广西）自由贸易区和自由贸易港的作用，提升对外开放水平，为高水平对外开放提供更具竞争力、更公平、更稳定的发展环境。支持区内有实力的涉海企业，积极投资海外市场，加强与周边先进涉海企业和涉海研究开发机构的投资合作，促进广西海洋产业

转型发展和科研能力的提升。

RCEP 将有效促进涉海企业跨国经营，促进区域内海洋产业生产要素流动和海洋产业分工，从而加速重构区域产业链布局。

RCEP 的原产地区域累积规则为企业在 15 个成员国范围内获取优惠关税提供了便利，对涉海企业的原材料采购、海洋产业链布局和对外投资等决策会产生积极影响。

（二）对接 RCEP 新规则，加快构建面向东盟的跨境海洋产业链、供应链

东博会是中国和东盟国家合作的一个平台。在第 18 届东博会上，各成员国一起发布了《南宁倡议》，共同促进 RCEP 的生效实施。广西和东盟长期以来已经建立了多种合作机制。广西壮族自治区人民政府制定了《广西对接 RCEP 经贸新规则若干措施》，主要是为了适应双边贸易新形势，更好地对接 RCEP 经贸新规则，并深化参与国内外经济合作。这些措施包括加快货物贸易，构建面向东盟的跨境产业链、供应链，加深贸易投资和服务双向合作，搭建高水平合作平台，营造优良营商环境。

广西将进一步加强政策融合创新，全力打造一个高质量的 RCEP 示范项目实施集聚区：加快西部陆海通道建设，推动制造业转型升级，打造面向东盟的高质量跨境海洋产业链、供应链；加强北部湾国际门户港建设和推动中国—东盟博览会，积极参与中国—东盟自贸区 3.0 版建设，加快发展跨境电商等外贸新业态新形式。

（三）增强区域合作意识，推动 RCEP 区域价值链重构

为推动 RCEP 区域价值链获得新发展，各成员国应实施一致的合作共识，这也有助于促进广西与东盟国家海洋合作互利共赢。

第一，RCEP 可以在一定程度上改善各成员国的投资环境，减轻各种突发意外带来的外贸和投资损失。应坚持 RCEP 的规则要求，创造良好的投资环境，简化投资程序，分享金融市场建设经验，鼓励区域内投资者从交易中获得更多收益。

第二，通过"学习效应"提升创新水平，促进广西海洋产业在新的国内国际发展格局下顺利转型。不同经济体之间的经贸和金融合作加深，有助于促进广西与周边省份之间的交流和学习，增强涉海企业"走出去"和"引进来"的能力，学习其他成员国先进的金融管理制度和模式，提高金融监管水平和效率。

第三，通过深化经济、贸易和金融合作，各经济体的交流促进了广西内部的交流和学习，有助于推动广西海洋产业在国际、国内新发展格局下顺利转型并提高创新水平。

第四，各经济体的合作促进了区域内海洋产业布局的合理化，凭借金融进步带动海洋产业及相关产业的发展，从而促进广西海洋研发技术突破和经济发展，增强了广西的投资吸引力。这些合作包括资本的合理配置、资金融通服务的提供、区域海洋产业链上下游的优化，以及涉海产品附加值的提高等。

二、依托国内经济大循环位势，加速转变广西内需主导经济发展

（一）增强内需拉动，激发海洋经济持续发展的内生动力

广西要充分发挥超大规模消费市场的优势，引进全球先进的海洋生产要素，吸引更多国内外高端制造业和关键零部件生产企业入驻，并打造先进海洋新兴产业和关键海洋产业链、供应链、研发链的外商投资高地平台，构建重点海洋产业链的供应链、价值链体系。同时，解决现有海洋产业链和供应链中存在的问题，拓展海洋产业上下游的发展空间，更好地辐射和稳定全球产业链和供应链。

为了实现这一目标，广西要充分发挥基础设施和产业配套的优势，实施更加开放的创新战略，并利用 RCEP 合作平台和全球化城市平台，吸引更多的科技和知识，实现资本和技术的补充，加强与全球经济的互动和融合。此外，广西还要利用其人力储备的优势，充分释放由人口规模决定的潜在市场发展空间，实现市场强链战略。

广西要依托港口和产业园区，加快发展千亿级海洋产业集群，如化工新材料、高端金属、电子信息、先进装备制造和轻工食品等，并加快升级传统海洋产业，如海洋渔业、海洋运输和海洋旅游等。要培育发展物流加工、智能制造、文旅大健康等腹地海洋产业，创新升级新材料、新装备和新能源等新兴产业，不断提高海洋经济产业发展基础，并推动沿海、沿江和沿边协同的协调联合发展，加速建设西部陆海新通道发展轴线，打造沿海沿江沿边区域开发开放带，推动北部湾经济区向海发展带建设。

（二）扩大高水平开放，融入新发展格局

广西要充分利用 RCEP 的深入实施，进一步提升广西功能性平台的服务能级，加快打造服务国内国际双循环市场的自由便利地。制定实施高质

量 RCEP，开放统筹推进自由贸易试验区、重点开发开放试验区、中外合作园区等策略，推进广西—东盟海上合作开放型制度改革。

高水平共建西部陆海新通道，进一步提高通道运营质效，发挥通道对物流、贸易、产业的支撑带动作用。积极主动承接国内外产业转移，主动对接粤港澳大湾区建设、长江经济带发展、成渝地区双城经济圈建设等国家级重大战略，提升强化产业竞争力和控制力，力争在构建"4+N"跨境产业链、供应链上有突破。努力稳外贸稳投资，加大主导产业引资力度，提高对外型经济质量和水平。围绕主导产业加大吸引外资力度，提升外向型经济质量和水平。

三、巩固提升现代化海洋产业体系优势，合理优化全产业链发展布局

（一）建设 RCEP 产业重组的生产要素配置基地

在 RCEP 产业重组中，技术与资本两个要素发挥核心作用。建设 RCEP 产业重组的生产要素配置基地，必须围绕 RCEP 产业链布局创新链，广西顺应中国产业迈向中高端的趋势，选择适合的 RCEP 区域（尤其是中国和东盟区域）中产业合作发展前景较好的领域进行研发投入，如海洋新能源的开发等领域。

利用广西丰富的人力资源优势，针对 RCEP 成员国区域发展不平衡和海洋产业布局差异化的特点，释放海洋产业结构转移的空间潜力。同时，利用中国超大市场需求潜力，优化海洋生产要素资源的配置，通过科学合理的区域空间布局规划，鼓励各地根据资源禀赋和要素条件因地制宜，发挥比较优势，优化海洋产业布局，整合和完善区域内海洋产业链和供应链。

政府可通过财税、金融、技术支持政策，引导和支持市场主体对海洋产业链和供应链实施合理、经济的布局，鼓励涉海企业使用国内生产的设备和零部件促进广西海洋全产业链、供应链的协调发展，形成海洋产业互补、生产互补、供应互补的内在经济联系和生产分工，实现各自的比较优势效益。

（二）打造服务 RCEP 的工业互联网平台

工业互联网是让整个生产环节、生产全要素、全产业链实现互联互通，实现制造资源的优化配置。RCEP 的签署，让广西区域企业可以在更

大范围内进行生产资源的优化配置，达到提质增效、降本减存的目的，推动区域产业重组布局。当前，国内的工业互联网平台国际化程度仍然较低，不能完全适应 RCEP 产业重组调整的需要。广西应认清这一趋势，抓住机遇，重点建设服务 RCEP 的工业互联网平台。

四、把握 RCEP 重大机遇，优化广西—东盟海上合作产业体系

（一）以"双循环"新发展格局为方向，构建内联外通的海上产业链供需合作体系

强化海洋产业分工合作，推动 RCEP 区域内海洋产业链融合，加快构建形成扩大版的"海洋工厂"。建设一批广西—东盟创新示范项目，推动新能源、海洋装备、海洋环保等优势特色海洋产业全球布局。瞄准海洋产业合作发展方向，探索打造区域海洋产业创新要素洼地。设立面向 RCEP 成员国的海洋科技合作组织，建立面向 RCEP 成员国的海洋技能培训基地。深化与东盟国家的海洋产业合作，加强对海洋产业链的精准布局。积极争取谋求将东盟国家海洋产业链中由中国配套的环节、中间产品、上游产品等转移到广西，进一步完善跨境海洋产业链布局分布情况，探索构建"供给—需求"精准对接的循环产业链合作体系。

（二）以西部陆海新通道为牵引，加强区域联动发展

强化基础设施建设，加快南宁陆港型、沿海港口型国家物流枢纽建设，推动物流枢纽规划建设，打造"通道+枢纽+网络"物流运行体系。做大做强通道经济，进一步深化西部陆海新通道省际协商合作机制，推动沿线各省之间的合作延伸到优势产业、海铁联运、商贸物流等具体项目。

（三）以开放平台为试点，筑起全产业链式合作平台

提升强化中国—东盟博览会服务 RCEP 功能，建议将"中国—东盟博览会"升级为"RCEP 国家博览会"，并将"中国—东盟商务与投资峰会"升级为"RCEP 国家商务与投资峰会"，以更好地反映当前中国与东盟及 RCEP 国家的合作关系和发展趋势。

扩大参展国家和行业范围，促进更广泛的贸易、投资和技术交流，推动区域经济的全面发展。为了加强广西与东盟国家之间的产能合作，可以拓展"两国双园"发展模式的方向，并加速中国和马来西亚的"两国双园"、中国和泰国的"两国四园"及"中国·印尼经贸合作区二期"等面向全球的国际产能合作平台的建设。

规划建设中国—东盟国际产能合作产业园区，以提高产业链、供应链和价值链的国际化水平。打造沿边转口贸易试验田，推进西部陆海新通道沿线省（市）在产业、科教领域深度合作，形成沿边经济、跨境产业链。

推进产能合作平台建设，建立产业基金，搭建产业合作平台，促进技术创新，加强中国与东盟国家企业之间的交流合作，推动产业升级和创新发展。

（四）以"南宁渠道"为桥梁，搭建区域市场开放窗口

提升首府城市承载力，加快构建南宁跨境电子信息产业链，加速完善面向东盟的跨境金融基础设施，打造 RCEP 供应链金融与综合服务平台。

建设中国（南宁）RCEP 博览中心，设立 RCEP 商品产品常年展示交易中心，加强南宁作为对接区域的门户作用，提高南宁的地位和影响力。

建立 RCEP 在港口、物流、供应链等方面的合作联盟，促进经济和贸易合作的发展，优化港口、物流、供应链等资源配置，提升整个区域的竞争力。

全年在线为 RCEP 成员国企业提供展示和经贸促进服务，为区域经济的发展提供更多的便利和支持。同时，南宁还可以借助建设 RCEP 博览中心等平台，吸引更多的国内外投资者，推动本地产业的转型升级，促进区域经济的快速发展。充分发挥南宁数字化产业和产业数字化的赋能作用，依托新型消费，拓展国际市场，推动电子商务、数字服务等企业走向国际，培育一批世界一流且具有全球资源配置能力的企业平台和物流企业。

第三节　全面借力国家大力发展海洋强国战略举措

一、全面推进海洋强国战略

海洋是高质量发展战略要地。党的二十大报告提出，发展海洋经济，保护海洋生态环境，加快建设海洋强国。海洋经济是广西发展的重要方向之一，发展海洋经济需要广西深入推进海洋产业转型升级、海洋资源开发利用、海洋科技创新和海洋环境保护等方面的工作。同时，需要加强与周边国家的海洋合作，共同开发海洋资源，促进海洋经济的共同繁荣。

当前，广西需要加强对区域循环体系的把握，充分利用区位优势和资

源优势，加强与周边国家的合作，推进经济循环，提升整个区域的发展水平。

（一）强化主要海洋产业的产业链地位优势

广西要进一步扩大主要海洋产业的规模，如海洋渔业、海洋旅游、海洋生物医药、海洋能源等领域。要巩固和提升主要海洋产业的竞争优势，加强研发创新，提高产品品质和技术含量，不断推进产业升级。

广西还应积极参与海洋治理和规则的制定，与周边国家加强合作，形成合力，推动区域海洋治理和海洋产业的协同发展。在与东盟国家开展海上合作中，广西应积极寻求自身不足，借鉴其他国家管理海洋产业链的先进经验，巩固本区的主要海洋产业竞争优势，制定出更有利于强化海洋产业链地位优势的战略对策。

（二）促进海洋产业与制造业生产体系的融合

广西要继续支持海洋产业基地发展，共同把海洋产业基地建设成为立足广西、辐射西南、对接东盟的综合性平台，不断发挥海洋工程装备研发和制造领域的优势，努力做好区域海洋装备产业链的链长与科技策源地，促进海洋产业转型升级与融合。

广西应当积极推进海洋经济的发展，加强海洋产业的重点领域发展，保持竞争优势；积极参与海洋治理和制定海洋规则的过程，实施有效的海洋产业链管理政策，促进广西在区域循环体系中的发展，形成差异化的竞争格局。

（三）形成智能化、数字化、网络化发展趋势

抓住 RCEP 生效实施等历史机遇，建设面向全球、与东盟对接的开放数字经济合作聚集区，以适应智能化、数字化、网络化浪潮下商业和技术模式的变革和创新。加强主要海洋产业的信息化发展，确立新业态在海洋经济中的战略引领地位，提升海洋经济的竞争优势。依托中国（广西）自由贸易试验区，推动产业资源汇聚广西，打造更具竞争力的跨境产业链、供应链，深化有色金属、生物医药等领域的数字化转型合作，拓展智能制造产业链合作，探索海洋科研、观测监测装备、海洋食品技术、海上无人机等领域的数字化合作。

（四）提升主要海洋产业在国际价值链中的地位

基于海洋经济强区和海洋强国战略的衔接，充分利用广西现有海洋经济总量、海洋产业地位、发展能力和海陆协调发展机遇等优势，开发海洋

科技、全球华侨产业实力和海洋社会文化等潜在能力。

广西需要通过整合与扩展海洋产业价值链中上游，实现基于产业价值链的资源整合，有效降低海洋产品在产业价值链增值环节上的成本，从而提高产业的竞争力水平；充分发挥价值链驱动主导海洋产业的辐射带头作用，依据价值链关系，加强陆海产业统筹，促进区域间的优势互补、协调发展，更快更好地向东盟国家展示广西的海洋产业价值链发展。

二、深入实施其他海洋相关战略

（一）完善海洋科技创新体系

1. 打造科技创新载体

建设一批较高层次的工程研究中心、开发平台等海洋产业科研平台。推进涉海企业创新孵化平台建设。积极引进国家级科研院所和"双一流"高校在区内设立新型研发机构。加速推进国家自然资源部第四海洋研究所（即中国—东盟国家海洋科技联合研发中心）建设，把北海海洋产业科技园区打造为广西海洋科技创新基地。联合区内外科研力量，建立海洋领域（重点）实验室。发挥北部湾区位优势，争取国家政策，建设北部湾国家海洋综合试验场。

2. 培育科技创新主体

加快东盟国家及其他 RCEP 成员国海洋科技创新企业入驻广西的工作效率，促进涉海项目和海洋高科技企业来广西投资。支持东盟国家及其他 RCEP 成员国涉海企业进行技术创新，促进产业链龙头企业的协同创新和产业孵化。推动领军企业在海洋领域进行产业链协同创新和产业孵化，培育海洋新产业和海洋新业态。加快多元化的科技企业孵化器建设，逐步打造阶梯型海洋科技孵化体系，以企业孵化器、专业科技园等方式培育和扶植高新技术中小企业开展自主创新，打造海洋经济创新示范产业链。

3. 突破关键核心技术

以广西海洋经济发展对科技创新的重大需求为导向，整合优势科研力量，开展海洋装备制造、新型功能材料、生物医药、海洋渔业等方向的关键科学技术攻关。开展生态铝新材料、钢铁新材料等新型功能材料产业关键核心技术研发。着力突破海洋生物资源精加工技术和资源综合利用技术，支持海洋药物与生物制品、海产品保鲜和精深加工技术研发。

（二）提升海洋科教发展水平

优化海洋教育资源配置，建设综合性海洋大学，支持高校设立涉海专业学科和院系，拓展海洋专业门类，增设涉海职业技能实训基地，提高海洋高等教育和职业教育质量。

鼓励广西沿海三市建设以海洋专业为主的中等职业学校，并加强区内科研院所与涉海院校联合共建。支持区外涉海高校在区域内建立涉海教学、实习和科研基地，培养高层次海洋人才。积极开展海洋教育国际合作与交流，支持广西高校与东盟国家知名大学和科研机构建立联合实验室，提升办学质量。

（三）打造海洋科技人才高地

为了促进广西海洋产业的发展，政府将继续引进海洋领域高端人才和支持本地人才的培养。人才引进将侧重于满足海洋产业转型升级所需的技术需求，实施"八桂学者"、"带土移植"人才引育计划、港澳台英才聚桂计划等重大人才引进项目，优先引进从事海洋产业技术创新、成果产业化和技能攻关的高端领军人才。积极培养本地涉海高素质人才，依托区内涉海高校和科研院所加强培养和引进工作，并建立人才"一站式"服务平台和绿色通道，提供优质的服务和待遇。

在创新平台方面，广西将继续支持和发展中国—东盟技术转移中心、中国—东盟人才资源开发与合作广西基地、中马北斗应用联合实验室等平台，通过开展"东盟杰出青年科学家来华入桂工作计划"等合作项目，加强与东盟国家的合作，开发和整合双多边海洋人才资源，推动海洋产业发展。

（四）加快海洋开放国际合作

利用海外资源和市场，拓展与 RCEP 成员国、"一带一路"国家和地区的经贸往来与交流合作。鼓励有实力的涉海企业建立海外原料供保基地，加强国际供应链合作。

以东兴、凭祥、百色作为广西—东盟双开放的前沿，加快边境贸易创新发展，推进沿边进出口加工基地、国际产能合作基地、商贸服务基地建设，发展面向东盟的加工贸易集群。

加速 RCEP 规则落地实施，与相关国家与地区探索"双港双园"发展模式。支持鼓励实力强的企业向海发展走出去，与国际企业合作联合共建境外具有海洋特色的产业园区。支持沿海设区市申报国家级进口贸易促进创新示范区，重点推进境外合作园区提质升级。探索建立中国—东盟海洋产业联盟，每年定期举办中国—东盟国家蓝色经济论坛，拓展提升中国—东盟矿业论坛。

（五）加快向海开放地区间合作

深度对接长江经济带，加快在创新链、产业链、生态链等领域的全面合作，以对接发展本地产业链和供应链为主攻方向，加强产业互动衔接，牵引带动企业集聚向海发展，做大做强建设一批强大的省际合作园区。

加强对接粤港澳大湾区，持续开展"湾企入桂"等承接大湾区产业转移专项行动，提升粤桂合作特别试验区、广西东融先行示范区（贺州）、广西内陆承接东部产业转移新高地（来宾）、"两湾"产业融合发展先行试验区（玉林），以及深百产业园、河池深圳巴马大健康合作特别试验区等园区平台产业承接能力。

加强与海南自贸港联动，完善桂琼两省（区）合作共建机制。积极推进西部陆海新通道和海南自贸港的战略衔接关系，加快进一步推进服务RCEP 的开放平台共享，深化港航、临港产业、医学、旅游、海洋渔业等方面的产业合作。

第四节　借助 RCEP 推动双方海上合作举措

一、深入推动 RCEP，推进双方海洋经济合作

（一）加快广西—东盟海洋产业结构升级

东盟国家之间的经济发展水平差距较大，广西在与其进行海洋经济合作的过程中，应该建立蓝色经济发展模式，推进传统海洋产业的改造革新，发展新兴海洋产业，鼓励海洋服务业发展，推动加快海洋产业的转型升级。

在与东盟进行海洋产业对接时，广西要正确看待东盟国家之间发展差异性，以及与广西海洋产业的互补程度，提高与东盟国家进行海洋产业合作的积极性。要借助中国海洋产业的布局能力，进一步提升主导能力，促使推动东盟国家海洋产业结构的调整和升级。RCEP 的深入实施有利于广西传统海洋产业的发展与升级，也将会为高技术海洋产业的发展带来机

遇，从而优化广西海洋产业结构。

（二）加强广西—东盟海洋金融合作

海洋经济具有高投入、高风险的特点，要促使广西与东盟在海洋经济合作水平不断提升的前提下开展海洋金融合作，以促进海洋经济健康发展。RCEP 的深入实施将扩大中国与东盟国家的海洋金融合作的规模，加快构建推进海洋金融合作建设区。

广西可以打造成为服务 RCEP 的金融综合改革试验区，推进人民币国际化跨境使用，提高人民币的跨境使用率，增强人民币在 RCEP 成员国中的影响力，确保为 RCEP 成员国经济合作提供安全高效的金融服务。RCEP 为广西—东盟海洋经济合作提供了多元化、多样化的融资渠道，从事海洋保险的机构数量有所增多，并且未来将会进一步完善。融资纳资渠道的增多，以及海洋保险的发展趋势，必将有助于广西—东盟进行海洋金融合作。

（三）推进广西—东盟海洋生态文明建设

RCEP 的深入实施始终遵循符合蓝色海洋生态理念意识。广西与东盟在开展海洋经济合作的同时，要发展海洋生态伙伴关系，加强海洋生态环境保护。广西与东盟国家应同步开展海洋生物多样性保护，加强海洋环境监测，及时修复海洋生态系统，积极参与海洋环境保护大型国际合作项目。针对渔业资源减少枯竭、海平面上升等海洋问题，广西应在国家的助力下，与东盟国家协同努力，建立有效的合作机制，将海洋视为一个整体，推动跨境国内外合作，开展海洋综合性管理。此外，有必要建立区域性海洋防灾、减灾和救灾相关合作机制，实现远海联合观测、海洋灾害预警能力的共享及信息互通建设。

二、增强双方政治互信

（一）推动双方战略合作共识的达成

中国在推动海洋合作时经常扮演引导的角色。RCEP 成员国中部分国家存在海事政策不连续、资源和人力资本不足、内部机构协调性不够等问题。为避免单向行动，在与东盟开展海洋合作时，广西更尊重国家之间的差异，努力增进彼此间的互信。

为推动双方海洋合作更进一步发展，广西与东盟各国领导人和相关部门负责人要充分利用现有的对话机制和平台，进行及时有效的沟通。此外，还将建立双方专家学者的交流机制，促进专家学者之间的交流沟通，增强广西与东盟国家海洋合作政策和计划的理解和落实能力。

（二）加强广西—东盟文化交流

为推动双方海洋合作的有效性和成效，广西应积极推动民心相通和人文交流。政府部门、跨国企业、教育机构等都应该积极参与和支持。其中，滨海旅游是人文合作的重要支柱建设，双方应以中国—东盟旅游合作为契机，建立旅游合作机制，拓展旅游交流合作渠道，开发滨海旅游资源。

此外，广西还可以利用 RCEP 政策上的优惠引入外国投资，与其他东盟成员国合作开展项目，以旅游业为支点，进一步促进双方海洋文化交流与合作，提升双方民众的文化认同感。

进一步深化与东盟的人文合作，相互派送留学生，举办海洋艺术节、海洋论坛等大型交流活动，促进广西与东盟国家之间的文化交流。

推动东博会、峰会升级和发展，积极参与中国—东盟命运共同体；高效建设西部陆海新通道，高标准建设中国（广西）自由贸易试验区，高质量实施 RCEP 等经济贸易协定。

（三）充分发挥政府的带动主导作用

广西要继续发挥对东盟海洋合作的对接平台的带头作用，进一步加强与东盟国家的合作。对于敏感度较低的领域或项目，可以与东盟国家展开合作，促进双方信任与合作。同时，广西应该全面了解东盟国家的发展水平，根据不同国情和政策采取差异化的产业合作政策，如利用自身优势进行原料出口式滨海旅游等。此外，要充分发挥华商企业对于东盟经济、文化和政策的熟悉程度，鼓励他们参与到与东盟国家之间的海洋文化、经济和教育合作中去。

三、提升双方海洋合作层次

（一）搭建海洋合作平台

国家在全面拓展与东盟国家合作的广度和深度前提下，推动建立 RCEP 先行示范区，推进与东盟国家基础设施互联互通，完善中国—东盟跨境物流体系，高标准建设中国（广西）自由贸易试验区，做深做实搭建中国—东盟博览会、中国—东盟信息港、中马"两国双园"等对外开放平台，推动中国—东盟自贸区升级，以此来带动广西与东盟国家海上合作与交流。

广西将加强"两国双园"、制造基地、特色产业园等开放平台建设，推动国内国际产能、产业、资源、经贸等领域开放开发双向合作。在充分发挥现有的多双边合作对话机制的基础上，进一步完善和提质 RCEP 实施升级，加强各方、各层级的对话，为双方海洋合作搭建良好平台。

（二）发展多样化的海洋产业融资方式

广西可以有效运用 RCEP 规则中关于金融便利优化的规则，发挥金融平台的作用，如亚洲基础设施投资银行、丝路基金和中国—东盟海上合作基金等，为"蓝色经济伙伴"发展提供资金支持，推动海洋产业合作现代化和促进海洋科技与技术的发展。同时，需要充分挖掘广西与东盟国家在新兴海洋产业领域的合作潜力，推动双方在新领域开展海洋合作，加速实现广西和东盟海洋产业升级，并促进区域海洋经济的健康发展。根据国家海洋战略，制订符合双方利益的工作计划，并做到密切观察、随时调整，为今后一个时期广西与东盟国家的海洋合作做好准备。

（三）创新海洋科技合作方式

新科技、新经济、新业态是中国经济发展的新增长点，广西要借助国家的良好发展态势，积极推动新科技、新经济、新业态的发展，做实中国（广西）—文莱渔业合作示范区、泰国正大—广西建工科技产业园、菲律宾亚联钢铁厂等对外合作项，加强广西与东盟国家在海洋科技等领域的合作。此外，还应推动广西—东盟非官方正式交流活动，由非政府、企业和公众主导，在 RCEP 框架下进行。这些交流活动可以为广西—东盟的海洋合作注入新的活力，并促进海上合作方式和形式的创新。

四、加快建设面向东盟的国际大通道，实现内外互联互通

广西应当充分利用西部陆海新通道、中国（广西）自贸试验区和经济技术开发区的带动作用，以谈合作、建机制、促贸易为重点，积极为企业提供支持，助力企业开拓国际市场，稳定市场份额，进一步扩大服务"一带一路"和 RCEP 的新兴市场。

（一）打通陆海通道

加快西部陆海新通道主通道建设，畅通西线通路，扩能中线通路，完善东线通路，全面打通公路瓶颈路段，大幅提升以铁路为骨干、高等级公路为补充的干线运输能力，加快建成贵阳至南宁高速铁路，开工建设黄桶至百色铁路、南昆铁路百色至威舍段增建二线、黔桂铁路增建二线等重大项目，加快高速公路扩容建设。畅通对接粤港澳大湾区通道，重点推进南宁至深圳高速铁路、柳州至广州铁路、黔桂铁路复线改造工程、南宁经玉林至珠海高速公路等一批重大项目建设。加快陆路跨境通道建设，加快建设南宁国际空港综合交通枢纽、中新南宁国际物流园、南宁国际铁路港、柳州铁路港等枢纽项目。

为提升与东盟国家城市之间的联系，广西应该加强重点通道的通行能力，建设高等级、优质的公路、铁路网和航空运输网，形成畅通的陆上交通网络。同时，广西应该加强与 RCEP 成员国之间的交通合作项目，提升交通、水利、信息和其他基础设施的互联互通，促进陆上互联互通和陆海互联互通的联动。

（二）畅通空港通道

推进空港出海通道建设，全面提升面向东盟和 RCEP 成员国的枢纽功能和集疏运能力。加快建设南宁临空经济示范区，积极开辟面向东南亚和国内主要城市的全货机航线，建设面向东盟的门户枢纽和国际航空货运枢纽。加快建设以航空物流、航空维修制造、临空高新技术、临空商务、国际贸易为支撑的临空产业体系。广西与东盟国家应充分利用海洋合作基金及 RCEP 金融服务规则，解决双方建设资金短缺的问题，加强双方在空港通道建设技术和经验上的交流和共享。

（三）建设北部湾国际门户港

在推进广西—东盟双方海上通道建设的过程中，港口建设应得到高度重视。目前，广西与东盟之间的经贸往来主要依赖于港口和海上运输，港口是国内经济和对外贸易发展的重要保障。为了实现 RCEP 的建设目标，广西与东盟需要以重点港口为枢纽，建设现代化的北部湾国际门户港，推动畅通、安全和高效的运输通道建设。

为达到国际一流港口的水平，应优化港区资源整合和功能布局，提高码头和水上基础设施的效率和智能化水平，打造北部湾国际门户港，建设国际枢纽海港。

推进国家物流枢纽建设，将北部湾国际门户港打造为服务于 RCEP 成员国的重要物流枢纽，构建服务于 RCEP 成员国的密集国际航线网络，加强海港、内陆港和空港联动发展的物流中心，构建国际跨境供应链。加强北部湾港码头、泊位、航道等基础设施建设，打造北部湾港智慧港口、绿色港口。

第五节　以创新驱动发展战略推进双方海上合作举措

一、创新发展海洋战略性新兴产业

发展海洋战略性新兴产业，应注重利用全球资源，进行开放式创新，坚持自主创新和开放创新并进，实现关键环节技术突破。海洋战略性新兴产业是技术密集型产业，技术和知识在其生产结构中占有重要地位，跨国公司和研究机构在许多领域具有领先优势。因此，要利用国内外市场的优质资源，特别是研发创新资源，充分利用大国市场优势，吸引国际创新要素进入国内市场，以助力广西海洋战略性新兴产业快速发展，实现规模经济。

（一）创新海上合作制度机制

随着海洋产业的发展，传统的行政管理模式已不再满足现代化的海洋产业发展的需要。因此，建议成立广西与东盟海上合作专门管理机构，负责管理和协调广西—东盟海上合作事务，避免不同部门的重复管理。同时，对于海洋生物医药、海洋装备和海洋可再生能源等领域，目前还缺乏针对性的政策规划，因此需要制定相应的海洋法律法规，以确保海洋战略性新兴产业的规范发展，加快科技成果转化。

（二）创新产学研一体化进程

随着战略性海洋新兴产业的不断发展和日趋复杂，单个创新主体起到的作用已经十分有限，这就需要创新组织模式，实现产学研一体化的协同合作创新。创新海洋战略性新兴产业的产学研一体化进程是促进战略性海洋新兴产业持续发展的关键。创新产学研一体化的协同合作模式可以实现海洋企业、高校和科研院所、政府与金融机构等组织之间的知识跨组织流动，促进核心技术的突破和产业的发展。

在这一过程中，各个组织的专业技术和资源可以得到充分利用，从而提高创新效率和竞争力，推动海洋战略性新兴产业的发展。因此，需要加强各方之间的合作与交流，加快创新产学研一体化组织模式，为战略性海洋新兴产业的可持续发展提供强有力的支撑。

（三）创新金融支持政策

为了更好地运用 RCEP 规则，广西应制定 RCEP 金融政策支持体系，加强对外贸产业转型升级的支持，扩大金融服务业对外开放，建立稳定的财政投入增长机制，制定跨境金融创新政策。在整合现有资金渠道的基础上，根据 RCEP 的规则，制定跨境金融创新政策，支持人民币跨境业务创新，建立和东盟国家的金融合作机制，创新对外贸产业转型升级的支持方式。面对 RCEP 贸易量的增长，打造面向 RCEP 的先进智能工业基地和高新技术集群创新基地，培育战略性海洋新兴产业集群。

此外，广西还应该培育金融集聚区，增强金融支撑产业集群的发展能力，提高产业集群的融资能力。学习深圳对高新技术产业的支持，通过加大资金投入和实现创新金融资本与高新技术产业的无缝对接，推动广西产业发展。

二、加快海洋科技创新步伐

2020 年，新华社发布了《2019 全球海洋科技创新指数》报告，中国和另外三个 RCEP 成员国名列前十。RCEP 第十五章经济技术合作为成员国间在海洋科技领域展开高质量合作提供了基础。此外，国家还建立了东亚海洋合作平台，推动东盟和中、日、韩三国在海洋资源聚集、科学技术合作和人才交流等方面开展合作，共同促进海洋经济示范区和海洋技术创新区的建设。

（一）优化科技创新力量布局

广西要进一步优化已有的科研力量定位和布局，整合资源存量，实现融合协作，优化制度机制，培育创新生态，汇聚顶尖人才，释放原始创新动能。为了推动区域海洋生态发展，RCEP 成员国应加强海洋科技创新合作，构建 RCEP 海洋科技创新体系。可通过举办海洋环保合作论坛，呼吁各成员国重视海洋环保，并通过双边、多边合作拓宽合作范围和加大合作力度。同时，为了支持区域中经济实力较弱的成员，可以提供专项资金补贴或优惠利息贷款，以降低参与门槛，集合力共同推动海洋环境生态化发展。这些努力将有助于使 RCEP 成员国成为降低污染、推动区域海洋生态发展的新引擎。

一要进一步深挖传统学科优势，争创国家重点实验室，不断提升科技创新力，增强核心竞争能力，凝聚发展势能；进一步凸显广西区位优势，打造区域科技创新研发平台，服务北部湾经济区海洋经济发展，支撑国家重大战略需求。

二要在人类命运共同体、山水林田湖草生命共同体、人与自然和谐共生新理念新视野下，进一步优化海洋科研学科布局，促进科研力量交流融合，以系统思维促进海洋科学研究在学科间、区域间、生态系统间交叉融合；向建成国际科技创新中心迈进，进一步促进 RCEP 成员国之间在蓝色经济、海岸带综合管理等方面的深度融合协作，形成具有全球竞争力的开放创新生态，以科技创新、开放共享推动亚太区域海洋可持续发展。

三要进一步突破人才瓶颈，多渠道争取政策、资金支持，出台管用的人才政策，优化人才评价和激励机制，以国际国内双视角加大高端人才的引进力度，打造海洋科技人才聚集"强磁场"，培养和造就一批高水平原创技术研发人才队伍。

（二）加快建设原始创新策源地

加快建设原始创新策源地，为新时代新征程国家科研机构指明了奋斗目标和前进方向。

一要加强基础研究积淀。基础研究是科技创新的源头，要立足高站位，面向世界科技前沿、国家和区域重大需求，持续开展海洋科学、极地科学的基础研究，久久为功，厚积薄发，争取在深海微生物资源、海气相互作用、海洋生态系统变化规律、海洋物理与地质过程、陆海统筹国土空间规划及生态保护修复等方向实现原创性突破，不断强化海洋科研原始创新能力，加快打破亦步亦趋的"路径依赖"。大力弘扬新时代科学家精神，引育一批战略性科学家，从学科话语体系、研究方法构建入手，实现源头自主创新。

二要加强前沿性、战略性技术储备，把关键核心技术掌握在自己手中。勇于攻克海洋科学领域的"卡脖子"技术难题，聚焦海洋生物技术、海洋清洁能源和海洋新材料等领域部署前沿技术研发，在海洋生物医药、海洋生物医用材料、海洋生物酶制剂上逐步实现进口替代，改变关键技术依赖进口的现状。要善于把握颠覆性创新的技术变轨机遇，在危机中育先机、于变局中开新局，以强有力的科技创新牢牢把握发展主动权，进一步与 RCEP 成员国深入交流。

（三）以海洋科技创新驱动高质量发展

一要以海洋科技创新赋能生态文明建设和绿色发展。持续做强海洋生物多样性、海洋生态系统保护与修复、海洋环境保护基础机理研究和理论建构，力争在海洋生态保护和修复、海岸带空间规划和综合治理、海洋环境污染治理、重大海洋灾害应对等关键技术上取得更多突破性成果。

二要以科技赋能空间规划、生态修复、污染治理、灾害防治，为微生态系统保护和修复重大工程的实施提供技术支撑，输出海洋生态环境修复保护产品。健全完善碳汇价值实现机制，探索生态产品价值实现新路径，完善生态保护补偿制度，促进沿海城市海洋经济绿色低碳发展。向 RCEP 成员国和地区推广海洋环境治理、海洋生态修复与管理的先进示范经验。

三要以海洋科技创新驱动海洋经济转型升级，加强产学研合作，实现协同合作创新，突破海洋活性物质提取筛选、高效制备、功能评价等关键技术，开发海洋生物医药、海洋生物医用材料、海洋功能食品、海洋生物酶制剂、海洋生物农用制品、海洋日化生物制品、海洋微生物环保制品等领域的系列新产品，加快科技成果转化，推动海洋药物与生物制品产业发展。加大科技特派员的派驻，把科技服务直接应用在企业生产第一线，探索新经验，试点新模式，打造产业引擎，支撑区域海洋经济转型升级和高质量发展。

（四）加强内陆与沿海的科技合作

广西正在加强内陆和沿海地区之间的科技合作，推进涉海企业创新孵化服务中心平台建设，加快建立陆海协作的科技创新平台和高新技术创业服务中心。

支持北海海洋产业科技园引进国家级科研机构和"双一流"高校设立分支机构和新型研发机构，将其逐步打造成为广西海洋重大科技基础设施平台。

积极推进国家自然资源部第四海洋研究所和中国—东盟国家海洋科技联合研发中心的建设，并培育创办国家级海洋重点实验室，探索建立一个集基础研究、应用研究、成果转化和推广、政府智库于一体的综合性海洋研究机构。

三、推进"5G+数字海洋"战略合作

广西应当抓住新基建的机遇，积极推进"数字海洋"创新工程的建设。应加快北部湾智慧港口的升级改造，推广港区第五代移动通信技术（5G），打造无人化码头，创建国内领先的智能化港口网络，加快广西海

洋、中国—东盟产业互联网、智能供应链等大数据平台的建设。深入推进北海、钦州等城市的国家智慧城市试点建设,充分利用北斗导航卫星和其他技术手段,加强广西海底全息地形地貌、海洋生态环境感知、海洋态势智能感知、海洋信息一体化等平台的建设,加强海洋牧场、海洋运输、海上风电等数字化建设,建设一批"智慧渔场",提高远洋捕捞的智能化水平。

(一)打造数字海洋发展强区

1. 建设数字海洋产业园

推进一批数字海洋特色产业园建设,完善园区数字基础设施,瞄准国内外数字海洋产业新业态及龙头企业,开展专业化、点对点的以企招商、产业链招商,打造具有广西特色优势的现代数字海洋产业集群,逐步形成区域优势产业。强化"数字海洋"的产业链、价值链和创新链,进行海洋科技研发、产业化等一系列活动和服务,促进项目对接转化与实施,通过与 RCEP 成员国相互学习和竞争,提高创新动力和创新效率。

2. 建设海洋大数据中心

依托广西电子政务外网、壮美广西·政务云、数据共享交换平台,建设壮美广西·海洋云。梳理海洋地理、环境、生态、渔业、交通运输、物联网等方面的信息,完善海洋气象监测站点布局,夯实海洋基础数据库,聚焦各领域强化基础信息供给能力,形成服务 RCEP 成员国的多语种特色海洋数据资源库。建立海洋大数据中心,形成一数一源、多源校对搜集机制,确保海洋数据准确。建设数字海洋大数据平台,与海洋信息化平台实现互联互通,形成数据获取渠道最全、数据处理速度最快、数据服务能力最强的平台。

3. 建设海洋生态文明公共服务平台

推进"蓝色海湾"工程,应用 5G、人工智能、卫星遥感等科技加强海洋生态保护,对海上溢油、危险品污染、跨境压载水、港口船舶尾气排放等进行动态跟踪,提高对赤潮、绿潮、溢油、核辐射、环境突发海洋生态破坏事件的监控能力和预警水平,打造形成海洋生态文明示范区。

(二)推动数字经济国际合作

1. 完善数字海洋贸易服务体系

打造集总部办公、创业孵化、电商培训、数字创意、线上线下互动交易等为一体的中国—东盟数字贸易中心,提供企业展示、海外推介、信息共享等服务功能，打造中国—东盟数字贸易国际投资"一站式"服务平台。基于中国—东盟数字贸易中心，建设数字贸易服务促进平台、数字贸易产业促进联盟、数字贸易研究中心，打造面向东盟的数字服务合作生态圈。全面提升跨境电子商务综合试验区通关、物流、仓储、融资、检验检测认证、咨询、海外采购等服务的数字化水平。

2. 精准承接重点地区数字产业转移

积极融入长江经济带、粤港澳大湾区、西部陆海新通道等国家发展战略格局，加快建设环粤产业承接带、西江产业承接带和北部湾沿海—沿边数字产业承接带。聚焦智能制造、空港经济、现代金融、国际物流、加工贸易等领域，强化与长江经济带、粤港澳大湾区数字经济产业链上下游企业对接与分工协作，积极开展"云对接""云洽谈""云招商"等活动，推动一批数字经济合作项目落地广西，形成梯度发展、分工合理、优势互补的产业协作体系。

RCEP 框架下广西—东盟海上合作保障措施

第一节　政策保障

在 RCEP 框架下，广西与东盟国家之间的海上合作是广西优势发挥的基础，也是广西成为中国西南、中南地区开放发展新战略支点的基石。只有充分抓住广西与东盟海上合作的机遇，扩大合作领域，将自身的发展深度融入 RCEP 与中国（广西）自由贸易试验区的建设中，广西才能实现持续的跨越式发展目标。因此，广西必须全面了解和掌握 RCEP 的要点，提供全方位的政策支持，完善开放合作管理体制、投融资政策、财政支持政策、税收优惠政策、金融政策，并积极加快人才引进和培养，为 RCEP 框架下广西—东盟海上合作的开展提供坚实的保障。

一、完善广西—东盟海上合作管理体制

（一）深化行政体制改革

政府需要深化行政体制改革，加强放管结合，优化政务服务。

第一，在政企分开和政事分开的基础上，政府应当通过深化机构和管理模式改革，遵循精简、统一、高效原则，利用现代化信息技术推行电子政务，简化办事流程，提高行政效率。

第二，政府有机结合宽进和严管，为企业提供简化后的工商注册通道，全面深化商事制度改革。加强行政审批制度的深化改革，取消非行政许可审批或部分行政审批事项，并将部分行政审批事项下放给归口单位，以实现政府审批流程和审批程序的优化，缩小政府核准投资项目的范围。

加强事中和事后监管，完成管理层及行政审批项目的取消和下放工作。建立服务型政府，明确权力和责任清单中的事项，实现负面清单管理。

第三，政府全面深化价格改革，建立以市场为主导的价格机制，发挥价格对市场的调节作用。同时，加强广西政府行政职能改革，深化广西—东盟海上合作机制，在投资准入、行政审批、报检通关、优惠补贴、资产保障等方面为企业参与东盟海上合作做好准备。这些措施有助于提高广西的营商环境和吸引更多的投资者参与到 RCEP 中。

（二）完善服务管理体系

以 RCEP 条款为标准，在完整提供与保障基础服务的同时，提高政企合作的服务质量。优质的服务能提高交易效率，完善政府领导反应机制，加强政府各部门之间的合作与交流，形成共同决定机制和固定反映平台机制，可以帮助政府各部门更好地协同工作，提高政府工作效率。

建立统计分析体系，帮助政府了解市场的变化趋势，更好地制定政策和计划。加强监督考核，构建完善的开放经济考核体系并明确考核指标权重。对部门和个人的工作成绩进行科学考核，可以促进政府部门和个人的工作质量提高，从而提高政府的服务质量。

建立完善的政府监督机制，加强对政府行为的监督，可以防止政府部门出现不当行为，维护政府的公信力。可成立专项部门，加强与 RCEP 缔约国政府的沟通，提供有利于各国实践 RCEP 的政策内容。这些措施可以共同促进政府服务质量的提高，提高市场主体的满意度，从而提高交易效率。在 RCEP 等多边合作框架下，这些措施的实施将为促进区域经济一体化和广西—东盟海上合作发展等做出重要贡献。

（三）发挥组织协调作用，积极服务企业主体

建立广西—东盟外经贸信息平台，在广西企业进入东盟市场之前提供市场信息、政策方向等支持，加强各部门的协调，为广西本土企业冲击东盟市场奠定基础。

此外，政府还可以通过以下措施来促进广西的出口贸易。

1. 加强与东盟国家的贸易合作

广西可以发挥地理优势，加强与东盟国家的贸易合作，扩大出口规模。政府响应 RCEP 实施细则，采取减免关税、提供贸易便利化等政策，吸引更多的东盟客商来广西采购商品。

2. 增加出口商品的种类

政府可以通过鼓励技术创新和产品研发，培育新的出口商品，丰富广西的出口产品种类，提高出口贸易的水平。同时，政府可以加强对企业的技术创新支持，提高企业自主创新能力。

3. 推动服务贸易发展

政府可以加强对服务贸易的引导和扶持，推动广西的服务贸易发展，提高出口贸易的质量和水平。政府可以采取措施，鼓励企业扩大服务贸易，促进服务贸易与商品贸易的互动发展。

4. 拓宽出口市场

政府可以积极开展对外投资和经济合作，拓宽广西的出口市场。政府可以引导企业到海外寻找市场，积极参与国际合作，推动广西的出口贸易发展。

二、完善广西—东盟海上合作投融资政策

（一）加强软环境建设，优化投资环境

为了吸引更多的投资和合作伙伴，尤其是来自东盟及周边国家的资本市场，广西需要更积极地投资交通和物流基础设施建设，创建良好的政策、市场和服务环境。这些举措将有助于提高广西在全国的竞争力和影响力，促进地区的可持续发展，并深化实施 RCEP 的经济技术合作条款。

1. 创建良好政策环境

广西沿海城市可以通过提供税收、土地等优惠政策，以及金融信贷支持等方式，为外来企业和投资者提供政策支持，从而拓展广西及周边地区的投资领域。同时，可对户籍和社会保障制度进行调整，以避免其限制广西经济资源要素的流动。

此外，需要加强人才培养，吸引更多的优秀人才加入广西—东盟经济合作。加强知识产权保护也是深化实施 RCEP、提升广西营商环境的重要措施，这些举措有助于进一步优化广西的营商环境，增强其在全国的竞争力和影响力，促进地区的可持续发展。

2. 建成良好市场环境

为了拓展广西及周边地区的投资领域，政府可以采取措施，如提供税收、土地等优惠政策，提供金融信贷支持，深化 RCEP 的经济技术合作条款等，以促进投资和拓展广西及周边地区的投资领域。

3. 营造良好服务环境

要促进政府的现代化，需要采取以下措施。

首先，转变职能角色，简政放权，深化行政管理体制改革，优化办事流程，提高各部门的效率。其次，加快建设区域信息平台，利用现代化信息技术，实现政府内外部信息的整合和资源共享。最后，完善地方政府部门门户网站，为电子政务的实施提供有利条件，加强政府与社会各界之间的互动，促进企业的区域合作。这些措施将有助于提高政府的透明度和公信力，促进政府的现代化建设，加强政府与市场、社会之间的联系，为区域经济的发展提供良好的政策环境和服务保障。

（二）加强企业投资管理，充分激发社会投资动力

为了规范企业投资行为，提高投资管理效率并与广西—东盟海上合作、RCEP 相关联，可以采取以下措施。

1. 明确企业的投资主体地位，限制企业投资项目的范围

广西可以依据国务院公布的政府投资项目目录，对本区域的目录进行修订。如果企业投资项目不在目录范围内，则需要备案。

2. 建立完善的投资项目清单管理制度

及时调整、修订和公布企业投资项目管理责任清单，明确政府各级部门在管理企业投资项目时的责任和权力，建立问责机制。

3. 优化和调整企业投资项目的管理流程

利用电子信息技术，广西投资项目可以通过在线关联市场监管平台进行申报。该平台生成的项目代码将由投资主管部门和其他相关部门共同使用。当投资项目实行备案制时，备案机关也应通过在线并联审批监管平台为广西投资项目提供便捷的备案服务。当投资项目实行核准制时，核准机关应在在线并联审批监管平台上核准该项目，以实现广西投资项目的统一受理和统一管理。

4. 规范企业的投资行为

各类企业必须严格遵守国家和广西等地的法律法规、政策标准，按照国家有关规定执行合同管理制度、招投标制度、质量责任终身追究制度和工程监理制度，有效保证工程质量。

这些措施有助于提高广西投资管理的透明度和效率，同时也与广西—东盟海上合作、RCEP 的实施推进密切相关。

（三）创新融资机制，畅通投资项目融资渠道

1. 充分发挥政府在投资领域中的引导作用

为了推进广西与东盟海上合作，政府可以设立各种基金来支持关键海洋产业的发展，如海洋高新技术产业、战略性海洋新兴产业、现代海洋服务业和海洋生态环保产业等。同时，政府还需要重视工业园区和港口的基础设施建设，特别是工业和交通基础设施。

此外，政府可以建立针对"一带一路"国家的专项发展基金，以支持重大项目的投资，促进城市发展，畅通投资项目融资渠道。应加强与社会资本的互动与合作，对不同投资项目实施分类和差别化管理，简化审批流程，提高审批效率和审批质量，降低投融资成本。政府还需加快政府融资平台的市场化转型，提高实体类公司的自我约束能力，促进市场主体的自我发展。

2. 发展直接融资功能

为了支持广西企业的发展并进一步融入东盟海上合作，政府可以利用初步建成的多层次资本市场体系，为企业提供在境内外上市、在全国中小企业股份转让系统上市的融资支持，加强广西区域性股权交易市场的功能，为广西企业在境内外证券交易所上市或实现再融资提供支持。

同时，政府还可以鼓励企业通过资产证券化来盘活存量资产，只保留能够产生稳定现金流的资产，以期为企业带来额外收益。此外，政府可以构建私募基金产业园，为处于种子期和初创期的企业提供与私募基金对接的平台，通过发展直接融资，解决这些企业发展初期的资金问题。

3. 构建开放化的投融资体制

调整投融资机制，构建开放化的投融资体制，实现双边开放合作。这将有助于解决区域内企业进入东盟市场所面临的资金问题，并为重点合作项目提供投融资支持。同时，应放宽境外融资门槛，采取招商引资优惠政策，为高新技术项目或对经济发展有重大贡献的项目提供政策支持。政府、金融机构和企业应加强多边合作，提升不同主体在多个领域中的投融资合作水平，实施"引金下乡"和"引金入桂"政策，为进出口金融机构在区域内设立分支机构提供财政补贴。这些举措都有助于促进广西—东盟海上合作和 RCEP 的发展。

三、完善广西—东盟海上合作财政支持政策

（一）明确政策导向

为了让广大民众了解政府的工作意图和目标，广西制定支持开放合作的财政政策时，应突出重点工作目标，并为推进广西开放合作做出贡献的企业或机构提供财政支持。广西应明确扶持对象，特别是中小民营企业，并为推进广西—东盟海上合作的重点产业提供扶持政策，尤其是在基础设施建设方面。广西也应重点扶持第三产业，尤其是服务行业，如工程承包、设计咨询和专利申请行业。鼓励广西本土企业积极参与"一带一路"倡议，设立专项发展基金，提供投融资服务，并突出重点扶持的区域。

（二）完善财政补贴方式

广西传统的财政补贴主要采用转移支付方式，包括价格、企业亏损、利息和居民生活等方面的补贴。广西可以尝试借鉴发达国家的经验，采用多元化的财政补贴机制，如奖励等间接补贴机制，以补充传统的财政补贴方式。

此外，广西应该加大对与"一带一路"国家和地区有贸易往来的企业的贷款贴息力度，适当扩大贴息项目和适用贴息产业的范围，延长贴息时间。政府应该通过优惠和补贴政策解决企业在与"一带一路"国家开展贸易往来时的资金问题。尤其是工程承包行业的企业，国家应该重点扶持，给予其项目资金的全额贴息补贴。这将有助于促进广西—东盟海上合作及RCEP 的发展。

（三）制定总体规划

广西财政部门不仅需要改进现有的财政政策工具，还应该制定服务RCEP 的总体财政规划，从全局、区域和机构等各个层面出发加强规划。首先，应该制定可支持 RCEP 的总体财政计划实施表，保障工作计划的顺利实施。其次，应该针对各经济区域内的不同优势产业制定不同的财政政策，充分发挥财政政策的激励作用。最后，应该结合预算机制和财政政策，细化各项工作，并按照新预算法严格安排各项财政补贴资金。

（四）争取国家财政支持

首先，争取国家税务总局和交通运输部对广西航运业的支持，包括免征广西航运企业与 RCEP 成员国的业务往来营业税，免征为广西企业提供国际航运保险的保险公司的营业税，免征广西企业从事离岸服务外包的营

业税，并差额征收享受试点物流企业优惠的现代物流企业的营业税。

其次，争取外交部和财政部制定专项基金，为广西—东盟海上合作项目提供专项支持，并加强对海洋经济、海滩科研环保、海上互联互通等项目的审批，以推动这些项目的发展。

再其次，争取财政部、国家税务总局、商务部及海关总署等部门为海关特殊监管区提供业务支持，加大出口退税力度，以促进广西与东盟国家的贸易和合作。

最后，争取财政部、国家发改委、国家税务总局和商务部制定服务RCEP成员国产业技能准入目录和优惠目录。当企业从事符合优惠目录条件的项目和产业时，税务部门应按15%的税率征收该企业的所得税。这将有助于促进广西与东盟国家的经济合作和发展。

四、完善广西—东盟海上合作税收优惠政策

（一）明确税收支持政策导向

为了确保广西的税收政策科学合理，政府部门需要明确税收政策的支持方向。

首先，广西需要确定亟需支持的基础设施建设项目、服务行业和与沿线国家的商品贸易种类，以制定有针对性的对外开放和税收优惠政策。

其次，广西采用多元化的税收优惠政策，整合不同的税收优惠措施，以进一步降低广西企业在与沿线国家开展业务时的税负，激发其在经贸往来中的积极性和主动性。

最后，确定产业导向和区域导向是制定科学合理税收优惠政策的两大前提，广西应主要针对企业在东盟等沿线国家开展的业务，提供税收优惠。例如，企业在东盟沿线国家开展业务时，可为其提供税收减免政策或税收优惠政策。此外，广西的中小民营企业是主要扶持对象之一，这些企业在广西与东盟国家的经贸往来中做出了卓越贡献。因此，广西应为这些企业在沿线国家的国际业务提供税收优惠政策。这些举措与广西与东盟海上合作顺利开展，以及夯实广西在RCEP中的地位密切相关。

（二）完善税收激励政策

广西可以借鉴发达国家税收抵免政策的做法，但由于广西的税收征管能力较弱，企业的财务报表和税收申报体系也不完善，所以税务部门可以考虑新增"综合抵免法"，为企业提供自由计算税费的空间，以减轻企业

对外投资时的赋税压力。在参考西方发达国家的做法后，广西可以实施多层抵免，最大限度地减轻企业的税收负担。

为解决税收饶让问题，广西税务部门可以对现行税收协定进行细致调研，了解其中存在的问题，并积极承担税收责任，扩大税收协定的签订国家数。此外，对于进口商品的原料先运往外国、经过生产加工后再回到中国的情况，广西还需要制定完善的税收优惠政策，以支持企业的海外业务发展。

在企业所得税方面，广西可以考虑采取一些措施来支持企业的海外业务。例如，企业可以设定 15%～20% 的亏损准备金用于应对海外业务带来的亏损，或者将海外业务的盈利直接纳入年初的应税所得额中。此外，对于采购固定资产的企业，可以允许加速折旧，以减少纳税所得额。对于资金周转不畅的企业，可以向相关部门申请延期纳税。如果企业在境外已缴纳了企业所得税，可以在境内抵免已缴纳的税额。对于从事境外业务的企业的亏损，可以在缴纳企业所得税时进行抵免。

（三）健全出口退税制度

首先，广西的出口退税政策虽然为企业从事出口贸易提供了激励，但调整后难以实现政府的政策目标。因此，为进一步提高出口退税政策的效果，广西可以根据不同产业和区域实施差别税率，以适应企业的不同需求。

其次，广西可以借鉴发达国家的做法，扩大出口退税的税种范围，如将教育费用及附加、城建税等纳入出口退税目录，以更好地支持出口贸易。

最后，为了减轻地方政府的财政压力并促进当地的出口贸易发展，广西可以对现有的出口退税额分担机制进行改革。通过中央和省级政府共同承担出口退税额，可以更好地支持当地企业的出口贸易。

第二节　资金保障

2010 年中国—东盟自由贸易区正式建立，2015 年又推出升级版。经过多次协商，双方在大部分商品和服务的关税上实现了大幅降低，但是通过关税优惠来促进经贸往来的传统方式已经难以继续发挥作用，因此需要寻找更深层次的合作领域和更多元化的创新模式来拓展合作空间。RCEP

的深入实施，利用金融要素、贸易便利化、跨境电子商务等打造广西与东盟贸易便利化合作的创新服务平台，提高金融要素在推动广西面向东盟开放合作中的积极作用，对于整合广西与东盟的人力、物力资源，促进双方共赢发展具有重要意义。

"一带一路"倡议中，东盟是中国周边开放战略的重点对象，而广西因其地理位置和与东盟经贸联系紧密而备受关注。新时期，中国内外经贸格局发生变化，广西肩负着"发挥广西与东盟陆海相邻的独特地理优势，建设面向东盟国家的国际大通道，成为中南、西南地区开放发展的新战略支点，形成'海上丝绸之路'与'丝绸之路经济带'有机衔接的重要门户港"的重要任务。其中，创新金融体制和金融服务是两大重要抓手，有助于中国与东盟实现经贸互动的长期发展。推动这一过程的，是双方对金融创新的迫切内在需求。

RCEP 是中国近年来签署的具有重要意义的区域经济合作协定，有利于中国拓宽国际市场、加强外贸出口，同时也将有利于加强中国与东南亚国家，以及日、韩、澳、新等发达国家的经贸合作，并在突破技术封锁、增强政治互信、维持地缘稳定、避免军事摩擦、提升国际地位等多方面发挥重要的战略作用。加强广西金融体系机制建设、提高金融市场稳定性、扩大金融市场开放度、增强金融服务功能等措施，都将有利于深化 RCEP 建设，为中国及广西深入参与东盟市场、加强海上合作提供后台支撑。

一、完善广西—东盟海上合作金融服务体系

（一）广西金融机构多元化与关联化创新需求

要想推动广西与东盟之间的开放合作战略，加深双方在海上领域的合作深度，提升双方经贸合作水平，深化发展，现有金融机构面临着更高的要求。

一是根据双方合作的客观需要，建立新型金融机构，具备更完善、更全面的信用创造能力，覆盖整个区域的金融网点。

二是根据双方合作的客观需要，在所有缔约国内增设更多分支机构，实现分属双边、运行有差异的多套金融系统的有效对接。

三是根据双方合作的客观需要，加强对金融租赁公司的扶持和监管，鼓励和支持拓展金融租赁业务，以支持交通设施、口岸环境、贸易市场、物流通道、大型工业园区等各方面建设。

四是根据双方合作的客观需要，设立实力雄厚的集团财务公司，以满足广西各大工业园区因自身发展、产生集聚效应时所内生的融资需求。

五是在中央银行实施的货币政策预期稳定的前提下，根据双方合作的客观需要，推进面向中小企业融资需求的担保机构、小额贷款公司等金融机构或金融手段的普遍设立与施行，以此满足中小规模企业、科技创新创业企业等特殊市场主体对资金的需求。

六是根据双方合作的客观需要，提高广西金融机构对外开放的广度和深度，加快转型体制机制，加大服务创新力度，尤其在面对东盟国家时要兼具功能性和普惠性，加大金融手段的专项创新和坚定开放，以此助力区内金融机构"走出去"。

此外，RCEP于2022年1月1日正式生效后，广西与东盟国家之间会享受更多自由贸易的优惠政策。这为广西与东盟国家在海上合作领域带来了更多机遇和挑战。例如，在港口建设、海洋资源开发、海上物流、海洋环境保护等方面加强合作。这些领域也将是广西与东盟国家未来金融合作的重点领域。

（二）海上合作对金融业务多样化与服务纵深化的需求

广西与东盟的开放合作不断深化，边境地区和海上领域的经贸合作规模日益扩大，广西的工程建设、经济发展和产业结构优化等也在积极推进，这就需要多样化的融资支持。自从2010年中国—东盟自由贸易区成立以来，金融机构满足了双方在国际支付、货币结算方面的需求，显著促进了广西与东盟国家间的贸易与投资。

然而，广西与东盟诸国的经贸互动仍主要是边境地区的小额贸易。尽管人民币跨境结算业务不断完善，但仍面临诸多问题，如边贸支付、结算业务网点少或效率低等，导致部分交易不得不使用现金结算，甚至出现"地摊银行"等非法结算方式。为了推动人民币国际化，有必要建立广泛、高效、正规、便利、完善的支付结算体系。

此外，东盟国家在劳动力、自然资源等方面具有比较优势，随着广西与东盟经贸合作的不断拓展，未来会有更多内地企业到东盟投资，这就需要金融机构提供风险管理、资产管理、融资、信息咨询等创新型金融产品，以降低偿付风险、汇率风险等。同时，各类保险业务也将成为双方市场主体健康发展的重要保障。

（三）广西—东盟对融资结构与方式优化的需求

当前，广西与东盟大部分国家尚处在发展阶段，加之各方地理环境、资源禀赋十分类似，导致贸易结构存在同质化矛盾，主要集中在制成品和中间投入品方面。

要想在与东盟经贸合作当中发挥比较优势，客观上广西要做出以下改进：积极优化、调整贸易商品结构；加快培育若干高新技术产业作为增长点；充分利用出海口加强与东盟的海上合作；抢抓 RCEP 金融条款强化区内金融体系。

因此，广西积极实施区内企业"走出去"部署，兴建多个千亿元产业园区。上述各项任务客观上都要求具有多渠道、多途径融资服务，并与不同层次、不同特征的融资需求相匹配。

1. 间接融资方式的需求

目前，银行类金融机构在企业融资方面占据主导地位，这是因为它们是企业最重要的融资渠道和间接融资的唯一买方。高科技产业和中小企业的融资需求较大，但由于收益预期不确定，通过普通金融业务获取银行授信或间接融资并不容易，因此这种非对等关系在这两类企业中尤为突出。

实际上，广西与东盟的经贸互动主要由中小型企业参与，它们在双边贸易、投资和其他经济互动中发挥着重要作用。然而，广西目前能够提供的间接融资金融业务存在结构单一、产品同质化、服务僵化等问题，难以满足中小企业的资金需求。因此，广西金融市场应加强其间接融资业务的创新能力和动力。

此外，广西与东盟有着地理相近、文化相合等天然优势，如果能够赢得东盟诸国投资者的信任，积极吸引其将闲置资金出借给广西，并促进各金融机构在中国市场的扩张，将有助于缓解对境内外资金需求的压力。在此背景下，RCEP 为广西与东盟的金融合作提供了新的契机，涵盖了货物贸易、服务贸易、投资、电子商务、知识产权等领域。RCEP 将促进区域内市场开放和规则统一，为广西与东盟之间的海上合作创造更多便利条件。

2. 直接投资方式的需求

广西与东盟的海上合作日益深入，也对金融市场的多元化提出了新的挑战。直接融资是一种不依赖金融中介，通过证券市场和债券市场发行股票和债券来筹集资金的方式。中国的资本市场虽然经过多年的发展，但仍存在一些制度和机制上的不足，市场分层和客户分类也不够明确。广西的资本市场在技术、理念、风险控制等方面更是相对落后，中小企业对于利用资本市场进行直接融资缺乏认识、积极性和能力。这与广西近年来在产业升级和对外贸易方面的雄心壮志不相适应，也与广西需要多种融资渠道来支持区域发展不相匹配。

综上所述，在当前经贸合作规模不断扩大和合作进程持续深化的背景下，广西与东盟应该共同优化双方的金融体制和合作空间，为双方企业在结算、融资、投资等方面提供更多的资金流动性和弹性，降低金融波动对宏观经济造成风险的可能性。

二、完善广西—东盟海上合作金融支持体系

广西作为面向东盟的金融开放门户，采取了多项措施推进对外开放：一是努力提升投资便利化程度，为东盟投资者提供更多便利；二是积极提升基础设施建设水平，加强与东盟的互联互通；三是继续优化金融服务范畴与效能，为双边贸易和合作提供更多支持。

然而，广西当前金融体制不够完善，金融创新力度尚不够强，还存在着不少问题，制约着与东盟合作开放的深化程度。

（一）双边金融口岸建设资金短缺

广西要想实现面向东盟的金融开放，首先要解决的问题是口岸基础设施建设和管理资金不足。目前，广西的口岸设施建设水平相对落后，配套设施不完善，低于全国平均水平。近年来，广西加大了对边境口岸设施条件的建设和投入，但仍受到历史条件、自然禀赋和资金来源等多方面的限制，难以实现边境口岸和边境市场的基础设施建设的迅速发展，甚至影响了广西与东盟在边境上日益增长的贸易需求。边境口岸设施建设资金主要来自口岸自身创收和地方及自治区政府财政拨款等多个方面，目前存在资金主体分散、重点不明确、缺乏统筹规范和缺乏详细布局等问题。

资金来源紧张、项目缺乏重视，导致作业水平低下，影响了口岸的创收能力。此外，国家出于统筹考虑，取消了对互市贸易点的管理费用收取，使得口岸可用经费进一步减少，边境口岸基础设施建设、维护和管理陷入困境，管理不善，生产经营活动受到严重困扰，边境贸易的发展受到阻碍。

（二）金融机构对双边贸易服务支持力度不足

广西与东盟的贸易投资快速增长，带动了金融机构服务贸易的业务需求，主要体现为银行业、保险业等金融组织机构为广西与东盟间的贸易投资活动提供多样化的服务。然而，中国金融机构在东盟的分支机构数量和质量都难以满足广西与东盟贸易发展的需求。例如，全国排名最高的13家股份制商业银行，只有7家在广西开展业务，政策性银行包括中国进出口银行在广西都没有分支机构，外资银行也只有少数几家进入广西。从保险类机构来看，广西没有本土的保险企业，也没有全国性保险企业将总部设在广西。

广西是中国白糖和有色金属的重要产地，但在全国白糖期货市场上缺乏话语权，原因之一是没有一家全国性的期货公司将总部设在广西。此外，广西的金融体系还不够完善，也影响了其与东盟的贸易发展。为了提高人民币跨境结算、清算的便利性，广西进行了一些改革措施，但仍有很多短板需要补齐，尤其是在贸易支付、结算的电子化方面。

国内银行在东盟各国的分支机构分布不均，大部分集中在新加坡等发达经济体，在老挝、文莱和缅甸等发展中国家设立的分支机构很少，而这些国家恰恰是最需要金融支持的对象。即便是在新加坡、马来西亚和泰国等中国商业银行分支机构较多的国家，双方银行合作也还有提升的空间，尤其是双方政府要给予对方设立金融机构更多的包容和支持。双方金融机构合作不仅仅能够共享信息，整合资源，增加资金和人才流动，更能够在竞合中促进双方银行业务的良性互动，提高各自的能力和水平。

（三）双边海上合作的金融业务单一

广西的各类金融机构，除了农村信用社还未具备转型条件外，都已经开展了与东盟国家之间的国际结算和国际融资等业务。目前，国有四大行在市场上占据了绝对优势，其他银行的国际业务规模和收入比例都较小。

广西的银行系统正在完善和发展面向东盟国家的国际贸易金融业务，但现阶段主要还是以传统的贸易融资产品为主，业务种类和结构比较单一。在进口融资方面，涉及提货担保、减免保证金开证、海外代付、进口押汇等业务，广西目前准备不够充分。在出口融资方面，只能提供出口商票融资、出口信贷融资和出口押汇等几种产品，而信用证、福费廷、打包贷款等业务在实际操作中并没有得到足够的重视。在产品创新方面，也缺乏新的贸易融资产品的推出。

三、完善广西—东盟海上合作资金保障体系

（一）利用 RCEP 金融开放门户政策优势，抓紧完善金融开放制度

为了抓住中央赋予广西建设面向东盟金融开放门户的政策定位优势，以及 RCEP 有关金融支持的条款机遇，广西要全面深化区域金融开放战略。为了保证这一战略构想的有序实施，同时积极融入 RCEP 建设进程，广西应结合 RCEP 框架中市场主体对金融服务的创新需求，以及在与东盟各国市场主体进行经贸合作并不断深化进程中产生的金融需求，向中国人民银行等国家职能部门提出更高层次的金融改革试点建议与政策倾斜，从顶层设计的角度完善 RCEP 框架建设需求内生的金融政策。

具体措施与抓手包括：充分理解与利用 RCEP 金融条款，降低国内金融业务对外开放门槛与难度，扩大内外资本账户效能范围，简化人民币跨境资金管理程序，切实扩大 RCEP 进行金融开放的权限，扩宽面向内外市场主体，尤其是从事中国面向东盟经济事务的市场主体进行融资的渠道。同时，结合广西与东盟国家海上合作的相关内容，加强海上贸易、物流、旅游等领域的金融支持和服务。

（二）利用政策优势，完善金融服务基础设施建设

当前，广西提供的金融服务较为单一，与其基础设施无法满足实际融资需求尚存重要关联。要提升广西金融行业基础设施整体水平，主要应从以下两个方面入手。

1. 金融服务基础设施

作为广西金融行业发展方向的引领者，中国人民银行广西分行应与其他相关部门一道，重视和支持广西区内各大金融市场主体完善和优化金融服务基础设施的工作。广西应改革金融监管方式和标准，充分激发上述主体的积极性，从而改善 RCEP 成员国及广西全区金融生态环境的总体水平；允许并鼓励区内金融机构与东盟各国金融机构在接入人民币跨境支付系统（CIPS）时享受对等待遇，提高接入效率并拓宽应用范围。

广西应将 RCEP 作为推进涵盖东盟各国金融机构及企业社会信用体系建设的重要试点，完善金融信用的信息采集、共享和应用等一系列环节的合法、合规性，保障金融机构实际客户的信息安全，建立中小企业信用融资信息平台，降低中国（广西）自由贸易试验区内金融服务与相关业务供需双方彼此的信息搜寻成本，提高主体在信息安全下的信贷效率。同时，

结合广西与东盟国家海上合作的相关内容，加强海上贸易、物流、旅游等领域的金融支持和服务。

2. 金融信息服务系统

中国—东盟信息港是构建更为紧密的中国—东盟命运共同体和21世纪海上丝绸之路的重要平台，也是广西实现"三大定位"新使命的重要举措，由中国和东盟各国共同建设，共筑"数字丝绸之路"。2015年，中国—东盟信息港建设启动。2016年，《中国—东盟信息港建设方案》正式出台，着力在基础设施、信息共享、技术合作、经贸服务、人文交流五大平台加强建设。2018年，中国—东盟环境信息共享平台启动，涵盖生物多样性信息和环境可持续城市两大数据库，对中国与东盟诸国就环保法律、管理法规和生物多样性动态演变监控等方面信息实现共享。未来，基于该平台的信息共享服务向经贸领域进行延伸的总体趋势日渐明朗，其中金融数据共享更是重头戏，被各方寄予厚望。如果该项工作顺利完成，可切实提高金融机构信息收集效率，降低信息搜寻成本，使其具备更全面、专业、可视化掌握客户金融信息的重要能力，并有望破解以下诸多问题。

一是隐私泄露问题。金融隐私和社会个体的金融信息涉及其个人利益和未来发展，因此应该得到重视和保护，尤其要防止该类信息被泄露或滥用。这就要求各种金融机构把"数据脱敏"作为业务原则，提高全体员工在提供信息共享服务时保障客户隐私的意识，确保金融信息共享符合法律法规的要求，平衡国家利益、社会利益和个体利益。

二是信息安全问题。近年来，个别金融机构因为主观或客观原因，导致客户金融信息的恶性泄露事件频发，并造成严重后果。因此，要在技术和管理两方面防止此类事件发生，更好地保障信息安全，提升不同机构的信誉和竞争力。目前，中国金融隐私泄露主要源于金融隐私信息黑市的巨大需求和利润，出现了一个完整的窃取、倒卖用户信息并非法交易的黑色产业链。这在一定程度上损害了相关行业在公众心目中的形象，必须通过法律和行政等手段进行治理，多措并举，及时纠正。

三是通道不畅问题。金融信息共享服务不是简单的数据交换业务，而是一个非常复杂的系统工程，金融企业只有建立起一套完善的金融信息共享体系，才能更好地开展信息共享工作并有效服务客户。广西—东盟海上合作，特别是在RCEP框架下的金融领域合作过程中，对金融信息建设投入不足，导致金融信息通道不畅。这就要求广西不仅要确保信息安全，还应具备数据收集分析、共享等多重功能。未来，广西—东盟的海上合作在金融方面将涉及中国—东盟海上合作等多个层面，金融信息共享服务是其中的一个关键环节。

3. 完善金融服务体系，为双边海上合作提供更多服务

为了推动广西与东盟之间海上合作的便捷化和高效化，建立完善的金融体系对促进双方海上合作很重要。

一个支持贸易便利化的金融体系包括金融市场、金融机构、金融法规、金融业务和金融政策等要素，缺一不可。金融市场能够实现资金和外汇的流动，合理分配资金资源，提高资金资源利用效率，从微观层面帮助企业发展壮大。

金融机构是重要的中介机构，能够代替政府机构执行部分金融功能，主要负责企业信贷资金的筹集、发放，执行国家制定的各种政策；健全和完善的金融法规有利于规范企业融资行为和其他贸易行为，能为广西与东盟的海上合作提供保障；多样化的金融业务能够促进广西与东盟海上合作的发展，降低贸易成本和风险等作用；金融政策指的是外汇、利率和信贷等方面的国家政策，能发挥经济调节中信贷杠杆的作用，贯彻落实国家信贷和资金扶持政策，保持人民币汇率基本稳定，完善人民币汇率机制，减少汇率波动对广西与东盟的正常贸易造成的不利影响，促进广西—东盟海上合作的良好发展。

目前，广西—东盟贸易便利化发展水平较低，广西金融发展较为落后。为确保贸易进出口渠道通畅，政府有必要在完善金融机构体系、调整货币的供应量、制定信贷支持政策等方面做出有效保障，在"一带一路"倡议和 RCEP 框架下加强金融后勤保障，提升广西与东盟双边海上贸易合作水平。

4. 加大金融服务支持力度，扩大扶持资金规模

广西与东盟国家的经贸往来日益频繁，但是背后的资金支持和保障条件还不够完善，与经贸活动的快速增长不相适应，不利于提升经贸合作的质量和规模。为了应对这一挑战，广西应该增加与东盟海上合作区域内的宏观金融存量，有效利用现有金融资源，拓展经贸活动所需的基础设施建设的资金渠道，消除贸易中的一些障碍，提高广西—东盟海上开放合作的便利化水平；灵活运用多种国际融资方式和模式，以满足双边或多边海上贸易中对资金供给和综合服务的需求。在此过程中，商业银行等金融机构

应该发挥重要作用，提高服务效率与业务深度，助力外贸企业在国际贸易市场中提升竞争实力。

第三节 实施保障

一、做大做强经济总量，全面提升海上合作水平

（一）积极发展广西农业优势

1. 借力 RECP 建设，加快农产品"走出去"步伐

广西地处南方，气候温暖多雨，土地肥沃，适宜农业发展。广西的农产品种类丰富，质量优良，具有较强的市场竞争力。例如，阳朔的沙田柚、灵山的荔枝、桂林的罗汉果等，在国内外都享有盛誉。广西应该抓住机遇，积极参与"一带一路"倡议和 RCEP 建设，加强与"一带一路"国家和 RCEP 成员国的农业合作和贸易往来。特别是与东盟国家，广西可以利用 RCEP 中关于动植物卫生检验检疫等方面的便利措施，推动海上农产品贸易的发展，建立更紧密的海上丝绸之路合作伙伴关系。广西还可以充分发挥防城港、钦州、北海等沿海城市的区位优势，大力拓展农产品出口市场，深化与其他 RCEP 成员国的农业互利合作。此外，广西还应该加强与广东等珠江—西江经济带省份的农业协作，融入珠三角经济圈，为广西农产品走向世界打下坚实基础。

2. 优化空间结构，加快"四化"融合

广西农业产业发展的空间结构与城市经济水平相一致，但存在明显的区域差异。广西农业缺少空间集聚效应，机械化水平不高，需要加强宏观调控，制定配套政策和法规，加快落实 RCEP 中的原产地区域累积规则和海关便利化等条款，充分发挥广西农业的区位优势和特色优势，优化广西农业产业空间结构。

政府的统筹规划和宏观调控，有利于提高广西土地利用效率，形成广西农业产业空间集聚效应，推动广西农业专业化和产业化发展。"三农"问题关乎国计民生，当务之急就是解决好中国的"三农"问题。广西应建立完善的城乡融合发展体制，优先发展广西农村农业，以乡村文明、产业兴旺、生活富裕、治理有效和生态宜居为原则，推动广西农业农村的现代

化发展。实现广西农业的现代化、工业化、城镇化、信息化等"四化"发展，是调整广西农业产业结构、形成空间集聚效应、推动广西农业发展的基本前提，也能为广西农业及农产品通过海上通道走向东盟国家奠定坚实的基础。同时，广西还应加强与东盟国家在海上合作农业方面的交流与合作，利用 RCEP 为海上农产品贸易提供便利条件，促进广西农业领域的空间发展。

3. 创新驱动，转变农业发展方式

广西目前仍然依靠增加农业投入要素来扩大农业产业规模。这种粗放型增长模式不利于农业的高质量发展，也不符合广西农业的可持续发展要求。

在经济新常态下，广西应加强农业科技创新，推动农业由要素驱动向创新驱动转变，实现农业产业结构的优化升级，提高广西农业产业的经济效率。

根据发达国家推进农业现代化的经验，为有效协调农业和第二产业、第三产业的发展，农业科研技术投入应占农业总产值的 2% 以上。由于广西经济相对落后于中国大部分区域，农业仍然是广西经济的主要支柱，因此应加大对农业产业的财政支持，特别是增加广西农业的科研技术投入，只有这样才能真正实现农业发展模式的转变，实现从要素驱动向创新驱动的转变。同时应鼓励农业机械化大规模生产，与东南亚国家形成技术互补、差异生产的农业合作模式，通过农产品出口加强与东盟国家的海上合作。

4. 大力发展生态农业，实现绿色生产

过于依赖农药会对当地的农业生态环境造成不利影响。2019 年，国务院政府工作报告指出，中国要推动绿色农业发展，加强农业科技创新和推广，有效降低农药使用量。

广西要发展生态农业，实现绿色粮食生产，提高农产品质量，通过海上渠道，打入东盟国家的高端市场。随着社会经济水平的提高，人们对农产品品质有了更高的要求。为此，广西要大力调整农业结构，推广高产优质农产品，提高粮食产量和品质。

同时，要大力生产无公害蔬菜和水果，并制定相关政策法规，鼓励农民生产优质农产品。此外，面对广西农药使用量严重超标的问题，一方面，广西要加快推广现代农业技术，减少化肥农药使用量，减轻对生态环

境的破坏；另一方面，广西要通过多样化的新媒体，加大宣传力度，宣传生态农业的重要性和好处，提高农业绿色化水平，实现广西农业结构优化，扩大广西农产品在东盟市场的知名度。

（二）充分利用北部湾海洋渔业资源优势

1. 积极开发现有渔业资源

作为西南部唯一通向大海的省级地区，广西拥有北部湾这一渔业资源富集、海产品多样、地理位置优越、海洋产业规模不断扩大的出海口。北部湾海域有 500 多种鱼类，其中 30 多种是体型较大的经济鱼类，如红鳍笛鲷、石斑鱼等。防城港、北海、钦州三市是北部湾的主要渔业基地，2022 年广西海洋渔业增加值同比增速为 2.8%，增加值的比重为 22.8%。广西享受国家的扶持政策，将打造中国中西部地区出海通道的先行者形象，加强中国与东盟国家的贸易往来。随着广西—东盟海上合作日益深入、中国—东盟自贸区升级、RCEP 稳步推进、北部湾国际门户港口加快建设，北部湾海洋渔业将进一步发挥优势、释放潜能。

2. 提升海洋渔业发展质量

广西海洋渔业发展面临着机遇和挑战。海洋渔业、海洋养殖业等传统海洋产业占据了较大的比重，是广西海洋经济的主要收入来源。但是，这些产业也存在着产品质量不高、技术水平落后、市场需求不明确、流通渠道不畅通、出口方式单一等问题，制约了海洋渔业的可持续发展。

3. 大力发展现代海洋渔业

为匹配广西海洋渔业高质量发展需求、深化广西与东盟的海上合作、加速服务 RCEP 建设，需要从以下几个方面入手，加快推进海洋渔业高质量发展。

一是大力发展海洋健康生态养殖，发展优质高附加值海水产品种养殖，重点推进海洋渔业养殖设施建设；二是加强海水产品种质资源保护与利用，强化海洋渔业资源养护，以便加强海洋环境保护；三是统筹发展海洋捕捞业，加强海洋渔业二、三产业发展；四是加快渔港经济区和渔业园区建设，同时加强海洋渔业品牌建设，推动外向型渔业建设；五是加强引进高科技人才力度，加大海洋科研投入，加速海洋技术创新，以推动海洋产业结构升级。

二、深化区域经济合作，深入推进 RCEP 实施

（一）加快与东盟国家的互联互通基础设施建设

广西与东盟各国的贸易往来受到三个方面的成本影响。

第一，软成本，主要是国家间的贸易壁垒。为了降低这部分成本，广西与东盟各国可以有效利用 RCEP 中的货物贸易规则、原产地规则、贸易便利化规则等，实现关税减让和贸易便利化。

第二，硬成本，主要是基础设施建设的投入。为了降低这部分成本，广西与东盟各国可以通过加强互联互通建设，实现规模经济效应。

第三，隐性成本，主要是文化和地缘因素造成的差异。为了控制这部分成本，广西与东盟各国可以通过构建软件机制或硬件机制加强民间交流和合作。为了发挥自由贸易区的合作效应，扩大广西与东盟各国的双边经贸合作，构建区域一体化平台，应从公路、铁路到海运、空运，从边检海关到港口仓库等多维度出发，加强广西与东盟各国之间的互联互通建设，以达到有效控制和减少双边空间距离成本的落地，实现广西与东盟各国之间的贸易互通。

广西与越南地缘相近，具有独特的区位优势。广西与越南的边境贸易规模呈现逐年扩大的趋势。相关统计数据显示，截至 2022 年，广西贸易总额中，39.4% 为边境贸易，且大部分为广西和越南的双边贸易，这就证明地理因素对广西的对外贸易产生了较大影响。事实上，广西和东盟国家之间，互联互通的基础设施建设还有较大的提升空间。完善的互联互通基础设施，一方面有利于加强"一带一路"的建设；另一方面有利于升级中国—东盟自由贸易区的基础设施，为中国和东盟国家的双边贸易奠定坚实的物质基础。

（二）借助 RCEP 扩大与周边地区合作领域

广西与东盟国家在交通、农业、旅游和资源开发等多个领域已经展开了深入的经济合作。在国家推动中国—东盟自由贸易区升级版的背景下，广西面临着更多的对外开放机遇，应该抓住时机，拓展与周边地区的合作范围。

首先，广西应该加强与东盟国家产业的全面合作，特别是加快落实 RCEP 中的经济技术合作条约，与日、韩、澳、新等发达国家的高新技术企业加强合作；通过金融规划和政策引导，提升现代服务业与金融物流领

域的合作水平。

其次，广西应该加强与东盟国家的教育合作，为广西引进更多优质的人力资源。一方面，可以根据东盟国家的需求，培养熟悉东盟国家政治、经济、文化语言的高素质管理人才，并利用这些人才，促进广西与东盟国家的经贸交流和文化交流；另一方面，可以加强技术人才和科研人才的合作和交流，引进广东等发达地区的高层次人才，为广西的经济发展打造人力支撑。

再其次，广西应该强化与东盟国家的科技合作，鼓励各地区企业共同研发和投资先进技术，加强企业与科研院校、科技园区之间的深度合作，通过以企业为主体的产学研模式，创新科技交流合作机制。

最后，广西应该加强与周边地区的经贸合作，加快拓展东盟市场，帮助广西充分掌握东盟市场的各种信息和最新动态，并为广西的出口企业进入东盟市场提供政策支持。同时，广西还应该积极参与中国—东盟海上合作，在海洋环境保护、海上安全、海洋科技创新、海洋产业发展等方面开展务实合作。

（三）积极拓展与 RCEP 成员国和地区的交流合作

为了全面提升中国—东盟博览会、中国—东盟商务与投资峰会的水平，广西应加大与 RCEP 成员国家和地区的互动与交流，致力于将自身打造成为中国与 RCEP 成员国沟通联络的重要门户和中心枢纽；推动有色金属、工程机械、建筑、钢铁、农业机械、汽车等优势产业向 RCEP 成员国家和地区延伸，通过加强国际产能合作，实现广西各产业的"走出去"战略；借鉴中马"两国双园"模式，建设跨境旅游合作区、跨境经贸产业区，以南宁为交通枢纽，基于泛北部湾经济区，深化广西和东盟国家之间的区域合作；积极参与大湄公河次区域合作、孟中印缅国际经济走廊建设等项目，加强和中南半岛国家之间的经济交流与贸易往来。

广西深化与国内外的经济合作，一方面可以促进新型工业化建设，刺激广西各产业的创新；另一方面能够有效解决高级生产要素缺乏问题。在国际层面上，大多数国家和地区都需要通过合作实现资源整合，提高生产力。正是基于内外部要素的有机整合，才出现了亚洲经济奇迹。目前，发达国家正将重化工业技术向中国转移，日、韩等国也将其国内的大型船舶修造业向中国转移，而广西北部湾经济区基于其泛北部湾合作背景，也将成为日、韩等国向中国转移大型船舶修造业的目的地。西部地区应承接沿海地区转移的产业，为沿海地区的产业转移营造良好的投资环境。这有利于引入大量先进技术和管理经验，加强国际国内经贸合作。广西也应加强和国内外优质企业的深化合作，依托其丰富的自然资源，吸收和学习高新技术，借助资本市场融资，提高广西的对外开放程度，实现区域经济合作发展。

三、加快物流体系建设，改善出口贸易的物流条件

广西地处中国南疆，与东盟国家陆海相连，具有独特的区位优势，拥有众多天然港口，形成了便捷的物流通道，为广西产品走向东盟市场打下了基础。但广西物流业仍面临着产业链短缺、行业经营分散等问题，这些都严重地限制了广西出口贸易的发展。目前，中国和东盟国家已经建立并升级了自由贸易区，未来双方将会有更多的贸易往来和人员交流。广西是中国西南地区、东南地区面向东南亚的重要交通枢纽，只有加强广西的交通基础设施建设，才能保证广西与东盟各国的货物运输畅通无阻，才能真正推动广西出口贸易的建设与发展。

（一）做好区位规划

广西在交通基础设施建设上，要突出重点，分步实施。目前，广西有三个港口城市，分别是防城港、北海和钦州。这三个城市资源条件相似，地理位置相近，发展过程中存在同质化竞争，产业布局差异性不大。因此，要做好三个城市的区域规划，打造防城港为广西的货物中转枢纽港，打造北海为旅游商贸港，打造钦州为临海工业港，使其形成各自的特色。

广西要加强与东盟和周边地区的通道建设，提高其城市的可达性，特别要加大高速铁路的建设力度。目前，广西已开通了通往越南的铁路专线。这是广西境内第一条国际铁路专线，政府要加大对铁路专线的宣传和推广，提升列车服务质量。广西与多个省（区、市）相邻，通过加强铁路和公路建设，可以加深广西和其他省（区、市）的省会城市、工业城市的联系，实现广西各地与这些城市的资源互换、人流与物流的高效周转。南宁是广西的首府，也是广西和国内各省（市）连通的交通枢纽。因此，要加快打通省内各区域和南宁的铁路网，确保在广西不会长时间滞留旅客及货物，能够实现人流和货流的快速周转。

广西未来还要建立以南宁为中心的城市干线，一方面要提高其城市干线的运输速度，增加列车发送密度；另一方面要提高其铁路运输质量，从载人载物双抓手加强高效运输。在公路建设方面，广西要增加与主要工业城市或其他城市之间的公路连接，对高速公路的运行障碍进行定期排查，消除广西和其他城市连通的障碍。在航空港建设方面，要以北海、桂林和南宁为主要航空港，增加客流量。因此，广西目前有较为明确的区域定位：将首府南宁建设为商贸中心、货物集散地、旅客集散地；将北部湾城市群建设为极具广西特色的海港城市群；加强广西与各地之间的联系，包括铁路运输和公路运输，实现区域内向其他城市的物流运输。

（二）着力打开物流通道

1. 建立完善的物流设施

广西要发展物流产业，就要抓住物流基础设施建设这个关键，打造专业化、智能化、信息化的物流服务。广西要重视南宁、桂林、柳州等中心城市的物流基础设施建设，建设物流园区和仓储中心，实现与其他城市的有效对接。

广西要加快口岸基础设施建设，特别是口岸仓储设施和检疫检验场地的建设，提升口岸仓储和检疫检验水平。要加速"钦北防"等港口的基础设施建设，实现港口和铁路运输的衔接，推动海铁联运一体化运输体系的建设和完善。广西要调整和改造旧的基础设施，形成一体化物流体系，提高公路运输和铁路运输效率。

2. 提高物流运输效率，加深广西开放程度

首先，广西要完善交通基础设施，做好通道支持工作，构建"一枢纽两大港三通道四辐射"的出海出境国际大通道。"一枢纽"是以南宁为核心的国际综合交通枢纽；"两大港"是海港和空港；"三通道"是南宁面向东盟国家的航空通道、南宁面向新加坡的陆路通道、泛北部湾的海上通道；"四辐射"是广西向云南、广西向贵州、广西向广东、广西向湖南建设的运输通道。其次，广西要构建完善的物流体系，做好陆路交通、航空交通和水运交通的基础设施建设，实现不同交通体系的全面对接，形成海陆空一体化运输网络，提高广西区域内的物流运输效率，通过港城联动物流网络实现规模经济效益。

（三）积极发展现代物流

物流业要向着高效、智能、系统和网络的方向发展。广西不断引进大

型物流企业，实现了区域物流业的整合，降低了物流企业的库存压力。同时，广西利用现代化信息技术，要求物流企业公开货物信息和运输信息，方便企业和个体通过互联网查询货物情况，有效控制物流运输风险。自从实现了点对点的全面网络式服务后，广西物流业进入了标准化、信息化和集约化发展阶段，实现了由被动式服务向主动式服务的转型。

1. 培育现代化的物流龙头企业

为了打造现代化的物流集团，可以采取资产重组或联合兼并等措施，优化物流资源配置，增强物流企业的规模效应和竞争优势，实现物流行业的集约化和规模化经营，提升广西物流服务水平。广西应培育更多国家A级物流企业，按照国家对物流企业的评价标准，培育一批综合实力突出的AAA、AAAA、AAAAA级物流企业。应充分利用现代物流龙头企业的引领作用和辐射作用，形成鲇鱼效应，提升广西在全国和全球范围内的物流知名度。

2. 推动第三方或第四方物流企业的发展

广西应促进制造业和物流企业深度融合发展，由第三方物流企业为制造企业提供专项的物流服务，剥离工业或制造企业的物流资产和业务，实现社会化运营。制造企业还可以与第三方物流企业携手建设高效的物流服务体系，打造一批优秀的第三方物流典范。广西应给予第三方物流典范一定的政策扶持，如税收优惠、融资便利、信息支持等。广西应借助现代技术手段，推进多元化的物流发展模式，促进第三方物流企业系统化建设。

第四节　人才保障

一、制定服务广西—东盟海上合作的人才政策

（一）为广西—东盟合作提供有利于人才培养的具体政策

为了吸引和留住高层次人才，可以运用RCEP自然人临时移动规则，采取以下措施。

1. 制定人才优惠政策

鼓励高层次人才来广西参与RCEP的对接和实施，为广西的开放合作和产业升级提供智力支持。政府和用人单位应该改革社会保障制度，消除制约

人才流动的政策障碍，建立人才政府投保制度。对于高层次人才，应该建立学术休假制度、科研经费保障制度、住房补贴制度、岗位津贴制度等。

2. 放宽户籍准入政策

改革人事档案管理制度、户籍制度。要依法保护各类人才在用人单位的合法权益，促进人才合理流动。为了防止人才流失，建议用人单位建立人才安全保护制度。根据市场需求和配置要求，按照人尽其才、来去自由的原则聘用人才，引入紧缺人才。以人才为主导建立工作居住证制度并试行，让持证者享受与本地人才同等待遇。实行"一站式"用人机制，简化引进手续，为人才提供便捷的服务。

3. 建立涉外人才培训基地

加快建设"中国—东盟博览会人才"培训工程；推进国际化人才开发；建立国际交流平台，满足高层次外向型人才的发展需要。广西与东盟应该重点培养会展专业人才，并建立人才培养小高地，重点培养会展翻译、会展工程、会展管理、会展策划等方面的专业人才；加大资金支持力度，制定倾斜性政策支持广西引入或培养东盟人才，促进双边国际关系交流，强化与东盟国家的情感认同；吸收高层次人才，提升广西企事业单位行政水平，构建完善化的管理机制。

（二）通过"引进来"和"走出去"两项措施加大培养力度

1. 重视双边合作

在科技、教育、文化等领域建立有效的交流机制，共同培养国际化的双边、多边人才，如实现学历互认、开展学生交流、互派人员培训、邀请学者讲学等。借助 RCEP 的平台，加强与东盟国家的人才合作，促进海上安全、海洋环境保护、海上救援等领域的能力建设。

2. 制定完善的人才政策

为人才提供良好的工作环境，解决人才的后顾之忧，激发人才的创新活力。针对归国留学人员，应设立专门的服务机构，实施人才集聚工程。在人才引进方面，应发挥民间交流、政府组织的协同作用，引进高层次紧缺人才。应完善配套政策，吸引海外留学人员，针对该群体完善学习资助、创业园管理等政策。

3. 倡导并支持普通高校毕业生到广西创业

为东盟国家高校留学生等人员提供人事服务，如户口托管、暂存人事档案、免费推荐就业及先落户后择业等。倡导企业积极聘用普通高校毕业生，并制定相关优惠政策。针对选择自主创业的高校毕业生提供小额贷款优惠政策，鼓励其自主创业。利用 RCEP 带来的市场机遇，促进广西与东盟国家在教育、文化、旅游等领域的交流合作。

4. 敢于"走出去"，积极开拓海外市场

制定鼓励"走出去"的政策。各行业、各企业、各部门都应增强忧患意识，明确"走出去"是为了更好地发展，抓住机会，不可失职。借助 RCEP 降低区域内贸易成本并提升通关效率的机遇，加强与东盟国家在基础设施建设、能源资源开发、数字经济合作等领域的合作。

（三）实行人才优惠政策以吸引人才

首先，为了保护和吸引急需人才、高层次人才，政府应出台优惠政策，并将人才引进工作纳入各级部门、单位的业绩考核，定期检查落实情况。这样可以提升领导干部对人才工作的重视度，也可以促进人才在 RCEP 和广西—东盟海上合作等重大战略中发挥作用。

其次，应根据人才的专业和能力，合理安排本科及以上学历的急需人才的岗位。目前存在一些人才资源的浪费现象，即有些人才不能在自己的专业领域发挥优势，无奈转向其他行业。用人单位应避免这种情况，充分挖掘和利用人才的创造力和特长，做到用对人、用好人。

再其次，应在设备、经费等方面给予高层次人才的科研项目充分支持。要满足人才在科研过程中对设备、经费的需求。如果不能为人才提供良好的科研环境，那么很难真正激发人才的潜能。企事业单位应认真审查人才申报的项目，从人才的视角出发，全面考虑，努力将科研成果转化为实际生产力。

最后，为了吸引国内外、东盟国家、RCEP 缔约国，以及全球的高级人才，应积极解决他们在生活方面的后顾之忧，如配偶就业、子女教育，以及人才自身的职务评聘、薪酬待遇、住房、生活补助等问题。

二、优化服务广西—东盟海上合作的人才培养方向

（一）转变人才培养观念

为了适应广西—东盟海上合作的新形势，应调整人才培养方向，以人文交流为主线，强化文化、习俗等软实力的传播。教育部门是培养人才的摇篮，广西—东盟应转变人才培养思想，与国家和区域发展战略相适应，充分整合教育资源，培养人才，解放思想，构建人才培养基地。结合当前

实际情况，充分利用广西高校培养优秀的人才，在此基础上积极与自治区外、国外各大知名高校、机构合作，共同构建教育基地，完善聘请专家、顾问制度，共同培养东盟急需人才。

（二）探索人才培养新模式

为了满足实际教学交流、人才交流的需要，应借鉴东盟各国的做法，创新教学方法，变化教学方式。这方面，建议广西立足实际，积极与国际接轨，改革不适应市场经济的人才培养机制，理顺培养体系，注意各方面的衔接，在此基础上有序开展工作，培养更多适应"一带一路"建设的专业型人才。同时，也要考虑到广西与东盟在 RCEP 框架下的经贸合作和海上合作的需求，培养更多具有国际视野和专业能力的人才。

（三）放眼全球吸纳人才

为了满足中国—东盟自由贸易区建设和 RCEP 下的经贸合作和海上合作的人才需求，广西应建立完善化的人才培训制度，选派更多优秀的人才到东盟国家及 RCEP 缔约国深造学习。从长远的发展角度来看，中国必须有序组织开展人才培养计划，培养适应未来中国与东盟深化合作的高层次人才。

广西最紧缺的资源也是人才，当务之急是加快步伐同步做好经济建设和人才建设工作，在发展经济的同时增加人才数量，提升人才素质。同时，广西还要向东盟各国的高级人才推介广西，并让他们到广西就业、创业、合作经营，以寻求发展共赢。除培养广西本土人才外，还要积极培养东盟各国人才，充分发挥这些人才的桥梁与辐射作用，吸引东盟各国人才到广西考察、经商，实现共同发展。

三、提高服务广西—东盟海上合作的人才素质

国际传统贸易理论认为，国家之间的分工和贸易是造成劳动生产力水平不同的主要因素，而劳动者的素质决定了劳动生产力的高低。通常情况下，劳动者的素质越高，其工作效率也会越高，从而有利于降低出口产品的成本，增强产品在国际市场上的竞争力。为了提升劳动者素质，增强产品竞争力，广西应该从以下几个方面着手。

（一）重视技能型人才的培养，深化职业教育发展

现代职教是根据市场对人才的要求来培养人才的，也就是说，它培养出来的人才毕业后就可以直接上岗。所以，在现实中有很多企业会和职业

院校合作，通过"订单式"教育来实现产教融合，培养人才。企业可以根据学校开设的课程和专业情况给学生提供实习机会或者提供相关建议，让学校的发展更贴近企业的需求，培养"订单式"人才。这样做可以提高学校培养专业人才的水平，尤其是培养出符合就业市场需求的人才，让学生毕业后就可以进入企业工作。这不仅提高了学生的就业率，还能降低企业招人的支出成本，达到共赢的效果。在通过学校和企业的协作方式培育实用型人才的同时，企业也可以主动寻求政府的帮助。针对广西面临的人才外流问题，即大量人才去沿海发达地区寻求机会从而造成广西人才匮乏的局面，建议广西强化本土人才的培养工作。

为了培养技能型人才，政府应该定期开展各种职业技能招聘活动，让人才和企业有更多交流机会，从而提升本地人才的就业水平，减少企业招聘员工的开支。广西在发展过程中对技能型人才的需求会越来越大，但学校的规模有限。因此，政府应该发挥自己的作用，组织中短期培训课程，为人才学习新技术、掌握新技能提供便利。

（二）完善人才培养机制、人才管理制度

针对技能型、创新型、研究型的人才，应该建立符合他们特点的人才培养机制、人才管理制度。建议广西通过"人才小高地"等形式，聚集并引进各类高技能型人才，采用"租赁式""候鸟式"的方式，推动人才流动。定期举办研讨会，邀请海外留学人员、知名专家、学者探讨经济发展的热点问题，建立人才信息库，积极听取高级人才的意见。另外，建议广西建立创新项目基金，开发项目，培育创新型人才，取得创新成果。

四、开展服务广西—东盟海上合作的人才教育与科技合作

（一）建立中国—东盟高校教育合作基地

为了面向东盟打造高等教育中心，应该筹建中国—东盟联合大学，吸引"一带一路"沿线各国、各地区华人到广西投资办学，加大留学规模，提高留学生奖金数额，举办广西国际教育展、职业教育联展等。倡导广西高校主动实施"走出去"战略，加强联合办学，扩大与国外各知名高校的合作与交流，如与新加坡国立大学、越南河内国家大学、泰国朱拉隆功大学，通过高学历人才联合培养、短期培训、在职培训等方式建立合作关系，培养市场开拓人才、管理人才、研发人才，满足建设"一带一路"、建设 RCEP 及发展高新技术产业、优势产业对人才的需要。

为了提升专项技能人才的职业技能，可以面向东盟建设专项技能培训基地。例如，充分利用现有柳州汽车城等工业产业基地的优势，结合多种形式开展境外职业教育，如企事业委托培训、职业中等教育、短期在岗实训、短期技能培训等。通过这些方式培养技术人才，能更好地满足产品制造、认证、检验、加工等各环节对人才的需要。

（二）建立健全人才引进、交流、服务机制

培养航运领域的专业人才是北部湾经济区发展海洋产业的重要任务。要根据国际金融、国际旅游、涉外法律、海洋渔业等领域的发展需求，进行人才的培养，同时注重语言技能培训。这样可以推动广西与东盟共建产业链，加强文化旅游、经贸合作，建立语言服务平台，为21世纪"海上丝绸之路"建设提供支持。

注重专项人才的培养，增强企业管理人才的文化意识，避免文化冲突，实施"走出去"战略。鼓励企业采用多种方式培养集营销、经营、技术等各方面知识于一身的复合型人才，发挥人才的优势与东盟发达国家在人才引进、项目开发等方面建立良好的合作关系，借鉴并学习其先进的技术知识、管理理念。

充分利用RCEP为广西—东盟海上合作提供的平台优势，着力发展海洋产业、装备制造业、电商业，建立商务人才交流驻留模式；开拓具有民族风情的旅游产品，重视发展农林产品加工，建立共享机制，加强科学文化交流，共享引进人才带来的收益，推动区域人才流动。与大型技术企业、科研院所建立人才交流长效机制，联合聘用专家，促进专家型人才流动，充分发挥人才的作用，健全人才服务保障体系。

（三）重视科技创新合作

充分借助RCEP的经济技术合作条款，加速建设中国—东盟技术转移中心、中马国家联合实验室，增强与东盟各国的全方位合作，针对东盟建设国际技术转移聚集区、科技示范区、产权交易中心、研究中心等。设立科技成果转化基金，建立科技成果市场化转化机制，推动科技成果转化应用，鼓励广西区内外科研院所、各园区、各高校，以及各领域的领军人才带项目来桂实现科研成果的转化，共同促进科技成果产业化。为了让科技成果市场化有良好的基础，要在人才方面强化与东盟各国的合作，共同建设质量科学协同创新中心人才培养基地，并且建立检测认证中心和质量保障机制。

为了促进高技术新兴产业发展，要增强建设科研人才队伍的力度，并且充分利用广西高校及区内现有优势骨干企业、国家工程技术研究中心、国家重点实验室培养前沿技术、新兴产业基础研究等领域的学科带头人和领军人才；加强与科技发达国家、地区在科技咨询服务、技术交流、保护知识产权等方面的合作，丰富管理经验，营造良好的科技服务环境与研发环境。

参考文献 REFERENCES

［1］习近平．习近平谈"一带一路"［M］．北京：中央文献出版社，2018．

［2］习近平．开放共创繁荣 创新引领未来：在博鳌亚洲论坛2018年年会开幕式上的主旨演讲［M］．北京：人民出版社，2018．

［3］习近平．命运与共 共建家园［M］．北京：人民出版社，2021．

［4］迟福林．RCEP：全球最大自由贸易区［M］．北京：中国工人出版社，2022．

［5］商务部国际贸易经济合作研究院亚洲研究所．RCEP：协定解读与政策对接［M］．北京：中国商务出版社，2021．

［6］戴玉林．RCEP实务［M］．大连：大连海事大学出版社，2023．

［7］侯韩芳，王子兴，李晶，等．RCEP贸易和标准化服务手册［M］．北京：中国质量标准出版传媒有限公司，2023．

［8］阿赛浦投资发展集团．RCEP政策解读和行业应用案例［M］．青岛：中国石油大学出版社，2022．

［9］杨程玲．产业视角下东盟海洋经济发展潜力研究［M］．北京：经济管理出版社，2022．

［10］李红，等．中国—东盟合作：从2.0走向3.0？［M］．桂林：广西师范大学出版社，2015．

［11］宁凌，等．面向21世纪海上丝绸之路的中国与东盟海洋合作研究［M］．北京：中国经济出版社，2019．

［12］许宁宁．中国—东盟：共建海上丝绸之路［M］．北京：中国商务出版社，2017．

［13］许宁宁．中国—东盟历史性互为最大贸易伙伴［M］．北京：中国商务出版社，2021．

［14］中国—东盟智慧海洋中心．东盟海洋科技发展报告：2020

［M］. 天津：天津大学出版社，2022.

　　［15］陈相秒. 21世纪"海上丝绸之路"对中国—东盟合作的动力释义［C］//吴士存. 21世纪海上丝绸之路与中国—东盟合作［M］. 南京：南京大学出版社，2016.

　　［16］LI W N. Sub-regional economic zones in China：implications for SEAN-China cooperation［M］. 2011.

　　［17］习近平. 命运与共 共建家园：在中国—东盟建立对话关系30周年纪念峰会上的讲话［J］. 中华人民共和国国务院公报，2021（34）：5-7.

　　［18］习近平. 高举中国特色社会主义伟大旗帜 为全面建设社会主义现代化国家而团结奋斗：在中国共产党第二十次全国代表大会上的报告［J］. 当代广西，2022（21）：14-27.

　　［19］习近平. 构建高质量伙伴关系 共创全球发展新时代：在全球发展高层对话会上的讲话［J］. 中华人民共和国国务院公报，2022（19）：10-11.

　　［20］刘伟，裴长洪，樊纲，等. 以中国式现代化推进中华民族伟大复兴：学习贯彻党的二十大精神笔谈：下［J］. 经济研究，2022，57（12）：4-30.

　　［21］彭水军，吴腊梅. RCEP的贸易和福利效应：基于全球价值链的考察［J］. 经济研究，2022，57（8）：98-115.

　　［22］董银果，冯美丽，张琳琛. 异质性SPS措施对农产品出口贸易的影响：基于RCEP成员的实证分析［J］. 世界经济研究，2023（5）：46-60，136.

　　［23］王红蕾，杨荣海，吴英珏. RCEP框架下科创与金融共生的空间溢出效应研究［J］. 世界经济研究，2023（3）：90-104，136.

　　［24］全毅. CPTPP与RCEP服务贸易规则比较及中国服务业开放策略［J］. 世界经济研究，2021（12）：30-41，85，132.

　　［25］孙立芳，陈昭. "一带一路"背景下经济开放度如何影响农产品国际竞争力：来自RCEP成员国的证据［J］. 世界经济研究，2018（3）：81-94，136.

　　［26］仪珊珊，张瀚元，王昊天. 贸易自由化与出口产品转换：以中国—东盟自贸区为例［J］. 世界经济研究，2018（8）：28-36，87，135.

［27］杨宏恩，焦永香，陈冉."中日韩+"与"东盟+"的关系：替代还是互补？［J］.世界经济研究，2021（10）：87-102，135-136.

［28］胡波.中国海上兴起与国际海洋安全秩序：有限多极格局下的新型大国协调［J］.世界经济与政治，2019（11）：4-33，157.

［29］漆海霞，齐皓.同盟信号、观众成本与中日、中菲海洋争端［J］.世界经济与政治，2017（8）：106-134，159-160.

［30］张森，杨瑞.增加值权力与互动：RCEP框架下马来西亚参与全球价值链的现状与趋势［J］.南洋问题研究，2022（1）：70-88.

［31］张洁，秦川乂，毛海涛.RCEP、全球价值链与异质性消费者贸易利益［J］.经济研究，2022，57（3）：49-64.

［32］林鸣.建造世界一流超大型跨海通道工程：港珠澳大桥岛隧工程管理创新［J］.管理世界，2020，36（12）：202-212.

［33］史清华.蓝色牧场，国家第二粮仓建设：《国家海洋发展战略与浙江蓝色牧场建设路径研究》书评［J］.管理世界，2019，35（4）：190-193.

［34］马晓雪，贾世娜，韩依潼.我国海上运输通道公共安全保障能力：结构与优化［J］.管理世界，2017（9）：8-16.

［35］王春娟，俞美琪，刘大海.我国区域海洋创新绩效格局分析及演进方向研究［J］.中国软科学，2022（S1）：135-141.

［36］李大海，朱文东，于会娟.沿海城市海洋科学研究支撑能力评估：基于综合性国家科学中心建设视角［J］.中国软科学，2021（12）：10-20.

［37］文海漓，夏惟怡，陈修谦.技术进步偏向视角下中国—东盟区域海洋经济产业结构特征及合作机制研究［J］.中国软科学，2021（6）：153-164.

［38］夏飞，陈修谦，唐红祥.向海经济发展动力机制及其完善路径［J］.中国软科学，2019（11）：139-152.

［39］梁甲瑞.中国—大洋洲—南太平洋蓝色经济通道构建：基础、困境及构想［J］.中国软科学，2018（3）：1-9.

［40］马建英.海洋外交的兴起：内涵、机制与趋势［J］.世界经济与政治，2014（4）：54-80，158.

［41］王传剑，魏鑫.战略竞争下的中国—美国—东盟三边安全关系

研究［J］.世界经济与政治，2022（4）：99-124，159.

［42］贺嘉洁.东盟的规范性影响力及其在南海问题中的作用［J］.世界经济与政治，2021（7）：127-152，160.

［43］王玉主.对冲策略及对中国—东盟关系的意义［J］.世界经济与政治，2021（1）：22-50，156-157.

［44］张誉夫.中国—东盟区域合作的机遇及广西应对之策研究：基于RCEP协定的视角［J］.广西经济，2022，40（4）：21-25.

［45］刘演景，张鹏飞.RCEP背景下构建广西北部湾经济区与东盟跨境产业链研究［J］.东南亚纵横，2022（3）：96-103.

［46］郭艳.中国—东盟商务与投资峰会座谈会：RCEP红利持续释放，助力中国—东盟自贸区3.0版建设［J］.中国对外贸易，2022（5）：14-15.

［47］西塔农萨·苏凡纳法迪.RCEP对东盟贸易的影响评估［J］.邢佳颖，译.南洋问题研究，2022（1）：10-24.

［48］唐红祥，谢廷宇.RCEP框架下中国—东盟跨境产业合作的路径［J］.人民论坛，2022（6）：90-92.

［49］周鸿，陈瑛，齐慧.RCEP背景下东盟十国投资环境与业绩协调发展研究［J］.资源开发与市场，2021，37（8）：934-939，946.

［50］刘馨蔚.RCEP为区域海洋经济带来发展新契机［J］.中国对外贸易，2021（6）：32-34.

［51］程炜杰.RCEP框架下区域海洋经济合作机遇、挑战与路径［J］.对外经贸实务，2021（6）：36-39.

［52］王海波，刘峥."RCEP+陆海新通道"叠加效应强枢纽畅循环［J］.当代广西，2022（18）：36-37.

［53］刘忠萍.面向RCEP的北部湾城市群高水平共建西部陆海新通道的路径［J］.物流科技，2022，45（8）：104-106，110.

［54］汪金国，张立辉."印太"视角下印度与东盟国家海洋安全合作新动向［J］.南亚东南亚研究，2022（5）：25-40，153-154.

［55］王传剑，刘洪宇.安倍第二次执政以来日本加强与东盟国家海洋安全合作的进展、动因及前景［J］.南洋问题研究，2021（3）：14-29.

［56］梁莎莎，陈英豪，施川.中国—东盟环境合作新方向：共同解决海洋塑料垃圾［J］.环境与可持续发展，2020，45（5）：206-208.

［57］贺嘉洁．东盟海洋合作的"安全化"与"去安全化"［J］．东南亚研究，2020（4）：66-86，155.

［58］薛桂芳．"一带一路"视阈下中国—东盟南海海洋环境保护合作机制的构建［J］．政法论丛，2019（6）：74-87.

［59］韦红，颜欣．中国—东盟合作与南海地区和谐海洋秩序的构建［J］．南洋问题研究，2017（3）：1-10.

［60］康霖，罗亮．中国—东盟海上合作基金的发展及前景［J］．国际问题研究，2014（5）：27-36.

［61］陈婉婷，胡志华．RCEP框架下中国—东盟港口区域联盟发展策略研究［J］．广西社会科学，2022（10）：71-80.

［62］陈尾云，王灿雄，彭虹，等．贸易便利化对中国跨境电商出口RCEP国家的影响：基于拓展的贸易引力模型［J］．福建农林大学学报（哲学社会科学版），2022，25（6）：58-67.

［63］王义桅．中欧在海上丝绸之路合作的分析［J］．国际援助，2015（2）：6-13.

［64］张景全，王璐，董益．泛海洋时代中日海洋事务的协调与合作［J］．日本学刊，2021（S1）：188.

［65］陈明宝．中国海洋合作战略的国际政治经济学［J］．中国海洋经济，2017（2）：208-228.

［66］MEHDI M. China's influence in South and Southeast Asia［J］．China Today，2018（1）：36.

［67］KHALID N. With a little help from my friends：maritime capacity-building measures in the straits of malacca［J］．Contemporary Southeast Asia，2009，31（3）：424-446.

［68］蔡鹏鸿．中国—东盟海洋合作：进程、动因和前景［J］．国际问题研究，2015（4）：14-25，131.

［69］KARIM，AMINUL M. China's Proposed Maritime Silk Road：challenges and opportunities with special reference to the bay of bengal region［J］．Pacific Focus，2015，30（3）：297-319.

［70］GEORGE M. Fisheries protections in the context of the geo-political tensions in the South China Sea［J］．Journal of Maritime Law and Commerce，2012，43（1）：85-128.

[71] 田昕清.中国—东盟海洋合作路径探析 [J].中国经贸导刊,2016 (35):37-40.

[72] 杜军,林燕飞."一带一路"建设背景下广东省与东盟国家建立海洋文化交流与合作机制研究 [J].东南亚纵横,2019 (3):76-82.

[73] 林优娜.21世纪海上丝绸之路与中国—东盟自由贸易区升级版建设:印度尼西亚视角 [J].东南亚纵横,2014 (10):18-19.

[74] 王玫黎,吴永霞."一带一路"建设下中国—东盟港口建设发展研究 [J].广西社会科学,2018 (6):82-86.

[75] 樊兢.中国与东盟开展海洋协调的主要机制及未来展望 [J].广西社会科学,2016 (9):38-43.

[76] 吴涧生,张建平,杨长湧.我国与东盟共建21世纪海上丝绸之路的内涵、潜力和对策 [J].中国经贸导刊,2014 (36):21-25.

[77] 周楠,周欣.试论中国与东盟海上反恐刑事合作机制的构建 [J].太平洋学报,2018,26 (3):90-101.

[78] 马晓雪.中国海上运输通道安全脆弱性演化机理论析 [J].世界经济与政治,2017 (11):108-129,159.

[79] 罗圣荣,黄国华.南海争端视域下的中越海洋合作 [J].和平与发展,2017 (2):41-56,118-119.

[80] 郑洁,薛桂芳.南海维权:中国海军外交的现实需求与合法运用 [J].海南大学学报（人文社会科学版）,2018,36 (6):57-67.

[81] 殷悦,王涛,姚荔.中国—东盟蓝色伙伴关系建立之初探:以"一带一路"倡议为背景 [J].海洋经济,2018,8 (4):12-18.

[82] 周昌仕,姚芳芳."21世纪海上丝绸之路"背景下中泰水产品贸易互通研究:基于影响因素和发展潜力的实证分析 [J].世界农业,2018 (3):122-130,208.

[83] 吴崇伯.中国—印尼海洋经济合作的前景分析 [J].学术前沿,2015 (1):74-85,95.

[84] 杨程玲.印尼海洋经济的发展及其与中国的合作 [J].亚太经济,2015 (2):69-72.

[85] 张群,卢秋佳."一带一路"背景下福建省海洋渔业与东盟国家的合作研究 [J].宁德师范学院学报（哲学社会科学版）,2017 (2):25-27.

［86］全毅，尹竹．中国—东盟区域、次区域合作机制与合作模式创新［J］．东南亚研究，2017（6）：15-36，152-153．

［87］王玉主．关于进一步推进泛北部湾经济合作的几点思考［J］．东南亚纵横，2018（2）：3-5．

［88］王庆忠．大湄公河次区域合作：域外大国介入及中国的战略应对［J］．太平洋学报，2011，19（11）：40-49．

［89］杨程玲，郭秋云，林宏．东盟六国海洋经济与宏观经济关系实证研究［J］．汕头大学学报（人文社会科学版），2020，36（1）：32-38，94-95．

［90］CHENG J Y S. China-ASEAN economic co-operation and the role of provinces［J］. Journal of Contemporary Asia，2013，43（2）：314-337.

［91］吴凡．美国—东盟海上执法安全合作的动力与困境［J］．现代国际关系，2022（8）：20-29，53，62．

［92］徐万胜，邱月．美日同盟框架下的海上通道安全：合作与分歧［J］．亚太安全与海洋研究，2020（5）：41-55，2-3．

［93］韦红，姜丽媛．澳大利亚—印尼海上安全合作：动因、现状与影响［J］．和平与发展，2019（6）：108-125，134-135．

［94］刘磊，于婷婷．莫迪执政以来印度与东南亚国家的海上安全合作［J］．亚太安全与海洋研究，2019（1）：90-104，4．

［95］MAHAN A T. Maritime security challenges in South Asia and the Indian Ocean：response strategies［J］. Journal of the Australian Naval Institute，2004.

［96］陈禹静，温雪．广西海洋经济高质量发展水平评价［J］．社会科学家，2022（7）：100-107．

［97］陈丙先，林江琪．中国—东盟自由贸易区背景下广西海洋经济发展研究［J］．广西社会科学，2014（12）：74-78．

［98］林昆勇，刘其铭．我国海洋战略背景下广西海洋经济发展研究［J］．广西大学学报（哲学社会科学版），2017，39（5）：50-56．

［99］XIONG X G, TANG Y J. Strategic development of Beibu Gulf economic zone of Guangxi：from the perspective of low carbon economy［J］. Springer Berlin Heidelberg，2014.

［100］叶蜀君，包许航，温雪．广西北部湾经济区海洋产业竞争力测

度与经济效应评价［J］. 广西民族大学学报（哲学社会科学版），2019（5）：145-152.

　　［101］罗锋懋. 生态文明视域下广西近岸海域海洋生态环境保护研究：评《我国近岸海域生态环境保护现状及发展趋势》［J］. 环境工程，2020，38（12）：198.

　　［102］陆海生，陈波. 海洋产业发展对广西近海水质环境的影响［J］. 南方农业学报，2014，45（7）：1322-1326.

　　［103］张程锦. "海上丝绸之路"倡议下的合作实践研究：以中国与太平洋岛国合作为例［J］. 东岳论丛，2017，38（9）：143-149.

　　［104］蒋德翠. 中国—东盟自贸区投资争端解决机制的困境与出路［J］. 河北法学，2020，38（5）：104-116.

　　［105］赵玉意，董子晖. RCEP 投资争端解决机制的选项及中国的政策选择［J］. 国际贸易，2022（8）：79-88.

　　［106］杨海涛. 中国—东盟自贸区争端解决机制的完善［J］. 人民论坛，2015（2）：248-250.

　　［107］袁达松，常磊. RCEP 框架下数字经济争端解决机制的包容性构建［J］. 广西社会科学，2022（11）：69-76.

　　［108］王彦志. RCEP 背景下中国—东盟投资争端解决机制［J］. 政法论丛，2022，211（6）：86-96.

　　［109］孔健，罗静，杨鹏. 科技赋能向海经济发展的问题、经验及对策：以广西为例［J］. 经济与社会发展，2022，20（4）：17-24.

　　［110］杜小坚，刘强，杨伦庆，等. 海洋强国战略视角下广东建设海洋经济强省的路径研究［J］. 科技和产业，2022，22（12）：288-296.

　　［111］汪羽宁，黄艳芳，孔令孜，等. 广西沿海城市与东盟国家海洋渔业科技合作研究［J］. 湖南农业科学，2021（9）：107-111.

　　［112］刘伟，刘守英. 论新发展阶段与社会主义初级阶段［J］. 经济研究，2023，58（3）：4-22.

　　［113］曹立，朱慧芳. 从三个维度看中国经济对世界经济增长的稳定器作用［J］. 当代中国与世界，2023（1）：39-47，126-127.

　　［114］卢璐，曾坚，于天虎. 旅游生态安全研究进展［J］. 生态科学，2023，42（2）：238-247.

　　［115］王雪慧. 百年来中国共产党海洋经济思想的嬗变及价值［J］.

临沂大学学报，2023，45（1）：10-19.

［116］胡芳，李誉博．RCEP 下广西金融高质量发展研究［J］．时代金融，2023（1）：71-72，83.

［117］韩保江．加快构建新发展格局，着力推动高质量发展［J］．科学社会主义，2022（6）：34-41.

［118］高祖贵．新时代中国特色大国外交战略及其实践要求［J］．科学社会主义，2022（6）：101-108.

［119］方长平．和平发展与新型国际关系构建［J］．教学与研究，2022（12）：5-13.

［120］王玮．数字经济时代智能投顾的发展困境与出路［J］．现代金融，2022（12）：46-52.

［121］余浩铭，吴昊．推进新时代中越全面战略合作伙伴关系探析［J］．东南亚纵横，2022（6）：67-78.

［122］林艾，史友宽．中国—东盟体育赛事交流现状及对策研究：以广西为例［J］．山东体育科技，2022，44（6）：42-46.

［123］周新．长与耕耘，收获丰穰：周边外交回顾与展望［J］．世界知识，2023（3）：26-27.

［124］徐幸蕾．我国对 RCEP 国家直接投资的发展现状、问题及对策［J］．今日财富，2023（2）：17-19.

［125］张玉环．新时代中国国际经济合作理念探析［J］．国际问题研究，2023（1）：30-52，131-132.

［126］张明，张哲．高水平对外开放：历史成就、内外挑战及战略布局［J］．辽宁大学学报（哲学社会科学版），2023，51（1）：8-20.

［127］王仲昀．今日印尼，东盟第一大经济体［J］．新民周刊，2022（43）：46-49.

［128］方福前．全面深化改革 构建高水平社会主义市场经济体制［J］．经济理论与经济管理，2022，42（11）：4-9.

［129］王家强．高水平对外开放与银行业的发展机遇［J］．中国银行业，2022（11）：25.

［130］王晓．提升跨境金融服务水平 助力高水平对外开放［J］．中国外汇，2022（22）：29-31.

［131］刘伟，刘守英．坚持以高质量发展为主题 推进中国式现代化

历史进程 [J]. 前线, 2022 (11): 94-99.

[132] 时建中. 高质量法治建设保障高质量发展: 学习党的二十大报告关于高质量发展与全面依法治国的体会 [J]. 政法论坛, 2022, 40 (6): 3-10.

[133] 毕珊珊, 沈益华, 刘长俭, 等. 我国海上通道及港口支点布局建设现状特征及展望 [J]. 水运工程, 2022 (11): 7-12, 20.

[134] 姜昱霞. RCEP 对深化中国—东盟经贸合作带来的机遇分析: 基于 RCEP 条款的视角 [J]. 中国商论, 2022 (20): 4-7.

[135] 梅淙堡, 齐越, 于通顺, 等. 异型海洋工程结构水动力特征边界影响分析 [J]. 水道港口, 2022, 43 (5): 652-659.

[136] 黄栋, 刘云鹤. 中国—东盟气候合作历程: 意义、问题与未来路径 [J]. 阅江学刊, 2023, 15 (1): 66-78, 172.

[137] 傅远佳, 严晓, 张芳, 等. 习近平同志关于向海经济的重要论述与实践研究 [J]. 北部湾大学学报, 2022, 37 (5): 76-83.

[138] 张季风. 中日经贸关系 50 年: 变迁与前瞻 [J]. 日本学刊, 2022 (4): 68-95, 161-162.

[139] 赵昕. 海洋经济发展现状、挑战及趋势 [J]. 人民论坛, 2022 (18): 80-83.

[140] 宋黎磊. 可持续发展的欧亚互联互通: 中欧合作新维度 [J]. 当代中国与世界, 2022 (3): 23-31, 127.

[141] 杨晓佼. 以新发展理念做大做强做优向海产业 [J]. 当代广西, 2022 (18): 16-17.

[142] 广西壮族自治区人民政府办公厅关于印发广西物流业发展"十四五"规划的通知 [J]. 广西壮族自治区人民政府公报, 2022 (17): 6-29.

[143] 范煜君, 张亚. 日本海上能源运输通道安全战略、法律保障及对我国的启示 [J]. 中国水运 (下半月), 2022, 22 (9): 22-24.

[144] 李忠林, 陈炜. "印太战略"视域下美国—马来西亚海上安全合作: 态势、动因与限制因素 [J]. 大连海事大学学报 (社会科学版), 2022, 21 (4): 29-40.

[145] 蔡映红, 刘君. 西部陆海新通道战略背景下北部湾航路问题探讨 [J]. 中国海事, 2022 (8): 11-14.

［146］刘园苡，潘丽丽．RCEP 背景下广西进出口贸易面临的机遇、挑战和发展路径［J］．海外投资与出口信贷，2022（4）：45-48.

［147］潘玉，陈燕和．RCEP 背景下广西深化金融开放合作的思考［J］．华北金融，2022（7）：39-47.

［148］刘松竹，唐红祥，肖生鹏．深化与东盟经贸合作视域下北部湾自由贸易港建设探讨［J］．广西社会科学，2022（7）：53-59.

［149］廖维晓，刘小玉．RCEP 背景下中国—东盟区域服务贸易发展与对策研究［J］．北京财贸职业学院学报，2022，38（3）：29-36.

［150］方溯源，方雄鹰．RCEP 协定下中国跨境投资发展前景、挑战与政策选择［J］．河北金融，2022（7）：38-45.

［151］王镭．全球发展倡议：促进共同发展的国际公共产品［J］．中国经济学人（英文版），2022，17（4）：2-25.

［152］覃雪花．跨越山海 共赴未来［J］．当代广西，2022（14）：1.

［153］刘伊樊．RCEP 背景下加快广西物流金融发展的思考［J］．商场现代化，2022（13）：43-45.

［154］邓瑛．广西数字经济发展 SWOT 分析及策略［J］．湖南人文科技学院学报，2022，39（4）：76-80.

［155］梁永锋．努力走好广西高质量发展之路［J］．当代广西，2022（13）：15.

［156］谢富胜，匡晓璐．以问题为导向构建新发展格局［J］．中国社会科学，2022（6）：161-180，208.

［157］何敏．行政组织法视角下旅游度假区管理体制分析［J］．旅游与摄影，2022（12）：45-47.

［158］黄婕．RCEP 背景下广西自贸试验区高质量发展路径研究［J］．企业科技与发展，2022（6）：4-7.

［159］田飞龙，秦博．人类命运共同体的典范建构：中国—东盟关系新论［J］．成都大学学报（社会科学版），2022（3）：111-128.

［160］唐玉萍．深化中国—东盟金融合作之 RCEP 对接方略：以广西金融发展为例［J］．百色学院学报，2022，35（3）：43-50.

［161］王胜，黄丹英．RCEP 背景下深化中国（海南）与东盟开放合作的策略［J］．海南大学学报（人文社会科学版），2022，40（4）：42-47.

［162］徐文见．国际计量概况：二十五［J］．中国计量，2022（4）：

59-62.

［163］罗圣荣．构建中国—东盟政治互信：历史经验与提升路径［J］．当代世界，2022（4）：15-20.

［164］曾磊．把脉 RCEP 框架下的东盟投资机遇［J］．中国外汇，2022（10）：52-55.

［165］高文胜，刘洪宇．"印太"视域下的日法海洋安全合作及其对华影响［J］．太平洋学报，2022，30（2）：90-102.

［166］秦汉．浅谈 RCEP 的深远影响［J］．宁波通讯，2022（3）：36.

［167］王忠，王林艳．基于"铜官窑非遗文化"的创意饰品设计可行性探究［J］．陶瓷研究，2022，37（1）：58-60.

［168］马骊．山西省文化创意产业与科技融合发展的影响因素研究［J］．山西高等学校社会科学学报，2022，34（2）：48-53.

［169］国务院关于印发"十四五"数字经济发展规划的通知［J］．中华人民共和国国务院公报，2022（3）：5-18.

［170］袁波，王蕊，潘怡辰，等．RCEP 正式实施对中国经济的影响及对策研究［J］．国际经济合作，2022（1）：3-13.

［171］吕贤旺．基于高质量发展视角下"四新"盐城建设路径研究［J］．盐城师范学院学报（人文社会科学版），2022，42（1）：24-31.

［172］清华大学中国经济思想与实践研究院（ACCEPT）宏观预测课题组，李稻葵，厉克奥博，等．走出疫情 稳字当头：2021 年中国宏观经济形势分析与 2022 年发展预测［J］．改革，2022（1）：28-42.

［173］储瑞，吴尔江，黎云锋．浅析广西建设向海经济北部湾先行区的策略［J］．南方自然资源，2022（1）：57-59，63.

［174］广西壮族自治区人民政府办公厅关于印发广西面向东盟的"数字丝绸之路"发展规划（2021—2025 年）的通知［J］．广西壮族自治区人民政府公报，2022（1）：13-32.

［175］中国—东盟贸易指数课题组，谢娱，陈瑶雯，等．中国—东盟贸易指数报告：基于 2020 年的数据分析［J］．国家治理，2022（3）：35-37.

［176］金晓彤，金建恺．非洲大陆自贸区成立背景下推进中非自贸区建设的建议［J］．经济纵横，2021（11）：61-67.

［177］胡云华 . RCEP 与两岸经济合作：现状及趋势分析 ［J］. 台海研究，2021（4）：41-52.

［178］侯名芬 . 西部陆海新通道高质量建设视域下广西钦州港发展研究 ［J］. 中国西部，2021（5）：49-55.

［179］林香红 . 国际海洋经济发展的新动向及建议 ［J］. 太平洋学报，2021，29（9）：54-66.

［180］张季风 . RCEP 生效后的中日经贸关系：机遇、挑战与趋势 ［J］. 东北亚论坛，2021，30（4）：69-81，127-128.

［181］蒋慧 . RCEP 背景下中国—东盟商事仲裁协同机制研究 ［J］. 江汉论坛，2021（8）：137-144.

［182］苏畅，李昕玮 . 上海合作组织安全合作：成就、挑战与未来深化路径 ［J］. 国际问题研究，2021（3）：67-84.

［183］杨震 . 海权视域下的中苏海洋安全战略比较：以海军战略为视角 ［J］. 亚太安全与海洋研究，2021（3）：43-61，3.

［184］周乐萍 . 世界主要海洋国家海洋经济发展态势及对中国海洋经济发展的思考 ［J］. 中国海洋经济，2020（2）：128-150.

［185］韩大涛 . 面向 RECP 的北部湾城市群金融支撑外贸发展创新路径探析 ［J］. 对外经贸实务，2021（4）：64-67.

［186］刘晓慧，樊荣 . 广西面向东盟国家交流传播的流动景观：基于阿帕杜莱全球化理论的共时性考察 ［J］. 对外传播，2021（3）：64-67.

［187］余姣 . 南太岛国的海洋治理及其困难 ［J］. 战略决策研究，2021，12（2）：80-98，101-102.

［188］王金平，吴秀平，曲建升，等 . 国际海洋科技领域研究热点及未来布局 ［J］. 海洋科学，2021，45（2）：152-160.

［189］沈铭辉，修青华 . RCEP 贸易与投资条款解读 ［J］. 中国外汇，2020（24）：36-39.

［190］孙敬鑫 . 做好供需衔接 有效引导国际舆论 ［J］. 新闻战线，2020（22）：11-15.

［191］广西加快发展向海经济推动海洋强区建设三年行动计划：2020—2022 年 ［J］. 广西城镇建设，2020（10）：8-39.

［192］周方冶 . 中美战略博弈下的东南亚"地缘引力结构"解析：路径与方法 ［J］. 云南社会科学，2020（5）：63-71，188.

［193］广西壮族自治区人民政府办公厅关于印发广西加快发展向海经济推动海洋强区建设三年行动计划（2020—2022年）的通知［J］.广西壮族自治区人民政府公报，2020（18）：13-22.

［194］许元森."一带一路"下的海洋文化传播与交流路径分析［J］.采写编，2020（4）：107-108.

［195］吴士存，陈相秒.中国—东盟南海合作回顾与展望：基于规则构建的考量［J］.亚太安全与海洋研究，2019（6）：39-53，2.

［196］黄志勇，蒙飘飘，申韬.面向东盟金融开放门户：广西自贸区实现后发赶超跨越发展的关键点研究［J］.南宁师范大学学报（哲学社会科学版），2019，40（6）：9-18.

［197］卢光盛.澜湄合作，中国周边外交新范例［J］.世界知识，2019（19）：58-60.

［198］许珍."海丝之路"背景下广西北部湾城市群国际形象传播策略研究［J］.国际公关，2019（7）：5-7.

［199］胡杰."全球英国"和"印太"语境下的英印海洋安全合作展望［J］.印度洋经济体研究，2019（3）：13-32，151-152.

［200］王竞超.日越海洋安全合作的演进：战略考量与挑战［J］.东南亚研究，2019（2）：107-121，157.

［201］韦红.东南亚海上安全治理困境及中国的策略选择：基于"总体国家安全观"分析路径［J］.华中师范大学学报（人文社会科学版），2018，57（6）：41-50.

［202］贺鉴，孙新苑.全球海洋治理视角下的中菲海上安全合作［J］.湘潭大学学报（哲学社会科学版），2018，42（6）：99-102.

［203］吴崇伯，姚云贵.日本海洋经济发展以及与中国的竞争合作［J］.现代日本经济，2018，37（6）：59-68.

［204］徐胜，张宁.世界海洋经济发展分析［J］.中国海洋经济，2018（2）：203-224.

［205］陈明宝.要素流动、资源融合与开放合作：海洋经济在粤港澳大湾区建设中的作用［J］.华南师范大学学报（社会科学版），2018（2）：21-26，191.

［206］张华.推动构建人类命运共同体是马克思主义理论在新时代的生动实践［J］.中共成都市委党校学报，2018（1）：23-26.

［207］程晓勇."一带一路"背景下中国与东南亚国家海洋非传统安全合作［J］.东南亚研究，2018（1）：99-114，153.

［208］蔡馥谣."海洋强国梦"视角下大连海洋意识建构媒体策略［J］.大连海事大学学报（社会科学版），2017，16（6）：84-89，108.

［209］范祚军，凌铃.北海在"21世纪海上丝绸之路"建设背景下加强对东盟开放合作的路径探讨［J］.中国—东盟研究，2017（3）：33-44.

［210］韦红，卫季.东盟海上安全合作机制：路径、特征及困境分析［J］.战略决策研究，2017，8（5）：32-48，103.

［211］曲青山."一带一路"倡议的中国担当［J］.人民论坛，2017（23）：6-9.

［212］国家发展改革委.国家海洋局关于印发全国海洋经济发展"十三五"规划的通知［J］.中国对外经济贸易文告，2017（45）：3-19.

［213］北京大学全球互联互通研究课题组，翟崑，王丽娜，等.中国—东盟"五通指数"比较研究［J］.中国—东盟研究，2017（1）：21-43.

［214］张继业.日本推动东盟国家互联互通建设的政策分析［J］.现代国际关系，2017（3）：53-61，63.

［215］王勤.中国—东盟海洋经济发展与合作：现状及前景［J］.东南亚纵横，2016（6）：36-38.

［216］李金涛.广西建设"一带一路"有机衔接重要门户的财政支持政策研究［J］.经济研究参考，2016（65）：10-14.

［217］广西壮族自治区人民政府关于印发广西构建面向东盟国际大通道实施方案的通知［J］.广西壮族自治区人民政府公报，2016（15）：2-8.

［218］张敏，王新辉.南海海事安全国际合作的困境与出路［J］.中国海商法研究，2016，27（1）：113-120.

［219］王勤.东盟区域海洋经济发展与合作的新格局［J］.亚太经济，2016（2）：18-23.

［220］唐红祥.广西参与"一带一路"建设的战略思考［J］.广西社会科学，2016（1）：17-22.

［221］林香红，高健，王占坤.金融危机后世界海洋经济发展现状及特点研究综述［J］.科技管理研究，2015，35（23）：119-125.

［222］周建明.21世纪海上丝绸之路视角下的广西与东盟贸易［J］.

东南亚纵横，2015（11）：3-7.

［223］冯建勇，罗静．认知、因应与期待：边疆省区融入"一带一路"战略刍议［J］．中国边疆学，2015（1）：33-49.

［224］曹丽．广西建设"一带一路"有机衔接重要门户研究［J］．创新，2015，9（5）：58-64，127.

［225］张玉洁，韦有周，郑莉，等．广西海洋强区建设潜力分析［J］．海洋经济，2015，5（1）：59-64.

［226］李娜．基于区域一体化背景下的长三角海洋经济整合研究［J］．上海经济研究，2014（7）：102-112.

［227］刘松竹，吴尔江．海上丝绸之路建设背景下广西与东盟经济合作深化问题研究［J］．广西财经学院学报，2014，27（3）：44-47.

［228］郑联盛，张春宇，刘东民．发展海洋经济：中国需要学习什么［J］．世界知识，2014（9）：50-54.

［229］吴坚．面向东盟市场的广西与台湾工业合作对接重点领域探析［J］．东南亚纵横，2014（3）：59-66.

［230］郑学党，庄芮．RCEP的动因、内容、挑战及中国对策［J］．东南亚研究，2014（1）：33-38.

［231］赵晶，曹晋丽，刘艺卓．RCEP协定签署背景下人民币国际化的机遇、挑战与对策［J］．国际贸易，2021（6）：89-96.

［232］李飞，张莹．我国战略性海洋新兴产业发展现状及对策研究［J］．商业经济，2021（6）：1-2，37.

［233］许照成，张璟．我国海洋文化旅游研究综述及发展趋势［J］．海洋开发与管理，2013，30（6）：105-110.

［234］陈学璞，李建平，何颖，等．面向东盟的广西文化产业发展新格局研究：下［J］．沿海企业与科技，2013（1）：57-70，56.

［235］王琪，刘建山．海洋软实力：概念界定与阐释［J］．济南大学学报（社会科学版），2013，23（2）：8-13，91.

［236］童兰，胡求光．海洋产业的评估分析及其发展路径研究：以宁波为例［J］．农业经济问题，2013，34（1）：92-98.

［237］孙凯，冯梁．美国海洋发展的经验与启示［J］．世界经济与政治论坛，2013（1）：44-58.

［238］李娜．长三角海洋经济竞争力评价与整合［J］．华东经济管

理，2012，26（11）：22-26.

［239］刘鸣 . 2015 年东盟经济共同体：发展进程、机遇与存在的问题
［J］. 世界经济研究，2012（10）：81-86，89.

［240］胡麦秀 . 上海海洋经济发展现状及其可持续发展的影响因素分
析［J］. 海洋经济，2012，2（4）：55-61.

［241］王姝婷 . 环渤海区域环保产业发展现状及发展重点选择［J］.
环渤海经济瞭望，2012（8）：36-39.

［242］王红晓 . 中国与东盟国家之间的所得税协调问题研究［J］. 扬
州大学税务学院学报，2012，17（2）：9-17.

［243］刘锦婷，薛雄志 . 推进海洋综合管理深化的新视角［J］. 海洋
开发与管理，2012，29（1）：50-54.

［244］郭锐，凌胜利 . 韩国海洋安全战略演变的路径探析［J］. 太平
洋学报，2011，19（8）：88-95.

［245］张耀谋，李世新 . 海洋文化与海南海洋文化产业发展思考
［J］. 海南金融，2011（8）：31-33.

［246］张丽娜 . 海盗治理与南海海上安全保障机制［J］. 河南省政法
管理干部学院学报，2009，24（1）：161-164.

［247］李阳 . 广西海洋环境执法存在的问题及对策［J］. 南方国土资
源，2015（2）：35-36.

［248］张来明，赵昌文，蒋希蘅，等 . 携手应对危机 共享发展机遇：
亚洲金融危机 25 年来中国—东盟经济金融合作的启示和未来重要方向
［J］. 管理世界，2023，39（1）：1-14，40，15.

［249］习近平 . 携手建设守望相助、共同发展、普遍安全、世代友好
的中国—中亚命运共同体［N］. 人民日报，2023-05-20（2）.

［250］习近平 . 团结合作勇担责任 构建亚太命运共同体：在亚太经
合组织第二十九次领导人非正式会议上的讲话［N］. 人民日报，2022-11-
19（2）.

［251］习近平 . 把握时代潮流 加强团结合作 共创美好未来：在上海
合作组织成员国元首理事会第二十二次会议上的讲话［N］. 人民日报，
2022-09-17（2）.

［252］习近平 . 坚持可持续发展 共建亚太命运共同体：在亚太经合
组织工商领导人峰会上的主旨演讲［N］. 人民日报，2021-11-12（2）.

［253］习近平．在第十七届中国—东盟博览会和中国—东盟商务与投资峰会开幕式上的致辞［N］．人民日报，2020-11-28（2）．

［254］李学梅，叶书宏，余湔湔，等．合力续写"亚太奇迹"携手世界大道同行：习近平主席在亚太经合组织工商领导人峰会上的书面演讲为亚太合作指明方向［N］．新华每日电讯，2022-11-18（2）．

［255］胡慧茵．中国—东盟自贸区3.0版将如何推动 RCEP 提质升级？［N］．21世纪经济报道，2023-05-30（5）．

［256］罗博，朱丽莉，郭轶凡．广西扩大面向东盟开放，抢抓 RCEP机遇［N］．新华每日电讯，2022-09-14（5）．

［257］杨晓佼，李鹏．探寻高质量向海之路［N］．中国自然资源报，2020-11-11（5）．

［258］王艳群，杨晓佼，李鹏．向海而兴 向海图强［N］．广西日报，2020-09-27（1）．

［259］杨文，胡正航，朱丽莉，等．红利释放企业受益 用好规则积极融入［N］．经济参考报，2023-02-16（4）．

［260］广西壮族自治区第十四届人民代表大会第一次会议计划与财政预算审查委员会关于自治区2022年国民经济和社会发展计划执行情况与2023年国民经济和社会发展计划草案的审查结果报告［N］．广西日报，2023-01-15（3）．

［261］韩永文．健全和完善制造业产业链供应链［N］．经济日报，2020-06-10（11）．

［262］吴丽萍，李雪芝．我区拓展向海交通运输网络［N］．广西日报，2020-11-03（1）．

［263］阮晓莹．重点建设南宁区域性空铁物流枢纽［N］．南宁日报，2020-10-08（1）．

［264］龙巍，李雪芝．到2022年沿海港口货物吞吐量突破4亿吨［N］．中国水运报，2020-11-06（1）．

［265］王洋，王菀．融合驱动创新 传播赋能升级［N］．中国旅游报，2019-12-30（2）．

［266］袁琳，李鹏，杨晓佼．开辟衔接"一带一路"海洋合作通道［N］．广西日报，2018-09-20（1）．

［267］李湘萍，聂新宇．京桂协同创新 共拓东盟市场［N］．广西日

报，2019-11-11（11）.

［268］自然资源部第四海洋研究所热烈祝贺自治区十三届人大四次政协十二届四次会议隆重召开［N］.广西政协报，2021-01-23（C3）.

［269］刘昊.提升科技创新 中国同东盟合作空间将更广阔［N］.科技日报，2020-11-30（1）.

［270］周红梅，杨煜航.北部湾港货物和集装箱吞吐量跻身全国双前十［N］.广西日报，2023-02-08（5）.

［271］李宁.RCEP 就要来了，中企准备好了吗？［N］.国际商报，2021-03-29（4）.

［272］李巍.加快构建新发展格局［N］.河北日报，2022-10-18（3）.

［273］紧跟伟大复兴领航人踔厉笃行 凝心聚力建设新时代中国特色社会主义壮美广西［N］.广西日报，2022-07-23（2）.

［274］本报重点报道组.合作曲越奏越恢弘［N］.广西日报，2016-06-21（1）.

［275］林涌泉.共赞东博盛会 共享数字经济［N］.广西日报，2020-12-07（4）.

［276］莫岚远，吴青华.携手共建更为紧密的中国—东盟命运共同体［N］.南宁日报，2020-11-29（1）.

［277］杜鑫.中国—东盟贸易规模 30 年扩大 85 倍［N］.工人日报，2021-07-30（4）.

［278］卢羡婷，雷嘉兴.中国—东盟博览会给东盟企业带来经贸合作商机［N］.经济参考报，2021-09-07（5）.

［279］崔国强.第 18 届中国—东盟博览会 9 月举办［N］.经济日报，2021-07-30（3）.

［280］杨秋，邓家壹.国际产能合作 成果振奋人心［N］.广西日报，2016-09-07（10）.

［281］王舒嫄.首破 40 万亿 2022 年外贸进出口总值创新高［N］.中国证券报，2023-01-14（A1）.

［282］卞晨光.东盟成中国第一大贸易伙伴［N］.经济日报，2020-03-23（7）.

［283］张翼.东盟成中国第一大贸易伙伴［N］.光明日报，2020-09-28（10）.

［284］泠汐，赵晓娜，张笛扬，等．我国货物贸易连续 6 年居世界第一［N］．南方日报，2023-01-14（12）．

［285］赵婧．中国与东盟：海洋合作谱新篇［N］．中国海洋报，2017-05-09（1）．

［286］李秀中．北部湾港何以逆势大增［N］．第一财经日报，2023-03-02（A6）．

［287］本报评论员．加快创新发展 培育壮大新兴产业［N］．中国电子报，2023-02-14（1）．

［288］李湘萍．共建"廊桥"绘愿景［N］．广西日报，2023-02-14(10)．

［289］王晶晶．2023 年中国与东盟合作将彰显更大成效［N］．中国经济时报，2023-01-31（2）．

［290］缴翼飞．2022 年外贸数据出炉：进出口总值创新高 RCEP 合作走深走实［N］．21 世纪经济报道，2023-01-16（2）．

［291］杨美．2022 年我国进出口总值首次突破 40 万亿元大关［N］．期货日报，2023-01-16（1）．

［292］杜海涛．我国进出口规模首次突破 40 万亿元［N］．人民日报，2023-01-14（1）．

［293］青木，倪浩．中国去年进出口首次突破 40 万亿［N］．环球时报，2023-01-14（3）．

［294］黄晓芳．我国海洋经济稳步迈向深蓝［N］．经济日报，2022-11-29（6）．

［295］贺志刚．为奋力开创新时代壮美广西建设新局面贡献海洋力量［N］．中国自然资源报，2022-11-22（1）．

［296］薛鹏．合作向未来［N］．中国纪检监察报，2022-11-20（4）．

［297］王海霞．借力北部湾构建钢铁全产业链新格局［N］．中华建筑报，2022-11-08（7）．

［298］苏靖．先试先行 广西交出高质量实施 RCEP 亮眼成绩单［N］．国际商报，2022-11-01（6）．

［299］刘坤，陈鹏．加快构建新发展格局 着力推动高质量发展［N］．光明日报，2022-10-18（9）．

［300］缴翼飞．增强国内大循环内生动力和可靠性，提升国际循环质量和水平［N］．21 世纪经济报道，2022-10-18（2）．

［301］张胜利，党博远．推动大国战略性新兴产业高质量发展［N］.
中国社会科学报，2022-10-12（3）．

［302］本报评论员．携手共创更加繁荣美好未来［N］．广西日报，
2022-09-20（4）．

［303］韦万春，王艳辉，宋金蔚．发挥区位优势 释放政策红利［N］.
中国国门时报，2022-01-18（8）．

［304］骆万丽，周红梅．RCEP 落地开花 全球最大自贸区来了［N］.
广西日报，2022-01-01（T2）．

［305］陈小方．中国—东盟经贸合作取得重大成果［N］．经济日报，
2021-11-25（4）．

［306］立足新发展阶段 展望新发展格局：海洋发展战略2021年度学
术研讨会暨"十四五"时期海洋法治建设展望研讨会成功举办［N］．中
国自然资源报，2021-11-11（6）．

［307］金昶，朱彧．2025年基本建成西部陆海新通道［N］．中国自
然资源报，2021-09-13（5）．

［308］俞懿春．携手建设更为紧密的中国—东盟命运共同体［N］.
人民日报，2021-09-11（3）．

［309］康安．加快广西北部湾国际门户港建设［N］．广西日报，
2021-09-05（1）．

［310］吴昊，于佳欣．30年增长85倍 中国与东盟贸易规模持续扩大
［N］．消费日报，2021-08-03（A1）．

［311］本报评论员．建设更为紧密的中国—东盟命运共同体［N］.
人民日报，2020-11-28（1）．

［312］邱海峰．扩大开放，中国的脚步更坚定［N］．人民日报海外
版，2020-11-28（1）．

［313］广西壮族自治区人民政府办公厅．广西加快发展向海经济推动
海洋强区建设三年行动计划（2020—2022年）［N］．广西日报，2020-
09-30（6）．

［314］李高超．拨云见日"中"声嘹亮［N］．国际商报，2020-11-
30（1）．

［315］"一带一路"建设海上合作设想［N］．中国海洋报，2017-
06-21（3）．

［316］广西与东盟共建 21 世纪海上丝绸之路［N］．广西日报，2015-09-18（10）．

［317］王勤．中国与东盟区域海洋经济的发展与合作［N］．中国海洋报，2017-08-02（2）．

［318］杨梦依．来桂柬埔寨留学生就业现状分析（2013—2021）［D］．南宁：广西民族大学，2022．

［319］胡俊雄．北部湾经济区海洋经济与海洋环境耦合协调发展分析［D］．湛江：广东海洋大学，2018．

［320］苏亚艳．RCEP 框架下中国与东盟的经济合作研究［D］．广州：广东外语外贸大学，2021．

［321］魏慧玲．印尼的亚太经贸合作战略选择研究［D］．泉州：华侨大学，2017．

［322］马红．习近平海洋强国重要论述研究［D］．泰安：山东农业大学，2022．

［323］侯天博．美日印澳四边安全对话机制研究［D］．长春：吉林大学，2022．

［324］朱瑞．"印太"背景下中国海洋权益面临的新挑战及其战略选择［D］．长春：吉林大学，2022．

［325］盛炯．RCEP 跨境数据流动规制之基本安全利益例外条款研究［D］．沈阳：辽宁大学，2022．

［326］赵子维．基于城市文化的城市礼品品牌形象设计［D］．杭州：浙江科技学院，2022．

［327］李慧娟．新时代中国特色社会主义文化自信研究［D］．保定：河北大学，2021．

［328］刘斌．南海海区海事管理能力建设研究［D］．大连：大连海事大学，2021．

［329］马丽．中国—东盟战略互信构建研究［D］．北京：中共中央党校，2021．

［330］周修玉．后冷战时代印度与印尼海上安全合作研究［D］．福州：福建师范大学，2021．

［331］刘阳．21 世纪海上丝绸之路倡议下中国与东盟国家海上通道安全治理研究［D］．济南：山东大学，2021．

［332］邓朝晖．中国—东盟海上搜救合作对策研究［D］．大连：大连海事大学，2020．

［333］张东冬．印太战略视域下美国与印度海上安全合作研究［D］．北京：中共中央党校，2020．

［334］王妍．21世纪海上丝绸之路背景下中国—东盟海洋合作研究［D］．大连：辽宁师范大学，2020．

［335］魏梦豪．国际陆海贸易新通道建设研究［D］．南宁：广西民族大学，2020．

［336］沈亦婧．气候舒适性对旅游需求影响的计量分析［D］．上海：华东师范大学，2020．

［337］陈岚．"一带一路"倡议对中国国内沿线地区出口的差异性影响及传导机制研究［D］．武汉：湖北大学，2020．

［338］刘向烨．印尼与澳大利亚海洋合作研究［D］．武汉：华中师范大学，2020．

［339］乙安顺．浙江省海洋人才的现状、问题及对策的分析［D］．舟山：浙江海洋大学，2019．

［340］越明．海上丝绸之路背景下区域港口投资决策研究［D］．大连：大连海事大学，2019．

［341］刘明辉．南海争议海域海上执法合作的法律问题研究［D］．上海：上海社会科学院，2019．

［342］NGUYEN THI YEN．东盟物流网络空间布局方法及优化研究［D］．成都：西南交通大学，2019．

［343］李政道．粤港澳大湾区海陆经济一体化发展研究［D］．沈阳：辽宁大学，2019．

［344］潘文倩．中国—印度尼西亚海洋合作研究［D］．武汉：华中师范大学，2018．

［345］杨程玲．产业视角下东盟海洋经济发展潜力研究［D］．厦门：厦门大学，2018．

［346］崔倩茹．英国海洋文化与立法研究［D］．济南：山东大学，2018．

［347］王晓波．"一带一路"战略实施路径分析［D］．深圳：深圳大学，2017．

［348］杨洪丽．中国海洋软实力建设研究［D］．济南：山东师范大学，2017．

［349］于婷婷．中国与东盟海上非传统安全合作：动力、障碍及对策［D］．武汉：华中师范大学，2017．

［350］沐鸿．美国与东盟经济关系研究：2000—2016［D］．厦门：厦门大学，2017．

［351］黄立群．基于共生型国际秩序的中国—东盟命运共同体研究［D］．南宁：广西大学，2016．

［352］刘笑阳．海洋强国战略研究［D］．北京：中共中央党校，2016．

［353］曹先明．促进广西—东盟贸易便利化的金融措施研究［D］．南宁：广西大学，2016．

［354］余珍艳．中国—东盟海洋经济合作的现状、机遇和挑战［D］．武汉：华中师范大学，2016．

［355］赵桦．吉林省对俄经贸合作研究［D］．长春：吉林大学，2016．

［356］马晓路．现代海事立法下我国海事立法协调问题研究［D］．大连：大连海事大学，2015．

［357］杜兴鹏．中国—东盟海上互联互通建设研究［D］．南宁：广西大学，2015．

［358］薛安伟．要素流动视角下中国产业升级的路径研究［D］．上海：上海社会科学院，2015．

［359］韩冰．滨海城市文化广场景观特色的营造研究［D］．济南：山东建筑大学，2015．

［360］许民强．国际海事安全法律制度研究［D］．大连：大连海事大学，2015．

［361］吴太行．日本跨太平洋经济伙伴关系战略研究［D］．北京：外交学院，2014．

［362］王在亮．改革开放以来中国区域合作理论研究［D］．长春：东北师范大学，2014．

［363］贺柳．东盟宏观税负与经济增长的关联性研究［D］．南宁：广西大学，2014．

［364］刘明．陆海统筹与中国特色海洋强国之路［D］．北京：中共中央党校，2014.

［365］季晨雪．我国海洋软实力提升中政府与海洋 NGO 合作关系研究［D］．青岛：中国海洋大学，2013.

［366］王人尚．福建海洋文化资源开发研究［D］．福州：福建农林大学，2013.

［367］邵先成．认知理论视角下的中国南海问题研究［D］．济南：山东师范大学，2013.

［368］陶钢．天津推进海洋经济发展的政府管理研究［D］．天津：天津大学，2013.

［369］张伟．服务型政府视角下海事职能的转变［D］．合肥：安徽大学，2011.

［370］董晓雯．我国对外劳务输出与出口贸易问题研究［D］．天津：天津财经大学，2011.

［371］燕楠．基于中韩区域合作的深化黑龙江省对韩国经贸合作研究［D］．哈尔滨：哈尔滨商业大学，2011.

［372］张庆明．海上保险国际统一法律制度构建研究［D］．青岛：中国海洋大学，2010.

［373］蔡明．中国海事行政管理体制创新研究［D］．上海：华东政法大学，2010.

［374］杨学峰．吉林省对俄经贸合作研究［D］．长春：吉林大学，2009.

［375］王文阳．基于风险价值（VaR）的商业银行汇率风险防范研究［D］．咸阳：西北农林科技大学，2009.

［376］徐冉．中国与东盟主要国家的贸易生态足迹研究［D］．青岛：青岛大学，2008.

［377］陈刚．辽宁沿海经济发展的优势问题研究［D］．大连：大连理工大学，2008.

［378］苏莉娟．重庆市财政收支与区域经济发展的实证分析［D］．重庆：重庆大学，2007.

［379］陈百贤．论船舶污染损害赔偿［D］．北京：中国政法大学，2006.

［380］刘玲利．科技资源配置理论与配置效率研究［D］．长春：吉林大学，2007.

［381］刘易．面向中国—东盟自由贸易区的广西人才培养体系研究［D］．南宁：广西大学，2005.

［382］林海峰．国际海运保安法律制度问题研究［D］．大连：大连海事大学，2005.

［383］杨声波．我国政府在利用外资中作用的实证分析［D］．长春：吉林大学，2004.